Findbuch des Bestandes Abt. 11
Regierungskanzlei (Obergericht) zu Glückstadt – Teil 1
von Jörg Rathjen

Veröffentlichungen des Landesarchivs Schleswig-Holstein
Band 119

Jörg Rathjen

Findbuch des Bestandes Abt. 11

Regierungskanzlei (Obergericht) zu Glückstadt

Teil 1

Hamburg University Press
Verlag der Staats- und Universitätsbibliothek Hamburg
Carl von Ossietzky

Impressum

Bibliografische Information der Deutschen Nationalbibliothek:

Die Deutsche Nationalbibliothek verzeichnet diese Publikation in der Deutschen Nationalbibliografie; detaillierte bibliografische Daten sind im Internet über http://dnb.d-nb.de abrufbar.

Online-Ausgabe
Die Online-Ausgabe dieses Werkes ist eine Open-Access-Publikation und ist auf den Verlagswebseiten frei verfügbar. Die Deutsche Nationalbibliothek hat die Online-Ausgabe archiviert. Diese ist dauerhaft auf dem Archivserver der Deutschen Nationalbibliothek (https://portal.dnb.de/) verfügbar.

ISSN 2627-9002
DOI https://doi.org/10.15460/HUP.LASH.119.184

Printausgabe
ISSN 1864-9912
ISBN 978-3-943423-51-8 (Gesamtaufnahme)
ISBN 978-3-943423-52-5 (Teil 1)
ISBN 978-3-943423-53-2 (Teil 2)

Redaktion: Veronika Eisermann, Rainer Hering, Sven Schoen, Malte Bischoff
Gestaltung: Atelier Bokelmann, Schleswig
Produktion: Books on Demand, Norderstedt

Verlag
Hamburg University Press, Verlag der Staats- und Universitätsbibliothek Hamburg Carl von Ossietzky, Hamburg (Deutschland), 2020
http://hup.sub.uni-hamburg.de

INHALTSVERZEICHNIS

Teil 1

Teil 2

VORBEMERKUNG

Behördengeschichte

Im April 1648 ließ der dänische König Friedrich III. für seine Anteile an den Herzogtümern Schleswig und Holstein eine Regierungs- und Justizkanzlei in Flensburg einrichten. Mit der neuen Behörde sollten die Verwaltung modernisiert und Justizverfahren beschleunigt werden. Bereits 1649 siedelte die Regierungskanzlei nach Glückstadt über.

Die Kanzlei war die oberste königliche Verwaltungs- und Justizbehörde in den Herzogtümern. Sie wirkte als ein Kollegialorgan, dem formal der Statthalter als Präsident vorstand. Die alltäglichen Geschäfte leitete der Kanzler mit dem Vizekanzler und einigen Räten. Ein erstes Reglement, das Organisation und Geschäftsgang der neuen Behörde bestimmte, entstand bereits 1651, trat jedoch nicht in Kraft, sodass der Kanzleibetrieb weitgehend durch Einzelverfügungen geregelt wurde. Erst 1752 erhielt die Glückstädter Kanzlei eine feste Ordnung.

Die territoriale Zuständigkeit der Regierungskanzlei erstreckte sich anfänglich auf die königlichen Anteile in den Herzogtümern Schleswig und Holstein. Mit der Vertreibung der Gottorfer Herzöge aus dem Herzogtum Schleswig und der endgültigen Verbindung der dortigen gottorfischen mit den königlichen Anteilen 1713 wurde ein eigenes Obergericht für das Herzogtum mit Sitz auf Gottorf eingerichtet. Die Tätigkeit der Glückstädter Regierungskanzlei beschränkte sich fortan auf die königlichen Gebiete im Herzogtum Holstein. Im Jahr 1734 dehnte die Regierungskanzlei ihren Sprengel auf die Grafschaft Rantzau aus. Schließlich kamen 1762 die Gebiete des Herzogtums Plön und 1774 die gottorfischen Anteile im Herzogtum Holstein dazu. Ein letztes Mal erweiterte sich der Zuständigkeitsbereich 1816 mit der Abtretung des Herzogtums Lauenburg an den dänischen König. Die Regierungskanzlei übernahm dadurch die auf lauenburgische Angelegenheiten bezogenen Kompetenzen des bisher zuständigen Oberappellationsgerichts in Celle.

Die Regierungskanzlei („Glückstädtische Regierung") führte in Verwaltungsangelegenheiten die Aufsicht in nahezu allen Bereichen. Sie besorgte darüber hinaus die Geschäfte der Gemeinschaftlichen Regierung beider Landesherren und die Angelegenheiten mit dem Deutschen Reich, insbesondere mit dem Reichskammergericht. Als Justizbehörde umfasste die Glückstädter Kanzlei das Oberamtsgericht, das Oberkriminalgericht, das Oberkonsistorium sowie mit dem Ende der Gemeinschaftlichen Regierung 1773 das Landgericht und das Landoberkonsistorium für die adligen Güter und Klöster. Mit der Regierungs- und Justizkanzlei verbunden waren zudem das Altonaer und Pinneberger Oberappellationsgericht sowie das 1734 eingerichtete Rantzauer Appellationsgericht.

Seit 1774 führte die Regierungs- und Justizkanzlei die Bezeichnung „Holsteinische Landesregierung zu Glückstadt und Holsteinisches Oberkonsistorium". Im Jahr 1806 fasste man die hinsichtlich der Zuständigkeiten zwar getrennten, personell aber eng miteinander verbundenen Gerichte sowie das Altonaer und Pinneberger Oberappellationsgericht und das Rantzauer Appellationsgericht unter der Bezeichnung „Holsteinisches Obergericht“ – ab 1816 dann „Holstein-Lauenburgisches Obergericht“ – zusammen.

Ein tief greifender Einschnitt in die Kompetenzen der Glückstädter Kanzlei erfolgte 1834, als in den Herzogtümern auf mittlerer Ebene Verwaltung und Justiz getrennt wurden. Infolgedessen trat das Holsteinische Obergericht seine administrativen Aufgaben an die neu gebildete Schleswig-Holsteinische Regierung auf Gottorf ab. Die fachliche Zuständigkeit beschränkte sich seitdem ausschließlich auf die Rechtspflege. In ihrer Funktion als Obergericht („Holsteinische Landesdikasterien“) bestand die Glückstädter Behörde noch bis zur Einführung der preußischen Justizverfassung im Jahr 1867 fort.

Bestandsgeschichte

Die sich im vorliegenden Findbuch widerspiegelnde Systematik des Archivs der Regierungskanzlei geht auf grundlegende Ordnungsarbeiten im Zeitraum von 1775 bis 1777 zurück. Anlass hierfür waren Klagen über den schlechten Zustand des Archivs und der Registratur, der eine völlige Umarbeitung dringend notwendig machte. Dieser herausfordernden Aufgabe nahm sich der Kanzleisekretär und Archivar Johannsen an. Er ordnete die Akten nach sachlichen und topografischen Betreffen und legte zwei neue Repertorienreihen an: Das „Repertorium über die Kanzleiregistratur“ nahm insbesondere die Prozessangelegenheiten auf und wird jetzt im Bestand der holsteinischen Oberdikasterien Abt. 50.2 verwahrt. Das zweite Aktenverzeichnis – der Vorläufer des vorliegenden Findbuchs – trägt die Bezeichnung „Repertorium des Kanzleiarchivs“ und besteht aus 13 Bänden, zu denen als besondere Gruppen noch zwei Bände zum Altonaer-Pinneberger Archiv und ein Band zum Rantzauer Archiv hinzukommen.

Als Folge der Trennung von Justiz und Verwaltung 1834 ging das Gros des Glückstädter Verwaltungsschriftguts mitsamt den dazugehörigen Bänden des Kanzleiarchivrepertoriums in die Registratur der Schleswig-Holsteinischen Regierung auf Gottorf über. Nach deren Auflösung wiederum überführte man die Registratur 1853 nach Kopenhagen. Dort gelangten die Akten aus der Zeit vor 1750 in das Geheimarchiv, während die jüngeren Akten im Archivbüro der ehemaligen Schleswig-Holstein-Lauenburgischen Kanzlei verblieben. Nach dem deutsch-dänischen Krieg von 1864 gehörte das Schriftgut der Regierungskanzlei zu den Beständen, die Dänemark gemäß den Friedensbestimmungen auszuliefern hatte. Ein Teil der jüngeren Kanzleiakten, also aus dem Zeitraum nach 1750, ging bereits 1865/66 an Preußen über; weitere Abgaben aus Kopenhagen erfolgten 1874.

In das damalige preußische Staatsarchiv in Schleswig gelangten die ersten Akten der Regierungskanzlei in den Jahren 1872 und 1874 durch Ablieferungen des königlichen

Appellationsgerichts in Kiel, der preußischen Regierung in Schleswig und des dänischen Geheimarchivs. Es handelte sich dabei vorrangig um Schriftgut der Regierungskanzlei aus der Zeit ihrer Einrichtung 1648 bis um 1750 mit einigen älteren Vorakten, die bis in das 16. Jahrhundert zurückreichen. Im Staatsarchiv wurden diese Archivalien zum Bestand A III zusammengefasst und 1878 in einem Findbuch entsprechend ihrem Zugang in vier Gruppen verzeichnet (Abt. 11 Nr. 1-2017).

Weitere Aktenablieferungen sorgten in der folgenden Zeit dafür, dass der Umfang des Bestandes A III anwuchs. So überführte das Oberlandesgericht in Kiel in den Jahren 1897 und 1902 die alten Repertorien und umfangreiches Schriftgut der Kanzlei an das Staatsarchiv. Im Zeitraum von 1907 bis 1910 erfolgten Abgaben der Amtsgerichte Pinneberg, Krempe und Glückstadt. Den größten Zugang erhielt der Bestand der Regierungskanzlei 1922, als das Archiv der preußischen Regierung in Schleswig aufgelöst wurde. Rund 113 laufende Meter Schriftgut nahmen ihren Weg in das Staatsarchiv. Diese umfangreiche Abgabe beinhaltete hauptsächlich Akten und Protokolle der Glückstädter Kanzlei aus dem Zeitraum von 1750 bis 1834 mit einigen wenigen bis 1850 reichenden Aktenfaszikeln. Kleinere Änderungen im Bestand seit 1923 mit der noch heute gültigen Bezeichnung Abt. 11 versehen – ergaben sich infolge des deutsch-dänischen Archivalienabkommens von 1933. Das Staatsarchiv, nun mit Sitz in Kiel, erhielt 1936 aus dem Reichsarchiv in Kopenhagen einige Akten, die vorrangig auswärtige Angelegenheiten beinhalteten. Aus Kiel gab man seinerseits aus dem Kanzleibestand in geringem Umfang Archivalien aus dem Zeitraum vor 1713 nach Dänemark ab, die die Grafschaft Holstein-Schauenburg sowie die nordschleswigschen Ämter und Städte betrafen. Die letzte nennenswerte Veränderung erfolgte, als man rund 250 Nummern aus Abt. 11 entnahm und dem Bestand der Holsteinischen Oberdikasterien (Abt. 50.2) zulegte. Es handelte sich dabei neben Repertorien vor allem um Justizakten aus der Zeit nach 1834.

Die meisten Abgaben wurden im erwähnten Findbuch aufgenommen. Für die größte Ablieferung aus dem Regierungsarchiv von 1922 allerdings unterblieb angesichts der Aktenmasse eine entsprechende Verzeichnung. Dieser weitaus umfangreichere Teil konnte daher bislang nur durch die 1775/77 angefertigten und fortgeführten mehrbändigen Kanzleirepertorien erschlossen werden. Einzig für die Protokollreihen der Regierungskanzlei legte man 1922 ein neues Findmittel an, an dessen Stelle 1973 ein maschinenschriftliches Findbuch trat.

Mit Blick auf den Zugang zu diesem bedeutenden und reichhaltigen Bestand war der bisherige Erschließungszustand wenig günstig, insbesondere was die Möglichkeit einer raschen und zielgerichteten Recherche anbelangt. Das alte Findbuch, dem es an einer durchgehenden Systematik mangelte und das zudem durch zahlreiche Nachträge und Streichungen unübersichtlich geworden war, genügte nicht den modern archivischen Standards; erst recht galt dies für die Repertorienreihe. Um die Benutzbarkeit von Abt. 11 zu erleichtern, wurde der Bestand im Zeitraum 2010/11 komplett durchgesehen und in die archivische Datenbank aufgenommen. Bei dieser Maßnahme wurden die Angaben der alten Findmittel zu Titeln und Laufzeiten sämtlicher Archivalien am Bestand überprüft. Gelegentlich erhielten umfangreiche oder schwer verständliche Aktentitel eine kürzere bzw. modernere Version. In anderen Fällen schien es sinnvoll, ältere, heute nicht mehr gebräuchliche Bezeichnungen beizubehalten, sofern sie gängige Suchbegriffe darstellen.

Für die Ordnung des Bestandes im vorliegenden Findbuch diente die Systematik der Repertorien zum Kanzleiarchiv, zum Pinneberger und Altonaer Oberappellationsgericht sowie zum Rantzauer Apppellationsgericht als Grundlage. Zusätzlich zur einstufigen Gliederung der Repertorien wurden Sachgruppen wie „Allgemeine Justiz- und Regierungsangelegenheiten", „Kirche" und „Sonstige Polizeiangelegenheiten" aufgrund ihres heterogen Inhalts weiter unterteilt, um eine systematische Recherche zu erleichtern. Gleiches betrifft die Rubriken der Ämter, Landschaften und Städte. Ebenso sinnvoll erschien es, die umfangreiche Überlieferung der Propsteien weiter aufzugliedern. Dadurch ist es nun möglich, sich einen raschen Überblick z. B. über die Kirchenvisitationen oder Angelegenheiten einzelner Kirchspiele zu verschaffen. Die Zuordnung der einzelnen Gemeinden zu den Kirchspielen erfolgte dabei in den meisten Fällen anhand der Angaben in der „Topographie der Herzogthümer Holstein und Lauenburg, des Fürstenthums Lübeck und des Gebietes der freien und Hanse-Städte Hamburg und Lübeck" von Johannes von Schröder und Hermann Biernatzki von 1855. Mitunter wurden zusätzlich die entsprechenden Angaben des dänischen Hof- und Staatskalenders herangezogen, um größere Änderungen in Kirchspiels- und Propsteizugehörigkeiten abzubilden.

Die im alten Findbuch in vier Gruppen aufgeführten Archivalien (Abt. 11 Nr. 1-2472) wurden nun entsprechend dem angewandten Ordnungssystem verzeichnet. Die Nummern blieben dabei unverändert. Nur Signaturen mit Buchstabenzusatz (z. B. Abt. 11 Nr. 80 a) bekamen eine neue Nummerierung. Die bislang nach der Systematik der Repertorien zu bestellenden Akten der Regierungsablieferung erhielten neue fortlaufende Nummern. Im Landesarchiv werden Konkordanzen vorgehalten, die Aufschluss über die Umsignierungen geben.

Ein Orts-, Sach- und Personenregister bildet den Abschluss dieses Findbuchs. Klassifikationsbegriffe wurden in der Regel nicht aufgenommen. Für die Suche nach einem Thema oder einem Sachbegriff sollte zuerst die sachsystematische Gliederung benutzt werden und als Ergänzung das Register. Es ist dabei zu beachten, dass die Begriffe für das Register aus den Aktentiteln und den Enthält-Vermerken stammen, also nicht etwa alle Nennungen in den Akten selbst erfassen.

Der Bestand Abt. 11 umfasst nicht die gesamte Überlieferung der Regierungskanzlei und des Obergerichts. Wie bereits erwähnt, gab die Behörde mit der Trennung von Verwaltung und Justiz im Jahr 1834 ihre Verwaltungsakten an die neue Schleswig-Holsteinische Regierung auf Gottorf ab. Während die in Glückstadt verbliebene Verwaltungsüberlieferung bewahrt ist, wurden die Justizakten hingegen später größtenteils vernichtet. Folgebestand in Verwaltungsangelegenheiten ist Abt. 49 (Schleswig-Holsteinische Regierung auf Gottorf) – mit einer großen Anzahl von Vorakten der Regierungskanzlei – und in Justizangelegenheiten Abt. 50.2 (vorher Abt. 50 b Holsteinische Oberdikasterien), in der u. a. die landgerichtlichen und obergerichtlichen

Schuld- und Pfandprotokolle liegen. In letzterem Bestand befinden sich zudem die Behördenregistranten, die Aufschluss über die vernichteten Justizakten geben können. Die lauenburgische Überlieferung des Obergerichts ist in Abt. 216 (Höchste Gerichte für das Herzogtum Lauenburg) zu suchen. Das Reichsarchiv in Kopenhagen verwahrt vor allem ältere Akten der Regierungskanzlei zu auswärtigen Angelegenheiten sowie die Überlieferung zu den nordschleswigschen Gebieten.

Weitere Archivalien und Informationen zur Tätigkeit der Regierungs- und Justizkanzlei finden sich in folgenden Beständen des Landesarchivs Schleswig-Holstein:
Abt. 10, Königliche Statthalterschaft (vor allem Prozessangelegenheiten des 17. Jahrhunderts).
Abt. 12, Die holsteinischen Obersachwalter.
Abt. 65, Deutsche Kanzlei zu Kopenhagen.

Laufzeit: (1525-) 1648-1850

Der Bestand Abt. 11 umfasst 211 laufende Meter Archivalien.

Die alten Findmittel und Repertorien befinden sich am Ende des Bestandes.

Literaturhinweise

Hermann Schmidt: Die Glückstädter Regierungs- und Justizkanzlei des königlichen Anteils in den Herzogtümern Schleswig und Holstein. In: Zeitschrift der Gesellschaft für Schleswig-Holsteinische Geschichte 48 (1918), 297-381.
Tyske Kancelli I og de dermed beslægtede Institutioner. Ved Johanne Skovgaard (Vejledende Arkivregistraturer VII). Kopenhagen 1946.
Kersten Krüger: Schleswig-Holstein. In: Deutsche Verwaltungsgeschichte. Bd. 1: Vom Spätmittelalter bis zum Ende des Reiches. Hrsg. von Kurt G. A. Jeserich u. a. Stuttgart 1983, 763-782.
Wolfgang Steiniger: Schleswig-Holstein 1806-1892. In: Deutsche Verwaltungsgeschichte. Bd. 2: Vom Reichsdeputationshauptschluß bis zur Auflösung des Deutschen Bundes. Hrsg. von Kurt G. A. Jeserich u. a. Stuttgart 1983, 762-784.

Benutzungshinweise

Zitierweise der Akten: Sigle des Landesarchivs, Abteilungsbezeichnung und Nummer der Akte, also zum Beispiel LASH Abt. 11 Nr. 50.

Schleswig, im Oktober 2020 Jörg Rathjen

KANZLEIARCHIV

Staaten und Regenten in Europa

2819 Bekanntmachung eines kaiserlichen Holzschlagverbots 1760

2820 Titulatur für den in den Reichsfürstenstand erhobenen Grafen von Hessenstein 1774

2821 Zeugenvernehmung in der Angelegenheit Frances Mary Harford in London gegen Robert Morries in Wandsbek 1782

2822 Erhebung des Reichsgrafen Carl Christian von Solms-Hohensolms in den Reichsfürstenstand 1792

2823 Durchreise des Kronprinzen und der Kronprinzessin von Schweden 1810

2824 Durchreise des Kronprinzen von Schweden 1822

2825 Nachrichten über Personen in den Herzogtümern mit russischen Orden 1827-1828

2826 Beschluss des Bundestags über Zurückweisung von Vorstellungen zu öffentlichen Angelegenheiten des Deutschen Bundes und zum Missbrauch der Presse 1831-1834

2827 Regulierung des Handels und Verkehrs unter den Bundesstaaten 1832

84 Untersuchungen gegen geheime strafbare Verbindungen 1824

Dänemark und Norwegen

2828 Bescheinigungen für Interessenten der Leibrentenanstalt in Kopenhagen 1748-1816 (1845)

2829 Friedens- und Handelsvertrag zwischen Dänemark, Tunis und Tripolis 1752

2830 Beitrag zum Erziehungshaus in Kopenhagen 1757

2831 Veröffentlichung einer Nachricht der Afrikanischen Kompanie in Kopenhagen 1768

2832 Erteilung von Pässen nach Dänemark an Juden 1769

2833 Versendung von Branntwein nach Norwegen durch Hermann Tiedemann in Klein Kollmar 1777

2834 Verbot des Nachstechens von Landkarten der Gesellschaft für Wissenschaften in Kopenhagen 1779

2835 Prämie für die Einfuhr von Getreide und Mehl nach Norwegen 1782

2836 Königliche Bibliothek: Nachrichten über alte Kodizes und Bücher sowie Einsendung von Pflichtexemplaren 1782-1791, 1828

2837 Dänische und norwegische Speziesbank in Kopenhagen 1791-1798

2838 Haussammlung wegen des Brandes in Kopenhagen 1795

2839 Nicht in Anspruch genommene Leibrenten der Leibrentenanstalt in Kopenhagen 1796

2840 Beitrag zum Wiederaufbau des abgebrannten Schlosses in Kopenhagen 1794

2841 Rückkehr der königlichen Kollegien aus dem Herzogtum Holstein nach Kopenhagen 1808

2842 Übertragung der Oberdirektion im Polizeiwesen an Justizminister Kaas 1815

2843 Pensionen und Gratifikationen aus dem Fonds für Danebrogsmänner 1824-1834

2844 Einlösung des Grafendiploms durch Graf von Eyben sowie Erklärung des Wappens 1826-1828

2845 Einlösung des Naturalisationspatents des Dr. Jenner in Plön 1826

2846 Einlösung des Naturalisationspatents des Kapitäns von Ernst auf Hasselburg 1826

2847 Anordnung des Titels Forstrat 1829

2848 Entlassung aus dem dänischen Untertanenverband 1829-1830

2849 Einlösung des Naturalisationspatents des Bombardiers Heinrich Friedrich Louis Schmidt in Rendsburg 1831-1832

Friedensverhandlungen, Allianzen und sonstige Verhandlungen

2850 Friedensvertrag zwischen Preußen und Frankreich 1795

2851 Reichsdeputationshauptschluss zur Entschädigung 1803

2852 Friedensverträge mit Schweden, Großbritannien, Russland und Preußen 1814-1815
Darin: gedruckte Verträge

2853 Liquidation mit Frankreich über Entschädigungen 1818

Reichs-, Fürsten-, Kollegial- und Deputiertentage

2854 Wahl einer Deputation der evangelischen Reichsstände auf dem Reichstag zur Prüfung von Religionsbeschwerden 1770

2855 Übernahme der Erbschaftsangelegenheit des polnischen Geheimrats von Krohne beim Reichstag durch den königlichen und großfürstlichen Gesandten 1771

2856 Kirchen- und Religionsbeschwerden der Evangelisch-Reformierten in der Pfalz (1794) 1795

Reichsgerichte

1 Lehnsbrief und Privilegienbestätigung Kaiser Ferdinands III. für das Herzogtum Holstein (Abschrift) 1638

2 Bestätigung des Dithmarscher Revers durch Kaiser Ferdinand III. (Abschrift) 1638

3 Bestätigung des Privilegs zum Gerichtsstand (privilegi fori) durch Kaiser Ferdinand III. (Abschrift) 1638

4 Bestätigung des Privilegi de non appellando durch Kaiser Ferdinand III. und darauf bezogene Korrespondenz 1638, 1718

5 Prokuratoren beim Kaiserlichen und Reichskammergericht 1638-1793

6 Unzulässige Appellation in den Auseinandersetzungen Cunrat Hessen gegen von Qualen sowie von Ahlefeldt gegen Christian von Rantzau 1640

7 Kaiserliche Bestätigung der Landgerichtsordnung 1641-1673

9 Prozessangelegenheit Budier gegen Juan Rocha de Pinto und Duarte de Lima 1640-1679

10 Unterhalt des Kaiserlichen und Reichskammergerichts sowie Bezahlung der Kammerzieler 1645-1700

11 Schreiben König Friedrichs III. von Dänemark an Kaiser und Reichskammergericht wegen der ersten Instanz im Prozess Michel Schmidt in Hamburg gegen Detlef Reventlow auf Futterkamp 1654

12 Appellation und Prozess in der Konkursangelegenheit des Hinrich von Essen 1679-1681

13 Appellation des Generalmajors Claus von Ahlefeldt auf Klein Nordsee an das Reichskammergericht 1654

14 Präsentationsrecht des Niedersächsischen Kreises und des Hauses Holstein für Assessoren am Reichskammergericht 1654-1777
Darin: juristische Dissertation des Friedrich Ulrich Contze „De jure praesentandi assessorem in camera imperiali“, 1728

15 Übergabe einer Vorladung des kaiserlichen Kammergerichts an Hermann von Kampen 1658

16 Prozess des Guillaume de la Bistrate gegen den Stückhauptmann François de Roen in Glückstadt wegen Geschützlieferung an Frankreich sowie Gerichtsstand der in Glückstadt wohnenden königlichen Bediensteten 1669-1680

17 Prozess der Wackerbarthschen Erben gegen den Grafen Burchard von Ahlefeldt wegen Schuldforderungen 1667-1681

18 Auseinandersetzung der Landgräfin Sophia von Hessen, verheiratete Gräfin von Schaumburg, mit Graf Detlef von Rantzau wegen einer Schuld sowie Beschwerde an den dänischen König und Gottorfer Herzog 1669

19 Kammeradvokatur und die bei den Reichsgerichten das Interesse des dänischen Königs berührenden anhängigen Angelegenheiten 1669-1730

20 Auseinandersetzung des Cay Rantzau auf Neuhaus mit dem Grafen Burchard von Ahlefeldt auf Eschelsmark wegen der Angelegenheit Rantzau gegen Rantzau 1676-1677

21 Appellation an das Reichskammergericht und königliche Intervention in der Auseinandersetzung der Erben des Johann von der Wielen mit den Erben des Albrecht Balthasar Behrens wegen Schuldforderungen 1678-1680

22 Testament und Hinterlassenschaft des holländischen Feldmarschalls Paul Würtz, Baron de Orneholm, sowie Prozess vor dem Magistrat in Hamburg und dem Reichshofrat 1676-1693

23 Beständige Neutralität des Reichskammergerichts 1680-1683

24 Auseinandersetzung des Egidius Hennings und seiner Erben sowie des Dr. Walter in Hamburg und seiner Erben mit Graf Detlef von Rantzau wegen Schuldforderungen 1680-1697

25 Appellation des Geheimen Rats Detlef von Ahlefeldt in der Auseinandersetzung mit Bendix Bartram von Buchwald 1682

26 Auseinandersetzung zwischen Anna Dorothea von Buchwald auf Borstel und Jürgen von Ahlefeldt auf Lindau wegen einer Appellation an das Kaiserliche Kammergericht 1691-1694

27 Auseinandersetzung zwischen Claus von Buchwald in Preetz und Jochim von Ahlefeldt auf Gelting und Brunsholm wegen des Gutes Brunsholm sowie Kommission zur Untersuchung des rechtlichen Status der Gutsuntergehörigen 1692-1695

28 Auseinandersetzung zwischen Paul Kohlblatt auf Schrevenborn und Amtsschreiber Georg Hinrich Ginheimer in Reinbek 1691-1693

31 Auseinandersetzung zwischen Reichskammerassessor Friesenhausen und Oberstleutnant von Grote wegen der Ahlefeldtschen Obligation (1697-) 1704-1767

29 Auseinandersetzung der Freiherrn von Kielmannsegg mit Paul Kohlblatt auf Schrevenborn und dem Oberstleutnant von Levenburg auf Hemmelmark wegen Besitzeinweisung in die Güter Schrevenborn und Hemmelmark 1682-1725

30 Auseinandersetzung der Freiherrn von Kielmannsegg mit Paul Kohlblatt auf Schrevenborn und dem Oberstleutnant von Levenburg auf Hemmelmark wegen Besitzeinweisung in die Güter Schrevenborn und Hemmelmark (1725) 1726-1738

32 Auseinandersetzung zwischen Graf Wilhelm Adolf von Rantzau und Graf Christian Detlef von Rantzau wegen Teilung der Güter Neuendorf und Drage sowie wegen der väterlichen Hinterlassenschaft 1712-1714

33 Appellation des Geheimen Rats von Kielmannsegg in seiner Auseinandersetzung mit dem Obersachwalter wegen einiger Pflüge in Wandsbek 1712-1714

35 Appellation des Kammerjunkers Joachim von Ahlefeldt auf Wandsbek in der Auseinandersetzung mit den Buchwaldschen Erben wegen Konkurses des Landsyndikus Volckmar 1711-1739

34 Appellation an den Reichshofrat in der Auseinandersetzung zwischen General Freiherr Cuno Josua von Bülow und Landrat Detlef Brockdorff in einer Gutsangelegenheit 1712-1713

36 Bitte der Erben des Oberkriegskommissars Selmer um Exekution über Graf Cai Lorenz Brockdorff auf Kletkamp wegen der auf dem Landgericht erkannten Kosten sowie Appellation des Grafen an das Reichskammergericht 1713-1717

37 Mandat des Reichshofrats in der Auseinandersetzung zwischen Freiherr Johann Gottfried von Kielmannsegg und Freiin Christine Sophia von Kielmannsegg geb. Ahlefeldt wegen eines Kaufbriefs, eines Diamantenrings und eines Kapitals 1716

38 Kaiserliches Mandat in der Auseinandersetzung zwischen Graf Christian Detlef von Rantzau und Gräfin Catherine Hedwig von Castel geb. Rantzau wegen Aufhebung des speziellen Landgerichts 1718

39 Klage der Äbtissin von Quedlinburg beim Reichshofrat gegen den dänischen König wegen Unterhalts 1720

40 Auseinandersetzung zwischen Graf Detlef von Reventlow, Konferenzrat Otto Blome und Advokat Pauli mit Graf Friedrich von Wartenberg wegen Geldern im Gut Seestermühe 1722-1734

41 Vormundschaft über die Töchter des Barons von Görtz 1725

42 Auseinandersetzung zwischen den Gläubigern des Reichhofrats und Kanonikern in Lübeck von Kielmannsegg mit Gräfin von Derlington, Witwe des hannoverschen Vizeoberstallmeisters von Kielmannsegg, im Namen ihrer Söhne als Besitzer des Gutes Schrevenborn 1724-1727

43 Forderung des Kammerrichters in Wetzlar wegen des Wortes „Gnade“ in den Schreiben 1726

44 Gesuch des Claus Kohlfahl in Glückstadt an das Reichskammergericht wegen einer Forderung seiner Frau in Hamburg 1727

45 Mitteilung über den Tod des königlichen Agenten Schlegel in Wien 1728

46 Kaiserliches Mandat in der Auseinandersetzung zwischen der Witwe des Agenten Selck und der Freiin von Reichenbach wegen Bezahlung von Kosten 1728-1731

47 Geldforderung des Reichshofratagenten Kleibert an den Grafen von Dernath 1729

48 Eingaben der Anwälte der Grafen von Brockdorff und der Stadt Hamburg in Wetzlar wegen des Groverschen Konkurses 1732

49 Mandat des Reichshofrats in der Auseinandersetzung des Kurators der Hinterlassenschaft des Agenten von Maul mit Joachim von Ahlefeldt auf Muggesfelde wegen eines ausstehenden Honorars und Vorschusses 1736-1740

50 Kopierung der Akten in der Auseinandersetzung Herzog Johanns von Schleswig-Holstein und seiner Söhne mit Herzog Friedrich Ulrich von Braunschweig-Lüneburg wegen des Allodialerbes in Grubenhagen sowie in der Auseinandersetzung Herzog Johann Friedrichs von Holstein mit Herzog Adolph von Holstein wegen der Erbteilung 1739-1741

51 Anfrage des Prokurators Meckel in Wetzlar wegen Aktenabschrift in einer alten Angelegenheit Sachsen gegen Ratzeburg 1742-1743

52 Königliche Resolution zur ausschließlichen Annahme von Zustellungen des Kaiserlichen und Reichskammergerichts mit dem Titel „Majestät“ 1746

53 Vorstellung der fürstlichen Regierung in Kiel über das Zusammengehen mit der Regierung in Glückstadt in einer Appellationsangelegenheit 1752-1753

54 Einordnung des Hauses Holstein in „Schemate deputationum camerae“ 1767

55 Streitigkeiten zwischen den Schlachterämtern in Hamburg und Itzehoe wegen der von Itzehoe zu liefernden Lämmer sowie Appellation vor dem Reichskammergericht 1769-1773

56 Mitteilung der Deutschen Kanzlei über den Aufsatz des Konferenzrats und Oberprokurators Carstens zum Juris de non appellando in den bei der Regierung in Glückstadt und des Oberamtsgerichts vorkommenden Angelegenheiten 1772-1773

57 Beschwerden des dänischen Königs über das Reichskammergericht 1680

58 Streitigkeiten der Universität in Kiel mit Graf von Kielmannsegg und Konsorten sowie Appellation an das Reichskammergericht (1771) 1772-1773
Darin: gedruckte Aktenauszüge zum Kielmannseggschen Fideikommissgelder in der Landschaft Norderdithmarschen, 1771

59 Beschwerden des Gesamthauses Holstein auf dem Reichstag über Eingriffe des Reichskammergerichts in das Privilegium de non appellando 1772-1774

60 Angelegenheit des Freiherrn von Gultlingen beim Reichskammergericht wegen Adelmansfelden 1775

61 Verzeichnis der beim Reichskammergericht und Reichshofrat anhängigen Angelegenheiten 1776-1808

62 Anzeige des Prokurators von Zwierlein in Wetzlar über das Urteil in der Angelegenheit Kinder des Sachs gegen dessen Witwe 1776

63 Pfälzische Präsentationsangelegenheit beim Reichskammergericht 1782

64 Einsendung eines Drucks des Grafen von Spaur über die Auseinandersetzung seines Sohnes mit dem Erzbischof von Salzburg 1782
Darin: Druckschrift

65 Deserviten- und Expensen-Rechnungen des Prokurators von Zwierlein in Wetzlar 1783-1807

66 Berichte des Agenten am Reichskammergericht 1785-1809

67 Einsendung von Druckschriften zum Aufruhr in Lüttich durch den Prokurator von Zwierlein 1789-1792

68 Verzeichnis der beim Reichshofratagenten Matoley in Wien vorhandenen Akten sowie seiner Berichte 1790-1801

69 Einfall der Franzosen in Deutschland und Schutzwache für das Reichskammergericht 1792

70 Verlegung des Reichskammergerichts und Abtransport des Archivs
Darin: Gutachten der Advokaten und Prokuratoren zur Verlegung 1794

71 Tod des Reichshofratagenten Matoley in Wien 1795-1796

72 Prozess des Herzogs von Mecklenburg-Schwerin gegen die Stadt Lübeck wegen des Dassower Sees vor dem Reichskammergericht
Darin: gedruckte Prozessschrift 1799

73 Verhängung einer Geldstrafe für Justizrat Schmidt in Hamburg durch das Reichskammergericht 1799

74 Prozess des Aaron Samson Levi in Kiel gegen die Stadt Essen vor dem Reichskammergericht wegen rückständiger Gebühren 1800

75 Herausgabe der Sammlung der Urteile, Dekrete und Bescheide des Reichskammergerichts 1800

76 Einspruch der Regierung des Kurfürstentums Hannover beim Reichstag wegen der Berlepschen Angelegenheit 1800

77 Regulierung des Nachlasses des in Regensburg verstorbenen Kammerherrn und Komitialgesandten Freiherrn von Eyben 1800-1802
Darin: Exemplare des „Altonaischen Mercur“ und der „Hamburgischen Neuen Zeitung“

78 Entscheidung einer vermeintlichen Kirchenangelegenheit durch das Reichskammergericht 1803

79 Beschwerden der Interessenten des Kronprinzenkoogs beim Reichskammergericht wegen Vertragsverletzungen 1804-1806

80 Beschwerden des Besitzers der Blomeschen Wildnis beim Reichskammergericht wegen Vertragsverletzungen 1804-1805

2474 Auslieferung von Reichskammergerichtsakten zum Prozess der von Schack und Konsorten gegen Herzog Franz von Sachsen-Lauenburg 1615 bis 1617 (1615-) 1829-1830

Niedersächsischer Kreis

2857 Ernennung des Johann Jacob Mauricius zum Gesandten der Generalstaaten beim Niedersächsischen Kreis 1756

2858 Werbungen für kaiserliche Regimenter in Hamburg, Bremen und Lübeck (1764) 1765

2859 Ernennung des Ritters Rudolph Woodford zum Gesandten Großbritanniens beim Niedersächsischen Kreis 1770

2860 Veröffentlichung des kaiserlichen Patents gegen die Auswanderung 1770-1771

2861 Freie Passage kaiserlicher Remontepferde nach Brabant 1772-1777

2862 Ernennung des Freiherrn August Otto von Grote zum Minister des Kurfürstentums Köln beim Niedersächsischen Kreis 1777

2863 Ernennung der Minister Großbritanniens beim Niedersächsischen Kreis 1784, 1791

2864 Aufrechterhaltung der Ruhe im Deutschen Reich sowie Unterdrückung aufrührerischer Schriften und Grundsätze 1792

2865 Bestätigung des Freiherrn von Binder-Kriegelstein als Minister beim Niedersächsischen Kreis 1792

2866 Gesandte und Residenten beim Niedersächsischen Kreis 1792-1806

2867 Durchzug kaiserlicher Remontepferde durch den Niedersächsischen Kreis 1793-1805

2868 Briefporto für die Korrespondenz mit den kreisausschreibenden Fürsten 1793-1794

2869 Forderung des kaiserlichen Ministers beim Niedersächsischen Kreis nach Entfernung der französischen Agenten Dupais und Barthelemy 1794

2870 Kauf von Pferden auf französische Rechnung im Niedersächsischen Kreis 1795-1796

2871 Durchmarsch eines mecklenburgischen Korps durch das Herzogtum Holstein 1795

2872 Naturallieferungen zur Verpflegung der Demarkationsarmee 1797

2873 Verpflegung der preußischen Observationsarmee 1801

2874 Durchfuhr von Schafen aus Spanien nach Preußen 1802-1804

2875 Eindringen französischer Truppen in Kurhannover 1803-1814

2876 Verpflegung der zum Schutz Norddeutschlands aufgestellten preußischen Armee 1805

2475 Veränderung der Verfassung des Herzogtums Holstein 1806-1816

2877 Umherstreifen des Schillschen Korps im Niedersächsischen Kreis 1809

Herzogtum Bremen und Verden mit Stadt Bremen und Insel Krautsand

941 Rechnung über die Gelder des Armenblocks in der Schlosskirche in Vörde 1637-1647

938 Streitigkeiten der Eingesessenen in Wursten, Kehdingen und im Alten Land mit den Ständen des Erzstiftes Bremen wegen der Kontribution sowie Einsetzung einer Kommission 1598-1669

943 Land Hadeln: Einquartierung, Rekrutierung und Kontribution 1644-1645

940 Supplikationen der Einwohnern im Erzstift Bremen wegen Kontribution und anderer Angelegenheiten sowie Verhandlungen mit Kehdingen, dem Alten Land und dem Kirchspiel zum Osten über die Kontribution 1640-1646

942 Legat der Witwe Anna Rantzau für die Prediger und Schule in Bremervörde sowie für die Stadtkirche in Glückstadt 1643-1661

944 Insel Krautsand: Besitzergreifung wegen einer Rantzauschen Forderung und Salvagardia 1675

950 Insel Krautsand: Landmaße 1689-1702
Enthält u. a.: Rechnungsbuch mit Zahlungen der Untertanen

945 Informationen für den dänischen Gesandten bei Verhandlungen in Bremen wegen Streitigkeiten mit Schweden um die Elbinseln 1676

947 Herzogtum Bremen und Verden: besondere Angelegenheiten 1677, 1712-1749

Enthält u. a.: Erbschaftsstreit Eylmann, 1677; Zinsen und Gefälle aus den Einnahmen der Ämter, 1712-1715; Wegnahme von Fischnetzen im Hafen von Bielenberg durch die Gutsobrigkeit von Groß Kollmar, 1731; Erhebung erhöhter Gerichtsgebühren durch Cai Rantzau auf Kollmar, 1749

946 Kram-, Pferde- und Viehmarkt im Amt Neuhaus 1677

948 Insel Krautsand: Kirchenbau und Anstellung eines Predigers 1678-1688

949 Insel Krautsand: Kontributionshebung und Justizverwaltung 1680

2878 Vorladung an den Postverwalter Dietrich Broier in Hornburg in einer Schuldangelegenheit sowie Verbreitung eines Gerüchts über die Pest in Glückstadt durch einen Barbier in Stade 1681

2879 Unerlaubte Trauung des Michl Ölrich und der Magdalena Wilckens durch den Prediger von Ottensen 1682

939 Insel Krautsand: Wiedereinlösung durch Schweden (1639-) 1689-1691

951 Schwedisches Patent zum Einfuhrverbot von Bieressig in die Herzogtümer Bremen und Verden 1696

2543 Insel Krautsand: Aushändigung von Akten über die Landmaße durch die Witwe des Etatsrats Amthor an Claus Eylmann 1699-1702

952 Zehntleistung in Kehdingen durch Johann Brandt in Wewelsfleth 1702

953 Befreiung von der Gerichtsbarkeit des Magistrats in Stade und Zahlung des Kopfschatzes 1710-1715

954 Herzogtümer Bremen und Verden: Donumgratuiten 1712

967 Herzogtümer Bremen und Verden: Bestätigung von Privilegien und Suppliken (1682-) 1712-1715

955 Auseinandersetzung mit der Stadt Bremen wegen des Amtes Blumenthal und Gerichts Neuenkirchen 1712

956 Kommission der Regierungskanzlei zur Verbesserung der königlichen Einnahmen in den Herzogtümern Bremen und Verden (1618-) 1712-1715

957 Forderung der Erben des Grafen von Königsmarck wegen Landgerichtsbrüchen und Strafgeldern im Amt Bederkesa sowie Sequestration und Restitution des Amtes 1712-1715

958 Herzogtümer Bremen und Verden: Lehnsangelegenheiten (1694-) 1712-1715

959 Herzogtümer Bremen und Verden: Berichte der königlichen Regierung über Verwaltungsangelegenheiten 1712-1715

960 Herzogtümer Bremen und Verden: Berichte der Beamten und Bediensteten sowie Rundschreiben 1712-1715

961 Herzogtümer Bremen und Verden: Bau eines Quarantänehauses 1713-1715

962 Herzogtümer Bremen und Verden: Kirchenvisitationen, Buß- und Bettage sowie sonstige Kirchenangelegenheiten 1712-1715

963 Herzogtümer Bremen und Verden: Verordnungen und Patente mit Reskripten 1712-1716

Enthält u. a.: Desertion; Buß- und Bettag; Zoll (mit Verzeichnis der Zollbediensteten); ansteckende Krankheit in Hamburg

964 Streitigkeiten zwischen Fiskal Hartwig Hinz und Pastor Johann Albert Syling in Bederkesa wegen dessen Lebenswandels 1713-1715

965 Herzogtümer Bremen und Verden: Berichte und Verzeichnisse zum Kirchen- und Schulwesen (1685-) 1714

966 Veröffentlichung der Proklamation zu den Ländereien in Wischhafen 1741-1743

2880 Auslieferung von Bremer Seetonnen 1751

2881 Forderung der Regierung in Stade nach Verhaftung von diebstahlsverdächtigen Personen 1751

2882 Regelung über den Nachlass des Amtmanns Ernst Friedrich Pflueg in Himmelpforten 1754-1755

2883 Erlaubnis für die Regierung in Stade zum Mehlmahlen und Brotbacken in Wewelsfleth und dessen zollfreie Ausfuhr zur Verpflegung der hannoverschen Armee 1757-1758

2884 Verhängung eines Arrestes über Vermögen und Vieh des Hausvogts Otterstedt und Marten Gerckens durch Johann Albert Breckwoldt und Konsorten in Wedel 1757

2885 Fürschreiben an die Regierung in Stade für Major von Koppelan in seiner Nachlassangelegenheit mit den Gebrüdern von der Lieth 1760-1765

2886 Untersuchung der heimlichen Fortschaffung des Christoph Schulte aus der Wisch im Herzogtum Bremen 1761

2887 Befragung einer Frau Hintz in Meldorf wegen Schulden des Marx Schwartze in Balje (1752-) 1761
Enthält u. a.: Aufstellung der Schulden, 1752-1755

2888 Fürschreiben an die Regierung in Stade wegen einer Steinlieferung des Hinrich Soltau in Glückstadt 1764

2889 Bekanntmachung des Aufgebots an die Gläubiger des Hofgerichtsassessors Baron Marschalck 1765

2890 Öffentliche Vorladung für Magnus Christoph Brummers im Herzogtum Bremen 1766

2891 Nachricht der Regierung in Stade über den Transport eines Mats Bertelsen aus Fünen 1766

2892 Fürschreiben an die Regierung in Stade wegen des Ewerführers Marx Maje und Konsorten in Elmshorn 1767-1768

2893 Veröffentlichung der Vorladung im Konkursfall des Kommissars Otterstedt 1768

2894 Erklärung der Frau des Leutnants Busekist als Verschwenderin 1770

2895 Veröffentlichung des Edikts der Regierung in Stade über die Güter Esche und Nienstedten 1770-1771

2896 Erlass des Zehnten für die Erben des Leutnants Betcken im Herzogtum Bremen 1770

2897 Mitteilung einer Vorladung des Konsistoriums in Stade an den Musketier Claus Möller in Glückstadt 1772

2898 Mitteilung einer Vorladung des Konsistoriums in Stade an Luer Wulf in Dithmarschen 1773

2899 Aufnahme eines in Bremen zu Karrenstrafe verurteilten Juden in Glückstadt 1773-1774

2900 Verteilung der kurhannoverschen Verordnung gegen bettelnde Handwerksgesellen an die Zünfte der Städte 1774
Darin: gedruckte Verordnung

2901 Abholung des aus der Karre in Rendsburg desertierten und in Bremervörde wegen Diebstahls verhafteten Musketiers Johann Christian Horst 1774

2902 Befragung des Johann Gabriel Reinhard in Itzehoe in der Schuldangelegenheit Classen 1775-1776

2903 Beschwerde der Regierung in Stade über die Erhebung von Strafgeldern von einem Schiffer in Neuhaus durch ein königliches Wachtschiff 1777

2904 Verhaftung und Auslieferung des wegen Totschlags aus dem Herzogtum Bremen geflohenen Fährschiffers Johann Broock 1780

2905 Zahlung von Gerichtsgebühren des Johann Matthias Stuhr in Itzehoe an den Sekretär Marcard (1782) 1783

2906 Ernennung des Leibarztes Hensler in Altona zum Vormund über die Kinder des Landsyndikus Hensler in Stade 1783

2907 Präbende und Vikarie des Königs Friedrich IV. von Dänemark an der Sankt Johanniskirche in Lüneburg 1791-1792

2908 Beschwerde der Regierung in Stade über verdächtigen Handel dänischer Untertanen mit Frankreich 1793

2909 Zollfreier Transport von Getreide durch den Schleswig-Holsteinischen Kanal in das Herzogtum Bremen 1795

2910 Besetzung der Stadt Bremen durch kurhannoversche Truppen 1795

2911 Zehntzahlung vom Nachlass der Pastorenwitwe Beierholm in Heiligenstedten von Erben im Herzogtum Bremen 1795

2912 Bitte der Grafen und Hauptleute in Freiburg (Elbe) um Auslieferung einer Schiffsfracht durch den Kaufmann Leck in Glückstadt 1796

2913 Aufnahme der Margaretha Finck aus dem Land Hadeln in das Zuchthaus in Glückstadt 1797

2914 Aufnahme der Dorothea Johanna Wilhelmina Dickhut aus Stade in das Zuchthaus in Glückstadt 1805

2915 Aufnahme der Anna Margaretha Christiana Maria Hattenhausen aus Stade in das Zuchthaus in Glückstadt 1806

2916 Anforderung des Amtes Hagen über Nachrichten zu Matthias Hinrich Nachtigall 1806

2917 Aufnahme der Catharina Margaretha Koppelmann und Margaretha Gerdts aus Kehdingen in das Zuchthaus in Glückstadt 1807

2918 Konzession zur Bergung gestrandeter Seetonnen für das Collegium Seniorum in Bremen 1809, 1826

2919 Auflauf in Borstel (Herrschaft Pinneberg) und Ermordung eines Zöllners 1810
Enthält u. a.: Steckbrief des Jacob Köpcke, Borstel

2920 Steckbrief des Claus Meyer aus Kehdingbruch 1811

2921 Entwichene Landmilitärpflichtige aus dem Gericht Osten 1815

2922 Beschwerde des Landrats von Dühring über die Zollbeamten in Blankenese 1815-1816
Darin: „Staats- und Gelehrte Zeitung des Hamburgischen unpartheyischen Correspondenten“ vom 20. und 31. Januar 1816

2923 Transport des entlassenen Sträflings Johann Peter Nielsen durch den Magistrat in Buxtehude 1816

Kaiserreich Frankreich

2924 Verweigerung von Pässen durch französische Behörden 1812

2925 Zusammenarbeit dänischer und französischer Behörden bei der Entdeckung von Forstfreveln 1812-1813

2926 Wegnahme von Geld des Pächters des Gutes Jersbek Hans Hinrich Carstens in Hamburg 1812

2927 Verhältnis zu den französischen Departements in Arrestfällen 1811-1812

2928 Verhältnisse zu den französischen Departements in Konsistorialangelegenheiten 1811-1812

2929 Verhältnisse zu den französischen Behörden bei Requisitionen 1811-1813

2930 Annahme französischer Untertanen 1811-1812

2931 Einschränkung der Durchfuhr von Büchern durch die französischen Departements 1811

2932 Verhaftung der Konskribierten Baade und Niemann in Ahrensbök 1812

2933 Verhinderte Aufgabe der Briefe auf der Post in Stockelsdorf 1812

2934 Vorladung der Ehefrau Reimers aus Lübeck nach Ahrensbök wegen Protokollation eines Kapitals 1811

2935 Mitteilung von Urteilen des Tribunals erster Instanz in Hamburg an königliche Untertanen 1812-1813

2936 Tod dänischer Seeleute auf dem französischen Kaperer „De Surveillant“ 1812

2937 Beschwerden der französischen Behörde über die Austeilung von Pässen durch den Justitiar Dose in Stockelsdorf 1812

2938 Aufnahme des Wilhelm Friedrich Tretzel aus Hamburg als Bürger in Lütjenburg 1812

2939 Niederlassung des Johann Gustav Blech aus Lübeck in Gieschenhagen 1812

2940 Entwichene Marinekonskribierte aus Finkenwerder 1812

2941 Forderungen des Organisten Hadenfeldt in Curau an französische Untertanen 1812

2942 Griesisches Legat in Lübeck (1658) 1811-1814

2943 Anzeige des Divisionsgenerals Durutte über die Landung verdächtiger Personen mit holsteinischen Pässen an der mecklenburgischen Küste 1812

2944 Gewalttätigkeiten französischer Zöllner auf dänischem Territorium an zwei Eingesessenen des Amtes Reinbek 1812

2945 Nachforschungen nach dem Aufenthalt des verschwundenen Kapitäns Dumoulin in den Herzogtümern 1812

2946 Auslieferung des Deserteurs Gustav Seederholm nach Lübeck 1812

2947 Ausstehende Abgaben des französischen Dorfes Großhansdorf an den Prediger in Siek 1812-1813

2948 Entweichung von Verbrechern aus dem Spinnhaus in Lübeck
Enthält u. a.: Steckbriefe 1812-1813

2949 Regulierung der Kirchengrenzen zwischen den dänischen Gebieten und Frankreich sowie Aufhebung der Schulverbindungen 1812-1813

2950 Nachforschung nach dem Aufenthalt des entwichenen Casimir Montron 1812

2951 Beschwerde der französischen Postbehörde über das Wegegeld bei Höltigbaum 1812

2952 Französische Ordonnanzkette von Lübeck nach Hamburg 1812

2953 Grenzangelegenheiten zwischen Bergedorf und dem Amt Reinbek 1812

2954 Bekanntmachung des Steckbriefs über den aus Harburg entwichenen Gefangenen Hans Joachim Biel 1812

2955 Nachforschungen wegen der von der Seedefension auf der Elbe angehaltenen französischen Ewer 1812-1813

2956 Nachforschung über in die Herzogtümer entwichenen französischen Marineangehörigen 1812

Enthält u. a.: Steckbriefe

2957 Nachforschung über den entwichenen General Sarrasin 1812-1813, 1836

2958 Nachforschung über den Wilddieb Moritz Koch aus dem Königreich Westphalen 1812-1813

2959 Angebot der Auslieferung von Verbrechern aus Lübeck 1812-1814

2960 Nachforschungen über den entwichenen Assur Jacob Delbanco 1812-1813

2961 Verhaftung des Konskribierten Johann Balster Strüben aus Drochtersen in Itzehoe 1812

2962 Anordung zur Verhaftung des Mulatten Diego Carrio genannt Gorballan 1812-1813

2963 Anordnung zur Verhaftung des ausgewiesenen Grafen Pfaffenhofen in Hamburg 1812

2964 Verbot des Einlaufens in königliche Häfen für den Kaperer „Le bon ami“ des Matthias Rousseau 1812

2965 Auslieferung königlicher Untertanen und Arrestverfahren der französischen Behörden gegen das Eigentum königlicher Untertanen im Ausland 1812-1813

2966 Auslieferung von französischen Konskribierten 1813

2967 Zusendung eines Urteils aus Hamburg an Friedrich Christoph Cordes in der Grafschaft Rantzau 1812

2968 Flucht des französischen Tribunalrats Kaupisch aus Lübeck nach Plön 1813

2969 Maßnahmen wegen der aus französischem Gebiet geflüchteten französischen Untertanen 1813

2970 Entfernung von Untertanen aus der 32. französischen Militärdivision 1813

2971 Transport von Wein und Getreide von Hamburg nach Lübeck 1813-1816

2972 Holzdiebstahl von Eingesessenen aus Ravensbusch und Fackenburg im Gebiet von Moisling 1813

2973 Rückkehr französischer Schiffe aus holsteinischen Häfen 1813

2974 Verpflegung der französischen Kommandos 1813

2975 Verfahren gegen die aus Hamburg verwiesenen Personen 1813-1814

Herzogtum Lauenburg

991 Plan einer Kanalverbindung zwischen dem Ratzeburger See und der Stecknitz 1682

2976 Konstituierung des Holsteinischen Obergerichts zur höchsten Justizbehörde im Herzogtum Lauenburg 1815-1825
Darin: gedruckte Verordnung zur Verkürzung des Prozessgangs, 1825

Grafschaft Oldenburg und Delmenhorst

2977 Bitte des Magistrats in Oldenburg (Oldenburg) um Arrest auf die Wichmannschen Gelder 1754

2978 Beschwerde der oldenburgischen Regierung über die unrechtmäßige Trauung des Jochim Ohms mit Engel Dorothea Arfmann durch den Pastor in Altrahlstedt 1757

2979 Bitte der oldenburgischen Regierung um eine Verfügung wegen der Hinterlassenschaft des Zollverwalters Heine in Tönning 1762

2980 Veröffentlichung der Verordnung zur Erneuerung der Ingrossations- und Pfandbücher in den Grafschaften Oldenburg und Delmenhorst 1766

2981 Veröffentlichung des Aufgebots über die Hinterlassenschaft der Frau des Gerichtsschreibers Bösing 1774

2982 Beschwerde der Weserlotsengesellschaft gegen die Elblotsen aus Helgoland 1776

2983 Übertragung der Stimme des Herzogtums Holstein-Gottorf im Reichsfürstenrat auf das Herzogtum Oldenburg 1778

2984 Vorschreiben der oldenburgischen Regierung wegen einer Erbschaft des Schneiders Hans Lorentz Beck 1787

2985 Arrest der oldenburgischen Regierung auf das Schiff des Kapitäns Heinrich Haesloop 1792-1794

2986 Urteil der oldenburgischen Regierung im Streitfall des Kapitäns Bagge mit seiner Schiffsmannschaft 1794

2987 Protest der Stadt Bremen gegen den dänischen König als ehemaliger Herzog von Oldenburg (1802) 1803-1806
Enthält u. a.: Verzeichnis der Deichbaukosten des Stadt und Butjadinger Landes von 1763 bis 1801
Darin: Druckschrift „Kurze Darstellung der Stadt- und Butjadinger, bey Ausmittelung eines Aequivalents für den Elsflether Weserzoll", 1802

2988 Kostenvergütung der oldenburgischen Regierungskanzlei an den Magistrat in Bergen für die Veröffentlichung eines Proklams 1807

2989 Kostenvergütung der oldenburgischen Regierungskanzlei an den Magistrat in Bergen für die Veröffentlichung eines Proklams wegen der Hinterlassenschaft des Johann Jacob Lehmann 1808

2990 Zustellung eines Dekrets an den Kammerherrn Rochus von Witzleben in Plön 1809

Stadt und Stift Lübeck

1001 Dokumente und Nachrichten über das Stift Lübeck und die Stadtstifte (1358-) 1577-1670

993 Zahlung der Türken- und Kreissteuer von Lübeckern mit Besitzungen im Herzogtum Holstein 1601-1605

1002 Jagdverbot in den Wildbahnen des Stiftes Lübeck 1618-1620

97 Nachrichten über die hoheitlichen Verbindungen des Stiftes Lübeck, des Sankt Johannisklosters in Lübeck, der Heiliggeist-Dörfer, des Kalands sowie des Stiftes Eutin zum Herzogtum Holstein 1621-1695

994 Übergriffe der Stadt Lübeck auf die holsteinischen Besitzungen außerhalb der Stadtlandwehr 1666

992 Streitigkeiten mit Lübeck wegen der lübschen Güter (1226-) 1605-1667

995 Streitigkeiten mit der Stadt Lübeck wegen der lübschen Güter (1492-) 1667-1672
Darin: Druckschrift mit Dokumentensammlung zu den Gütern

996 Streitigkeiten mit der Stadt Lübeck wegen der lübschen Güter 1668-1701

2991 Pferdemarkt in Eutin 1675

2992 Vorladung des Konsistoriums in Lübeck an Claus Massmann in Heiligenhafen wegen einer Eheangelegenheit mit Dorothea Gundelach 1680

997 Territorialhoheit der Stadt Lübeck und des Domkapitels in Lübeck über Güter im Amt Segeberg 1693

2993 Zustellung einer Fristsetzung an Graf Christoph von Rantzau auf Schmoel zur Auslösung verpfändeter Gold- und Silberstücke in Lübeck 1694

2994 Zustellung einer Fristsetzung an Graf Christoph von Rantzau auf Schmoel zur Auslösung eines Pfandes in Lübeck (1686-) 1694

2995 Stadt Lübeck: Streitigkeit des Paul Jansen, Schuhmacher in Altona, mit Andreas Pommeau sowie Verhaftung eines Juden aus Wandsbek in Lübeck 1695

998 Kopfsteuer von Landbesitzern in Lübeck 1696

999 Streitigkeiten des Oberstleutnants Brockdorff auf Schulenburg mit Magistrat und Vorstehern des Gottes- und Armenhauses in Lübeck wegen einiger Wiesen und Ländereien (1648-) 1698-1699

2996 Fürschreiben an den und vom Magistrat in Lübeck 1703-1723
Enthält u. a.: Flucht von Leibeigenen aus dem Gut Testorf, 1723

2997 Bitte der Kanzlei in Eutin um Befragung des Pastors Boëtius und seiner Frau in Neumünster in einem Kriminalfall 1719

1003 Verweigerte Eidesleistung der Dorfschaften Groß und Klein Barnitz an das Domkapitel in Lübeck 1721-1748

2998 Auslieferung des Münzmeisters Andreas Woltereck in Glückstadt an das Stift Lübeck (1723-) 1725

1004 Eingriffe des Domkapitels in Lübeck in die königlichen Episkopalrechte 1735

2999 Bekanntmachung einer Ladung (Adcitation) des Magistrats in Lübeck an den Kammerherrn von Levetzow auf Ehlerstorf 1737

3000 Fürschreiben an die Kanzlei in Eutin wegen der Forderung des Oberstleutnants von Leuenburg beim Konkurs des Verwalters Heyde 1739

1000 Beschwerde der Stadt Lübeck über Grenzverletzungen durch einen Hausbau des Konferenzrats Pehl in Schulenburg (1648-) 1743-1744

3001 Fürschreiben der Regierung in Eutin im Streitfall des Pensionärs Lehmann mit dem Zollverwalter in Neustadt wegen eines Pferdetransports 1749

3002 Beschwerde des Geheimen Konferenzrats von Brockdorff und des Grafen von Dernath über das Domkapitel in Lübeck wegen des Mitjagdrechts 1753

3003 Verbot der Regierung in Eutin von Trauungen in fremden Kirchspielen anlässlich der Trauung eines Paares aus Neuendorf (Gut Neuendorf) durch den Pastor in Rensefeld 1753-1754

3004 Streitigkeiten des königlichen Agenten Picker in Lübeck mit dem dortigen Schossdepartement wegen Zahlung von Schossgeldern 1754

3005 Forderung des Grafen von Dernath auf Hasselburg nach Verhaftung der in die lübschen Stadtstiftsdörfer geflüchteten Leibeigenen 1756

3006 Geleitbrief für den Transport der verstorbenen Herzogin Albertina Friederike von Schleswig-Holstein von Hamburg nach Lübeck 1756

3007 Eingriffe des Stifts Eutin und des Domkapitels in Lübeck in landesherrliche Episkopalrechte im Kirchspiel Sarau 1754-1756

3008 Abschossforderung des Hochstifts Lübeck aus einer Erbschaft in Groß Barnitz 1759-1760

3009 Einsetzung des Sohns des Oberjägermeisters und Amtmanns Peter von Bredal in die Schauenburgische Präbende beim Hochstift Lübeck 1758-1759

3010 Gerichtsstand in der Landstreitigkeit zwischen Hans Harms in Neukirchen und Bauervogt Hans Baumann in Heringsdorf (1713-) 1750-1761

3011 Beschwerden der Dörfer Böbs und Alt Schwochel über das Johanniskloster in Lübeck sowie Landeshoheit über diese Dörfer (1328-) 1763-1776

3012 Beschwerden der Dörfer Pölitz und Barghorst über das Heiliggeisthospital in Lübeck sowie Landeshoheit über diese Dörfer (1461-) 1767-1802

3013 Beschwerde des Matthias Gebien in Malkendorf über ein Eheverbot des Magistrats in Lübeck 1765-1766

98 Jurisdiktionsstreitigkeiten in Ehe- und Kirchenangelegenheiten zwischen dem Konsistorium in Plön und dem Domkapitel in Lübeck sowie zwischen dem Magistrat in Lübeck und dem Sankt Johanniskloster und dem Heiliggeisthospital wegen der in königlichen Kirchen des Herzogtums Plön eingepfarrten Untertanen 1767-1771

3014 Landeshoheit über die Dörfer Röbel und Westerau (1729-) 1768-1804

99 Nachrichten aus dem Herzogtum Plön und dem Amt Segeberg über die bei der Stadt Lübeck und den Stadtstiftsdörfern eingepfarrten Untertanen 1771

3015 Trauung außerhalb des zuständigen Kirchspiels durch den Prediger an der Sankt Lorenzkirche in Lübeck 1771-1773

3016 Streitigkeiten des Bauervogts Christian Barkmann in Pölitz mit seinen Kindern und Schwiegerkindern wegen seiner Heirat 1772-1773

3017 Kassation eines Bescheids des Vogteigerichts des Heiliggeisthospitals in Lübeck in der Eheangelegenheit des Bauervogts Christian Barkmann in Pölitz (1746-) 1772-1773

3018 Arrest auf ein Kapital des Barons von Liliencron 1771-1781

3019 Hausbauverbot für Hinrich Stelting in Pölitz durch die Vorsteher des Heiliggeisthospitals in Lübeck 1773

3020 Kruggerechtigkeit in Westerau (1733) 1773

3021 Behinderung eines Holztranports des Holzhändlers Dencker in Rethwisch durch den Magistrat in Lübeck 1774

3022 Rechtsverweigerung von lübschen Gerichtsherren für Eingesessene in Westerau 1775

3023 Eingriff der Vorsteher des Heiliggeisthospitals in Lübeck in königliche Episkopalrechte in Pölitz 1775-1794

3024 Entscheidung von Eheangelegenheiten bei den zu Heiligenhafen eingepfarrten Dörfern des Johannisklosters in Lübeck und des Kollegiatstifts Eutin 1776

3025 Streitigkeiten wegen einer Koppel in Pölitz 1777

3026 Trauungsverbot des Konsistorialsgerichts in Lübeck für die geschiedene Catharina Dorothea Sophie Stockmann 1777

3027 Verfügung an die Oberbeamten der plönischen und ehemaligen großfürstlichen Ämter über Ansprechpartner bei Angelegenheiten der lübschen Stadtstiftsdörfer 1777

3028 Feier des lübschen Bußtages in Pölitz 1778

3029 Kruggerechtigkeit in Barkhorst 1779

3030 Beschwerden des Hans Hinrich Löding und des Hans Hinrich Martens in Westerau über Ausschreitungen ihrer Gutsobrigkeit 1779

100 Kommission zum Vergleich mit der Stadt Lübeck wegen der Hoheit über die lübschen Stadtstiftsdörfer und lübschen Güter (1268-) 1775-1783

Darin: Karte über einen Teil des Landbesitzes der Stadt Lübeck vor dem Holstentor, 1754

3031 Kommission zum Vergleich mit der Stadt Lübeck wegen der Hoheit über die lübschen Stadtstiftsdörfer und lübschen Güter 1780-1806

Enthält u. a.: Aufstellung über die Besitzungen des Domkapitels in Lübeck; chronologisches Verzeichnis von Akten zum Hochstift Lübeck im Kanzleiarchiv

101 Kommission zum Vergleich mit der Stadt Lübeck wegen der Hoheit über die lübschen Stadtstiftsdörfer und lübschen Güter (1802-) 1806-1807

102 Kommission zum Vergleich mit der Stadt Lübeck wegen der Hoheit über die lübschen Stadtstiftsdörfer und lübschen Güter 1806-1821

3032 Landeshoheit über Ratjensdorf 1780

103 Auseinandersetzung zwischen der Regierung in Glückstadt und dem Domkapitel in Lübeck über die Hinterlassenschaft des Etatsrats Klippe 1781

3033 Beschwerde des Claus Latendorf in Böbs über den Vogt des Johannisklosters in Lübeck wegen Besitzentsetzung (1751) 1781
Darin: „Lübeckische Anzeigen“ vom 5. Mai 1781

3034 Eingriff des Hospitalgerichts in Lübeck in den Scheidungsfall der Eheleute Bornhoeft in Krumbeck 1781

3035 Beschwerde des Henning von Rumohr auf Trenthorst über Übergriffe von Eingesessenen aus Westerau 1782

104 Auseinandersetzung über das Bohnsacksache Erbe in Westerau 1772-1783

3036 Schadensersatz für den Müller Andreas Statz in Pölitz wegen Beschädigung der Mühle und des Deichs 1784-1789

3037 Bitte des Gerichts in Tankenrade um Vollstreckung eines Urteils gegen Johann Joachim Schild wegen Schwängerung (1785) 1787

105 Streitigkeiten des königlichen Residenten in Lübeck mit dem Magistrat wegen der Jurisdiktion über königliche Amtspersonen in Lübeck anlässlich einer Gerichtsvorladung an den Kammerherrn von Buchwald 1787

3038 Verweisung des Johann Friedrich Prüsdorf aus Westerau durch das Heiliggeist-Stift in Lübeck 1788

3039 Beschwerde der Schmiede in Oldesloe wegen der Schmieden in Pölitz und Barghorst 1789-1815

3040 Ehedispens des Magistrats in Lübeck für den Hufner Johann Diedrich Gloy in Röbel 1789

3041 Ungebührliche Trauung in Lübeck des Johann Joachim Thede mit der Witwe Wischmann aus Wesenberg im Amt Rethwisch 1790-1791

3042 Aushändigung königlicher Reskripte zur Kontrolle des losen Gesindels an die Vorsteher des Johannisklosters, des Heiliggeisthospitals und des Clementskalands in Lübeck 1790

3043 Vermessung und Verteilung der Dorfländereien in Pölitz 1791-1794

3044 Ehedispens des Heiliggeist-Stifts in Lübeck für Anna Margaretha Schwart und Hans Schwart in Curau 1792

3045 Eingriff des Domkapitels in Lübeck in königliche Episkopalhoheit bei der Eheklage der Christina Dorothea Wulf in Wulfsdorf gegen Johann Hinrich Rüder in Travenhorst 1794-1796

3046 Eingriffe lübeckischer Obrigkeiten in königliche Episkopalrechte besonders in Heirats- und Schulangelegenheiten 1794

3047 Hoheitsrechte am Strand der lübschen Dorfschaft Bliesdorf 1795

3048 Beschwerden der Dorfschaften Böbs, Alt Schwochel, Wilmsdorf, Siems, Dummersdorf, Teutendorf, Kücknitz, Poppendorf und Rönnau über das Sankt Johannisstift in Lübeck (1667-) 1795-1809

3049 Erlegung eines Hirsches in Steenrade durch einen Förster des Heiliggeisthospitals in Lübeck 1795

3050 Eingriffe des Johannisklosters in Lübeck in königliche Episkopalrechte bei der Heirat des Hinrich Schröder mit Anna Heucken in Poppendorf (1795) 1796

3051 Eingriff des Johannisklosters in Lübeck in königliche Episkopalrechte beim Ehedispens für Claus Haye und Catharina Elsabe Haye in Dazendorf 1795-1796

3052 Einsendung von Geburts-, Sterbe- und Trauungsverzeichnissen durch die Prediger der lübschen Stadtstiftsdörfer 1796, 1825

3053 Beschwerde des Hochstifts Lübeck über Trauungen des Pastors Nissen in Sarau 1798-1812

3054 Beschwerde des Fürstbischofs in Eutin über eine Trauung des Pastors Suhr in Plön 1800-1803

3055 Anwendbarkeit des Getreideausfuhrverbots auf Groß und Klein Barnitz, Pölitz, Barghorst und Westerau 1800

110 Jagdrecht des Besitzers des Gutes Schulenburg auf den Feldern der Dörfer Pölitz und Barghorst (1751-) 1823-1825

3056 Unterlassene Einsendung der Atteste über Dispense durch den Prediger in Bosau 1803

106 Forderung des Domkapitels in Lübeck nach der geistlichen Gerichtsbarkeit über die bei königlichen Kirchen eingepfarrten Untertanen 1803-1831

3057 Aufnahme des Johann Jacob Gottlieb Uffhausen aus Lübeck in das Zuchthaus in Neumünster 1803

3058 Abtretung der Dorfschaft Wilmsdorf durch die Stadt Lübeck an den Fürstbischof in Eutin 1804

3059 Inbesitznahme der Dörfer des Domkapitels in Lübeck durch die Stadt Lübeck 1804-1806

3060 Anlage einer Windmühle in Pölitz 1804

3061 Amtshilfeersuchen des Magistrats in Lübeck im Schuldprozess des Kammerkonsulenten Sponagel in Ratzeburg mit dem Amtmann Joachim Albrecht Hutter in Hohenholz (1804) 1805

3062 Sperrung der Durchfahrt nach Lübeck durch französische Truppen und Zustand der Grenzpfähle bei Lübeck 1805

3063 Verhältnis des Hochstifts Lübeck zum Herzogtum Holstein 1805

3064 Einführung eines Schuld- und Pfandprotokolls in Pölitz und Barghorst 1807

3065 Erstattung von Kriminal- und Untersuchungskosten der Dörfer Schwochel, Böbs und Schwinkenrade 1824
Fragment der Akte über Abgabenverteilung in den drei Dörfern 1808-1824

3066 Sommerschule in Kaköhl 1809

3067 Hölzung in Bliesdorf 1809

3068 Steuern und Abgaben der lübschen Dörfer 1808-1815

3069 Beteiligung des Müllers Hardt an der Armenversorgung der Dorfschaft Gleschendorf 1810

3070 Verhältnis des Gerichtshalters in Eutin zu den Schullehrern in Scharbeutz und Kesdorf 1810-1811

3071 Vereinigung von Distrikten des Hochstifts Lübeck mit Frankreich 1811

3072 Verbesserung der Schule in Kaköhl 1811-1817

3073 Wiederherstellung der Brücke über die Segeberger Au 1811-1812

3074 Entschädigung des Schulmeisters in Merkendorf für die freie Feuerung 1811

3075 Hökereikonzession für Jacob Hinrich Möller in Heringsdorf 1811

3076 Hökereikonzession für Jürgen Hay in Heringsdorf 1811-1812

3077 Zuständigkeit für Polizeiangelegenheiten in der Stadt Lübeck 1812

3078 Sendung von Verfügungen an die Ober und Vorsteher der Stifte in der Stadt Lübeck 1812

3079 Aufrührerische Schrift des Schulmeisters Geisler in Pölitz 1813

3080 Beitrag der Eingesessenen in Bliesdorf zu den Armengeldern und zur Unterstützung der Soldatenfamilien 1813, 1820

3081 Legat des Herzogs und Bischofs von Lübeck Hans für die Prediger, Schulbediensteten und Armen 1813-1814

3082 Kriminalkosten der Dorfschaft Bliesdorf 1813-1814

3083 Erstattung einer Schmiederechnung durch die Dorfschaft Kembs (Kirchspiel Heiligenhafen) 1814

3084 Auslieferung des Verbrechers Carl Christian Wichmann aus dem Gut Noer nach Lübeck 1815

3085 Durchmarsch des Kontingents der Stadt Lübeck nach Hamburg 1815-1816

3086 Zinsreduktion für Kapitalien bei der Stadt Lübeck 1814-1819

3087 Aufnahme des ehemaligen französischen Maire Friedrich August Rüder aus Hamburg in Gleschendorf 1815

3088 Vergütung an Eingesessene in Pölitz für Pferdeverluste bei Fuhren für das Auxiliarkorps 1815

3089 Anwendung von Bestimmungen der fürstbischöflichen Vormundschaftsverordnung auf Prediger mit eingepfarrten lübeckischen Untertanen sowie Verlobungen und Trauungen durch diese Prediger
Darin: gedruckte Vormundschaftsverordnungen 1816-1840

3090 Regulierung der Dienste der Untergehörigen in Westerau (1793-) 1816-1835

3091 Beschwerden des Justitiars der Dörfer des Clemenskalands über einige Hufner wegen einer Sporteltaxe 1817

3092 Streitigkeiten der Dörfer Schwochel und Böbs mit dem Johanniskloster in Lübeck wegen Holzfuhren (1816) 1817

3093 Rückständige Reichsbankzinsen der Stiftung Westerau und des Meierhofs Frauenholz 1817

3094 Sabbatordnung des Konsistoriums in Eutin (1816-) 1818
Darin: mehrere gedruckte Exemplare der Sabbatordnung

3095 Fuhrleistungen für Pastors Busse in Rensefeld bei der Schulinspektion 1818

3096 Zuschüttung von Schlammgruben in Marxdorf 1818

3097 Beerdigungsverfügung des Konsitoriums in Eutin (1818) 1819

3098 Verbot der Tätigkeit an den Gerichten des Fürstentums Lübeck für Advokat Carstens in Oldesloe 1819

3099 Handwerker in den Dörfern des Clementskalands 1819, 1850

3100 Rückständige herrschaftliche Abgaben des Heiliggeisthospitals in Lübeck 1820

3101 Benutzung der Sandgrube in Heringsdorf 1820-1821

3102 Rückständige Bankzinsen der Dörfer Merkendorf, Bliesdorf, Bentfeld, Klein Schlamin und Marxdorf 1821

3103 Rückständige Bankzinsen der Stiftung Westerau 1821

3104 Maurerkonzession für Hans Hinrich Möller in Pölitz 1822

3105 Schmiede- und Hökereikonzession für Friedrich Harms in Heringsdorf 1823

3106 Konzession für den Müller Nickels in Merkendorf zur Anlage einer Kornwindmühle auf dem Gebiet der Clementskalandsdörfer 1823

3107 Vergütung an die Dörfer Altgalendorf, Nanndorf, Teschendorf und Techelwitz wegen der holländischen Einquartierung 1808 1823

3108 Schmiedekonzession für den Hufner Peter Ochsen in Heringsdorf 1824

3109 Landhandwerker in den lübschen Stadtstiftsdörfern (1823) 1824-1845

3110 Exekution des Müllers Grell als Hufenbesitzer in Marxdorf wegen Bankhaftzinsen und Landsteuer 1825

3111 Nicht gezahlte Marschgelder an Landsoldaten aus Kesdorf, Gleschendorf und Röbel 1827

3112 Verbot des Katenbaus auf dem Pölitzer Feld für den Landsassen Boesch auf Krummbek 1827

3113 Anträge des Konsistoriums in Eutin wegen der Tauf- und sonstigen Gebühren für Prediger und Kirchenbedienstete bei unehelichen oder vorehelich gezeugten Kinder 1826-1828

3114 Dienste der Eingesessenen in Röbel 1828

3115 Reziprozität zwischen königlichen und eutinischen Untertanen bei Ausschreibung der Kirchenanlagen von bei fremden Kirchen Eingepfarrten 1830-1832

3116 Armenversorgung und sonstige Kommunalangelegenheiten in den lübschen Stadtstiftsdörfern 1832-1840

3117 Landtausch mit dem Fürstentum Lübeck bei Eckernschmiede (1831) 1832-1836

Darin: Zeichnung einer Brücke; Karte zum Grenzverlauf bei Eckernschmiede

3118 Jagdrecht des Amtmanns von Tremsbüttel auf den Feldern der Dörfer Pölitz und Barghorst (1831-) 1833

3119 Parzellierung von Stellen ohne Bewilligung durch die Eingesessenen der lübschen Stadtstiftsdörfer 1831-1834

Stadt Hamburg und Domkapitel

3120 Beschwerden des Magistrats in Hamburg gegen Prozesse des Reichsfiskals Jacob Bender 1637-1639

3121 Zustellung eines Bescheids aus Hamburg in einem Streitfall an Emanuel Rodriges Jorges in Glückstadt 1638

3122 Zustellung eines Urteils über einen Streitfall in Hamburg an Nicolai Behrens 1638

3123 Protestschreiben an Hamburg in der Auseinandersetzung des kaiserlichen Residenten von Mentzeln in Hamburg mit Paul von Eitzen 1639

3124 Fürschreiben an den Magistrat in Hamburg im Streitfall Wilhelm Gerkens in Glückstadt gegen Basilius von Borstel in Hamburg 1646

977 Streitigkeiten wegen der Domkapitelsdörfer im Amt Trittau 1564, 1647-1649

978 Königliche Post in Hamburg und ihre Verwaltung 1638-1704

3125 Zehntforderung an die Frau des Bürgermeisters Thomsen in Glückstadt wegen einer Erbschaft in Hamburg 1656

3126 Nachrichten über den Kornpreis in Hamburg 1657

3127 Fürschreiben des Magistrats in Hamburg für Simon Meyer wegen Geldabnahme auf der Elbe 1657

980 Streitigkeiten zwischen Schlachtern in Glückstadt und Hamburg, Auslieferung von Delinquenten, Verhaftung königlicher Untertanen in Hamburg, Prozessangelegenheiten 1658-1741

3128 Fürschreiben an den Magistrat in Hamburg in der Angelegenheit der Elisabeth Garwen gegen Basilius Bostel in Hamburg 1668

3129 Bescheinigungen des Magistrats in Hamburg über Zugehörigkeiten von Waren 1679

981 Nebenzölle der königlichen Untertanen in Hamburg 1681-1694

982 Beschwerden über die Stadt Hamburg 1681-1736

Enthält u. a.: Elbzoll; Schauenburgische Häuser in Hamburg; Münzgerechtigkeit

3130 Erbschaftsstreitigkeiten der Adelheid Janssen mit Johann von Horn in Hamburg 1682-1683

983 Beschwerde des Magistrats in Glückstadt über den Magistrat in Hamburg wegen eines Zolls für Tran und Pfeifenstäbe (1681) 1682-1683

3131 Streitigkeiten des David Crolau mit dem Magistrat in Hamburg wegen Aufhebung einer Urfehde 1687-1689

Darin: Druckschriften zum Prozess und Urteil gegen David Crolau, 1687-1688

984 Streitigkeiten zwischen den Blechenschlägern in Glückstadt und Hamburg 1687-1692

985 Beschwerden königlicher Untertanen über Hamburg wegen Beeinträchtigungen im Handel 1689

120 Abschrift des Vergleichs zwischen dem König von Dänemark und der Stadt Hamburg 1692

3132 Bestätigungen von Schiffsparten durch den Magistrat in Hamburg 1690-1693

986 Beschwerde der Nagelschmiede in den Herzogtümern über die Nagelschmiede in Hamburg und Lübeck wegen Nichtanerkennung der Meister 1697-1698

3133 Druck einer Schrift für den von Hamburg nach Altona geflüchteten Schmied Bülau 1700

3134 Beschwerde des ehemaligen Klosterschreibers in Uetersen Pflueg über den Protonotar Langenbeck in Hamburg (1700-) 1702

3135 Arrestgesuch des Dr. Durfeld gegen die Stadt Hamburg wegen Kostenentschädigung 1702

987 Einfuhrverbot für Wolle aus Glückstadt nach Hamburg 1711

3136 Verbot des Buchhandels mit königlichen Landen für den Buchhändler Heil in Hamburg und Beschlagnahme eines seiner Bücherfässer 1717-1719

121 Vergleich zwischen dem König von Dänemark und der Stadt Hamburg sowie Patent zur Wiederherstellung der Handelsfreiheit der Stadt 1736

3137 Vergleich zwischen dem König von Dänemark und der Stadt Hamburg sowie Patent zur Handelsfreiheit mit der Stadt 1736, 1799-1844

3138 Fürschreiben an den Magistrat in Hamburg für die Geschwister Vedden wegen eines Nachlasses sowie an den Präsidenten von Schomburg in Altona für den Kanzleiassessor Michelsen 1736

988 Vergleich zwischen dem Herzogtum Gottorf und Hamburg wegen Bierakzise 1737

989 Veröffentlichung der Bekanntmachungen des Herzogtums Holstein in Hamburg 1737

3139 Verbleib einer Vorstellung des Domkapitels in Hamburg über Vikariatseinkünfte des Pastors Blanck in Hornburg im Gut Neuendorf 1739-1740

990 Aufräumung des Alsterkanals im Amt Segeberg sowie Handdienste der Eingesessenen in Henstedt und Wakendorf 1746-1747

3140 Forderung der Pastorenfrau Boie in Eddelak und der Margaretha Sophie Elisabeth Seitzen in Meldorf an den Pächter des Vorwerks Wohltorf 1747

3141 Gewalttätigkeiten an einem Tagelöhner im Billwerder duch zwei Untergehörige des Gutes Muggesfelde 1749

3142 Verfahren bei Anzeigen des Magistrats in Hamburg im Streitfall des Konferenzrats Christian Hinrich von Pehle mit Catharina Elsabe Lemcke 1759-1761

2544 Berufung des Pastors Volckmar in Curau an die Jacobikirche in Hamburg 1761

122 Vergleich des Königs von Dänemark und des Herzogs von Holstein-Gottorf über die Reichsstandschaft der Stadt Hamburg sowie über den Gerichtsstand der königlichen Bediensteten in Lübeck und der Ritterschaft 1768

3143 Vergleich über die Reichsstandschaft der Stadt Hamburg, Titel sowie Jurisdiktion über königliche Bedienstete und Angehörige der Ritterschaft bei Aufenthalt in Hamburg 1768-1769, 1811

123 Rücksichtnahme auf die Konkordate in Dithmarschen anlässlich der Forderung des Magistrats in Hamburg an den Landvogt Behrens zur Überweisung eines Rechtsstreits 1781

3144 Verfahren bei dispensbedürftigen Heiraten zwischen Untertanen aus hamburgischer und königlicher Jurisdiktion 1789-1790

3145 Verhütung der Ausfuhr von Kontrabande aus Hamburg nach Frankreich 1794

124 Eingriff des Magistrats in Hamburg in die Gerechtsame des dänischen Königs und der Regierung in Glückstadt anlässlich des Geillschen Konkurses (1795) 1796

3146 Beschwerden der Zubauern in Spitzerdorf über die Kontribution 1796-1800

3147 Hemmung englischer Werbung in Hamburg 1797

3148 Gewaltsames Verfahren des Wirtes Kratzmann zum Holzbaum gegen den Hamburger Postwagen 1797-1798

3149 Verhinderung der Aufnahme eines hamburgischen Admiralitätslotsen auf einem Schiff durch Helgoländer Lotsen 1798

3150 Militärische Expedition Frankreichs gegen die Stadt Hamburg 1799

3151 Beanspruchung des Eigentumsrechts an der Alster durch die Stadt Hamburg 1799-1839

3152 Hoheitsrechte über die Alster (1625-) 1799-1830

Enthält u. a.: Anlage eines Kanals durch den Gutsbesitzer Fürstenau zu Wulksfelde bei Errichtung einer Kattunfabrik, 1799-1803; Reinigung; Schleuse

125 Jurisdiktionsanmaßung der Stadt Hamburg über königliche Amtspersonen 1800

3153 Trauung des Tabakfabrikanten Lavaud aus Hamburg durch den Pastor in Wandsbek 1800

3154 Öffnung eines dem Schiffer Renders mitgegebenen Koffers des Bankrotteurs Brodien aus Hamburg 1802

3155 Grenzstreitigkeiten mit der Stadt Hamburg wegen der Bille (1730-) 1802-1803

3156 Weigerung der Stadt Hamburg zur Auslieferung von Pferden desertierter dänischer Husaren 1804

3157 Verschleppung des englischen Chargé d'affaire Rumboldt im Grindel durch französische Truppen nach Harburg 1804

3158 Verhalten der Prediger bei Trauungen von Personen auswärtiger Jurisdiktionen in Hamburg 1804

3159 Landsteuer des Sankt Georgshospitals (1777) 1805

Enthält u. a.: Auszug aus dem Setzungsregister des Dorfes Schiffbek mit Schleeme, 1777

3160 Konsensschein für Trauungen von in holsteinischen Kirchen eingepfarrten hamburgischen Untertanen 1805

3161 Festhaltung einer Schiffsladung des Weinhändlers Siemen in Glückstadt durch die Stadt Hamburg 1806

3162 Gerechtsame der Familie Graba an zwei Vikarienhäuser in Hamburg 1807

3163 Erbschaft in Hamburg für Claus Groth im Gut Siggen und Christian Bliesemer im Gut Süssau 1808

3164 Weigerung der Stadt Hamburg zur Auslieferung der Landmilitärreserven Peter Hinrich Christian Möller und Claus Friedrich Schröder 1808-1809

3165 Weigerung der Stadt Hamburg zur Auslieferung des Landmilitärreserven Hein Scheel 1809

3166 Desertion von spanischen Soldaten vom Hamburger Berg 1808

3167 Militärpflicht des Johann August Friedrich Möller in Billwerder 1809

3168 Angebliche Unterschlagung eines Testaments des August Heinrich Bertram in Hamburg durch das dortige Zehnpfennigamt 1809

3169 Annahme hamburgischer Bürger im Herzogtum Holstein 1810-1811, 1831

3170 Verhältnis zu Hamburg und Lübeck nach Inkorporation in das französische Kaiserreich 1810-1814

3171 Diebstahl von zwei französischen Offizierspferden in Schönberg (Amt Steinhorst) 1811

3172 Festhaltung des Fuhrwerks des Mietkutschers Petersen aus Altona wegen Zollvergehens in Hamburg 1814

3173 Änderungen in der Zoll- und Hafenverordnung der Stadt Hamburg 1815

3174 Abgabe der Fischerfrauen in Blankenese 1815

3175 Festhaltung von zwei Ewern aus Blankenese mit Strandgut 1815-1816

3176 Wiedererstattung von bei Abführung der Hamburger Bank verlorenen Geldern 1816

3177 Verkauf von Kriegsmaterial an die Kaufleute Gottschalk und Simon in Hannover (1815) 1816

3178 Einfinden des Claes Möller, Hartwig Breyde und dessen Söhnen in Sankt Margarethen vor dem Handelsgericht in Hamburg 1817

3179 Weigerung der Senats in Hamburg zur Zustellung einer Vorladung des Justitiars in Haseldorf 1817-1821

126 Befugnis der Behörden in Hamburg zur Verhängung von Arrest und Exekution gegen königliche Untertanen in Bodmereiverträgen (1817) 1818-1820

3180 Akzise in Hamburg auf eingeführten Muschelkalk 1819

3181 Grenze zwischen der Herrschaft Pinneberg und der Stadt Hamburg beim Münkenkamp und der Steinkampreihe 1819

127 Streitigkeiten der Witwe Anna Margretha Nönchen in Glinde (Herrschaft Pinneberg) mit dem Senat in Hamburg wegen des Prinzhausenschen Nachlasses 1819

128 Zuständigkeit von Behörden bei Gesuchen königlicher Untertanen um Arrest über Güter, Schiffe und Vermögen von königlichen Untertanen im Hamburger Gebiet (1819) 1820-1834

3182 Aufnahme des Bürgers Hallersleben aus Hamburg in Altona 1820

3183 Bürgerliche Kriegspflichtordnung für die Stadt Hamburg 1821

3184 Schenkung eines Nachlasses in Dockenhuden an das Waisenhaus in Hamburg 1823

3185 Angemaßte Jurisdiktion der hamburgischen Waldbehörde über den Altenteiler Hartwig Timmermann in Mellenburg 1824-1836

3186 Verfolgungsrecht von hamburgischen und holsteinischen Polizeibediensteten (1819) 1831-1840
Darin: gedruckte Strafverordnung bei Forstvergehen, 1819

3187 Gesindeordnung in Hamburg 1834
Darin: gedrucktes Exemplar der Verordnung, 1833

3188 Einfuhrverbot von Schusterwaren nach Hamburg 1834-1838

Elbe

3189 Zoll bei Stade 1719-1759
Enthält: Transport isländischer Waren von Glückstadt nach Hamburg sowie Kornfuhren aus Dithmarschen; Schiffe aus Helgoland; Beschwerden der Stadt Glückstadt

3190 Zoll bei Stade 1757-1805
Enthält: Schiffe aus Helgoland; Schiffe aus Itzehoe und von der Eider nach Hamburg und Altona

3191 Zoll bei Stade (1747-) 1790-1811
Enthält: Abgabe eines Sacks Getreide beim Zoll; Behinderung der Weiterfahrt seitens Hannover; französische Übernahme des Elbzolls

3192 Zoll bei Stade 1823-1825
Enthält: Strandguttransport von Fischern in Blankenese

3193 Zoll bei Stade 1814-1828
Enthält: Beschwerden und Differenzen seit Wiederherstellung der hannoverschen Regierung in den Herzogtümern Bremen und Verden

3194 Elbfischerei der Eingesessenen in Twielenfleth und Finkenwerder 1688-1786

3195 Löschung von Schiffen aus Hamburg in Neumühlen und anderen Häfen im Winter 1689

3196 Übertragung der Strafverordnung des Herzogtums Schleswig über Beschädigung der Seetonnen auf das Herzogtum Holstein 1756-1757

3197 Überführung einer russischen Fregatte von Blankenese nach Hamburg zur Ausbesserung von Cuxhaven 1782

3198 Beschwerde des Lotsen Hans Schultz aus Blankenese über Tätlichkeiten bei einer Lotsenfahrt 1783

3199 Gewaltsame Behandlung des Lotsen Luer Lührs aus Oevelgönne durch den Kapitän des Wachtschiffs vor Stade 1783

3200 Verbesserte Einrichtung des Lotsenwesens auf der Elbe (1762) 1783-1834
Darin: gedruckte Beschreibung einer Karte über einen Teil der Nordsee sowie des Mündungsgebietes von Elbe und Weser, 1787; Bekanntmachungen an die Lotsen, 1815

3201 Bergung einer Ladung Kaffeebohnen durch die Fischer Harm von Ehren und Claus Breckwoldt in Blankenese 1784-1785

3202 Verheimlichter Fund von Gütern auf offener See durch Eingesessene aus Blankenese 1785-1786

3203 Untiefen im Hafen von Hamburg 1786

3204 Ausschluss der Blankeneser vom inneren Hafen in Cuxhaven (1785) 1786-1792
Enthält u. a.: Zeichnung des Hafens von Cuxhaven, 1786

3205 Abstellung von Beschwerden der Helgoländer über Eingriffe in ihr Lotsengewerbe durch Fischer in Blankenese 1787

3206 See-Equipage bei Glückstadt 1787-1815

3207 Beschwerden der Eingesessenen in Blankenese wegen Abnahme von Strandgut durch Zollbedienstete in Stade 1791-1792

3208 Beschwerden der Regierung in Stade wegen Mess-, Last-, Hafen- und Schreibgebühren für überelbische Schiffer 1788-1793

3209 Festhaltung des Schiffs „Elisabeth“ bei Stade durch ein hannoversches Wachtschiff sowie Schleichhandel mit Frankreich 1793-1795
Enthält u. a.: Rechnungsbücher und Rechnungsnotate zum Schiff
Darin: Karte des Ärmelkanals

3210 Festhaltung des Schiffs des Bankdirektors Larsen aus Glückstadt in Stade 1793-1794

3211 Salut des königlichen Wachtschiffs auf der Elbe für die Flagge auf der Schwinger-Schanze 1794

3212 Verordnung des Geheimen Ratskollegiums in Hannover über das Anlegen der die Elbe heruntersegelnden Schiffe in Stade 1794-1795

3213 Beschwerde des Landvogts auf Helgoland über die Lotsenvergehen der Fischer aus Blankenese 1795-1817

3214 Hoheit über den sogenannten Vogelsand in der Elbe 1795-1796

3215 Feindseligkeiten auf der Elbe zwischen einem Kaperer, einem englischen Kohlenschiff und einer englischen Schaluppe 1797

3216 Bergung der schwedischen Brigantine „Fortuna“ durch Lotsen aus Helgoland 1797-1799

3217 Territorialzugehörigkeit des Schaafsandes sowie Forderung des Zolls in Stade nach Abgabe von Strandgütern (1797) 1798, 1805

3218 Bestrafung von Eingesessenen in Neumühlen und Oevelgönne wegen verordnungswidrigem Lotsen 1798

3219 Ankerung des aus Westindien kommenden Schiffs „Speculation“ vor Glückstadt ohne vorherige Gesundheitsuntersuchung in Cuxhaven (1771) 1798

3220 Vorschlag der Regierung in Stade zur Bekanntmachung der Verordnungen und Verfügungen für die Elblotsen 1798

3221 Misshandlung des Lotsen Tietje Cordes auf einer dänischen Galliote 1799-1800

3222 Verhinderung der Abfahrt des vor Glückstadt liegenden Schiffs „Die Standhaftigkeit“ (1793) 1799-1800

3223 Festhaltung eines fremden Passagiers auf einem dänischen Schiff vor Glückstadt 1800

3224 Flucht eines von den Engländern nach Cuxhaven aufgebrachten Schiffs nach Glückstadt 1800

3225 Beschwerden der Landschaft Helgoland über das unbefugte Lotsen der Gallioten aus Bremen und Oldenburg (Oldenburg) sowie über die Lotsen in Cuxhaven 1801-1806

3226 Absicht der Stadt Hamburg zum Verbot des Aufenthalts bewaffneter Schiffe innerhalb einer bestimmten Entfernung zum Hafen 1802

3227 Vorschlag zur Vereinigung der Reserven in Neumühlen mit den Eiderlotsen in Blankenese 1802-1807

3228 Englische Sperrung der Elbe 1803

3229 Festhaltung des Lotsen Classen auf einer englischen Fregatte vor der Elbe 1803

3230 Bergung und Einbringung des schwedischen Schiffs „Catharina“ nach Cuxhaven durch Eingesessene in Blankenese 1804-1808

3231 Hilfsleistung der Eingesessenen in Blankenese bei aufgelaufenen Schiffen 1804

3232 Bergung von Stückgütern aus einem hannoverschen Jadeschiff 1804

3233 Widerrechtliche Behandlung von Eingesessenen aus Blankenese beim Zoll in Stade 1804

3234 Leuchtturm bei Cuxhaven 1805
Darin: „Altonaischer Mercurius“ vom 4. und 11. Februar 1805

3235 Abgabe für das Quarantänewesen von den die Elbe hinaufsegelnden Schiffen 1805

3236 Verfolgung eines holländischen Schiffs durch die Engländer 1805

3237 Wegnahme des preußischen Zollkutters vor Stade durch die Engländer 1806-1807

3238 Berichtigung der Karten über die Grenze zwischen dem Herzogtum Holstein und dem Kurfüstentum Hannover 1805

3239 Eingriffe französischer Behörden in königliche Rechte auf der Elbe 1807
Darin: „Staats- und Gelehrte Zeitung des Hamburgischen unpartheyischen Correspondenten“ vom 5. Dezember 1807

3240 Aufnahme der Elbtonnen aus dem Fahrwasser bei Brunsbüttel 1808

3241 Behinderung der Wattenfahrten durch englische Schiffe 1808

3242 Beunruhigung der Schifffahrt auf der Elbe 1808-1809

3243 Abstellung der Behinderung kleiner Fahrzeuge auf der Elbe durch französische Behörden 1808-1809

3244 Gewaltsame Untersuchung der Schiffe durch französische Zöllner 1809

3245 Freie Fahrt zum Fischfang für den Schiffer Külper in Finkenwerder 1809

3246 Bergung einer Elbtonne am Strand in Büsum 1810-1815

3247 Untersuchung über Schleichhandel auf der Elbe unter dem Schutz dänischer Kriegsschiffe 1810-1811

3248 Embargo auf alle Schiffe längst der Elbküste 1810-1813

3249 Untersuchung über den Verkehr der Fischer in Blankenese mit den Engländern 1811-1812
Enthält u. a.: Verordnung zu Schifffahrt und Fischfang an den Küsten, an der Ems sowie der Elbe- und Wesermündung

3250 Übergriffe französischer Zöllner auf den Schiffer Detlev Göttjens (Gaetjens) aus Büsum 1810-1811

3251 Regulativ über den Fischfang auf der Elbe 1811-1819
Darin: gedrucktes Exemplar

3252 Misshandlung der Fischer Jochim Kröger und Paul Breckwoldt aus Blankenese durch Leutnant Grove und Quartiermeister Nussbaum 1811

3253 Misshandlungen der Fischer Hans Breckwoldt, Claus Tamcke und Dierck Stehr in Blankenese durch Leutnant Haysen 1811

3254 Bestimmung der Abfahrts- und Landungsplätze an den Elbufern 1811-1812

3255 Auslieferung der von französischen Zöllnern verfolgten französischen Schiffe 1812

3256 Entwurf eines Plans zur Verteidigung der Elbe 1812

3257 Verbot des Verkehrs mit dem jenseitigen Elbufer 1813

3258 Englische Landung bei Sankt Margarethen 1813

3259 Anhaltung der Schiffe der hannoverschen Schiffer Steffens und Meyn durch dänische Matrosen 1814

3260 Verpflichtung der Binnenlandfahrer zur Musterung bei den Enrollierungsbeamten 1817

3261 Anstellung eines preußischen Konsuls am Elbufer 1817

3262 Anwendung des Artikels 108 der Wiener Kongressakte und des Regulativs zur Schifffahrt auf schiffbaren Flüssen auf die Elbschifffahrt 1817-1819

3263 Forderung der Quarantänekommission in Cuxhaven nach Vergütung für die Untersuchung des Gesundheitszustands der Grönlandfahrer 1818-1820

3264 Diebstahl von Ketten der Elbtonnen 1820

3265 Verkauf der Insel Pagensand sowie deren Verhältnis zur Herrschaft Pinneberg 1820-1836

3266 Elbschifffahrtsakte vom 23. Juni 1821 (1642-) 1822-1827
Darin: Druckschriften

3267 Beschränkungen der Fischer aus Blankenese beim Aufziehen verlorener Anker im freien Elbstrom 1832

3268 Wegnahme des von Fischern aus Blankenese geborgenen Schiffs „Aurora“ auf offener Elbe durch Militär aus Hamburg 1832-1834

3269 Verfahren des Elbzollgerichts in Stade gegen den dänischen Schiffer John Burd wegen verweigerter Niederlassung seines Wimpels auf dem Schiff „Syden“ 1833-1834

Königliches Erbhaus

3270 Ehrenbezeugungen für Personen des königlichen Hauses 1774

3271 Reise des dänischen Kronprinzen 1787

3272 Aufhebung der Ehe der Prinzessin Charlotte Friederike und deren Kuratel 1810

3273 Auslandsreise des dänischen Königs 1814-1816

3274 Reisen des dänischen Königs 1825-1833

3275 Titel „Königliche Hoheit“ für die Familie des Prinzen Christian Friedrich, den Prinzen Friedrich Ferdinand, die Prinzessinnen Juliane Sophie und Louise Charlotte 1826

3276 Feier zum Jahrestag des Eintritts des dänischen Königs in den Geheimen Staatsrat 1833

Gemeinschaftliche Rechte und Streitigkeiten des Gesamthauses Holstein

968 Streitigkeiten zwischen der Stadt Rendsburg und den gottorfischen Untertanen in Kuhberg und Tetenhusen wegen des Sankt-Jürgen-Hofs in Rendsburg 1646-1649

969 Bierhandel von Flensburg nach Gottorf 1649

3277 Gottorfische Umschlagsregister und Nachrichten über die Einnahmen des Herzogs von Gottorf 1617-1671

971 Erbforderung des Predigers des Sankt Johannisklosters Heinrich Brummer an der Hinterlassenschaft des Justizrats Andreas Günther 1701-1702

970 Bitten der gottorfischen Regierung um Unterstützung in Rechtsfällen (Subsidial- und Requisitorialschreiben) 1694-1752

972 Rechtshilfegesuche der gottorfischen Regierung (1681) 1702-1710

2512 Gemeinschaftliche Ämterkommission 1606-1708

973 Kommission zur Beilegung der Streitigkeiten zwischen Dänemark und Gottorf 1712

974 Beschwerden des ehemaligen königlichen Kommissars Johann Malmoe in Kiel über Bedrückungen durch den dortigen Magistrat 1721-1723

591 Kapital des Sergeanten Georg Anton von Hövel im Gut Kletkamp und Ansprüche des Kapitäns Benedikt von Ahlefeldt 1731-1733

976 Forderung des Grafen von Bassewitz an den Herzog von Gottorf 1737

975 Forderungen preußischer und anderer Untertanen an den Herzog von Gottorf (1662) 1737

3278 Einwilligung der fürstlichen Regierung in Kiel zur Übergabe eines Musketiers durch Graf von Platen auf Weißenhaus an das Schleswigsche Infanterieregiment 1745-1747

3279 Schuldforderung der Johanna Lucia von Meelen an den gottorfischen Großfürsten 1754

3280 Fürschreiben an die großfürstliche Regierung für die Witwe des Kapitäns Biellart wegen ihrer Forderung an das großfürstliche Generalkriegskommissariat 1755

3281 Fürschreiben an die großfürstliche Regierung für Leutnant von Zögen wegen der Forderung am Gudeschen Nachlass 1757-1758

3282 Beschwerde des Christopher von Paetow auf Höltenklinken über die großfürstliche Regierung wegen einer Vorladung 1756-1758

3283 Forderung der Gebrüder Paetow auf Höltenklinken an die großfürstliche Kammer um Aufstellung von Nachlassinventaren 1762-1763

3284 Vorschlag der großfürstlichen Justizkanzlei zum Schriftverkehr mit der Regierungskanzlei 1773

Abgeteilte Herrschaften

3285 Fürschreiben der Regierung an den Herzog von Plön für den Kandidaten der Theologie Nicolaus Johannsen wegen des Pastorats in Plön sowie für den Advokaten Groth wegen einer Forderung in Plön 1704-1712

3286 Appellation des Domkapitels in Lübeck gegen ein Urteil des Hofgerichts in Plön in einem Konkursfall in Stipsdorf 1705

3287 Klage des Fiskals Zitscher in Rethwisch gegen den ehemaligen Amtsverwalter Venninghausen in Rethwisch wegen dessen Amtsführung 1715-1725
Darin: gedruckte Prozessschriften

3288 Beschwerde des Pensionärs des Amtes Rethwisch über den Herzog von Rethwisch wegen des Pachtvertrags (1718) 1726

3289 Beschwerde der Kanzlei in Plön über ein gemeinschaftliches Mandat an Justizrat Schröder 1735

1005 Klagen der Untertanen im Amt Reinfeld über ungebührliche Belastungen 1736

2545 Zugehörigkeit von Heidekamp zur Kirche in Reinfeld 1755

Statthalterschaft

409 Errichtung, Ernennung, Dienstinstruktionen, Gratulationsschreiben und Personalangelegenheiten 1647-1814

416 Ernennung der Vizestatthalter 1660-1712

2511 Korrespondenz zwischen Statthalter Christian Rantzau und der Regierung 1657-1659

Enthält u. a.: Ausfuhrverbot für Hafer aus dem Amt Steinburg; Suppliken; Errichtung von Schanzen in der Wilstermarsch; Titulatur des dänischen Königs als Reichsfürst; neue kaiserliche Wahlkapitulation; Brandschäden durch schwedische Truppen; Besoldung der Regierungsbeamten; Salinengüter in Lüneburg; Besitzergreifung des Amtes Schwabstedt; Friedensallianz in Deutschland; Bündnis zwischen dem Kaiser und Dänemark; Empfang der holsteinischen Lehen; Bündnis mit Brandenburg; Korrespondenz mit England und Holland; Sieg auf Fünen

410 Korrespondenz zwischen Statthalter Christian Rantzau und der Regierung 1660

Enthält u. a.: Empfang der holsteinischen Lehen; Bestallung des Vizestatthalters Friedrich von Ahlefeldt; Münzangelegenheiten; Feuer in Stade; Schmähschrift des Predigers Breckling, Sundewitt; Brauordnung; Grenze bei Altona; Kirchturmbau in Broden und verweigerter Holztransport auf der Stör durch Itzehoe; Rantzausche Forderung auf Krautsand; Veröffentlichung des Friedens zwischen Dänemark und Schweden; Schauenburgsche Hof in Hamburg; Führung des Titels „Bischof von Lübeck“ durch den Herzog von Gottorf; niederländische Kolonien in Glückstadt; Pastorwahl in Sankt Margarethen; Bestätigung der Privilegien der Stadt Hamburg

411 Korrespondenz zwischen Statthalter Christian Rantzau und der Regierung 1661-1666

Enthält u. a.: Frankfurter Allianz von 1657; Holzlieferung von Rendsburg nach Glückstadt; Kanzlei des Statthalters in Breitenburg; allgemeines Archiv auf Gottorf; Besoldungen der Räte; Reparatur des Deichs in Brunsbüttel; Kontribution; Vier-Städte-Gericht; Zivilkonstitution in der Herrschaft Pinneberg; Salinengüter in Lüneburg; Erdbücher des Domkapitels in Schleswig; Armenhaus in Elmshorn; Grenzstreitigkeiten und Reparatur des Hamburger Sielzugs vor Altona; Römermonat aus dem Herzogtum Holstein

417 Korrespondenz zwischen dem Vizestatthalter Friedrich von Ahlefeldt und der Regierung 1662-1675

Enthält u. a.: Tod des Statthalters Christian Rantzau; Seuche in Flensburg; Territorialhoheit auf der Elbe

412 Korrespondenz zwischen Statthalter Detlef Rantzau und der Regierung 1668-1690

Enthält u. a.: Transport der Hilfstruppen aus Münster; Tod des deutschen Kanzlers; Pest in Österreich; Kirche in Bramstedt; persönliches Verhältnis zur königlichen Familie; Transport schwedischer Truppen; Pastorwahl in Glückstadt; Pest in Lüneburg; Durchmarsch brandenburgischer Truppen; Äbtissinnenwahl in Itzehoe; Kontrabande aus Hamburg für Dünkirchen

2547 Schreiben König Friedrichs IV. von Dänemark an den Vizestatthalter Joachim von Ahlefeldt auf Buckhagen 1704-1721

413 Korrespondenz zwischen Statthalterschaft und Regierung wegen Übersendung der Verzeichnisse der Rechtsfälle der Obergerichte in Glückstadt 1708-1783

414 Korrespondenz zwischen Statthalter Markgraf Friedrich Ernst von Brandenburg-Kulmbach und der Regierung über die Befugnisse des Statthalters in der Landesverwaltung 1733-1737

415 Memorial der Hofrätin von Pröcker gegen den Statthalter Markgraf Friedrich Ernst von Brandenburg-Kulmbach 1738

3290 Weitersendung eines Schreibens von der Kanzlei an die Statthalterschaft 1786

3291 Einsendung von zum Ressort der Statthalterschaft gehörenden Eingaben bei der Landesregierung 1803-1834

85 Beabsichtigte Petitionen von Beamten, Advokaten und Einwohnern der Herzogtümer Schleswig und Holstein zur Einführung einer Repräsentativverfassung 1830-1831

Allgemeine Justiz- und Regierungsangelegenheiten

Verwaltung

2513 Ordnung des Archivs und der Einrichtung der Regierungskanzlei 1760, 1771

418 Mandat zur Befolgung der königlichen Order 1708-1711

526 Eigenmächtige Einführung von Willküren und Beliebungen in einigen Gemeinden, Ämtern und Zünften 1735-1736

1027 Entsendung von Deputierten aus Landschaften und Gemeinden sowie anderen Korporationen und Zünften 1740

3294 Zusammenarbeit von Amtmännern, Magistraten und der Regierung mit dem Magistrat in Hamburg in öffentlichen Angelegenheiten 1746-1751

3295 Maßnahmen der Regierung bei Gefahr im Verzug 1751-1752

3296 Zuständigkeit der Regierungskanzlei in Deichangelegenheiten 1751

3299 Erlass von Verordnungen und öffentlichen Verboten durch die Regierung 1758

3300 Verteilung der gesammelten Gelder zur Entschädigung der sturmflutgeschädigten Untertanen 1758-1759

2649 Manualakten des Land- und Regierungsrats Friedrich Christian de la Roche Gallichon: Manuskript der Abhandlung über Deichrechte [um 1770]

2650 Manualakten des Land- und Regierungsrats Friedrich Christian de la Roche Gallichon 1763-1773
Enthält vor allem: einzelne Rechtsfälle

2651 Manualakten des Land- und Regierungsrats Friedrich Christian de la Roche Gallichon (1763-) 1773-1784
Enthält u. a.: Prozess des Obersachwalters Böckmann gegen de la Roche Gallichon; Hof Steinberg

2652 Manualakten des Land- und Regierungsrats Friedrich Christian de la Roche Gallichon (1733-) 1733-1784
Enthält u. a.: Verkauf der Vorwerksländereien in Haale; Privatkorrespondenz in Schuld- und Geldangelegenheiten; Bücherverzeichnis

3301 Aussonderung und Verteilung der Archive in Plön 1762-1778
Enthält u. a.: Aktenverzeichnisse

3303 Bekanntmachung von Verordnungen, Proklamationen und Befehlen 1729-1814

3305 Einsendung von Suppliken und Eingaben an den Hof in Kopenhagen 1717-1834

3308 Übertragung der gemeinschaftlichen und großfürstlichen Anteile auf den König von Dänemark 1773

3309 Bestätigung von Bestallungen, Konzessionen und Privilegien in den ehemaligen gemeinschaftlichen und großfürstlichen Anteilen 1773

3310 Rangfestlegung für die Ritter des Sankt-Annen-Ordens und die ehemaligen großfürstlichen Bediensteten 1774

3313 Neuerungen bei der Bekanntmachung königlicher Verordnungen in den Kirchen des Fürstbistums Eutin 1783

3314 Aufhebung des Kabinetts 1784

2180 Bestimmung der Wohnjahre und Abschiede in der Herrschaft Pinneberg 1787

3317 Unentgeltliche Veröffentlichung von Bekanntmachungen der Zollbediensteten durch die Prediger 1788

3318 Abgabe bei Veräußerung von Erbpachtstücken 1789

3321 Abfassung von Berichten an die Statthalterschaft bei Unruhen und Empörungen 1794

3323 Einschärfung von Gesetzmäßigkeit, Ordnung und Gehorsam bei Bitten und Beschwerden der Untertanen 1795

3327 Verordnung gegen den Verkauf unbeweglicher Güter an die sogenannte Tote Hand 1799-1831

3328 Einzelne Verkäufe unbeweglicher Güter an die sogenannte Tote Hand 1830-1837

3329 Einstellung von Feierlichkeiten beim Beginn des neuen Jahrhunderts 1800

3331 Veröffentlichung der Verordnungen 1801-1834

3338 Beschränkung der Berichte auf einen Gegenstand 1804-1816

3344 Erhebung der Besitzung Flottbek zu einem Kanzleigut 1805-1807

3347 Ersatz für die Abtretung von Privateigentum zum allgemeinen Nutzen 1806-1811

3350 Expeditionsgebühren der Schleswig-Holsteinischen Kanzlei (1809) 1810-1813

3357 Verbot von Bekanntmachungen der Agenten fremder Mächte 1813

3358 Zahlung der doppelten Steuern von sich im Ausland aufhaltenden Grundstücksbesitzern 1813-1814

3359 Verfügungen der Besitznahmekommission 1814-1815

3360 Aufhebung der durch den Krieg veranlassten Verfügungen 1814

3366 Immobilien des Ressorts der Schleswig-Holsteinischen Kanzlei 1814-1815

3368 Mitteilung über Franzosen in königlichen Diensten 1817

3371 Erteilung von Bescheinigungen an Studenten 1819

3395 Unteilbarkeit der Realprivilegien der privilegierten Grundstücke in den Städten 1826

3404 Rettungsprämien 1829-1834

3407 Verfahren bei Stimmengleichheit in Magistratskollegien 1833

Beamte

1017 Kaiserliches Adelsprivileg für Kanzler Dietrich Reinking 1656-1664

2546 Disziplinaruntersuchung gegen den Justiz-, Kanzlei- und Regierungsrat Jacob Breyer 1704

3304 Ernennung des Maîtres des requêtes Struensee zum Geheimen Kabinettsminister (1770) 1771-1772
Darin: gedruckte Verordnungen

2514 Anstellung von Beamten bei der Landesregierung 1784

3315 Übergabe von Gesuchen um Pensionen aus der Postkasse 1786

3316 Übergabe von Gesuchen um Pensionen aus der Postkasse 1786, 1816

3326 Benennung des Zaren von Russland durch den Kanzleirat von Kannengiesser als seinen Herren 1797-1798

3332 Einführung einer allgemeinen Sporteltaxe (1798-) 1801

3333 Mitteilung des Entwurfs zur Änderung der Witwenkasse in Kopenhagen 1801
Darin: gedruckter Entwurf

3334 Verbot des Tragens autorisierter Zivil- und Militäruniformen 1802

2548 Sporteln der Beamten in den Ämtern (1801) 1802

3339 Uniformen für Justizbeamte, Polizeimeister und Stadtvögte
Darin: Uniformzeichnung, 1805 1805-1835

3346 Änderung der Rangordnung 1808, 1828, 1835

3349 Aufsicht über Privatversorgungs- und Unterstützungsanstalten 1810

3353 Berücksichtigung dänischer Sprachkenntnisse bei der Besetzung von Ämtern 1811-1830

3365 Gebühren der Beamten für Auktionen königlichen Vermögens 1815

3367 Entlassene Beamte mit Pensionen oder Wartegeld 1817

3372 Einzahlung des Advokaten Burdorff in die allgemeine Witwenkasse 1819

3386 Bewilligte Pensionen oder Pensionszulagen sowie abgeschlagene Pensionsgesuche 1823-1834

3388 Angaben über Einnahmen und deren Berechnung in Reichsbankgeld bei Stellenvakanzen 1824

3393 Befreiung der Beamten vom Beitrag zu den Kommunalausgaben 1826

Justiz

162 Vier-Städte-Gericht (1488-) 1655-1678, 1737

2174 Erbschaftsstreitigkeit des Johann Runckel in Hadersleben sowie Erbfolge unter Voll- und Halbgeschwistern 1706

2288 Vormundschaft über Friedrich Lange in Höltenklinken 1798-1799
Enthält u. a.: Administrationsrechnung, 1790-1799

590 Jurisdiktion in der eroberten Stadt Wismar 1676

1026 Bestätigungen von Privilegien, Lehnsbriefen, Bestallungen, Ernennungen und Begnadigungen bei Regierungsantritten der Könige Christian VI., Friedrich V. und Christian VII. von Dänemark 1730-1766

2177 Erbfolge im Amt Segeberg bei Vorhandensein von Geschwistern sowie deren Kindern 1753

3302 Bekanntmachung von Verordnungen des Obergerichts 1767

2179 Rechtsgewohnheiten in den Ämtern und Städten 1769-1796

12974 Prozessfälle des Obergerichts und Landgerichts um 1780-um 1795

12975 Prozessfälle des Obergerichts und Landgerichts um 1780-um 1798
Darin: gedruckte Ordnung zum Prozessverfahren des Landgerichts, 1798

2181 Zwangsmittel zum Vollzug eines Eheversprechens 1802-1831

2182 Erbrechte von Halbgeschwistern in Orten mit Sachsenrecht 1794-1796, 1831

3337 Aufhebung der Privilegien über die Befreiung von der Stadtgerichtsbarkeit und den bürgerlichen Lasten 1804-1807

3348 Vorbeugung und Verkürzung der Landaufteilungsprozesse 1810-1811

3354 Ernennung ständiger Taxatoren 1811-1834

3355 Abstellung des Missbrauchs willkürlicher Namensänderungen 1812

2185 Pfandrecht 1807

3364 Zulässigkeit des Mietbietens von Juden beim öffentlichen Verkauf von Landstellen (1812-) 1814-1815

2187 Adoption der unehelichen Kinder des Barons von Liliencron 1816-1830

3373 Verlust der Rechte dänischer Untertanen bei Annahme eines fremden Bürgerrechts 1819, 1833

3375 Führung des Namen Ehlers durch den Pflegesohn Olsen des Claus Ehlers in Rendsburg 1819

3381 Änderung des Vornamens des Zahnarztes Moses Moresco in Kiel 1821

3382 Benennung der Brigitte Margarethe Fries in Preetz als Madame Fries 1821-1822

3385 Gesetzeskraft für Verfügungen zu Zollabgaben 1822

3391 Anfrage des französischen Chargés d'affaires in Kopenhagen über Art und Bezahlung der Legalisierung von Lebensbescheinigungen 1825

2196 Interpretation von Bestimmungen der Vormünderordnung 1825-1833

3394 Gebrauch der Appellation, Verfahren bei Supplikationen und Einsendung der Entscheidungen der Untergerichte 1826-1829

3396 Namensübernahme des Handlungskommiss Jürgen Nannen Struck und seines Stiefvaters Johann Daniel Köhler in Altona 1826

2308 Abteilung des Zollverwalter Friedrich Clausen von Kaas in Langenfelde mit seinem Sohn aus erster Ehe sowie Legitimierung seines Sohns Jens Adolf Friedrich 1829-1831

3406 Erlaubnis zur Führung des Namens Leda genannt von Hattenstein durch den Advokaten Carl Georg Conrad Schmidt in Oldesloe 1833

Indigenatsrecht

3311 Indigenatsrecht 1776-1804
Darin: gedruckte Exemplare des Indigenatsrecht, 1776

3322 Indigenatsrecht für Hofrat von Hinüber auf Lehmkuhlen 1795

3325 Indigenatsrecht für Dr. med. von Neuendahl in Krempe 1795

3336 Indigenatsrecht für die Söhne der Witwe des Superintendenten Susemihl 1804

3340 Indigenatsrecht für Johann Christoph Ludwig Weisbrodt in Reinbek 1806-1815

3342 Indigenatsrecht für Gastwirt Berghöfer in Itzehoe 1806

3343 Indigenatsrecht für den Grafen Criminil 1806-1807

3345 Indigenatsrecht für Dr. med. Georg Peter Nissen in Wilster 1807

3352 Indigenatsrecht für den französischen Rittmeister Mesmer 1810-1811

3361 Indigenatsrecht für Dr. med. Henning in Segeberg 1814

3363 Indigenatsrecht für den Zollverwalter Miersch in Lütjenburg 1814

3369 Indigenatsrecht für Johann Friedrich Hasse aus Hamburg 1817-1819

3370 Indigenatsrecht für den Kandidaten der Theologie Wilhelm Hinrich Otto Immanuel Kranold 1818-1819

3374 Indigenatsrecht für Carl Harding in Bordesholm 1819

3378 Indigenatsrecht für Christian Friedrich Müller in Kasseedorf 1820

3380 Indigenatsrecht für den Kandidaten der Theologie Johann Friedrich Carl Grosse 1820-1821

3383 Indigenatsrecht für den Gevollmächtigten Lammers in Segeberg 1822

3384 Indigenatsrecht für den Amtskopisten Johann Friedrich Bähr in Segeberg 1822-1823

3387 Indigenatsrecht für Johann Friedrich Hermann Schwarz in Segeberg 1823

3389 Indigenatsrecht für Ferdinand van den Stenhoff im Amt Bordesholm 1823-1824

3390 Indigenatsrecht für den Gevollmächtigten Schenke in Kiel 1824

3397 Indigenatsrecht für Sulpice Vezin in Lütjenburg 1826-1827

3398 Indigenatsrecht für Theodor Friedrich Jaenisch 1826-1827

3399 Indigenatsrecht für den Kollekteur Wilhelm Lefebre in Heide 1826-1827

3400 Indigenatsrecht für Christian Gottfried Richter in Krempe 1827

3401 Indigenatsrecht für den Hebungsgevollmächtigten Gundlach in Itzehoe 1827

3402 Indigenatsrecht für Ludwig Schlanbusch aus Norwegen 1827

3403 Indigenatsrecht für den Zimmermeister Johann Friedrich Haase in Rendsburg 1827

3405 Indigenatsrecht für den Kaufmann Johann Christian Friedrich Quistorp in Neustadt 1833

3409 Indigenatsrecht für den Kandidaten der Theologie Sievert aus Helmstedt 1833-1834

Testamente und Fideikommisse

2518 Testamentarischer Fideikommiss und Prozesskosten der Delinquenten 1678, 1690

2305 Testament der Elsabe Charlotta von Rantzau geb. von Moltke in Itzehoe 1762, 1789

2304 Testament der Gräfin Sophie Magdalena von Dernath geb. von Holstein 1781-1783

12971 Testament der Konventualin Sophie Magdalena Reventlow in Preetz 1791, 1795, 1804

2648 Testament der Catharina Nissen in Glückstadt 1797-1822

2306 Testament des Justizrat Böckmann in Glückstadt 1813-1817

2188 Abschaffung der Testamenterrichtung durch Prediger in den Landschaften Norderdithmarschen und Süderdithmarschen 1821-1829

2647 Testament der Anna Louise von Ahlefeldt geb. von Wedderkop in Preetz 1826-1836 (1903)

Schuld- und Pfandprotokolle

2307 Schuld- und Pfandprotokolle in der Herrschaft Pinneberg (1605) 1699-1829

2178 Schuld- und Pfandprotokolle in Kiel, Oldenburg und Neustadt 1776-1798, 1822

2654 Schuld- und Pfandprotokoll für die Klostervogtei Uetersen und das Kirchspiel Horst 1781-1785

2443 Schuld- und Pfandprotokoll für die Landschaft Süderdithmarschen
Darin: gedruckte Patente und Reglements, 1806 1782-1812

2444 Schuld- und Pfandprotokoll für den Kronprinzenkoog 1791-1811

12972 Schuld- und Pfandprotokoll für das Kloster Preetz 1798-1808

2581 Schuld- und Pfandprotokoll im Gut Seestermühe 1799-1800

2656 Schuld- und Pfandprotokoll für das Gut Övelgönne 1802-1819

2653 Schuld- und Pfandprotokoll für die Krempermarsch und Wilstermarsch 1803-1839

2657 Schuld- und Pfandprotokoll in Bendfeld 1810

2658 Schuld- und Pfandprotokoll in Merkendorf, Bliesdorf, Klein Schlamin und Marxdorf 1810

12973 Schuld- und Pfandprotokoll für das Kirchspiel Kirchbarkau 1812-1813

2655 Schuld- und Pfandprotokoll für das Gut Hasselburg 1815

Presse, Druckwesen, Altertümer und gelehrte Gesellschaften

1020 Königliche Reskripte zur Nutzbringenden Gesellschaft 1653

1018 Konfiszierung der Schmähschriften des Generalmajors von der Wink und des Dr. Kirchmann gegen Kanzleirat Gloxin 1675

1019 Königliches Patent zur Schmähschrift gegen den Geheimrat Christoph Gensch von Breitenau 1703

3293 Herausgabe der Schleswig-Holsteinischen Anzeigen 1750-1817

3297 Zensur einer Abhandlung des Pastors Paulsen in Wedel 1754

3298 Abdruck und Zensur der kleinen Schrift des Oberst von Scheel 1757

3306 Verbot des Nachdrucks 1772

3307 Einfuhrverbot für die Schrift „Apologie de Monsieur le Comte de Bernstorff“ und Einzug vorrätiger Exemplare 1772

3312 Herausgabe der Zeitschrift „Niedersächsisches Allerley“ durch Reimer Rohde in Hamburg 1781

3319 Einsendung einer Zeitungsprobe der „Deutschen Zeitung“ aus Gotha 1790

3320 Herausgabe der anstößigen Wochenschrift „Der niedersächsische Merkur“ in Altona 1792

3324 Angekündigte Übersetzung der Werke Perthions durch Professor Cramer in Kiel 1794

3330 Notwendigkeit landesherrlicher Bewilligungen für den Buchdruck 1800, 1812

3335 Herausgabe eines Intelligenzblatts für Industrie, Landwirtschaft und Handel 1802

3341 Herausgabe einer Schleswig-Holsteinischen Landeszeitung 1805

3351 Mitteilung über den Fund von Altertümern 1810-1833
Darin: gedruckte Aufstellung von Funden zur Mitteilung an die Kommission zur Aufbewahrung der Altertümer

3356 Gründung der Schleswig-Holsteinischen Patriotischen Gesellschaft 1812-1818

3362 Verbotene Flugschriften 1814-1816

3376 Verbot der in Straßburg herausgegebenen Zeitschrift „Der Elsässische Patriot“ 1820

3377 Herausgabe von Zeitungen, Wochen- und Tageblättern 1820

3379 Verbot der Zeitung „Receuil de nouvelles“ 1820

3392 Konzession zur Herausgabe eines Intelligenzblattes für Forstrat Binge 1826

3408 Konzession des Buchdruckers Menck in Hamburg zur Herausgabe eines Wochenblatts und Anlage einer Buchdruckerei in Wandsbek 1833-1834

Grenzen

419 Grenzbesichtigung: Rundschreiben sowie Berichte aus den Ämtern, Städten und Gütern 1746-1749

3292 Jährliche Grenzbesichtigungen 1773-1810

Kriminalfälle

164 Fiskalischer Prozess gegen Christoph Rantzau auf Schmoel und Hohenfelde über die von ihm ausgesprochenen Todesurteile gegen einige Personen wegen Zauberei und Sodomie 1686-1694

165 Untersuchung des gewaltsamen Todes des Christian Albrecht Rantzau auf Bossee 1697-1698
Enthält u. a.: Verhörprotokolle

166 Tötung des Generalmajors Otto Rantzau auf Putlos durch den kaiserlichen Obristen Josias Brede Rantzau bei Poppenbüttel 1698-1699

167 Duell zwischen den Studenten Salvius und Dreesen in Itzehoe 1700

168 Ermordung des Reichsgrafen Christian Detlef Rantzau (Gräflich Rantzausche Blutsache) Band 1 1721-1722 (1901-1902)
Darin: Aufsatz des Staatsarchivdirektors Georg Hille „Der Erwerb der Grafschaft Rantzau durch König Friedrich IV. von Dänemark. Aktenstücke aus dem Staatsarchiv zu Schleswig.“ In: Zeitschrift der Gesellschaft für Schleswig-Holsteinische Geschichte 32 (1902), 1-136 (mit Korrekturen)

169 Ermordung des Reichsgrafen Christian Detlef Rantzau (Gräflich Rantzausche Blutsache) Band 2 1722

170 Ermordung des Reichsgrafen Christian Detlef Rantzau (Gräflich Rantzausche Blutsache) Band 3 1722-1723

171 Ermordung des Reichsgrafen Christian Detlef Rantzau (Gräflich Rantzausche Blutsache) Band 4 1723-1725

172 Ermordung des Reichsgrafen Christian Detlef Rantzau (Gräflich Rantzausche Blutsache) Band 5 1725-1743 (um 1900)
Darin: handschriftliche Abschrift des Aufsatzes: „Geschichte der Ermordung des Grafen Christian Detlef Rantzau im Jahre 1721 und ihre Folgen.“ In: Büsching: Magazin für die neue Historie und Geographie. 15. Theil. Halle 1781, 403-442

173 Ermordung des Reichsgrafen Christian Detlef Rantzau (Gräflich Rantzausche Blutsache): Zeugenprotokolle 1721-1723

174 Prozess gegen Königin Caroline Mathilde von Dänemark und Graf Struensee 1772

Enthält: originale Ausfertigung des Urteils gegen die Königin sowie zwei Bände mit Abschriften von Verhörprotokollen

Kirche

Allgemeines, Episkopalhoheit, Konsistorien, Synode

605 Verordnung zur Aufrechterhaltung der Gottesfurcht und der guten Sitten 1623

608 Bittschriften in Kirchenangelegenheiten 1638-1642

3410 Kirchen- und Armengeschworene 1642-1674, 1711-1772

606 Kirchen- und Konsistorialangelegenheiten 1635-1647

Enthält u. a.: Kirchenordnung; Konsistorialgericht; Schulen; Sonntagsheiligung; Zigeuner und Segensprecher; Krambuden auf den Kirchhöfen; Kirchenzensoren und Kirchenjuraten; Rang der Stadtdiakone und Hardespröpste; Kirchenvisitationen

635 Königliche Verordnungen zur Kirchenvisitation, Einführung gleicher Kirchenzeremonien und Predigerornate sowie gottorfische Verordnung zu Eheverlöbnissen, Aufgeboten und Haustrauungen 1689, 1701

641 Dispense und Verfügungen in Kirchen- und Eheangelegenheiten 1705-1759

645 Vorschlag des Generalsuperintendenten Thomas Clausen zur Abstellung von Unordnungen im Kirchen- und Schulwesen 1722-1723

649 Gerichtsstand in Kirchenangelegenheiten der gemeinschaftlichen adligen Untertanen sowie der in Nachbardistrikten eingepfarrten Untertanen der königlichen Gebiete und der Herzogtümer Gottorf und Plön 1649, 1732-1738

652 Patronatsrecht bei Kirchen unter königlicher Episkopalhoheit 1736-1746

2522 Gerichtsstand der vormals bei königlichen Kirchen eingepfarrten Untertanen 1737

610 Kirchensynoden 1638-1759

658 Zulässigkeit gerichtlicher Versammlungen außerhalb öffentlicher Gottesdienste 1740-1741

3441 Abschaffung der Unwissenheit über die göttliche Wahrheit 1755-1760

3447 Jurisdiktion in Kirchenangelegenheiten über bei Kirchen anderer Herrschaft eingepfarrten Untertanen (1734-) 1757-1764

3459 Bekanntmachung und Zustellung von Kirchenverfügungen sowie Missstände im Pastorat in Borsfloth 1739-1774

3471 Notwendigkeit einer königlichen Bewilligung für Magistrate mit Patronatsrecht bei Veränderungen der Kirchenmitteln 1770

3539 Anordnung eines Unterkonsistoriums für den ehemaligen großfürstlichen Anteil unter Ausschluss der Städte Kiel und Neustadt (1603) 1771-1793

3546 Vorstellungen an die evangelischen Konsistorien und Universitäten in Deutschland über das Religionswesen unter den Händen theologischer Bücherrezensenten 1794
Enthält nur Deckblatt

3591 Einrichtung von Unterkonsistorien in den ehemaligen großfürstlichen und adligen Anteilen sowie Gehalt für die Pröpste 1805-1828

3601 Anleitung des Propstes Callisen in Schleswig zur Bekanntmachung mit den Verordnungen in Kirchenangelegenheiten 1810-1811

3619 Einreichung von Geburts- und Sterbelisten an die Physiki 1816

3645 Vorschläge des Rittmeisters von Sievers zur Verbesserung des religiösen Kults 1821

3672 Tausendjahrfeier zur Einführung des Christentums 1826
Darin: Schrift „Ueber die Taufe König Harald Klacks und den Anfang der Predigt des Christentums durch Anscharius". Schleswig 1826

3673 Anzeige erledigter mit Einnahmen aus königlicher Kasse verbundener Prediger-, Kirchenbediensten- und Schullehrerstellen 1826

Kirchenvisitationen

609 Anordnungen der Kirchenvisitationen 1638-1643, 1685

622 Generalkirchenvisitation in den Ämtern Flensburg, Rendsburg und Schwabstedt sowie der Landschaft Süderdithmarschen 1651
Enthält u. a.: Entwurf einer Schulordnung des Generalsuperintendenten Stephan Klotz

624 Nachrichten über die Patronats- und Episkopalrechte im Herzogtum Holstein und der Herrschaft Pinneberg Pinneberg 1669

625 Ausübung der Patronatsrechte bei Vakanzen in Kirchen und Schulen 1674-1675

626 Beteiligung der Pröpste an den Kirchen- und Schulvisitationen sowie Vorlage des Originals des Ehedispenses bei den Predigern 1674-1684

631 Generalkirchenvisitation des Superintendenten Erdmann 1685-1687

630 Vorstellungen des Superintendenten Erdmann wegen der Kirchenvisitation 1685

633 Kosten der Kirchenvisitationen 1687-1695, 1739-1740

640 Kirchenvisitation des Generalsuperintendenten Schwarz 1705

655 Zeitraum für die Durchführung von Kirchenvisitationen (1687) 1738

661 Einsendung der Kirchenvisitationsberichte an das Oberkonsistorium 1742-1748

3468 Bestimmungen zur Kirchenvisitation 1770

3526 Führung des Examinationsprotokolls in der Grafschaft Rantzau durch Rektor Sievers 1788-1794

3532 Anzeige des Generalsuperintendenten über vorzunehmende Kirchenvisitationen 1790

3534 Rechtskräftigkeit von Entscheidungen der Kirchenvisitatoren 1791-1793

3545 Verordnungen für die Kirchenvisitationen und Aufnahme der Kirchenrechnungen 1794-1801

3553 Generalkirchenvisitation 1796 1797

3558 Generalkirchenvisitation 1797 1798

3569 Erhöhung der Kostenvergütung für Prediger und Kirchenvisitatoren bei Kirchenvisitationen 1801-1811

3570 Generalkirchenvisitation 1799, insbesondere Kirchenarchive 1800-1811

3572 Generalkirchenvisitation 1800 1801

3579 Generalkirchenvisitation 1801 1802

2439 Generalkirchenvisitation von 1802, insbesondere Errichtung von Nebenschulen 1803-1804

Enthält u. a.: Grundriss des Schulhauses in Trittau

3583 Generalkirchenvisitation 1803 1804-1806

3585 Generalkirchenvisitation 1805 1805

3592 Generalkirchenvisitation 1805 1806

3598 Spezialkirchenvistationen in den ehemaligen großfürstlichen und gemeinschaftlichen Anteilen 1809-1817

3606 Fuhrpass für den Generalsuperintendenten zu den Kirchenvisitationsreisen 1813

3611 Vergütung für die Mahlzeiten bei den Kirchenvisitationen 1813-1815

3621 Generalkirchenvisitation in den Propsteien Stormarn, Kiel und Oldenburg 1816-1817

Generalsuperintendent

639 Beschwerde des Kandidaten der Theologie Marcus Keventer gegen den Generalsuperintendeten Schwarz und Propst Hahn in Meldorf 1698-1705

636 Instruktionen für die Generalsuperintendenten 1691, 1723-1768

659 Hilfeleistung für den Generalsuperintendenten durch das Oberkonsistorium bei Nichtbefolgung von Anordnungen durch die Geistlichen 1742

3445 Repertorium des Archivs der Generalsuperintendenten der Herzogtümer Schleswig und Holstein 1759

3456 Votum des Generalsuperintendenten Struensee zur Verbesserung des Kirchenwesens 1763

3476 Umwandlung der Kirchenvisitationsgebühren des Generalsuperintendenten in eine feste Einnahme 1771

3493 Feier des Amtsjubiläums des Generalsuperintendenten Struensee 1780

3508 Tod des Generalsuperintendenten Franz Friedrich Hasselmann und Verwaltung der Generalsuperintendantur 1784-1793

3535 Tod des Generalsuperintendenten Struensee und Verwaltung der Generalsuperintendantur 1791-1792

3541 Bemerkungen des Generalsuperintendenten Callisen über Religion, Schule und Armenwesen 1793

3561 Verhältnis des Generalsuperintendenten zum Propst in der Landschaft Norderdithmarschen sowie Instruktion für die ehemaligen großfürstlichen und gemeinschaftlichen Anteile 1799

3563 Mitteilungen von Entscheidungen in Kirchenangelegenheiten an den Generalsuperintendenten 1800

3565 Wohnung des Generalsuperintendenten 1801-1803

3588 Tod des Generalsuperintendenten Callisen und Verwaltung der Generalsuperintendantur 1806-1807

3595 Übertragung der Generalsuperintendantur im Herzogtum Holstein an den Generalsuperintendenten Adler in Schleswig (1784) 1808-1813

3691 Vorschlag der Generalsuperintendantur zur Anschaffung von Kirchspielschroniken 1830-1831

Pröpste

3602 Verbesserung der Einkünfte der Kirchenpröpste 1811-1813

Prediger und Kirchenbedienstete

2521 Wiederbesetzung der Pastorate und Diakonate in Itzehoe, Segeberg und Süderau 1681-1862

628 Probepredigten in fremden Kirchen und Entlassung der Prediger 1681-1712

660 Eid der Prediger 1742
Enthält nur Deckblatt

3440 Gnadenjahr der Predigerwitwen, Gnadenjahrfuhren und Pensionen für Predigerwitwen 1639-1832

3443 Abgabe für die Küsterwitwe 1757-1758

3444 Anzeige der Prediger von Unordnungen im Kirchensprengel 1758

3451 Anzeige der Prediger von heiratswilligen und zusammen wohnenden Paaren (1727-) 1758-1762

3452 Präsentation von Feldpredigern bei Predigerwahlen durch Kirchenvisitatoren 1762

3455 Eid der angehenden Prediger 1742-1774

3461 Kolloquium von auswärts berufenen Predigern beim Generalsuperintendenten 1764

3462 Mitteilung des Todes entlassener Militärs an das Generalkriegsdirektorium durch die Prediger 1764

3463 Auseinandersetzung von Predigern mit abberufenen Vorgängern und Predigerwitwen 1765-1810

3479 Befugnis von Kirchenpatronen zur Berufung eines Pastorengehilfen 1772, 1804

3486 Präsentation von Predigern in Pfarreien ab einer Einnahme von tausend Mark 1776

3488 Anzeigepflicht der Prediger über außer- oder voreheliche Kinder 1777-1778

3489 Zahlung der Bestallungs-, Ordinations- und Introduktionskosten für die berufenen Prediger 1777-1779

3494 Vergütung von Ordinations-, Bekleidungs-, Vokations- und Bestallungsgebühren angehender Prediger 1781-1793

3495 Einlieferung von Verzeichnissen über geborene, gestorbene und konfirmierte Jungen bei den Enrollierungssessionen durch die Prediger 1782

3505 Ausdehnung der Verordnung von 1755 zu den Abgaben der Prediger an die Witwen ihrer Vorgänger auf den ehemaligen gemeinschaftlichen Anteil 1784-1798

3513 Pension für die Pastorenwitwe Krück in Preetz 1785

3538 Anwendung der Tentaminations-, Ordinations- und Introduktionsgebühren während der Vakanz der Generalsuperintendantur 1792, 1803

3542 Anzeige von Predigervakanzen und deren Wiederbesetzung an die Generalsuperintendantur durch die Pröpste 1794

3544 Verfassung der Geistlichkeit hinsichtlich ihrer Einkünfte, insbesondere der geringen Akzidentien 1794

3547 Erteilung der Predigerstelle in Thumby und Struxdorf an Konrektor Hansen in Glückstadt 1795

3548 Verrichtung der Amtsgeschäfte eines Archidiakons und Diakons bei Vakanz durch die Hauptprediger 1795

3549 Aktenstück über die Akzidentien der Prediger 1796

3556 Bestimmung der Transportkosten bei Besetzung von Predigerstellen 1797-1816

3564 Anfrage des Amtes Cismar zum Gerichtsstand des Gesindes der Prediger und der Kandidaten der Theologie 1800

3581 Predigtamt für den Missionar Lambert Christian Früchtenicht 1803

3584 Verbesserung der Predigereinkünfte 1805-1812

3590 Einsendung der Vorschlagslisten für Predigerwahlen durch die Kirchenvisitatoren 1807-1812

3593 Beitrag der Prediger zu Fuhrleistungen und Kornlieferungen 1808-1812

3605 Adjunkturen bei den Küstern 1812

3615 Anzeige des Justitiars Boie über Pflichtversäumnisse mehrerer Prediger (1814) 1815

3618 Öffentliche Bekanntmachung erledigter Predigerstellen 1816-1834

2526 Änderung der Perikopen in Kiel 1820

3674 Mitteilung der Ernennung des Anton Wilhelm Conrad Schmidt zum Diakon in Schenefeld (Amt Rendsburg) und des Hans Boysen zum Kompastor in Altona 1826

3701 Erstattung von Transportkosten der Prediger durch die Gemeinde 1833

Kandidaten der Theologie

612 Gesuche von Predigern und Kandidaten der Theologie um Predigerstellen 1640-1641, 1786-1794

3425 Kandidaten der Theologie (1655) 1717-1798

3426 Kandidaten der Theologie 1798-1834 (1853)

3512 Mündigkeitserklärungen für Kandidaten der Theologie wegen des Examens und Erwerbs von Predigerstellen 1785-1819

3517 Befreiung des Kantors Hesse in Oldenburg vom Examen bis Michaelis 1786 1785

3518 Befreiung des Konrektors Dose in Rendsburg vom Examen bis Michaelis 1787 1785

3521 Zulassung ausländischer Kandidaten zur Kanzel 1786

3529 Mündigkeitserklärungen für den Kandidaten der Theologie Nicolaus Funcke in Marne und Konrektor Hans Friedrich Nissen in Kiel 1789-1790

3531 Examen des Kandidaten der Theologie Cornelius Schacht in Lunden 1790

3551 Examensbefreiung des Kandidaten der Theologie Detleffsen in Rendsburg (1791) 1797

3552 Examen des Kandidaten der Theologie Carl Bleck aus Kiel vor dem Oberkonsistorium in Schleswig 1797

3554 Befreiung des Theologiestudenten Detlev Lorenz Lübker vom dritten akademischen Jahr 1798

3555 Examen des Kandidaten der Theologie Johann Goos in Schleswig 1798

3559 Examen des Kandidaten der Theologie Brodersen aus Tremsbüttel in Schleswig 1798

3562 Examen des Kandidaten der Theologie Larsen in Schleswig 1799

3566 Examen des Kandidaten der Theologie Hagen in Schleswig 1801

3567 Predigeramt für den Kandidaten der Theologie Hinrich Rundt in Altona 1801

3568 Examen des Kandidaten der Theologie Heinrich Matthias Kochen aus Kiel vor dem Oberkonsistorium auf Gottorf 1801

3573 Präsentation des Kandidaten der Theologie Meyer aus Grömitz zur Diakonatswahl in Rendsburg 1802

3575 Examen des Kandidaten der Theologie Johann August Ostwaldt in Schleswig 1802

3576 Examen des Kandidaten der Theologie Erich Nissen aus Langenfelde in Schleswig 1802

3578 Wahlfähigkeit des Kandidaten der Theologie Engelbrecht in Sankt Margarethen zum Predigeramt 1802

3580 Zulassung des Kandidaten der Theologie Augustini zur Ordination 1803

3603 Examen des Kandidaten der Theologie Jacob Carl Gottlob Koltmann in Schleswig 1811

3612 Examenbefreiung des Kandidaten der Theologie Hans Andreas Friedrich Christian Volquardts aus Haseldorf 1815

3614 Examen des Kandidaten der Theologie Jacob Carl Gottlob Koltmann in Schleswig 1815

3630 Zulassung zur Predigerwahl für den Kandidaten der Theologie Carl Friedrich Christian Hasselmann in Plön 1818

3631 Zulassung zur Predigerwahl für den Kandidaten des Predigeramtes Georg Carl Wilhelm Schmidt in Preetz 1818

3634 Examen des Kandidaten der Theologie Erasmus Carsten Bahnsen aus Curau in Schleswig 1819

3635 Examenszulassung des Organisten Sörensen in Marne 1819

3640 Examen des Kandidaten der Theologie Thiess aus Kiel in Schleswig 1820

3646 Antrag des Predigers Zimmermann in Darmstadt um Mitteilung aller wichtigen Verfügungen zum Kirchenwesen 1822

3647 Examen des Theologiestudenten Lohse aus Neumünster in Schleswig 1822

3664 Examenszulassung des Kandidaten der Theologie Anton Nicolaus Martens aus Lunden 1823

3667 Zulassung zur Predigerwahl für den Kandidaten der Theologie Anton Nicolaus Martens in Glinde 1824

3668 Zulassung zum Predigeramt für den Kandidaten der Theologie Heinrich Sönke Theodor Wolff aus Wilster 1825

3675 Examen des Sohnes des Propstes Schrödter aus Schleswig vor dem Oberkonsistorium in Schleswig 1826

3677 Triennium und Examen des Theologiestudenten Carl Nicolais Kähler aus Hagen 1827

3678 Erlaubnis des Kandidaten der Theologie Georg Hermann Ahrens aus Gettorf zur Bewerbung um Predigerstellen 1827

3682 Zulassung zur Bewerbung um Predigerstellen für den Kandidaten der Theologie Adolph Ulrich Hansen aus Meldorf 1828

3683 Examen des Theologiestudenten Detlef Friedrich Lafrentz aus dem Amt Kiel in Schleswig 1828

3684 Ablegung des Examens in Glückstadt durch den Kandidaten der Theologie Friedrich Lorenz Johann Heinrich Martens aus Dürwade im Herzogtum Schleswig 1828

3687 Examen des Kandidaten der Theologie Jacob Friedrich Hans Leonhard Lund aus Glückstadt in Schleswig 1829

3688 Examen des Kandidaten der Theologie Franz Carl Deckmann aus Rendsburg in Schleswig 1829

3689 Zulassungen zum Examen und zu Bewerbungen um Predigerstellen für Theologiestudenten und Kandidaten der Theologie 1829-1831

3690 Indigenatsrecht zur Bewerbung um Predigerstellen für den Diakon Carl Friedrich Wilhelm Catenhusen in Lauenburg 1830

3694 Ordination des Kandidaten der Theologie Christian Christiansen als Amtsgehilfe des Pastors Schulze in Jevenstedt 1831

3696 Ordination des Kandidaten der Theologie Nagel in Eddelak 1832-1834

3702 Bestätigung der Ordination des Kandidaten der Theologie Eduard Friedrich Grüning in Brüssel 1833-1834

Gottesdienst, Festtage und Kirchenagende

611 Buß- und Bettage bei außerordentlichen Anlässen 1639-1766

632 Feier des großen Buß- und Bettages 1686-1691, 1774-1778, 1808-1816

647 Anwendung der Verordnung der Landschaft Eiderstedt gegen die Sabbatschändung auf die Landschaft Süderdithmarschen 1733

618 Sonntagsheiligung 1630-1816

665 Verbot des Plauderns auf Kirchhöfen nach Beginn des Gottesdienstes und des Überflusses bei Beerdigungen 1745

3428 Beschränkung der Predigt und Anfang des Gottesdienstes 1745, 1831

666 Verlesen der Evangelien und Episteln vor dem Altar 1745

668 Abschaffung des Absingens des Credo und Gloria vor dem Altar 1746

3432 Abschaffung des Maiensetzens in den Kirchen 1750-1784

3453 Einrichtung des Geläuts 1763-1766, 1790

3465 Einschütten des Taufwassers durch die Küster 1766

3470 Katechisation von den Kanzeln in den ländlichen Kirchen 1770-1771

3472 Einstellung und Verlegung von Festtagen sowie Feier des Reformationstages 1764-1774
Darin: gedruckte Verordnungen

3475 Abstellung des lateinischen Singens in den Kirchen 1771-1772

3480 Dank- und Jubelfeste 1756-1817

3481 Nichtwiedereinführung monatlicher Bußpredigten an einigen Orten 1773

620 Fürbitte im Kirchengebet für den Statthalter 1649-1650, 1707-1774

642 Fürbitte im Kirchengebet für den Kaiser 1711-1792

3482 Allgemeines Kirchengebet 1754-1775

3483 Fürbitten und Danksagungen im Kirchengebet für Angehörige des königlichen Hauses 1642-1814

3515 Einführung eines neuen Katechismus 1785-1789

3525 Zulassung der mit Kirchenstrafe belegten Bergenthaler in Ratekau zum Abendmahl in Süsel 1787

3528 Einführung eines neuen Kirchenrituals 1789-1821
Enthält u. a.: Gesuche von Kirchengemeinden um Beibehaltung des alten Rituals

3557 Verfahren gegen den Bauernknecht Heeschen wegen öffentlichen Predigens 1798-1799

3599 Abschaffung der Gastpredigten 1810-1811

Taufe, Konfirmation, Trauung, Abendmahl, Beichte und Beerdigungen

607 Anzahl der Gevattern bei Kindstaufen und Gottesdienstordnung 1636-1650, 1762-1764

634 Abendbegräbnisse und Totenzoll 1687-1749

3411 Totenzoll 1757-1836
Enthält u. a.: Zoll für den Transport der Leiche des Grafen von Qualen durch Neumünster, 1830; Transport der Leiche des russischen Generals Fürst von Abamelek, 1834

3412 Wahl anderer Beichväter 1758-1832

3417 Dispens von öffentlicher Kirchenbuße: königliche Untertanen 1702-1767

3418 Dispens von öffentlicher Kirchenbuße: gemeinschaftliche Untertanen 1727-1765

3419 Dispens von öffentlicher Kirchenbuße: gemeinschaftliche Untertanen 1766-1774

3421 Examen und Konfirmation der Katechumenen 1786, 1804-1831

3422 Examen und Konfirmation der Katechumenen 1828-1834

3424 Abschaffung des Exorzismus bei der Taufe 1735-1776

637 Anmelden der Beichtkinder 1698, 1739-1764

663 Abstellung der besonderen Kommunion und Einführung der öffentlichen Kommunion 1744

627 Wahl anderer Beichtväter 1680-1750

3449 Tauf-, Heirats- und Totenregister 1739-1831 (1863)

3458 Wechsel der Beichtväter 1746, 1764, 1817-1832

3466 Kirchenbuße 1643-1782

3467 Niedersetzen der Leichen in den ländlichen Kirchen während des Gottesdienstes sowie Beerdigungen nach dem Gottesdienst 1769-1803

3473 Beichtanordnung und Beginn des Sonntagsgottesdienstes wegen des Landausschusses 1770

616 Kindstaufe (1643) 1743-1750

3474 Hauskindstaufen und Kindstaufen allgemein 1764-1836

3496 Konfirmation von Kindern des Adels 1782

3511 Taufe eines Mädchen als Jungen 1785

3533 Privatkonfirmation des Sohnes des Soldaten Ludwig Zelcke in Glückstadt und des Sohnes der Witwe Caecilia Henckern in Glückstadt 1791

3540 Morgen-und Abendbeerdigungen auf dem Land 1792-1793

3577 Vorbeugung der Verbreitung ansteckender Krankheiten durch gemeinschaftliches Abendmahl 1802

3587 Unerlaubte Trauung des Lutheraners Merpohl mit der Katholikin Wallmann in Hamburg 1806-1807

3596 Taufscheine für zwei Söhne des Christian Friedrich Stock 1809

3597 Abschaffung der Begräbnisse in den Kirchen 1806-1820

3600 Abschaffung der Beichte im Predigerhaus 1810-1817

3610 Gebühren für Beerdigungen von Militärpersonen und deren Angehörigen 1814-1815, 1832

3669 Fortsetzung des Eheaufgebots durch die Prediger nach einer Einsage (1824) 1825

3692 Anfrage der Kirchenjuraten in Trittau zur Zahlung von Erd- und Glockengeldern bei Aufnahme von Schwiegereltern in Familienbegräbnisse 1830

3699 Begräbnis der Gräfin von Platen im Garten des Gutes Weißenhaus 1833

3703 Wegfall der Gebühren für Taufen und andere geistliche Handlungen im Armutsfall 1833-1834

Ehe

2524 Erläuterung eines Paragrafen der Verordnung über Aufgebot und Trauung 1819

623 Unzulässige Trauungen 1661-1766

3413 Dispense zur Befreiung von der Verlobung und des öffentlichen Aufgebots sowie zur Haustrauung 1752-1774

643 Verlobungen und Trauungen 1712-1720

638 Dispenserteilungen für Heiraten vor Ablauf des Trauerjahres 1700-1784

3429 Ehedispense wegen nahen Verwandtschaftsgrades: gemeinschaftliche Untertanen 1751-1765

3430 Ehedispense wegen nahen Verwandtschaftsgrades: gemeinschaftliche Untertanen 1765-1775

3431 Ehedispense wegen nahen Verwandtschaftsgrades: königliche Untertanen 1636-1764

669 Stille Hochzeiten zur Advents- und Fastenzeit 1746

614 Eheaufgebote und Trauungen 1643, 1678-1745

3435 Aufgebote und Trauungen 1656, 1755-1776

3436 Aufgebote und Trauungen: Militär 1756-1803

3437 Unzulässige und erschlichene Trauungen 1681-1828

3438 Haustrauungen adliger Personen 1751-1774

3439 Aufgebote und Trauungen 1780-1833
Enthält u. a.: Militär; Haustrauungen; Trauung der Tochter des Landsassen Ooster auf Borstel

3442 Gemischtkonfessionelle Ehen 1757-1834

3448 Verbot der Trauung des Marquis de Leyde mit einer Komödiantin 1762

3477 Bestimmungen zum Ehedispens 1649-1776

3478 Verbot einer Trauung der von einem anderen Mann geschwängerten Frauen vor der Niederkunft 1772

3484 Konzessionen zur Haustrauung, Ehedispens und Befreiung von öffentlicher Kirchenbuße 1650-1817

3491 Wiederverheiratung des Kanzlisten Nicolaus Lau vor Ablauf des Trauerjahrs 1779

3497 Ehedispens für Thomas Höpner in Dakendorf zur Heirat mit Christina Schwarten 1783

3516 Ehedispens des Konsistoriums in Ratzeburg für eine Witwe im bei Eichede eingepfarrten Dorf Stubben (Amt Steinhorst) 1785

3520 Weigerung des Pastors Lange in Oldenburg zur Trauung von zwei miteinander verwandten Personen mit Dispens des Domkapitels in Lübeck 1785-1787

3522 Anderweitige Verheiratung des Tagelöhners Wrangel in Brügge 1786-1787

3523 Ehedispens der Witwe Elisabeth Trulsen in Delingsdorf und Verweis für Amtsschreiber Mathiessen 1786

3524 Anfrage des Pastors Andresen in Sülfeld wegen der Wiederverheiratung des westfälischen Leinwandhändlers Beerkorte mit Henriette Kruse in Borstel 1787

3527 Aufhebung der Verlobung zwischen der Witwe Anna Margretha Stangen in Molfsee und dem Dienstknecht Hermann Schröder 1788-1789

3536 Beschwerden des Hauptpastors Meyer in Kiel wegen Eidesmissbrauchs bei einer Trauung außerhalb des Kirchspiels 1791

3616 Erlaubnis für den Schlossprediger Schmidt in Glückstadt zur Trauung von drei Brautpaaren vor Ende der Aufgebotszeit 1815

Kirchengebäude, Kirchengüter, Kircheninventare, Kollekten und Abgaben

2523 Umtragen des Klingelbeutels in Neumünster 1793

2525 Auszug aus der Kirchenrechnung in Hennstedt (Landschaft Norderdithmarschen) 1819-1832

3416 Verordnungen und Verfügungen zu Kollekten 1707-1829

3414 Kollekten, Aussetzen der Becken vor den Kirchentüren, Haussammlungen 1653-1832

3415 Kollekten, Aussetzen der Becken vor den Kirchentüren, Haussammlungen 1654-1830
Enthält u. a.: Kollekte wegen des Brandes von Oldenburg, 1774; Kollekte für Sturmflutgeschädigte, 1825

656 Belegung von Kirchen- und anderen frommen Zwecken dienenden Kapitalien 1739-1740

3446 Übertragung aller Glockengießerarbeiten an den Glockengießer Beseler in Rendsburg 1760

3450 Untersuchung zur Bezahlung der Prozesskosten von Eingepfarrten in Kommunalangelegenheiten aus Kirchenmitteln 1762-1763

3454 Erstellung der Kircheninventare 1763-1812

3460 Verpachtung von Pastoratsländereien 1762-1791

3464 Verbot des Baus von Kirchen, Prediger- und Schulhäusern ohne Einwilligung 1766

3469 Ein- und Auslösung von Pfarrgebäuden 1770-1771

3490 Brandbeiträge der Kirchen- und Schulbediensteten 1778-1779

3492 Privileg zum Orgelbau in den ehemaligen großfürstlichen und plönischen Gebiete für den Orgelbauer Busch in Itzehoe (1779) 1780

3499 Ausstattung der Kirchen mit Blitzableitern 1783

3500 Kollekte für die evangelische Gemeinde in Brünn zum Bau eines Bet- und Schulhauses sowie Kollekte in Wilster für die evangelische Gemeinde in Wien 1783-1784

3501 Beitrag der Halb- und Viertelhufner zu den Kirchenanlagen im Kirchspiel Jevenstedt 1783-1787

3502 Einfriedung und Bepflanzung des den Predigerwitwen Schwarz und Petersen in Grube angewiesenen Landes 1784

3503 Übermäßige Gebührenforderung des Pastors Martini in Plön für eine Militärleiche 1784
Enthält nur: Deckblatt

3504 Brandbeitragsgeld der Kirche in Neumünster 1784-1812

3506 Einpfarrung des Hauses des Holzvogts Roland in Sören bei der Kirche in Bordesholm 1784

3507 Einfriedung des Pastoratsland in Grube 1784

3509 Beihilfe für den Bau einer Orgel in der Johanniskirche in Plön 1784-1785

3519 Bau von Glockenhäusern bei den Landkirchen 1785-1787

3530 Erhöhte Beiträge der bei der Marien-Kirche in Rendsburg eingepfarrten Landgemeinden zu Bau- und anderen Kosten 1789-1793

3537 Lieferung von Glocken für die Herzogtümer Schleswig und Holstein durch den Glockengießer Barthold Jonas Beseler in Rendsburg 1791

3543 Kirchenabgaben von Parzellen 1794

3582 Umgießung der Kirchenglocke in Westerhever durch den Glockengießer Beseler 1805-1806

3608 Genehmigung für öffentliche Kirchenbauten 1813

3617 Ersatz für das Bemergeln der Pastorats-, Küster- und Schulländereien 1815-1816

3620 Veranschlagung von Kirchenreparaturkosten als Real- oder Personallast 1816

3663 Beschränkung des Grundstücksankaufs auf Rechnung der Kirche oder Stiftung bei Konkursen 1823

3693 Beitrag der Militärzivilbeamten zu den Kirchenlasten 1830-1831

Geistliche Bücher und Schriften

617 Druckschrift „Widerlegung der calvinischen Relation vom Colloquio zu Thorn“ von Johannes Hülsemann, Leipzig 1646

644 Verbot und Konfiszierung von Drucken und Schriften gegen das Missionskollegium in Kopenhagen 1718

651 Einführung eines allgemeinen Gesangbuchs 1735-1742

3423 Neues allgemeines Gesangbuch (1742) 1752-1828

653 Konfiszierung der Wertheimer Bibel 1737

629 Bücherzensur 1681-1741

3427 Bücherzensur 1770-1834

3434 Vorrätige Exemplare des Tychsenschen Katechismus beim Buchbinder Schertner in Hadersleben 1752

3571 Choralbücher des Organisten Johann Christian Kittel und des Musikdirektors Apel 1801, 1829-1831

3574 Anstößige Predigt in der Schleswig-Holsteinischen Zeitschrift 1802
Darin: Exemplar der Zeitschrift

3586 Druckschrift des Propstes Johannsen in Flensburg über das vaterländische Kirchenrecht 1806

3625 Predigt des Archidiakons Harms in Kiel beim Reformationsfest und seine Herausgabe von 95 Thesen 1817-1818

3626 Schmähschrift des Konrektors Jebsen in Glückstadt gegen den Landvogt Behrens in Husum 1818

3627 Aufnahme zweier Oberkonsistorialreskripte zum Armenwesen in Wilster in die Provinzialberichte 1818

3633 Gedicht „An und über den Uebersetzer der Streitsätze Luthers“ des Organisten Hansen in Gleschendorf 1818-1819

3638 Theologische Rede des Senators Witthöft in Kiel 1819-1820
Darin: Gesänge zur 27. Jahresfeier der Armenanstalt in Kiel, 1819

3642 Ansprache des Archidiakons Harms zur Teilnahme an der Heidenbekehrung 1821
Darin: gedrucktes Exemplar der Rede

3679 Beabsichtigte Verbreitung theologischer Schriften durch Pfarrer Meier in Hof (Bayern) 1827

3681 Gesuch des Buchhändlers Carl Heider aus Erlangen um Anschaffung der Neuausgabe von Luthers Werken durch die Kirchen in den Herzogtümern 1827

3685 Herausgabe eines wöchentlichen Religionsblattes durch Pastor Vent in Hademarschen 1828-1829

3695 Herausgabe eines Kirchen- und Schulblattes für die Herzogtümer 1831-1832

Fremde Religionsverwandte

646 Schwärmer und Sektierer (1623) 1643-1742

650 Privilegien der Reformierten in den Herzogtümern 1733-1734

3420 Privilegien für die Reformierten in den Herzogtümern 1734, 1781-1782

654 Mährische Brüder 1737-1772, 1810

657 Anschluss des Landvogts und Proviantschreibers Johann Aegidius Stemann auf Helgoland an die Mährischen Brüder sowie sein Tod und Nachlass 1739-1775

662 Ausbreitung der Mährischen Brüder im Amt Segeberg 1743-1744

664 Wegzug des Pastors Mescharosch von Bramstedt nach Herrnhut 1744-1752

667 Wegzug der Witwe des Kapitäns von Jurgewitzky von Rendsburg nach Herrnhut und ihr zurückgelassenes Vermögen 1745-1747
Enthält u. a.: Inventar der Kapitalien und beweglichen Güter in Rendsburg

671 Überlassung der Tochter des verstorbenen Mährischen Bruders Matthias Schwarz an den Mährischen Bruder Reinhard Schick oder an den Magistrat in Oldesloe 1748

3433 Gebrauch der Kirchendisziplin gegen Reformierte 1750

3457 Beerdigung fremder Religionsverwandter 1762-1764

3485 Anzeige des Pastors Matthiae in Rendsburg über Eingriffe der römisch-katholischen Kirche in die Gerechtsame der evangelisch-lutherischen Kirche wegen der Proselyten 1775

3498 Übertritt des Fräulein Hildebrandt in Glückstadt zur katholischen Kirche 1783-1784

3510 Übertritt der Veronika Hecht in Neumünster zur katholischen Kirche 1785

3514 Anfrage des Magistrats in Oldenburg wegen der Erlaubnis zu Gevatternschaften für Katholiken und Reformierte sowie deren Beerdigung 1784-1785

3560 Übertritt von zwei Juden zum Christentum 1798

3589 Katholische Erziehung der Kinder des Matthias Bruhn in Oldenburg 1806-1807

3594 Aufnahme eines unehelich geborenen erwachsenen Mädchens jüdischer Eltern in Molfsee in die christliche Kirche 1808

3604 Übertritt der Jüdin Feilsche Meyer in Elmshorn zum christlichen Glauben 1812

3607 Aufenthalt fremder Religionsverwandter in königlichen Landen 1813

3609 Übertritt des Katholiken Franz Heinrich Westenhof in Glückstadt zur lutherischen Kirche 1813-1814

3622 Trauung eines katholischen Brautpaars in Itzehoe 1817

3623 Heirat des jüdischen Kaufmanns Samuel Hartog aus Hamburg mit Johanna Augusta Hecht aus Halberstadt 1817

3628 Übertritt der Jüdin Henriette von Halle in Altona zum christlichen Glauben 1818

3629 Übertritt der Jüdin Sara in Kiel zum christlichen Glauben 1818

3632 Heirat des Separatisten Christoph Lüders in Altona mit der Lutheranerin Catherina Theodora Maria Mosz (1747) 1818

3636 Regelung des Übertritts von der griechischen oder katholischen zur lutherischen Kirche 1819

3637 Notwendigkeit eines Dispenses beim Übertritt von der lutherischen zu einer anderen Kirche 1819

3639 Geistliche Handlungen des katholischen Priesters Asmund von Cahusac in Kiel 1819

3641 Übertritt des katholischen Medizinstudenten Weiss zur lutherischen Kirche 1820

3643 Heirat des Juden Marcus Pincus aus Moisling mit Christina Anna Scharfenberg 1821

3644 Übertritt der Jette Moses zur christlichen Kirche 1821

3665 Übertritt der Jüdin Therese Seelig in Glückstadt zur christlichen Kirche 1823

3666 Konfirmation der Tochter der Witwe Sommer in Ottensen durch einen reformierten Prediger 1823-1824

3670 Taufe und Versorgung eines angeblich jüdischen Jungen in Schenefeld (Amt Rendsburg) 1825-1826

3671 Taufe des Salomon Juda aus Segeberg in Pronstorf 1825

3680 Ehedispens für Salomon Moses in Brunswik zur Heirat mit Eleonore Johanne Louise Sehstedt in Kiel 1827

3697 Erlaubnis zur Heirat mit einer Christin für den Tabakfabrikanten Baruch Philipps in Glückstadt 1833-1834

3698 Heirat des Juden Samuel Philipp Cohn in Hamburg mit Sophie Margaretha Zimpel in Wandsbek 1832-1833

3700 Begräbnis des jüdisch-christlichen Ehepaars Schiff in Kiel auf einem christlichen Kirchhof 1833-1834

Stiftungen

3487 Erkundigung und Bericht der Generalsuperintendenten bei Kirchenvisitationen über die Gründung milder Stiftungen 1776

3550 Mitteilung der Gründungsbriefe und Urkunden der Stiftungen an den Generalsuperintendenten 1797-1798

3648 Öffentliche Stiftungen: Allgemeines 1822-1832
Enthält u. a.: Gesamtinhaltsverzeichnis zu Abt. 11 Nr. 3648 bis 3662; Aktennachweis

3649 Öffentliche Stiftungen: Landschaft Norderdithmarschen sowie Hedwigenkoog und Karolinenkoog (1631-) 1822-1850

3650 Öffentliche Stiftungen: Landschaft Süderdithmarschen sowie Kronprinzenkoog, Sophienkoog und Friedrichsgabekoog (1683-) 1822-1834

3651 Öffentliche Stiftungen: Propstei Rendsburg (1729-) 1822-1828
Enthält u. a.: Rechnung der Hospital-Armenkasse der Stadt Rendsburg, 1821-1822

3652 Öffentliche Stiftungen: Propstei Kiel (1617-) 1822-1850

3653 Öffentliche Stiftungen: Propstei Oldenburg (1704-) 1822-1836

3654 Öffentliche Stiftungen: Propstei Münsterdorf (1651-) 1822-1832
Enthält u. a.: Rechnungen der Stadtarmenkasse, der Schlossarmenkasse und des Armenarbeitshauses in Glückstadt, 1824-1825

3655 Öffentliche Stiftungen: Propstei Segeberg (1718-) 1822-1827

3656 Öffentliche Stiftungen: Propsteien Pinneberg und Altona (1700-) 1822-1837
Darin: gedruckte Gründungsakte des Unterstützungsinstituts in Altona, 1799; Ansicht und Grundriss eines Gebäudes, um 1832

3657 Öffentliche Stiftungen: Propstei Plön (1657-) 1822-1827
Enthält u. a.: Armenrechnung des Altstädter Armenhauses in Plön, 1823-1824

3658 Öffentliche Stiftungen: Propstei Stormarn (1600-) 1822-1834

3659 Öffentliche Stiftungen: Propstei Rantzau (1769-) 1822-1827

3660 Öffentliche Stiftungen: Stadt Neustadt (1344-) 1822-1827
Enthält u. a.: Abschrift der Stiftungsurkunde des Hospitals, 1344

3661 Öffentliche Stiftungen: Stadt Kiel (1771-) 1822-1828

3662 Öffentliche Stiftungen: bei Kirchen des Fürstentums Eutin eingepfarrte Distrikte (1676-) 1822-1825

3686 Gräflich Berkentinsche Wilhelminen-Stiftung 1828-1829

Geistliche Institute und Vereine

3613 Errichtung einer Bibelgesellschaft 1815-1823

3624 Komitee des Christlichen Vereins für Norddeutschland in Hanerau
Darin: Druckschrift „Christliche Sorge für die Zukunft“, 1828 1817-1833

3676 Mission durch die Gesellschaft zur Ausbreitung des Christentums unter den Juden 1826-1827

Konsistorium (Eheangelegenheiten)

648 Verbot der Ehe zwischen Ehebrecher und Ehebrecherin 1737

3704 Verbot der Ehe zwischen Ehebrecher und Ehebrecherin 1737-1826

2199 Ehescheidungsprozess bei böswilligem Verlassen 1753-1826

3705 Gültigkeit des lokalen Rechts für Geistliche der Konsistorien Münsterdorf, Rendsburg und Segeberg bei Erbschafts- und ähnlichen Fällen 1752

3706 Bedenken des Oberkonsistoriums über die Schwängerung zweier Schwestern durch den Musketier Johann Friedrich Esser und über die Gültigkeit seiner Heirat mit einer der Schwestern 1770-1771

3707 Bigamie des ehemaligen Nachtwächters Axel Wilhelm Fabian Apfelsaus in Husum 1779

3708 Trauung durch den emeritierten Pastor Plütschau in Beidenfleth 1784

3709 Eheerlaubnis für Cornelius Meyer und Christina Hamms im Gut Jersbek 1784

3710 Anfrage des Pastors Hasse in Barkau über die Verlobung im ehemaligen großfürstlichen Anteil 1784

3711 Heirat der Margreta von Leesen in Neuenbrook mit Johann Schade 1784-1785

3712 Heirat des Musketiers Johann Putzbacher in Rendsburg mit der Anna Helsing 1784

3713 Anfrage des Pastors Andresen in Sülfeld zur Heirat des Knechts Detlev Dabelstein mit der geistesschwachen Anna Elisabeth Siemers in Nahe 1785

3714 Anderweitige Heirat der Trine Timmen in Süderau 1785

3715 Heirat des Jacob Ahlers in Königsmoor mit der von seinem Onkel geschiedenen Anna Jantzen 1785-1786

3716 Erneuerung der Ehe zwischen Hinrich Hinrichs und seiner geschiedenen Frau Agneta Detlefs in Wesselburen 1785-1786

3717 Wiederverheiratung des Jürgen Döscher in Wilster vor Ablauf der Ehelosigkeitsfrist 1785

3718 Ehedispens des Leibeigenen Detlef Sell im Gut Groß Nordsee 1785-1786

3719 Verlobung der Bauern und Fleckensbewohner vor dem Pastor der Braut 1785-1786

3720 Befreiung vom Eheaufgebot für Johann Daniel Burmeister aus der Uckermark und Benedicta Dwinger in Jersbek 1787

3721 Heirat des Hans Hingst in Oldesloe mit Christina Elsabe Pöhls 1788

3722 Wiederverheiratung der geschiedenen Trincke Offen in Holstenniendorf vor Ablauf der Ehelosigkeitsfrist 1788

3723 Heirat des Jürgen Döscher in Wilster mit der Metta Meyern 1788-1789

3724 Heirat der geschiedenen Sara Peters in Heide mit Wessel Kruse vor Ablauf der Ehelosigkeitsfrist 1788-1791

3725 Trauung des Dr. med. Christian Sigismund Voigt in Heide auf dem Krankenbett 1789

3726 Zahlung der Gebühr für Haustrauungen in der Landschaft Norderdithmarschen an die Landvogtei in Heide 1789

3727 Heirat des Peter Dancker in Stein mit der Schwester seiner verstorbenen Frau 1789

3728 Wiederverheiratung des Schustermeisters Johann Hinrich Burmeister in Oldesloe vor Ablauf der Ehelosigkeitsfrist 1790

3729 Zweite Ehe für Adelheid Edleffsen im Kirchspiel Lunden 1790-1791

3730 Heirat des Schneiders Johann Hinrich Hagen in Kellinghusen mit der geschwängerten Caecilia Margaretha Mellen 1790

3731 Wiederverheiratung des Diederich Nicolaus Witt in Glückstadt vor Ablauf der Ehelosigkeitsfrist 1790-1791

3732 Wiederverheiratung der Witwe Grümmer in Beschendorf vor Ablauf des Trauerjahrs 1790-1791

3733 Wiederverheiratung der Anna Margaretha Hansen in Süderhastedt vor Ablauf der Ehelosigkeitsfrist 1790-1791

3734 Heirat des Jochim Rehpenning in Mielkendorf mit der Witwe seines Bruders 1790-1791

3735 Heirat des Ehebrechers Michael Müller am Helserdeich mit einer Ehebrecherin 1791

3736 Heirat des Webers Hieronymus Christoph Timm Rieken in Sühlen mit Maria Rieken 1791

3737 Heirat des Dienstknechts Hans Wriedt in Felde mit der Witwe seines Bruders 1791

3738 Heirat des Jochim Ohlfsen in Siethwende mit Desche Tiedemann 1792

3739 Heirat der Anna Magdalena Christina Wilhelmina Schulz in Preetz mit ihrem Vetter Hans Andreas Holz in Preetz 1792

3740 Heirat der Witwe Ohlenburg in Wöhrden mit Johann Franzen 1792

3741 Wiederverheiratung der Telsche Groth in Wesseln vor Ablauf der Ehelosigkeitsfrist 1792-1793

3742 Heirat der Witwe Maria Hedwig Rickert in Kirchbarkau mit Friedrich Lucht, Sohn ihrer Schwägerin 1792-1793

3743 Heirat des Johann Joseph Patzner in Elmenhorst mit der Witwe des Scharfrichters Duhm in Jersbek 1793, 1800

3744 Wiederverheiratung der Anna Catharina Hartig in Hemmerwurth vor Ablauf der Ehelosigkeitsfrist 1793

3745 Heirat der geschiedenen Hedwig Margaretha Dorothea Paulsen geb. von Schaumberg in Eckernförde mit dem Regimentsquartiermeister von Schoppe 1793-1794

3746 Aufgebot und Trauung des Asmus Soltau aus Havighorst (Amt Reinfeld) mit Anna Margaretha Möller durch Pastor Wolff in Oldesloe 1793

3747 Trauung des Bauschreibers Carsten Behrends aus Eutin mit Magdalena Dorothea Ribbing in Grömitz durch Pastor Ottens in Altenkrempe (1792) 1793

3748 Bitte des Marx Soeth in Ohrsee um Erlass des Trauerjahrs für Eva Peters (1782) 1793

3749 Heirat des Postschreibers Backmeister in Hamburg mit der Witwe Suck in Wandsbek 1793

3750 Wiederverheiratung des Peter Melcher in Lunden vor Ablauf der Ehelosigkeitsfrist 1794

3751 Heirat des Johann Knüppel in Glückstadt mit der Witwe des Bruders seines Vaters 1794

3752 Wiederverheiratung des Jasper Breyholtz in Itzehoe vor Ablauf der Ehelosigkeitsfrist 1794

3753 Heirat der Witwe Burau in Wandsbek mit dem Bruder ihres Mannes 1794

3754 Heirat des Kätners Balzer Heuer in Lütjensee mit der Witwe seines Bruders 1794

3755 Heirat des Johann Loe in Deichhausen mit der Witwe seines Bruders 1794

3756 Wiederverheiratung des Johann Fründt in Stelle vor Ablauf der Ehelosigkeitsfrist (1792) 1794

3757 Wiederverheiratung des Kommandiersergeanten Ilgern in Kiel vor Ablauf der Ehelosigkeitsfrist 1794-1795

3758 Wiederverheiratung des Johann Kuhrts in Herzhorn vor Ablauf der Ehelosigkeitsfrist 1794-1795

3759 Heirat der Margaretha Wolters in Borsfleth mit dem Ehebrecher Hinrich Langfeld 1794-1795

3760 Heirat des Erbpächters Joachim Ernst Wisser in Treufeld mit der Witwe seines Halbbruders 1795

3761 Heirat des Hans Daniel Schlüter in Wankendorf mit der Witwe seines Bruders 1795

3762 Heirat des Jochim Möller junior in Stördorf mit der Witwe des Stiefbruders seiner Mutter 1796

3763 Heirat des Katholiken Pohlhammer in Kiel mit der Lutheranerin Daentzer 1796

3764 Befreiung vom Eheaufgebot für Abel Steffens in Hochfeld im Kirchspiel Wilster (1792) 1796

3765 Heirat des Claus Witt in Schlichting mit Anna Elisabeth Holm 1796

3766 Heirat des Johann Knut in Neuenbrook mit der von ihm geschwängerten Engel Peters 1796-1797

3767 Heirat des Reimer Thöms in Sankt Annen mit der Schwester seiner Schwiegermutter 1796-1797

3768 Heirat des Johann Friedrich Delfs in Neumühlen in der Herrschaft Breitenburg mit der Witwe des Bruders seiner Mutter 1796-1797

3769 Heirat des Marx Detlef Frahm in Lohe (Landschaft Süderdithmarschen) mit der Witwe seines Bruders 1796-1797

3770 Heirat des Johann Peter Wulff in Neustadt mit der Witwe des Bruders seiner Mutter 1797

3771 Heirat des Hinrich Hansen in Gosdorf mit der Witwe des Bruders seiner Mutter 1797

3772 Heiratserlaubnis für Jacob Hoffmann und Christina Hoffmann in Wewelsfleth 1797

3773 Heirat des Peter Engelbrecht in Wilster mit Friederica Schillings 1797-1798

3774 Heirat des Claus Fock in Silzen mit der Witwe seines Bruders 1797-1798

3775 Anfrage der Prediger in Trittau und Oldenburg wegen des Trauerjahrs vor Wiederverheiratung 1798

3776 Trauung zweier Verlobter auf dem Gut Wittmoldt durch den katholischen Geistlichen aus Glückstadt 1798

3777 Heirat des Hinrich Schroeder in Willendorf mit der Halbschwester seines Vaters 1798

3778 Heirat des Marx Johann Christian Bracker in Itzehoe mit der Witwe seines Bruders 1798

3779 Wiederverheiratung der geschiedenen Margaretha Schade geb. Schlüter in Weddingstedt vor Ablauf der Ehelosigkeitsfrist 1798

3780 Heirat des Claus Peters mit der geschiedenen Ida Margaretha Elisabeth Sothmann geb. Jacobsen in Hademarschen 1798-1799

3781 Heirat der Sophia Wriedt in Felde mit dem Halbbruder ihres Mannes 1798-1799

3782 Heirat der Witwe Bracker in Eiderstede mit dem Sohn der Schwester ihres Mannes 1799

3783 Heirat des Johann Peter Detlef Volbeer in Brunswik mit der Witwe seines Bruders 1799

3784 Heirat des Claus Friedrich Pries in Perdöl mit der Schwester seiner verstorbenen Frau 1799

3785 Wiederverheiratung des Anton Kähler in Itzehoe vor Ablauf der Ehelosigkeitsfrist 1799

3786 Wiederverheiratung der Gretje Ohlandt in Brokdorf vor Ablauf der Ehelosigkeitsfrist 1799

3787 Wiederverheiratung des Johann Voigt in Süderdeich (Landschaft Norderdithmarschen) vor Ablauf der Ehelosigkeitsfrist 1799

3788 Heirat der Margaretha Wilhöft in Suchsdorf mit dem Bruder ihres verstorbenen Mannes 1799

3789 Heirat des Marx Hinrich Plambeck in Wellsee mit der Witwe seines Bruders 1799

3790 Heirat des David Hieronymus Fick im Herzogtum Mecklenburg mit der Witwe des Halbbruders seines Vaters in Grube 1799

3791 Heirat der Witwe Anna Maria Elisabeth Lehmbeck in Jahnshof mit dem Halbbruder ihres Mannes 1799-1800

3792 Heirat der Witwe Abel Dorothea Glüsing in Westerrönfeld mit dem Sohn der Schwester ihres Mannes 1800

3793 Heirat des Peter Dibbern in Uhrendorf mit der Witwe seines Bruders 1800

3794 Heirat der Witwe Catharina Harder in Gadeland mit dem Bruder ihres Mannes 1800

3795 Heirat der Witwe Elsabe Pragst in Löhrstorf mit dem Bruder ihres Mannes 1800

3796 Heirat des Johann Friedrich Reese in Grebin mit seiner Stieftochter 1800

3797 Heirat des Hinrich Hamann in Barensdorf mit Catharina Sophia Lohmann aus Döhnsdorf 1800

3798 Heirat der Witwe Catharina Rugen in Pöschendorf mit dem Bruder ihres Mannes 1800

3799 Wiederverheiratung der geschiedenen Abel Sievers geb. Dohrn in Rethwisch (Krempermarsch) vor Ablauf der Ehelosigkeitsfrist 1800

3800 Wiederverheiratung der geschiedenen Elisabeth Winckelmann geb. Kock in Oldesloe vor Ablauf der Ehelosigkeitsfrist 1800

3801 Heirat des Schulhalters Johann Jochim Carstens in Borsfleth mit der geschiedenen Margaretha Nottelmann 1800

3802 Heirat des Hans Lorenz Vollstedt in Deutsch-Nienhof mit der Witwe seines Onkels 1800

3803 Heirat des Hinrich Barckmann in Ahrensburg mit der Witwe seines Bruders 1800

3804 Heirat des Marcus Lau in Itzehoe mit der von ihm geschwängerten Metta Treden 1800-1801

3805 Wiederverheiratung des Claus Düsch in Averfleth vor Ablauf der Ehelosigkeitsfrist 1800-1801

3806 Heirat des Claus Friedrich Voss in Postfeld mit der Witwe seines Bruders 1801

3807 Heirat des Eggert Vierth in Remmels mit der Witwe seines Onkels 1801

3808 Heirat des Peter Ehlers in Büdelsdorf mit der Witwe seines Bruders 1801

3809 Verweigerung des Hans Jochim Bentfeld in Preetz zu der Trauung mit seiner Braut Catharina Elsabe Sachau 1801-1802

3810 Heirat des Hans Mess in Fischbek mit der Witwe seines Onkels 1801

3811 Wiederverheiratung der geschiedenen Catharina Schack in Hackeboe mit ihrem ehemaligen Mann 1801-1803

3812 Wiederverheiratung des Kaufmanns Becker in Wandsbek vor Ablauf der Ehelosigkeitsfrist 1801

3813 Heirat des Detlef Geerdts in Niendorf (Amt Segeberg) mit der Witwe seines Bruders 1801

3814 Heirat des Detlef Henning Sorgenfrey in Quaal mit der Witwe seines Bruders 1801

3815 Heirat des Johann Hinrich Krabbenhoeft in Sarau mit der Witwe seines Bruders 1801

3816 Heirat der Anna Catharina Brüning in Glückstadt mit dem Ehebrecher Christian Wolff (1800) 1801

3817 Heirat des Peter Dieckmann in Sankt Margarethen mit der Witwe seines Halbbruders 1801

3818 Heirat des Johann Schreyer in Wasbek mit der Ehebrecherin Ida Magdalene Friderica Otten 1801-1802

3819 Wiederverheiratung der Witwe Söthmann in Lütjenwestedt vor Ablauf des Trauerjahrs 1801

3820 Heirat des Claus Ehlers in Wewelsfleth mit der Witwe seines Onkels 1801

3821 Wiederverheiratung der Witwe Sielke Ehlers in Wewelsfleth vor Ablauf des Trauerjahrs 1801

3822 Heirat des Hinrich Junge in Trenthorst mit der Witwe seines Halbbruders 1801

3823 Heirat des Katholiken Vincent Schneider in Wandsbek mit der Lutheranerin Johanna Magdalena Hartoch 1801

3824 Heirat des Claus Dütsch in Averfleth mit Gretje Tecklenburg nach Ehebruch (1800) 1801

3825 Heirat des Casper Tews in Muggesfelde mit der Mutter seiner Halbschwester 1801-1802

3826 Heirat der Witwe Catharina Sinn in Ellerdorf mit dem Halbbruder ihres Mannes 1801

3827 Heirat des Johann Christian Lüders in Wandsbek mit seiner Stieftochter Johanna Maria Graf 1801-1802

3828 Heirat der Witwe Magdalena Dorothea Grimm in Willendorf mit dem Bruder ihres Mannes 1802

3829 Befreiung des Jacob Popp in Sude von der Ehelosigkeitsfrist 1801-1802

3830 Heirat des Detlef Schnoor in Quickborn (Landschaft Süderdithmarschen) mit der Witwe seines Bruders 1802

3831 Wiederverheiratung des Claus Meyer in Brokdorf mit seiner geschiedenen Ehefrau 1801-1802

3832 Ehescheidung zwischen dem Hospitalvorsteher Niels Höstmarck in Vejle und Cathrine Metzie Lund in Glückstadt 1802

3833 Heirat des Hinrich Busch in Nortorf (Wilstermarsch) mit der Witwe seines Bruders 1802

3834 Trauschein für die Witwe Margaretha Hass in Itzehoe 1802

3835 Heirat des Claus Gottfried Koch in Wittenberg mit der Witwe seines Bruders 1802

3836 Heirat der Witwe Magdalena Christina Glau in Schönwohld mit dem Bruder ihres Mannes 1802

3837 Heirat des Erbpächters Johann Heinrich Suhr in Todendorf (Amt Trittau) mit der Witwe seines Bruders 1802

3838 Heirat der Witwe Antje Stühmers in Niendorf im Amt Rendsburg mit dem Sohn ihrer Schwägerin 1802-1803

3839 Wiederverheiratung der Margaretha Schümann in Hohenwestedt vor Ablauf der Ehelosigkeitsfrist 1802

3840 Heirat des Jacob Alpen in Grünental mit der Witwe seines Bruders 1802

3841 Heirat des Detlef Friedrich Plambeck in Postfeld mit der Witwe seines Bruders 1802-1803

3842 Wiederverheiratung der geschiedenen Anna Thiessen in Steinburg vor Ablauf der Ehelosigkeitsfrist 1802

3843 Heirat des Jürgen Hinrich Ruhse in Reinfeld (Amt Reinfeld) mit der Witwe seines Bruders 1802-1803

3844 Heirat des Johann Elsner in Rendsburg mit Anna Catharina Plöhn nach Ehebruch 1803

3845 Eheaufgebot für Hinrich Mess in Dänisch-Nienhof und die Witwe Siegmund 1803

3846 Befreiung des Johann Christian Bruhns in Huje von der Ehelosigkeitsfrist 1803

3847 Heirat der Witwe Sophie Dorothea Kuchel in Oldenburg mit dem Bruder ihres Mannnes 1803

3848 Befreiung der Witwe Catarina Margarcta Voss in Ahrensbök von der Ehelosigkeitsfrist 1803

3849 Heirat des Magnus Sass in Alveslohe mit der Witwe seines Bruders 1803-1804

3850 Befreiung der Antje Junge in Kleve (Landschaft Norderdithmarschen) von der Ehelosigkeitsfrist 1804

3851 Heirat des Joachim Adolph Moritz Braun in Ulzburg mit Jacobine Dreyer (1794-) 1804-18052

3852 Heirat des Insten Wolff Bartram Hoppner in Bellin mit der Witwe seines Bruders 1804

3853 Heirat der Witwe Margarethe Kröger in Bark mit dem Sohn ihres Halbbruders 1804

3854 Befreiung der Witwe Wiebke Kruse in Jützbüttel vom Trauerjahr und öffentlichem Aufgebot 1804

3855 Heirat des Katholiken Johann Rüter in Preetz mit der Lutheranerin Elisabeth Schmidt 1804

3856 Heirat des Christian Johann Kühl in Bovenau mit der Witwe seines Bruders 1804

3857 Heirat des Mennoniten Samuel Johannes Münster in Nortorf (Amt Rendsburg) mit der Lutheranerin Anna Sophia Westphalen 1804-1805

3858 Ehedispense für die Geschiedenen Johann und Anna Maria Siebke in Krempe 1804-1805

3859 Heirat des Jochim Pohlmann in Henstedt mit der Witwe seines Bruders 1804-1805

3860 Befreiung der Ida Lucia Kahl in Müssen von der Ehelosigkeitsfrist 1804-1805

3861 Wiederverheiratung des Jens Christian Jordt in Horst (Gut Horst) (1804) 1805

3862 Heirat des Jochim Friedrich Kabel in Harksheide mit der Witwe seines Stiefbruders 1805

3863 Heirat des Jürgen Gloy in Bekmoor mit der Witwe seines Bruders 1805

3864 Heirat der Witwe Elsabe Margaretha Ströhe in Suchsdorf mit dem Bruder ihres Mannes 1805

3865 Heirat der Margaretha Maas mit Hinrich Witt in Beidenfleth 1805

3866 Ehe des Grafen von Criminil mit der Tochter des Grafen von Schimmelmann 1805-1812

3867 Befreiung der Catarina Dorothea Zarnetzky in Rendsburg von der Ehelosigkeitsfrist 1805

3868 Beschränkung der Ehelosigkeitsfrist für Wilhelmina Carolina Koch in Segeberg 1805

3869 Heirat der Witwe Catharina Spangberg in Oldenburg mit dem Sohn ihrer Halbschwester 1805

3870 Heirat des Georg Gottlieb Schmidt in Brunswik mit Maria Hedwig Bauen nach Ehebruch 1805-1811

3871 Erlass einer Vorschrift über Ehen zwischen verschiedenen Religionsverwandten 1805

3872 Heirat der Dorothea Dicksen in Neumühlen im Amt Kiel mit dem Zuchthausinsassen Andreas Friedrich Wachtmann 1805

3873 Heirat des Jochim Hinrich Paustian in Selent mit der Schwester seiner Mutter 1805

3874 Vernehmung der Ehefrau des Christian Brinck in Oldenburg wegen dessen unerlaubter Verbindung mit Georgine Marie Höferich 1806

3875 Heirat der Witwe Trineke Hoffmann in Odderade mit dem Bruder ihres Mannes 1806

3876 Befreiung der Hanna Elisabeth Sumpf in Rendsburg von der Ehelosigkeitsfrist 1806-1807

3877 Trauung des Jacob August Priess in Großensee mit Maria Louise Bietzen 1806

3878 Befreiung der geschiedenen Margaretha Bahrs in Glückstadt von der Ehelosigkeitsfrist 1806

3879 Verweigerter Trauschein für Hans Hinrich Voss in Meimersdorf 1806

3880 Befreiung der Witwe Metta Maria Hinsch in Wandsbek vom Trauerjahr 1806

3881 Heirat des Reimer Falck in der Blomeschen Wildnis mit der Halbschwester seines Vaters 1806

3882 Heirat der Witwe Peters im Hedwigenkoog mit dem Mutterbruder ihres Mannes 1806

3883 Heirat des Thomas Storm in Heringsdorf mit der Witwe seines Mutterbruders 1806

3884 Heirat des Simon Lange in Elskop mit der Witwe seines Bruders 1806

3885 Ehevereinbarung des Johann Christian Becker in Poppenbüttel mit der Tochter des ehemaligen Predigers Burius in Bergstedt 1807

3886 Heirat des Infanteristen Friedrich Grade mit Clarelina Dorothea Grimmerdahl in Oldesloe 1806-1807

3887 Heirat des taubstummen Hans Hard in Curau mit der Tochter des Einliegers Riemann 1807

3888 Trauung des Musketiers Niels Arvedsen oder Kolloe mit Friederica Dorothea Kagels durch Pastor Stöhr in Preetz 1807

3889 Heirat des Johann Christian Kröger in Ascheberg mit der Witwe seines Bruders 1807

3890 Heirat des Professors Johann Christoph Unzer in Altona mit Hortense le Febvre Milot 1807

3891 Heirat des Katholiken Jean Louis Marin in Altona mit der Lutheranerin Anna Catharina Netzel 1807

3892 Heirat der Witwe Margaretha Hartmann in Oldenhütten mit dem Bruder ihres Mannes 1807

3893 Heirat der Anna Margaretha Keilenberg in Glückstadt mit dem Musketier Johann August Hamann 1807

3894 Befreiung des Peter Tiedemann in Kuhlen von der Ehelosigkeitsfrist 1807-1808

3895 Heirat der Witwe Margaretha Rochus in Brokreihe (Krempermarsch) vor Ablauf des Trauerjahrs 1807

3896 Befreiung der geschiedenen Augusta Elsabe Nickels in Rendsburg von der Ehelosigkeitsfrist 1807

3897 Heirat des Joachim Wendt in Brenkenhagen mit der Witwe seines Bruders 1807

3898 Heirat des Lutheraners Johann Friedrich Francke in Ottensen mit der Katholikin Maria Elisabeth Bernardina Ficken 1807

3899 Heirat des Johann Rudolph Lensch in Dosenbek mit der Witwe seines Bruders 1807

3900 Ehescheidung zwischen dem Katholiken Michael Sancken in Altona und der Lutheranerin Anna Catharina Sancken 1807-1808

3901 Heirat des Thomas Asmus Meinsen in Grebenhagen mit der Witwe seines Bruders 1807

3902 Befreiung vom Eheaufgebot und von der Ehelosigkeitsfrist für Georg Richter Ordnung und die Witwe Margretha Kruse in Kollmar 1807

3903 Heirat des Katholiken Hubertus Clasen in Jevenstedt mit der Lutheranerin Margaretha Poppe 1807-1808

3904 Heirat des Johann Jochim Grümmer in Sipsdorf mit der Witwe seines Onkels 1808

3905 Verbot der Trauung zwischen Hans Timm in Barmstedt und der Catharina Stockfleth durch die Vorsteher der Armenkommune Groß Kollmar 1807-1808

3906 Wiederverheiratung der Witwe Catharina Dorothea Marckmann in Rohe vor Ablauf des Trauerjahrs 1808

3907 Heirat des Johann Netting in Hohenwestedt mit seiner Tante 1808

3908 Heirat der Witwe Wiebke Pahlen in Fockbek mit dem Bruder ihres Mannes 1808

3909 Heirat der Witwe Abel Egge in Averfleth mit dem Bruder ihres Mannes 1808

3910 Heirat der Witwe Catharina Loding in Pölitz mit dem Bruder ihres Mannes 1808

3911 Befreiung des Asmus Wilhelm Grosmann in Plön von der Ehelosigkeitsfrist 1808-1810

3912 Weigerung der Catharina Margareta Reesen in Wattenbek zur Trauung mit Claus Detlev Stange 1808-1810

3913 Heirat der Elisabeth Goldsen in Rendsburg mit dem Musketier Leopold Sterckel 1808

3914 Heirat des Johann Detlev Rohr im Gut Siggen mit der Witwe seines Bruders 1808

3915 Heirat des Johann Detlef Butenschön in Schierensee (Amt Bordesholm) mit der Witwe seines Onkels 1808

3916 Erneuerung der Ehe zwischen Claus Jahrstorff und Anna Fasters in Krempe 1808

3917 Befreiung der Witwe Margareta Dorothea Lebermann in Stockelsdorf vom Trauerjahr 1808

3918 Eheaufgebot für Jens Johann Manglus aus Oldenburg und Abel Dorothea Golchert 1808

3919 Heirat des Schutzjuden Samuel Lazarus Levy in Elmshorn mit Margaretha Bahlmann 1808

3920 Heirat des Johann August Claus in Eckhorst (Gut Eckhorst) mit Auguste Warncke 1808

3921 Heirat der Witwe Anne Margaretha Beermann in Garstedt mit dem Bruder ihres Mannes 1808

3922 Heirat der Witwe Marie Ratjen in Holtdorf mit dem Bruder ihres Mannes 1808

3923 Heirat des Ferdinand Glietz in Rendsburg mit Marie Cathrina Meggersee nach Ehebruch 1808

3924 Heirat des Franz Hinrich Nicolaus Dittmer in Altona mit der Witwe seines Bruders 1808

3925 Befreiung der geschiedenen Catharina Alberz in Itzehoe von der Ehelosigkeitsfrist 1808-1809

3926 Heirat des Hans Friedrich Groth in Engelau mit der Witwe seines Bruders 1808-1809

3927 Heirat des Jacob Junge in Nortorf (Wilstermarsch) mit der Witwe Elsabe Lau 1808-1809

3928 Heirat des Claus Hinrich Hinsch in Braak mit der Halbschwester seiner Mutter 1808-1809

3929 Heirat der Witwe Margareta Ramm in Niendorf im Amt Traventhal mit dem Bruder ihres Mannes 1809

3930 Heirat der Witwe Dorothea Elisabeth Grenze in Wedel mit dem Bruder ihres Mannes 1808-1809

3931 Heirat des Gottfried Evers in Dreggers mit Catharina Margareta Priessen 1809

3932 Heirat des Timm Röschmann in Rendsburg mit Margareta Müller 1809

3933 Befreiung der Witwe Anna Maria Kloth in Sarau vom Trauerjahr 1809

3934 Heirat des Hans Christian Witt in Ascheberg mit der Witwe seines Onkels 1808-1809

3935 Heirat des Detlev Juls in Itzstedt mit der Witwe seines Bruders 1809

3936 Heirat des Carsten Lütje in Schalkholz mit der Witwe seines Bruders 1809

3937 Heirat des Heinrich Schultz in Altona mit der Witwe des Halbbruders seines Vaters 1809

3938 Befreiung der geschiedenen Charlotta Margaretha Ohlsen in Rendsburg von der Ehelosigkeitsfrist 1809

3939 Heirat der Antje Funck in Windbergen mit Carsten Koch nach Ehebruch 1809

3940 Befreiung der geschiedenen Christina Johanna Stegelmann in Rendsburg von der Ehelosigkeitsfrist 1809-1812

3941 Heirat des Christoph Adolph Horn in Waterneverstorf mit der Witwe seines Bruders 1809

3942 Trauung des Marx Lohse in Kleingrönland 1809

3943 Wiederverheiratung der Witwe Anna Catharina Quäler in Glückstadt vor Ablauf des Trauerjahrs 1809

3944 Heirat des Joachim Adam Ludwig Schumacher in Kiel mit Anna Margaretha Reger 1809-1811

3945 Heirat des Hans Mohr in Heede mit der geschwängerten Maria Jonas 1809

3946 Fortführung der getrennten Ehe zwischen Hans Peter Michael und Catharina Elisabeth Wangel in Dockenhuden 1809-1810

3947 Heirat des Reimer Grapp in Warringholz mit der Witwe seines Bruders 1809-1810

3948 Beschwerde des Carl Ludwig Schröder in Itzehoe wegen Verweigerung eines Trauscheins 1809-1810

3949 Heirat des Johann Friedrich Burmeister in Övelgönne mit der Witwe seines Bruders 1810

3950 Heirat der Witwe Boller in Preetz mit dem Bruder ihres Mannes 1809-1810

3951 Heirat des Oboisten Anton Wesmann in Glückstadt mit der Jüdin Maria Wulf 1810

3952 Befreiung der geschiedenen Lucia Friderica Christophine de Charles in Segeberg von der Ehelosigkeitsfrist 1810

3953 Heirat des Müllers Johann Caspar Harms in Övelgönne mit der Witwe seines Bruders 1810

3954 Heirat des Unteroffiziers Sören Lassen Bierleff in Itzehoe mit Juliane Dorothea Darfeldt 1810

3955 Heirat des Katholiken Jean d'Arlon mit der Lutheranerin Anna Maria Schödemann in Altona 1810

3956 Heirat des Casper Drews im Gut Jersbek mit der Witwe seines Bruders 1810

3957 Befreiung des Georg Maas in Altona von der Ehelosigkeitsfrist 1810-1811

3958 Heirat der Dorothea Wörmcke in Pinneberg mit dem geschiedenen Johann Jacob Krohn (1809) 1810-1814
Enthält u. a.: Brief Krohns an seine Frau Anna Maria, 1809

3959 Heirat der Catharina Magdalena Schwarten in Grebenhagen mit Claus Hinrich Wulff 1810-1811

3960 Heirat der Witwe Abel Christina Muxfeld in Nettelsee mit dem Bruder ihres Mannes 1810-1811

3961 Befreiung der Witwe Friderike Luise Juliane Lindholm in Kiel von der Ehelosigkeitsfrist 1811

3962 Heirat der Witwe Friderika Margaretha Otto in Schlamersdorf (Gut Seedorf) mit dem Sohn der Schwester ihres Mannes 1811

3963 Heirat des Hinrich Dabelstein in Bünningstedt mit der Witwe seines Halbbruders 1811

3964 Befreiung des Martin Eggers in Uetersen von der Ehelosigkeitsfrist 1811

3965 Heiratserlaubnis für Johann Ephraim Sanft in Herzhorn 1811

3966 Befreiung der geschiedenen Gretje Dieckmann geb. Rohlfs in Weddingstedt von der Ehelosigkeitsfrist 1811

3967 Gesetzwidrige Verbindung zwischen Anna Dorothea Scharnberg und Johann Peter Johnsen in Trittau 1811

3968 Befreiung der geschiedenen Catharina Maria Bader geb. Brockstedt in Rendsburg von der Ehelosigkeitsfrist 1811

3969 Zweifelhafte Trauung durch Pastor Weller in Gleschendorf (Amt Ahrensbök) 1811

3970 Heirat des Claus Hinrich Thede in Neumünster mit Magdalena Lütjohann 1811

3971 Hindernisse für die Trauung des Vieharztes Philipp Jacob Alt in Gieschenhagen 1811

3972 Heirat des Christian Friedrich Hahn in Altona mit der geschiedenen Frau seines Bruders 1811

3973 Heirat des Katholiken Bertrand Chollet in Altona mit der Lutheranerin Sophie Helms 1811

3974 Hindernisse bei der Heirat des Hartwig Heesch in Eiderstede mit Maria Catharina Bodien 1811

3975 Heirat des unmündigen Harm Heidenreich in Herzhorn mit der Tochter des dortigen Kirchspielvogts Schacht 1811-1812

3976 Heirat des Hans Hinrich Möller in Stockelsdorf mit Anna Catharina Oldenburg 1812

3977 Eheerlaubnis für Eingesessene im Amt Neumünster 1812

3978 Befreiung der geschiedenen Helena Schwenn in Altona von der Ehelosigkeitsfrist 1812-1813

3979 Befreiung der geschiedenen Catharina Mueck geb. Rohwedder in Stockelsdorf von der Ehelosigkeitsfrist 1812

3980 Heirat des Barbiers Wilhelm Eins in Itzehoe 1812-1813

3981 Heirat des Landsoldaten Johann Paetzel aus Ellerau mit Anna Sass in Elmshorn 1812

3982 Heirat des Claus Buhmann in Beldorf mit der Witwe seines Bruders 1812

3983 Heirat des Thies Stubbe in Großwisch mit der Witwe seines Bruders 1812

3984 Heirat des Anton Friedrich Wilhelm Koch in Kiel mit der Witwe seines Bruders 1812

3985 Heirat des Christian Wilhelm Köllner in Kiel mit Lucia Friederica Johnsen aus Eutin 1812

3986 Heirat des Johann Hinrich Timmermann in Lockstedt mit der Witwe seines Halbbruders 1812-1813

3987 Trauschein für Johann Peter Ernst Christian Pechler in Itzehoe 1812-1813

3988 Hindernisse bei der Heirat des Friedrich Büsmann in Neuenbrook 1813

3989 Befreiung des Jochim Friedrich Tessmann in Friedrichshof (Amt Plön) von der Ehelosigkeitsfrist 1813

3990 Voreilige Trauung von Militärpersonen durch Propst Valentiner in Elmshorn 1813

3991 Heirat des J. G. Peter Dücker am Westerdeich mit der Witwe seines Onkels 1813

3992 Heirat des Soldaten Jochim Bebensee in Lensahn mit der Witwe seines Bruders 1813

3993 Heirat des Hinrich Biel in Oering mit der Witwe seines Bruders 1813

3994 Fortsetzung der Ehe zwischen Barthold Lafrenz in Wilster und seiner geschiedenen Frau 1813

3995 Befreiung des Christian Möller in Itzehoe von der Ehelosigkeitsfrist 1813

3996 Heirat des Claus Hinrich Oldenburg in Grebin mit der Witwe seines Bruders 1813

3997 Heirat des Jürgen Kröger im Kronprinzenkoog mit Catrina Thomsen vom Trennewurther Deich (1812) 1813

3998 Befreiung des Leutnants Eduard von Ewald in Wedel von der Ehelosigkeitsfrist 1813

3999 Heirat des Johann Jochim Hagen in Brunstorf mit Margaretha Magdalena Bohlen in Oststeinbek 1813

4000 Befreiung des Johann Conrad Behrens in Wewelsfleth von der Beibringung des Heiratskonsenscheines 1813

4001 Heirat des Peter Rehrbehn in Scholenfleth mit der Witwe seines Bruders 1813

4002 Heirat des Witwers Jochim Johann Stender in Rathjensdorf mit der Stieftochter seiner Frau 1813

4003 Befreiung der Witwe Margaretha Thumann in Wewelsfleth vom Trauerjahr 1813

4004 Heirat der Witwe Beeck in Linden mit dem Bruder ihres Mannes 1813

4005 Heirat der Anna Maria Jagemann in Altendeich mit dem Bruder ihres Mannes 1813

4006 Heirat des Joachim Blanck Gehlen in Friedrichstadt mit der Jüdin Hanne Noah 1813-1814

4007 Heirat des Claus Stoltenberg in Brodersdorf mit der Witwe seines Bruders 1813-1814

4008 Heirat des Claus Hinrich Bünning in Dannau (Gut Rantzau) mit der Witwe seines Bruders 1814

4009 Heirat des Musketiers Claus Rittmershusen mit der Tochter des Unteroffiziers Philipp Roslau in Rendsburg 1813-1814

4010 Befreiung des Johann Friedrich Bender in Altona von der Ehelosigkeitsfrist 1813-1814

4011 Heirat des Claus Rosenfeld in Gaarden mit der Witwe seines Bruders 1814

4012 Aufgebot und Trauung des russischen Obersts Bacconizky und der Tochter des Zollverwalters Penicke in Ulzburg 1814

4013 Heirat des Hinrich Thienappel in Haselau mit der Witwe seines Bruders 1814

4014 Heirat des russischen Kapitäns Alexander von Novaloff mit der Tochter des Gastwirts Schaale in Altona 1814

4015 Anderweitige Verheiratung des Jürgen Witt in Klein Offenseth 1814

4016 Trauschein für Johann Kroll aus Königsberg 1813-1815

4017 Befreiung der geschiedenen Catharina Hartmann in Altona von der Ehelosigkeitsfrist 1814

4018 Heirat des Jürgen Schütt in Brokdorf mit der Witwe seines Bruders 1814-1815

4019 Heirat des Advokaten Schnell mit der geschiedenen Cicilia Kähler in Itzehoe 1814-1815

4020 Heirat der Christiane Dorothea Biehl in Elmshorn mit dem russischen Offizier Wasilowitsch 1814-1815

4021 Heirat des Katholiken Johann Casper Hübers in Preetz mit der Lutheranerin Anna Sophia Friederica Lüneburg 1814-1815

4022 Befreiung der geschiedenen Anna Maria Elisabeth Zander in Segeberg von der Ehelosigkeitsfrist 1814-1815

4023 Heirat der Witwe Catharina Meyer in Westerau mit dem Bruder ihres Mannes 1815

4024 Befreiung des Kommandiersergeanten Brackel in Rendsburg von der Ehelosigkeitsfrist 1815

4025 Heirat des Claus Wiese in Wisch (Kloster Preetz) mit der Witwe seines Bruders 1815

4026 Heirat der Witwe Trine Ladehoff in Fiefbergen mit ihrem Neffen 1815

4027 Heirat der Witwe Catharina Elsabe Kummerfeldt auf der Tangstedter Harksheide mit dem Halbbruder ihres Mannes 1815

4028 Heirat des Eggert Wiese in Wentorf (Kloster Preetz) mit der Witwe seines Bruders 1815

4029 Heirat des Hans Trimm in Schlesen mit der Witwe seines Bruders 1815

4030 Heirat des Peter Plön in Duvenstedt mit Maria Catharina Schade 1815

4031 Heirat des Sohns des Hans Hinrich Wildfang in der Propstei Oldenburg mit der Witwe seines Bruders 1815

4032 Befreiung des Oboisten Friedrich Carl Abel in Rendsburg von der Ehelosigkeitsfrist 1815

4033 Befreiung der geschiedenen Catharina Valentin in Itzehoe von der Ehelosigkeitsfrist 1815

4034 Verweigerte Trauung der Witwe Elsabe Margaretha Dose in der Propstei Plön 1815

4035 Heirat des Witwers Johann Hinrich Fey in Rathjensdorf im Gut Rixdorf mit Sophia Priess in Lebrade 1815

4036 Heirat des Hans Wischmann in Hagen (Amt Segeberg) mit der Witwe seines Bruders 1815

4037 Heirat der geschiedenen Susanne Margaretha Schmalfeldt in Oldesloe mit Hinrich Petermann in Preetz 1815

4038 Heirat der Witwe Margaretha Dorothea Guttau in Manhagen (Gut Manhagen) mit dem Bruder ihres Mannes 1815

4039 Befreiung des Oberkonstablers Hinrich Petersen in Rendsburg von der Ehelosigkeitsfrist 1815-1816

4040 Heirat des Detlef Gabriel Iwens in Raisdorf mit Anna Elsabe Lafrenz 1816

4041 Befreiung des Hans Hinrich Meyer in Oldesloe von der Ehelosigkeitsfrist 1816

4042 Heirat des Katholiken Gottfried Jungblut in Löhrstorf mit der Lutheranerin Margarete Schlüter in Preetz 1816

4043 Heirat des russischen Deserteurs Christian Jochim im Kirchspiel Marne 1816

4044 Heirat des Landsoldaten Peter Andresen in Altenkrempe mit Catharina Steffens 1816

4045 Heirat des Christian Wilhelm Westphal in Neustadt mit der Witwe seines Bruders 1816

4046 Heirat des Johann Jochim Christian Schlichting in Woldenhorn mit Catharina Elisabeth Krümmel 1816

4047 Heirat des Paul Ewald Schleif in Bramfeld mit Anna Margaretha Griem 1815-1816

4048 Heirat des Hans Schnoor in Stockelsdorf mit der Witwe seines Bruders 1816

4049 Heirat des Johann David Sandmann in Berlin (Gut Seedorf) mit Magdalena Dorothea Langen 1816

4050 Heirat des Marx Gliessmann in Alveslohe mit der Witwe seines Halbbruders 1816

4051 Heirat des Claus Ehlers in Bekhof mit der Witwe seines Bruders 1816

4052 Heirat des Katholiken Reinhard Pirad in Altona mit der Lutheranerin Rebecca Sancken außerhalb des Landes 1816-1818

4053 Heirat der Witwer Margaretha Dorothea Strycker in Mönkenbrook mit dem Bruder ihres Mannes 1816

4054 Befreiung der geschiedenen Antje Wallrath in Osterwohld von der Ehelosigkeitsfrist 1816

4055 Heirat der geschiedenen Anna Treede in Eiderstede mit Marx Stange 1816-1822

4056 Anderweitige Verheiratung der Catharina Margaretha Struve in Schönkirchen 1816-1817

4057 Heirat des Kaufmanns August Friedrich Bauer in Itzehoe mit der Katholikin Catharina Elisabeth Wilhelmine Neuhaus 1817

4058 Heirat des Claus Neve in Eiderstede mit der Witwe seines Bruders 1817

4059 Befreiung des Erbpächters Johann Dill in Rehhorst (Amt Reinfeld) von der Ehelosigkeitsfrist 1817

4060 Heirat des Hinrich Olde in Haseldorf mit der Witwe seines Bruders 1817

4061 Befreiung der geschiedenen Magdalena Ruhfert in Drage von der Ehelosigkeitsfrist 1817-1818

4062 Heirat des Hans David Maas in Pohnsdorf (Kloster Preetz) mit der Witwe seines Bruders 1817

4063 Hindernisse bei der Heirat der Maria Bracker in Schönbek 1817

4064 Unerlaubte Heirat des Ehepaares Jochim Hinrich und Catharina Margaretha Wentzel in Wilstedt 1817

4065 Befreiung der Maria Elisabeth Dorothea Tell in Altona von der Ehelosigkseitsfrist 1817

4066 Heirat der Sophia Dorothea Kock in Neustadt mit Johann Hartwig Lange 1817

4067 Heirat des Johann Gottfried Mercklin in Ohe (Amt Reinbek) mit der geschiedenen Catharina Maria Böttger 1817

4068 Heirat des Johann Hinrich Zander in Gieschenhagen mit Friederika Lütjen 1817

4069 Heirat des Detlev Hinrich Martens in Ellerbek mit der Witwe seines Bruders 1817

4070 Heirat der geschiedenen Catharina Dorothea Gerlau geb. Möller in Glückstadt mit Jacob Friedrich Marquard 1817-1818

4071 Heirat des Hans Friedrich Schumacher zu Lindauer Redder mit Catharina Dorothea Jappe 1817

4072 Befreiung der geschiedenen Maria Dorothea Andersen geb. Petersen in Rendsburg von der Ehelosigkeitsfrist 1817-1818

4073 Heirat der geschiedenen Christiana Dorothea Elisabeth Alberts in Wandsbek 1817-1818

4074 Heirat der Witwe Trine Göttsch auf dem Wentorfer Strand 1817-1818

4075 Heirat der Witwe Margarethe Simon in Elmshorn 1818

4076 Heirat des Arrestanten Hans Hinrich Schoof aus Mollhagen und Catharina Dorothea Burmeister aus Mollhagen im Gefängnis in Trittau 1818

4077 Befreiung der geschiedenen Maria Elisabeth Dancker in der Propstei Segeberg von der Ehelosigkeitsfrist 1818

4078 Befreiung des Ratje Wortmann in Vormstegen von der Ehelosigkeitsfrist 1818

4079 Erneuerung der Ehe zwischen Töns Schilling in der Blomeschen Wildnis und seiner Frau Metta Thormählen 1818

4080 Heirat des Hinrich Thot in Bokel im Amt Rendsburg mit der Witwe Antje Dose 1818

4081 Befreiung der geschiedenen Catharina Dittmer geb. Jansen in Klostersande von der Ehelosigkeitsfrist 1818

4082 Befreiung der Sophia Pass in Altona von der Ehelosigkeitsfrist 1818

4083 Heirat des Detlev Hinrich Meinsen in Altona mit Johanna Maria Christina Rettig 1818

4084 Heirat des Peter Wiese in Prasdorf mit der Witwe seines Halbbruders 1818

4085 Heirat des Peter August Schröder in Gieschenhagen mit der Witwe Johanna Maria Friederika Lühsmann 1818

4086 Heirat des Schullehrers Nicolaus Hermann Buck in Stellau (Amt Reinbek) mit der Witwe seines Bruders 1818-1819

4087 Befreiung des geschiedenen Franz Christen in Meldorf von der Ehelosigkeitsfrist 1819

4088 Heirat des Heinrich Christoph Daniel Wessel in Heiligenhafen mit Anna Maria Elisabeth Lachmann 1819

4089 Befreiung der geschiedenen Christina Sophia Maria Munck geb. Howe in Grömitz von der Ehelosigkeitsfrist 1819

4090 Heirat der Witwe Catharina Stoltenberg in Frauenwisch mit ihrem Neffen 1819

4091 Heirat des Unteroffiziers Adolph Wilhelm Lütjens in Glückstadt mit der geschwängerten Elisabeth Wangel 1819

4092 Heirat des Witwers Christoph Claus Hansen in Warderbrück mit seiner Schwiegermutter 1819

4093 Heirat der Witwe Margaretha Dorothea Ahrens in Sülfeld mit ihrem Neffen 1819

4094 Befreiung der geschiedenen Johanna Christina Elisabeth Schilling geb. Nagel in Ahrensburg von der Ehelosigkeitsfrist 1819

4095 Heirat des Schneiders Jochim Brockmüller in Oldenburg mit einer Tochter der Altenteilswitwe Bargholz in Rügge 1819

4096 Heirat des Katholiken Jacques Louis Travers in Altona mit der Witwe seines Bruders 1819-1820

4097 Heirat des Jacob Lange in Oldenfelde mit der geschiedenen Catharina Margaretha Pohlmann 1819-1820

4098 Befreiung des Peter Schrum in Rendsburg von der Ehelosigkeitsfrist 1819-1820

4099 Befreiung der geschiedenen Catharina Margaretha Kelting geb. Körner in Hohenfelde (Amt Steinburg) von der Ehelosigkeitsfrist 1820

4100 Heirat des Katholiken Antoine Fidèle Armand de Ropsy in Altona mit der Lutheranerin Sophia Elisabeth Witt 1820

4101 Ehehindernisse für Christian Lehncke in Itzehoe 1820

4102 Befreiung der Charlotte Elisabeth Westermann geb. Nagel in Ahrensburg von der Ehelosigkeitsfrist 1820

4103 Heirat des Johann Markmann in Wankendorf mit der Witwe seines Bruders 1820

4104 Befreiung der Witwe Engel Margarethe Elisabeth Dose in Kasseedorf vom Trauerjahr 1820

4105 Befreiung der Witwe Margaretha Hedwig Kropp in Kabelhorst vom Trauerjahr 1820-1821

4106 Befreiung des Hinrich Gottfried Kruse in Neversdorf von der Ehelosigkeitsfrist 1820-1821

4107 Heirat des griechisch-orthodoxen Hans Claus Petersen in Dietrichsdorf mit der Lutheranerin Anna Magdalena Catharina Arp aus dem Gut Schrevenborn 1820-1821

4108 Befreiung der geschiedenen Anna Maria Schmüser in Hornsdorf von der Ehelosigkeitsfrist 1820-1821

4109 Heirat des Katholiken Johann Martin aus dem Elsass mit der Lutheranerin Anna Catharina Meier in Neustadt 1820-1821

4110 Heirat des Jürgen Hinrich Trede in Schierensee (Amt Bordesholm) mit der Witwe seines Bruders 1821

4111 Befreiung der geschiedenen Anna Christina Carolina Wriedt in Brunswik von der Ehelosigkeitsfrist 1821

4112 Befreiung der Witwe Meinerz in Neustadt von der Ehelosigkeitsfrist 1821

4113 Gebühren für Prediger und Kirchenbedienstete in Garnisonsorten bei Trauungen von Garnisonsangehörigen am fremden Ort (1820) 1821

4114 Befreiung des Hinrich Timm in Horst (Gut Horst) von der Ehelosigkeitsfrist 1821-1823

4115 Heirat des Witwers Claus Lehmann in Heiligenstedten mit der Schwester seiner Frau 1821

4116 Heirat des Christian Andreas Cordtmann in Schwochel mit Christina Elisabeth Hansen 1821

4117 Heirat des Katholiken Peter Joseph Bartholomaeus Müller in Altona mit der Lutheranerin Johanna Sophia Wilhelmine Harries 1821

4118 Befreiung des Peter Hinrich Kiekebusch in Gnissau vom halben Trauerjahr 1821

4119 Heirat der Witwe Margarethe Stellfeldt in Altona mit ihrem Ehebrecher Joachim Christian Burchardt 1821

4120 Heirat des Johann Friedrich Andreas Studt in Seth (Gut Borstel) mit der Witwe seines Bruders 1821-1822

4121 Befreiung des geschiedenen Jürgen Christopher Lütjohann in Preetz von der Ehelosigkeitsfrist 1821-1822

4122 Heirat des Katholiken Detlev Egidius Kems in Schönberg (Kloster Preetz) mit der Lutheranerin Trina Lamp 1822

4123 Wiederverheiratung der Witwe Catharina Löhndorf im Gut Depenau innerhalb des Witwenjahres 1822

4124 Heirat der Witwe Sielke Hagedorn in Schönberg (Kloster Preetz) mit ihrem Schwager Hans Hoyck 1822

4125 Befreiung der geschiedenen Catharina Carolina Maria Jackzinitz in Altona von der Ehelosigkeitsfrist 1822

4126 Befreiung der geschiedenen Sophia Maria Ahrens geb. Herlin in Altona von der Ehelosigkeitsfrist 1822

4127 Heirat des Katholiken Theodor Lambert Gaude in Altona mit der Lutheranerin Henriette Dorothea Palm aus Hamburg 1822

4128 Heirat des Witwers Hinrich Schlüter in Quickborn (Herrschaft Pinneberg) mit der Schwester seiner Frau 1822

4129 Heirat des Hans Blöcker in Warnau mit Anna Magdalena Köhler 1822-1826

4130 Heirat des Hans Matthias Jungjohann in Damlos mit der Witwe seines Bruders 1822

4131 Befreiung der Witwe Lena Ramm im Hedwigenkoog vom Trauerjahr 1822

4132 Befreiung des geschiedenen Joachim Meyer Diercks in Groß Kollmar von der Ehelosigkeitsfrist 1822-1823

4133 Wiederverheiratung der Witwe Gesa Plaas in Mühlenberg (Herrschaft Pinneberg) 1822-1827

4134 Befreiung der geschiedenen Anna Catharina Möller in Kiel von der Ehelosigkeitsfrist 1822-1823

4135 Heirat der Witwe Catharina Elsabe Stahlen in Damlos mit ihrem Schwiegersohn 1823

4136 Befreiung des geschiedenen Jacob Andersen (Andresen) in Norddeich (Landschaft Norderdithmarschen) von der Ehelosigkeitsfrist 1823

4137 Befreiung der geschiedenen Dorothea Elisabeth Heuer in Altona von der Ehelosigkeitsfrist 1823

4138 Befreiung des Peter Haase in Winseldorf von der Ehelosigkeitsfrist 1823

4139 Befreiung des geschiedenen Claus Hinrich Waage in Itzehoe von der Ehelosigkeitsfrist 1823

4140 Heirat des Katholiken Adrian Martens in Lunden mit der Lutheranerin Anna Magdalena Schwarz 1823

4141 Heirat des Timm Bumann in Berlin (Gut Seedorf) mit der Witwe Blunck vor Ablauf des Trauerjahrs 1823

4142 Befreiung des geschiedenen Detlef Agge in Steinberg (Amt Rendsburg) von der Ehelosigkeitsfrist 1823-1824

4143 Heirat der geschiedenen Anna Catharina Friederika Einsiedel in Rendsburg mit Carl Mahrt 1823-1824

4144 Heirat des Katholiken Alexander Andreas Schröder in Segeberg mit der Reformierten Johanne Wilhelmine Scheel 1824

4145 Befreiung des geschiedenen Peter Hinrich Jens Engeborg in Bordesholm von der Ehelosigkeitsfrist 1824

4146 Befreiung der geschiedenen Anna Gloyer geb. Alpen in Sude von der Ehelosigkeitsfrist 1824

4147 Heirat des geschiedenen Unteroffiziers Heinrich Ranitz in Rendsburg mit Friederica Catharina Burchardi 1824-1828

4148 Heirat des Christoph Daniel Riegen in Altona mit Anna Catharina Hasch 1824-1825

4149 Befreiung der geschiedenen Catharina Maria Otto geb. Schmidt in der Propstei Stormarn von der Ehelosigkeitsfrist 1825

4150 Heirat des Hans Gosau in Wesselburen mit der Zuchthäuslerin Anna Margaretha Hamdorf 1825

4151 Heirat des Georg Friedrich Wittrock in Heiligenhafen mit der geschwängerten Catharina Bock in Großenbrode 1825

4152 Heirat der Ehebrecher Johann Christian Heins und Catharina Maria Rampert geschiedene Kayser in Altona 1825

4153 Befreiung der Gesche Witt geschiedene Köckenhoff in Hainholz von der Ehelosigkeitsfrist 1825

4154 Heirat des Marx Fehrs in Winseldorf mit der Frau seines entwichenen Bruders 1825-1826

4155 Abkürzung der Ehelosigkeitsfrist für den geschiedenen Gevollmächtigten Jochim Reimers in Hohenwestedt 1825

4156 Befreiung der wegen Ehebruchs geschiedenen Margarethe Struve geb. Andresen in Wilster von der Ehelosigkeitsfrist 1825

4157 Befreiung des geschiedenen Heinrich Gottlieb Friedrich Dürrhauer in Altona von der Ehelosigkeitsfrist 1825

4158 Heirat des geschiedenen Oberkriegskommissars und Postmeisters Lawaetz in Oldenburg mit Jeanne Adèle Laurent aus Douay 1825

4159 Heirat der Witwe Margaretha Sophia Dorothea Kahl in Bargfeld (Gut Jersbek) mit dem Bruder ihres Mannes 1825-1826

4160 Befreiung der geschiedenen Johanna Magdalena Borchert geb. Beckmann in Altona von der Ehelosigkeitsfrist 1826

4161 Heirat des Jochim Jacob Suck in Lohe mit seiner Tante Anna Maria Wagner 1826

4162 Anfrage des Advokaten Termöh in Ahrensburg über die Notwendigkeit einer Erlaubnis bei der Heirat mit der Halbschwester des Vaters 1826

4163 Befreiung der geschiedenen Gesche Engel geb. Wilms in Heiligenstedten von der Ehelosigkeitsfrist 1826

4164 Heirat der Witwe Hedwig Stoffers in Nienwohld mit dem Sohn ihrer Schwester 1826

4165 Wiederverheiratung der geschiedenen Magdalena Timm geb. Möller in Aspern vor Ablauf des Ehelosigkeitsfrist 1826

4166 Heirat des Marx Schrum in Lohklindt mit der Witwe seines Bruders 1826

4167 Heirat des geschiedenen Hinrich Muuss in Lutterbek mit Beeke Heckt 1826

4168 Befreiung der Catharina Bollen geschiedene Schmalmack in Elskop von der Ehelosigkeitsfrist 1826-1827

4169 Wiederverheiratung des Witwers Georg Marsian in Glückstadt vor Ablauf des Trauerjahres 1826

4170 Heirat des Katholiken Johann Christian Ludwig Hanstein aus dem Amt Fallersleben im Herzogtum Braunschweig mit der Lutheranerin Johanna Catharina Mathilde Ahrens in Wilster 1826

2200 Ehescheidung zwischen Graf Otto von Blome auf Salzau und Agnes geb. Prinzessin von Sayn-Wittgenstein 1826-1827

4171 Befreiung des geschiedenen Friedrich Georg Wittrock in Heiligenhafen von der Ehelosigkeitsfrist 1826

4172 Heirat des Danger Behr in Reitbrook mit Catharina Magdalena Pohlmann nach Ehebruch 1826-1827

4173 Freiheiten der Mennoniten in den holsteinischen Städten bei Heiraten mit lutherischen Religionsverwandten 1827

4174 Befreiung des geschiedenen Johann Friedrich Böhter in Roge von der Ehelosigkeitsfrist 1827

4175 Befreiung der geschiedenen Henriette Fock geb. Cordts in Pinneberg von der Ehelosigkeitsfrist 1827

4176 Befreiung des geschiedenen J. C. Andersen in Düsternbrook von der Ehelosigkeitsfrist 1827

4177 Befreiung der geschiedenen Johanna Henrica Friederica Pahlandt geb. Scholl in Altona von der Ehelosigkeitsfrist 1827

4178 Heirat des Johann Diercks in Sülldorf mit der Witwe seines Bruders 1827

4179 Heirat des Franz Ernst Ramcke in Rellingen mit der Witwe seines Bruders 1827

4180 Befreiung des geschiedenen Peter Rixen in Neumünster von der Ehelosigkeitsfrist 1827-1830

4181 Heirat des griechisch-orthodoxen Korillo Wulff in Friedrichsgabe (Herrschaft Pinneberg) mit der Lutheranerin Catharina Christina Ehlers 1827

4182 Heirat des Unteroffiziers Johann Georg Friedrich Fleischer in Glückstadt mit der Witwe Anna Engels 1827

4183 Heirat des Christian Beck in Badendorf mit Catharina Behncke 1827-1828

4184 Autorisation an Pastor Quenzel in Glückstadt zur Heirat der Witwe Abel Thormählen (1826) 1827-1828

4185 Befreiung des geschiedenen Johann Christian Saucke in Elmshorn von der Ehelosigkeitsfrist 1827-1828

4186 Befreiung der geschiedenen Cecilia Möller geb. Sommer in Itzehoe von der Ehelosigkeitsfrist (1826-) 1828
Enthält u. a.: Verhörprotokoll

4187 Heirat des Lutheraners Hinrich Hagedorn in Probsteierhagen mit der Katholikin Johanna Rodeck 1828

4188 Heirat des Matthias Diedrich Priess im Gut Rixdorf mit Dorothea Elisabeth Petersen 1828

4189 Heirat des Grafen Otto von Blome auf Salzau mit der Fürstin Clementine Bagration 1828

4190 Ehekonzession und Befreiung von Beibringung eines Taufscheins für Franz Richler in Glückstadt 1828-1832

4191 Befreiung des geschiedenen Johann Christian Klüver im Gut Ascheberg von der Ehelosigkeitsfrist 1828

4192 Erklärung der Ehrlichkeit für die uneheliche Tochter des Bildhauers Jean Pierre Ferdinand Martin in Altona 1828-1834

4193 Heirat des Katholiken Heinrich Kessels in Altona mit der Lutheranerin Emilie Kähler und katholische Erziehung der Kinder 1828-1829

4194 Heirat der Witwe Lüdemann in Garstedt mit dem Bruder ihres Mannes vor Ablauf des Trauerjahres 1828-1829

4195 Heirat der Witwe Anne Paap in Segeberg vor Ablauf des Trauerjahres 1829

4196 Heirat der Witwe Abel Pieper in Fiefbergen mit dem Bruder ihres Mannes 1829

4197 Heiratsbewilligung und Befreiung von der Zuchthausstrafe für Johann David Tecklenburg und Anna Magdalena Brandt in Altona 1829

4198 Heirat des Katholiken Jacob de Castro in Altona mit der Lutheranerin Wilhelmine Link aus Hamburg 1829

4199 Heirat des Nicolaus Heinrich Winter in Altona mit der Witwe Ostayke 1829

4200 Erlass der Gebühren für Haustrauungen für Carl Friedrich Albers im Hedwigenkoog 1829

4201 Heirat des Katholiken Everard Hacke in Altona mit der Lutheranerin Johanna Catharina Juliane Lang 1829

4202 Heirat des Thies Bahr in Brickeln mit der Witwe seines Bruders 1829

4203 Heirat des Matrosen Jens Christian Herscher in Rendsburg mit Maria Christina Urbahn in Fockbek nach Ehebruch 1830

4204 Auseinandersetzung zwischen Konsistorialrat Quenzel in Glückstadt und Pastor Kroymann in Herzhorn wegen Verlobungsgebühren 1830

4205 Befreiung des geschiedenen Detlef Heger in Wisch (Kloster Preetz) von der Ehelosigkeitsfrist 1830

4206 Heirat des Simon Timm in Krupunder mit Anna Elsabe Gätjens 1830

4207 Schwierigkeiten bei Eheaufgeboten dänischer Untertanen in Hamburg 1830-1831

4208 Heirat des Claus Thedens Rehn im Hedwigenkoog mit der Witwe seines Bruders 1830

4209 Verkürzung der Ehelosigkeitsfrist für den geschiedenen Hans Nicolaus Dresler in Glückstadt 1830

4210 Heirat des Johann Kühl mit der Witwe seines Bruder in Barmstedt 1830

4211 Anullierung der Ehe zwischen dem Schiffskapitän Knud Petersen Klein und Margarethe Klein in Altona 1830-1834

4212 Haustrauung zwischen Michael Klinkhammer in Ratjensdorf im Kirchspiel Heiligenhafen und Anna Catharina Grapengeter 1831

4213 Heirat des Johann Christoph Clasen in Meggerkoog mit der Witwe seines Halbbruders in Rendsburg 1831

4214 Befreiung der geschiedenen Nancy Wüstenfeldt in Blankenese von der Ehelosigkeitsfrist 1831

4215 Heirat des Friedrich Wilhelm Lohmann in Altona mit Anna Charlotte Perleberg nach Ehebruch 1830-1831

4216 Heirat des Claus Hinrich Cornils in Ohlenfelde im Amt Reinfeld mit der Witwe seines Stiefsohns 1831

4217 Befreiung der geschiedenen Catharina Rowehr geb. Thöming in Westerrönfeld von der Ehelosigkeitsfrist 1831

4218 Befreiung des geschiedenen Marcus Jacob Leutholz in Itzehoe von der Ehelosigkeitsfrist 1831

4219 Befreiung der Witwe Catharina Margaretha Dorothea Ahrens in Altona vom Trauerjahr 1831

4220 Heirat des Hans Göttsche in Schönberg (Kloster Preetz) mit der Witwe seines Bruders 1831

4221 Heirat des Christian Caspar Bahrenholdt in Lockstedt mit Catharina Sumfleth nach Ehebruch 1831

4222 Haustrauung ohne Aufgebot durch den reformierten Prediger Benscher in Kiel 1831-1832

4223 Heirat des Katholiken Benjamin Schmidt in Preetz mit der Lutheranerin Margaretha Dorothea Lübker 1832

4224 Heirat des Claus Heinrich Jessen in Preetz mit der Witwe seines Bruders 1832

4225 Heirat des Johann Carsten Brandt in Mühbrook mit der Witwe seines Bruders 1832

4226 Anfrage des Pastors Harding in Neumünster über die Notwendigkeit eines Dispenses bei Heiraten mit der Stieftochter 1833

4227 Heirat des Hieronymus Wigand Schröder in Plön mit Dorothea Wohlers nach Ehebruch 1833

4228 Befreiung der Tochter des Inspektors Vest auf Seedorf vom Trauerjahr 1833

4229 Heirat des Katholiken Erhard Louis Rudolph Androwsky in Kiel mit der Lutheranerin Johanna Margaretha Gabriel 1833

4230 Befreiung der geschiedenen Margaretha Boll in Ecklak von der Ehelosigkeitsfrist 1833-1834

4231 Befreiung der Witwe Anna Magdalena Dorthea Hildebrandt in Stapelfeld vom Trauerjahr 1833

4232 Befreiung der geschiedenen Margaretha Sebellin geb. Graumann in Bornhöved von der Ehelosigkeitsfrist 1833-1834

4233 Schließung der in Bahia verabredeten Ehe zwischen Nicolaus Heinrich Witt aus Bahia und der Witwe Marie Sophie Caroline Fülleborn in Oldesloe 1833-1834

4234 Heirat des Martin Suck im Billwerder mit seiner Stiefmutter 1834

4235 Heirat der geschiedenen Maria Soeth geb. Heinrichs in Hellschen mit Hans Schröder nach Ehebruch 1834

4236 Befreiung der geschiedenen Dorothea Johanna Tilgner geb. Dohm in Oldenburg von der Ehelosigkeitsfrist 1834

4237 Befreiung der Frau des Thies Kruse in Klostersande vom Verbot der Ehe zwischen Ehebrechern 1834

Zuchthaus

592 Bau des Zucht- und Werkhauses in Glückstadt sowie die Beiträge der Städte, Ämter, Gemeinden und adligen Güter 1734-1750

589 Überlassung eines Platzes am Rethövel bei Glückstadt zum Bau eines Zuchthauses 1640-1736

593 Betstunden im Zuchthaus in Glückstadt 1737

594 Einrichtung eines Lombards im Zuchthaus in Glückstadt 1742

595 Abschaffung der Polizeireiter und Verwendung der Polizeireitergelder für das Zuchthaus sowie Beiträge der Städte und Gemeinden in die Zuchthauskasse 1745-1775

596 Strafzahlung des Landrats von Ahlefeldt auf Friedrichsgabe an das Zuchthaus in Glückstadt wegen versäumten Ehedispenses 1746

597 Verbot der Aufnahme von Personen in das Zuchthaus ohne richterliches Urteil und ohne Immediatorder 1749

4238 Behandlungskosten für die geschlechtskranke Zuchthäuslerin Anna Engel Peters in Glückstadt 1750-1751

4239 Beerdigung des durch Selbstmord verstorbenen Zuchthäuslings Claus Jessen aus Marne 1751

4240 Ablegung der Zuchthausrechnung bei der Rentekammer durch Provisor Peter Dame 1751

4241 Versetzung eines Zelts beim Lombard in Glückstadt durch Leutnant von Klenow 1752-1753

4242 Bezahlung von Alimentengeldern für zwei Zuchthäusler aus dem Herzogtum Bremen 1759

4243 Auslieferung des entflohenen Zuchthäuslers Hinrich Blome aus Hamburg 1762

4244 Verzeichnisse der im Zuchthaus auf unbestimmte Zeit sitzenden Insassen 1763-1786

4245 Kirchenzugehörigkeit des Zuchthausküsters 1763-1764

4246 Aufnahme der Zuchthäusler aus dem Herzogtum Plön im Zuchthaus in Glückstadt 1763

4247 Forderung des Grafen von Decken in Freiburg nach Befragung von Zuchthäuslern wegen einer Feuerdrohung des ehemaligen Zuchthäuslers Tegtmeier 1775

4248 Armutsbescheinigung der Kommunen für Zuchthäusler 1775

4249 Anleihe des Zuchthauses in Glückstadt auf Depositengelder des Herzogtums Plön 1775-1776

4250 Ernennung der Oberinspektoren des Zucht- und Werkhauses in Glückstadt 1776

4251 Sekretariat bei der Direktion des Zucht- und Werkhauses in Glückstadt 1776-1806, 1845

4252 Rechnung des Scharfrichters Engel über die Hinrichtung der Zuchthäuslerin und Kindsmörderin Karen Sörens aus Hadersleben 1777

4253 Einsendung der Krankengeschichte bei Einlieferung einer wahnsinnigen Person in das Zuchthaus 1782

4254 Verpflegungskosten für die wahnsinnige Frau des desertierten Musketiers Meuxner 1784

4255 Transport der auf Island zur Zuchthaus- oder Festungsarbeit verurteilten Verbrecher 1788

4256 Zuchthauspastorat 1763-1826

4257 Aufnahme der Wahnsinnigen aus dem Zuchthaus in Neumünster und aus dem großfürstlichen Distrikt in das Zuchthaus in Glückstadt 1789

4258 Aufnahme der wahnsinnigen Ehefrau des Johann Bartels aus Marne in das Zuchthaus in Glückstadt 1789

4259 Reisegeld für entlassene Zuchthäusler 1790

4260 Verpflegungskosten für einen später als wahnsinnig befundenen Zuchthäusler 1790

4261 Vorschuss von Sustentationsgeldern für das Zuchthaus 1794

4262 Handarbeit der für die Pflege der Kranken zuständigen Zuchthäusler 1795

4263 Verfahren bei Einlieferung kranker oder körperlich geschädigter Zuchthäusler 1795-1797

4264 Einlieferung von bei Privatstreifen aufgegriffenem losem Gesindel in das Zuchthaus ohne Aufnahmeorder 1796

4265 Flucht der Zuchthäusler Claus Friedemann und Bertel Christensen aus dem Zuchthaus in Glückstadt 1796-1799

4266 Anweisung an den Physikus Dr. Koch in Glückstadt zur vierteljährlichen Ablieferung einer Liste der Wahnsinnigen im Irrenhaus in Glückstadt bei der Oberinspektion 1796

4267 Einkleidung und Reinigung der Verbrecher vor Einlieferung in die Zuchthäuser 1798-1802, 1847

4268 Trennung des Irrenhauses vom Zucht- und Werkhaus in Glückstadt 1798-1799

4269 Erhöhung der Verpflegungs- und Detentionsgelder für die Zuchthäusler im Zucht- und Werkhaus in Glückstadt 1800-1813

4270 Ansetzung von Zuchthäuslern zum Seedienst 1801

4271 Unterstützung zur Aufrechterhaltung des Zuchthauses in Glückstadt 1801

4272 Verbesserte Einrichtung der Zuchthäuser und des Irrenhauses nach Errichtung eines Zwangsarbeitshauses für beide Herzogtümer 1802-1830

4273 Transport von Zuchthäuslern von Glückstadt nach Neumünster 1803

4274 Zutritt der Ehefrau und der Kinder des Zuchthäuslers Claude Poincelet in das Zuchthaus in Glückstadt 1804

4275 Vergütung für Alimente an Zuchthäusler von Helgoland 1804

4276 Flucht von Zuchthäuslern aus dem Zuchthaus in Neumünster 1805

4277 Aufnahme der wahnsinnigen Dienstmagd Lenne Christina Hansen aus dem Fürstentum Lübeck in das Irrenhaus in Glückstadt 1805

4278 Untersuchung über den Fluchtversuch der Zuchthäusler Stanislaus Grochowsky und Franz Heinrich Lütje aus dem Zuchthaus in Neumünster 1806-1807

4279 Anfrage der Landvogtei in Stapelholm nach Befragung der Zuchthäuslerin Stina Harms in Glückstadt 1807

4280 Transport des zur Landesverweisung verurteilten Zuchthäuslers Johann Daniel Severin 1808

4281 Fluchtversuch der Zuchthäusler August Ludwig Richter und Johann Hinrich Friedrich Müller aus dem Zuchthaus in Neumünster 1808-1809

4282 Anfrage des Polizeimeisters in Kiel nach Befragung einiger Zuchthäusler in Glückstadt wegen Untersuchung des in Kiel inhaftierten Scherenschleifers Johann Peter Lutz 1809

4283 Untersuchung gegen den Zuchthausvogt Peter Lepel in Glückstadt wegen Schwängerung der Zuchthäuslerin Catharina Elsabe Bruhns 1810

4284 Verlängerte Strafzeit der erkrankten Zuchthäusler in Neumünster 1810-1811

4285 Flucht von Zuchthäuslern aus dem Zuchthaus in Neumünster 1813-1815

4286 Pass und Reisegeld für zu entlassende Zuchthäusler 1813-1816, 1836-1847

4287 Ausbruch des Zuchthäuslers Hinrich Wolters aus dem Zuchthaus in Neumünster 1816-1817

4288 Ausbruch des Zuchthäuslers Carl Friedrichsen genannt Stutzer aus dem Zuchthaus in Neumünster 1816-1818

4289 Schwängerung der Zuchthäuslerin Anna Christina Ingwers oder Peters in Glückstadt 1817

4290 Ablieferung des Claus Matthiessen und des Peter Lauritzen an das Zuchthaus in Neumünster und das Irrenhaus in Glückstadt 1817

4291 Regulierung des Zuchthausinventars in Neumünster 1817-1818

4292 Überhäufung des Irrenhauses in Glückstadt mit Wahnsinnigen 1817

4293 Genehmigung von Arzneien für die Strafanstalten in Glückstadt 1816-1819

4294 Flucht des Zuchthäuslers Johann Peter Lutz aus dem Zuchthaus in Glückstadt und Festnahme in Hamburg 1819-1820

4295 Anfrage des Amtshauses in Tondern nach Befragung zweier Zuchthäusler in Glückstadt wegen eines Streitfalls 1820

4296 Irrenanstalt in Schleswig 1820-1834

4297 Aufnahme von Gemütskranken in die Irrenanstalt in Schleswig 1823-1832

Enthält: Kapitän von Joens, Bistrupgaard; Nicoline Jacobine Sophie Leps, Rendsburg; Lucia Catharina Voss, Wangels, und die Haushälterin Horop, Farve; Johann Finger, Ahrensburg

4298 Forderungen der Direktion der Irrenanstalt in Schleswig wegen rückständiger Verpflegungsgelder für Wahnsinnige aus dem Herzogtum Holstein 1823-1832

4299 Gebühren an die Zuchthauskirchenbediensteten für die Konfirmation von Zuchthäuslern 1824-1843

4300 Ernennung des Landrats Graf Friedrich von Reventlow zum Mitglied der Oberinspektion der Strafanstalten in Glückstadt 1825

4301 Benutzung der Schrift „Der Bußfertige“ des Pastors Schläger in Hameln in den Strafanstalten 1828-1829

4302 Bestimmung zu den Kosten des Wagentransports entlassener Zuchthäusler 1831-1832

Darin: Verfügung zum Verfahren bei der Entlassung von Zuchthäuslern, 1832

4303 Absperrung der Strafanstalten bei Ausbruch der Cholera 1831-1832

4304 Transport der zum Zuchthaus und zur Landesverweisung verurteilten Verbrecher 1834-1835

4305 Vorschläge des Etatsrats Koch in Altona über die moralische Verbesserung und das berufliche Fortkommen der Zuchthäusler 1832-1834

Schule

4306 Verbesserung des Schulwesens in den königlichen Gebieten, Schulordnung und deren Übertragung auf das Herzogtum Plön 1736-1803

672 Verbesserung des Schulwesens und gemeinschaftliche Schulordnung 1736-1757

4307 Unterricht der Stückknechte durch die Schulmeister 1761

4308 Prüfung der Bewerber um Schulämter in den Städten 1764

4309 Gemeinschaftliche Verordnung zur Befolgung der Schulordnung 1765

4310 Interpretation eines Artikels der Schulordnung für die Schulinteressenten in Sommerland 1767-1769

4311 Bestimmung der Schulordnung zur Absetzung von Schulmeistern 1769, 1814-1815

4312 Erhebung der Schulgelder auf dem Land 1770-1779

4313 Verbot der Anwerbung von Schülern und Gymnasiasten durch das Militär ohne Einwilligung der Eltern oder Vormünder 1771-1776

4314 Entlassung von Schulbediensteten durch die Patrone und Besitzer adliger Güter nach vorheriger Kündigung 1738-1774

4315 Singstunden der Kantoren 1771

4316 Stipendien für Studierende 1777-1834
Enthält u. a.: Verzeichnisse der Stipendiaten, 1820-1834

4317 Stipendium der Witwe Abel Francken in Wilster (1647-1649) 1760-1849

4318 Rantzau-Sehestedtsches Stipendium 1775-1847

4319 Armeninstitut des Joachim Heldberg in Itzehoe (1653) 1777-1848

4320 Stipendium des Verwalters des Amtes Steinburg Jacob Steinmann (1797-) 1802-1848

4321 Stange-Schnacksches Stipendium in Plön 1785-1849

4322 Bruhnsches Stipendium in Meldorf 1675-1849

4323 Pollizerisches, Rantzau-Bülowsches, Rantzausches sowie Otto und Daniel Rantzausches Stipendium 1802-1849

4324 Jensen-Wittrocksches Stipendium im Amt Steinburg 1800-1848

4325 Steinmann-Schmidtsches Stipendium im Amt Steinburg
(1777) 1800-1848

4326 Rantzau-Ahrensburgsches Stipendium für Theologiestudenten, Arme und verdiente Dienstboten 1777-1849

4327 Reventlowsches, Toschlagsches und Buchwaldsches Stipendium
1800-1847

4328 Stipendium der Abel Buchwald im Kloster Itzehoe 1777-1849

4329 Sehestedtsches, Thienensches, von der Wischsches und Loseckensches Stipendium in Preetz 1803-1849

4330 Wulff-Gudesches, Avenarisches und Gryphisches Stipendium in Kiel
1803-1850

4331 Paulisches Familienstipendium 1800-1849

4332 Stipendium des Jürgen Vahlert in Neuenbrook (1785-) 1816-1850

4333 Scheelsches Stipendium im Gut Heiligenstedten 1800-1849

4334 Stipendium des Amtsverwalters Hinrich Magens in Breitenburg
1777-1848

4335 Stipendium des Bernhard Müller und Legat für geheime Testamentsarme in Kiel (1676) 1810-1850

4336 Stipendium der Herzogin Dorothea Christian von Holstein-Plön
1800-1850

4337 Stipendium der Engel Franck und der Siele Matthiessen in Wilster
1619, 1699-1820

4338 Großes Wilstersches, Reimer-Rugesches und Reutersches Stipendium in Wilster 1800-1848

4339 Stipendium des Jürgen Jürgens in Heiligenhafen 1777-1849

4340 Thiessensches Stipendium im Kirchspiel Wesselburen
(1651-1681) 1800-1851

4341 Cramersches und Klostermannsches Stipendium in der Landschaft Süderdithmarschen 1811-1849

4342 Stipendium des Konferenzrats Georg Schröder in Altona 1800-1811

4343 Breitenburgisches Stipendium 1777, 1801

4344 Stipendium der Äbtissin Ottilia Elisabeth von Ahlefeldt in Itzehoe (1780) 1822-1850

4345 Stipendium der Anna Dorothea Rixen in Heide 1824-1849

4346 Stipendium des Geheimrats Caspar von Saldern 1825-1849

4347 Stipendium der Frau des Etatsrats Doose in Wilster 1829-1850

4348 Nachrichten über die lateinischen Schulen im Herzogtum Holstein 1777-1781

4349 Vermehrung der Schultage durch Einschränkung der Festtage 1777

2527 Schulverhältnisse auf Helgoland 1777

4350 Erklärung einer Bestimmung der Schulverordnung für den Organisten Carsten Gottschalck in Hohenaspe 1777

4351 Berücksichtigung des Fleißes und der Geschicklichkeit von Kandidaten für ein Stipendium 1778-1798

4352 Steinmannsches Legat in Wewelsfleth (1731-1734) 1778

4353 Rückständige Lieferungen der Kätner in Hohenaspe an den Organisten und Küster Carsten Gottschalck 1780

4354 Fleckensschule in Neumünster 1778-1801

4355 Vorschlag zur Einrichtung von Schulen in Suchsdorf, Ottendorf und Wik 1781-1786

4356 Verlegung der alten und Errichtung einer neuen Schule im Brunsbütteler Neuen Koog 1782-1790

4357 Zulage aus dem Schulfonds für den Schulmeister Hans Kruse in Oldendorf 1782

4358 Schulverbindung der Vorwerksländereien in Neuhof mit Ahrensbök
Enthält u. a.: Verzeichnis der schulpflichtigen Kinder vom Vorwerksland 1783

4359 Beschwerde des Organisten und Küsters Gottschalck in Hohenaspe über den Inspektor des Gutes Drage wegen Nichtbeachtung der Schulordnung und verweigerter Justiz 1783

4360 Besetzung von Schulmeisterstellen mit Seminaristen des Schullehrerseminars in Kiel 1783-1792

4361 Verordnungswidrige Besetzung der Schulmeisterstelle in Liensfeld 1783-1784

4362 Beschwerde über den Schulmeister Ewald in Dahme 1784

4363 Besetzung des Rektorats im Kirchspiel Brunsbüttel mit einer unstudierten Person 1784-1785

4364 Vorschlag des Prokanzlers Cramer über die Befreiung der sich im Schullehrerseminar in Kiel aufhaltenden Schulmeistersöhne vom Landausschuss 1784

4365 Vorübergehende Übertragung des Kantorats in Oldenburg an den Kollaborator Hesse aus Glückstadt 1785-1786

4366 Beschwerde des Hauptpastors Burchardi in Grube wegen fehlenden Schulbesuchs aus Altratjensdorf 1784-1785

4367 Berichte über die Verfassung der Schulen 1786

4368 Vorschläge des Generalsuperintendenten zur Verbesserung des Schulwesens 1787

4369 Befreiung von der Schulverbindlichkeit für die Kätner Hans Stolten, Hinrich Lütje und Christian Schwarz in Klein Gladebrügge 1790

4370 Zustand der Nebenschulen in Itzehoe 1790

4371 Mangelhafte Einrichtung der Nebenschulen in Meldorf und Vorschläge zu deren Verbesserung 1790-1802

4372 Absetzung des zweiten Schulhalters J. C. H. Carstens in Wandsbek 1790

4373 Einführung und Verlag eines Buches zum Lesenlernen 1790

4374 Konfiszierung des Nachdrucks der „Dithmarsischen Rechenschule“ und Entschädigung des Buchbinders Paul Hinrich Michael Schmitterlo in Heide 1792-1793, 1800

4375 Befreiung des Sohns des Küsters Dreyer in Niendorf (Herrschaft Pinneberg) vom Besuch des Schullehrerseminars in Kiel 1794

4376 Änderung des Schulschillings in eine feste Abgabe und Verbesserung des Schulwesens auf dem Land 1794-1803

4377 Gleichstellung der Besucher der Schullehrerseminare in den dänischen Staaten mit denen des Schullehrerseminars in Kiel hinsichtlich des Landausschusses 1798

4378 Zulassung des Jürgen Göttsche in Bothkamp zum Organisten- und Schuldienst 1798

2529 Auszug aus dem Kircheninventar in Neumünster über Einnahmen der Kirchen- und Schulbediensteten [1800]

4379 Verweigerung des Gnadenjahrs für die Witwen der Schulbediensteten in den ehemaligen großfürstlichen Gebieten (1799) 1800

4380 Erfordernis des Indigenats für die Schullehrer auf dem Land 1800

4381 Antrag des Generalsuperintendenten über Absetzung der Nebenschulmeister in den klösterlichen und adligen Distrikten und über Bestallung der Schullehrer in der Propstei Rendsburg 1800

4382 Bearbeitung des Schullandes durch die Schulinteressenten 1804-1833

4383 Anschaffung eines Exemplars des Werks des Professors Reyher über einheimische Giftpflanzen durch die Schulen 1804

4384 Allgemeine Schulordnung 1804-1846

4385 Untersuchung gegen den Organisten und Schullehrer Diederich Jungclaussen in Oldenburg wegen falscher Zeugnisse 1808-1811

4386 Errichtung von Landseminaren als Bildungsanstalten für Dorfschulmeister 1811-1812

2528 Anschaffung des Müller-Guldbergschen deutsch-dänischen Wörterbuchs für die Schulen 1813

4387 Versorgung der Seminaristen 1813-1833

4388 Befreiung der Dienstländereien der Forstbeamten von den Realschullasten 1815-1833

4389 Schulpflicht als Folge der Einpfarrung 1816

4390 Beteiligung an den Realschullasten nach Steuertonnenzahl 1817-1820

4391 Einrichtung eines Seminars für Lehrer an Gelehrtenschulen in Kiel 1819

4392 Beteiligung der Landsoldaten am Bau der Schulhäuser und an den Handdiensten 1819

4393 Einschränkung der Schulbauten 1819-1820

4394 Entschädigung für Schullehrer und Schulkommunen bei Aufhebung der Vereinigung von Dörfern zu einem Schuldistrikt 1820-1821

4395 Anstellung der Landmilitärreserven als Nebenschullehrer 1820-1822

4396 Veränderung beim Schullehrerseminar in Kiel sowie beim Schullehrerseminar in Tondern 1821-1829

4397 Verbreitung des wechselseitigen Schulunterrichts in den Herzogtümern Schleswig und Holstein 1821-1834

4398 Probeschulen für den wechselseitigen Schulunterricht 1822-1829

4399 Anwendbarkeit und Beschaffungskosten der Lese-, Schreib- und Rechentabellen für den wechselseitigen Schulunterricht 1822-1830
Darin: Begleitungsblätter der Lese-, Schreib- und Rechentabellen von E. Eggers und H. Hansen, 2. Abteilung: Zu den Rechentabellen. Eckernförde 1825

4400 Jahresberichte über den wechselseitigen Schulunterricht 1824-1834

4401 Vergrößerung der Schullokale 1830-1834

4402 Verbesserung des Schulwesens in Reinfeld 1830-1850

4403 Reisekosten für die zum Erlernen des wechselseitigen Schulunterrichts nach Eckernförde reisenden Schullehrer 1824-1831

4404 Ausstellung von Bescheinigungen für in der wechselseitigen Unterrichtsmethode ausgebildete Schullehrer durch Pastor Selling in Wonsild 1826

4405 Verteilung der vom König von Dänemark geschenkten geografischen Tabellen für den wechselseitigen Schulunterricht 1827-1833

4406 Aberkennung des Namens „Schule für den wechselseitigen Unterricht“ bei Schulen mit abweichenden Unterrichtsmethoden 1827-1828

4407 Anschaffung der Schultabellen aus Eckernförde für unvermögende Schulkommunen 1827-1834

4408 Einführung des wechselseitigen Schulunterrichts in Marne 1828-1829

4409 Entwurf eines Regulativs zur Einführung des wechselseitigen Schulunterrichts in der Landschaft Süderdithmarschen 1829

4410 Beteiligung der Rentekammer bei Erweiterung der Schullokale 1830

4411 Entwurf eines Regulativs für den wechselseitigen Schulunterricht 1830-1832

4412 Akademie in Sorö 1822

4413 Ankauf von Exemplaren einer Bildungsschrift des Organisten Hahn in Schönwalde 1823-1824

4414 Gleichstellung des Schullehrers Jürgen Petersen Hammeleff in Pinneberg mit den Seminaristen 1823

4415 Verteilung der Schuldfondszinsen 1823-1834
Enthält u. a.: Unterstützung der Schullehrerwitwe Truelsen in Rade im Gut Wulksfelde, 1830-1834

4416 Abstellung der Unsitte der Beantwortung einer Lehrerfrage durch mehrere oder alle Schüler 1823

4417 Verteilung der Realschullasten auf die Ländereien eines Schuldistrikts 1824

4418 Beihilfe für den Schullehrer Martens in Haarberg im Amt Ahrensbök zum Erlernen der wechselseitigen Unterrichtsmethode 1825

4419 Gleichstellung des Interimslehrers Carl Friedrichs in Wennemannswisch mit den Seminaristen 1825-1826

4420 Anspruch des Johann Carstens in Grube auf eine Schulstelle 1826

4421 Beschränkung des Zugangs von unvermögenden und zugleich unfähigen jungen Leuten zum Gelehrtenstand 1826-1827

4422 Beteiligung der Oberbeamten an den persönlichen Schulleistungen und Realschullasten 1827

4423 Befugnis des Johann Friedrich Plähn in Büsum zur Bewerbung um Schulstellen mit Seminaristen 1827-1828

4424 Gleichstellung des Nebenschullehrers Jürgen Braaker in Marnerdeich und Kattrepel mit den Seminaristen (1822-) 1827-1828

4425 Öffentliche Auslage der Rechnungen über die Schulanlagen zur Ansicht der Schulinteressenten 1828, 1831

4426 Anstellung des Interimslehrers Johann Hinrich Jochimsen in Göhl als wirklicher Schullehrer 1828-1829

4427 Prüfung des Heinrich Boock in Lütjenburg vor dem Schullehrerseminar in Kiel und Gleichstellung mit den Seminaristen 1829

4428 Einsendungen der Vorschläge und Pläne zum Bau von Schulhäusern 1829

4429 Gleichstellung des Unterlehrers Johann Sigismund Martin Lund in Lensahn mit den Seminaristen 1829

4430 Reglement für die polytechnische Lehranstalt in Kopenhagen 1829
Darin: gedrucktes Reglement

4431 Ablegung des Seminaristenexamens in Tondern durch Martin Heinrich Otto aus Neumünster 1829

4432 Besetzung der Küster- und Schullehrerstellen durch die Kirchenvisitatoren 1830-1834

4433 Gleichstellung mit Seminaristen 1831-1834

4434 Aufnahme in das Schullehrerseminar in Skaarup 1832-1834

4435 Bezahlung des Schulgeldes für ausgedungene Kinder durch die Armenkasse 1833-1834

4436 Anstellung der Landmilitärreserve Christian Heinrich Böhlig als Schullehrer im Gut Wittmoldt 1834

4437 Unterstützung der pädagogischen Auslandsreise des Pastors Georg Wilhelm Christian Eduard Möller in Altona 1834

Deiche, Schleusen und Wasserlösung

530 Wilder Wassergang bei Glückstadt 1659

2659 Klagen des Inspektors der Laurvigschen Wildnis über den Wilden Wassergang 1696-1698

2660 Streitigkeiten zwischen den Interessenten und dem Ältermann des Wilden Wassergangs wegen Kostenerstattung für das Horster Moor und Rechnungsablage 1705-1707

531 Ausdeichung von Ländereien in den Kirchspielen Brunsbüttel und Eddelak 1682-1716

532 Aufräumung, Erweiterung und Reinhaltung des Kremper Flusses 1711-1739

2089 Aufräumung, Erweiterung und Reinhaltung des Kremper Flusses 1778-1782

2090 Aufräumung, Erweiterung und Reinhaltung des Kremper Flusses (1736-) 1782-1785

4438 Reinigung der Burger Au 1716-1722

533 Ordnung zur Behebung der Deichschäden 1718

2661 Regulierung der Deichkosten in Neuendorf 1720-1721

534 Beteiligung der fürstlichen, klösterlichen und adligen Untertanen des Deichverbands Wilster zur Eindeichung bei Brunsbüttel sowie Weigerung der Sachsenbande zum Beitrag für den Kirchspielsdeichschoss 1720-1728

535 Beitrag zu den Unterhaltungskosten der Verlathschleuse und ihre Verlegung zur Borsflether Brücke 1721-1735

2070 Verlathschleuse 1758-1777
Darin: Zeichnungen, 1761

2662 Kosten eines neuen Dükers am Schleusenwassergang in Kamperrege 1724-1726

536 Streitigkeiten der Interessenten des Deichverbandes der Wilstermarsch mit den Besitzern neu eingedeichter Ländereien im Koog bei Sankt Margarethen (1718-) 1725-1728

537 Streitigkeiten der Interessenten der Mühlenschleuse in Herzhorn mit dem Ältermann und den Interessenten des wilden Wassergangs 1736

4439 Kudensee: Wasserableitung 1722-1764

4440 Kudensee: Wasserableitung 1761-1764

4441 Kudensee: Wasserableitung 1764-1775

4442 Kudensee: Wasserableitung 1722-1763

Enthält: Aktenfragmente der Kommission zur Wasserableitung aus dem Nachlass des Kanzleirats Wolters
Enthält u. a.: Heranziehung der Sachsenbande zu den Kosten des Kudensees, 1731-1734

538 Verbot der Beschädigung der großen Steine im Helldeich 1737

539 Deichreparaturen in der Wilstermarsch und in der Landschaft Süderdithmarschen 1741-1756

2663 Abwässerung des Glindesmoors durch den Wilden Wassergang 1745-1754

2448 Bau des sogenannten geelen Siels unter der Medegiftsbrücke in Herzhorn 1747-1752

2449 Streitigkeiten zwischen den Interessenten der Schleuse in Brokdorf und den Interessenten der Vier-Stiege-Hufen-Schleuse wegen Erhöhung und Verstärkung der Landdeiche 1748-1749

2045 Streitigkeiten zwischen Wilstermarsch und Krempermarsch wegen der Beihilfe zur Dikage in Brokdorf und zu Deichreparaturen 1751-1758

2048 Abstellung von Unordnungen bei den Interessenten des Wilden Wassergangs 1752

2046 Schätzung von Ländereien zur Reparatur der Bracke bei Brokdorf sowie Wegnahme von Deicherde und Abruch von Häusern zur Verstärkung des Elbdeichs 1752-1759

2047 Deichschaden in Brokdorf vom 11. September 1751 1752

2063 Beitrag der Kirchspiele in der Landschaft Süderdithmarschen zu den Deichkosten und zur Verstärkung des Deichs in Brunsbüttel 1754-1789

Enthält u. a.: Kommissionalakten zur Anfertigung eines Deichregulativs für die Landschaft Süderdithmarschen
Darin: gedrucktes Reglement über die Beiträge zu den Deichkosten in der Landschaft Süderdithmarschen, 1789

2450 Kostenerstattung für Arbeiten am Elbdeich (1751-) 1754-1761

Enthält u. a.: Zeichnung der Bracke bei Brokdorf

2020 Protokolle über die Verfügungen zur Wiederherstellung der Deiche und zu anderen Deichangelegenheiten 1756-1759

2062 Entwendung von Gegenständen durch den Schuster Eggert Ziliacks in Krempe während der Sturmflut, dessen Bestrafung und Entfernung aus dem Schusteramt 1756-1758

2019 Vorkehrungen zur Wiederherstellung der Deiche in den königlichen Distrikten 1756-1759

2058 Bracke im Wischdeich bei Borsfleth 1756-1771

2021 Ausfuhrverbot für Stroh und Fourage in königlichen Distrikten wegen der Sturmflut 1756-1759

2022 Ausfuhrverbot für Roggen und Stroh im gemeinschaftlichen Distrikt wegen der Sturmflut 1756-1759

2060 Wiederherstellung der durch die Sturmflut beschädigten Deiche in den adligen Gütern Groß Kollmar, Klein Kollmar, Haselau, Haseldorf, Bahrenfleth und Heiligenstedten, Neuendorf, Seestermühe Band 1 1756-1757

2061 Wiederherstellung der durch die Sturmflut beschädigten Deiche in den adligen Gütern Groß Kollmar, Klein Kollmar, Haselau, Haseldorf, Bahrenfleth und Heiligenstedten, Neuendorf, Seestermühe Band 2 1757-1758

2451 Deichbrüche durch Sturmfluten sowie Streitigkeiten zwischen den Gütern Groß Kollmar, Klein Kollmar und Neuendorf 1751-1761

2452 Notdeichkosten in Bielenberg 1788-1793

2057 Korrespondenz mit der großfürstlichen Regierung wegen der Versicherung des Konferenzrats Friccius als Besitzer der Güter Haselau und Haseldorf über eine Hypothek zur Beseitigung der Sturmflutschäden 1756

2059 Wegschaffung des Reets von den Deichen und Verbot des Viehweidens an den Deichen in der Wilstermarsch 1756

2056 Streitigkeiten zwischen den Interessenten des Wilden Wassergangs und den Interessenten der Dovenmühle in Horst wegen eines Deichsiels 1756-1760

2027 Anfertigung von Deichkarten 1757-1779

2023 Anfertigung und Einsendung von Deichabmessungen in den königlichen und gemeinschaftlichen Marschdistrikten 1757-1758
Darin: Profilzeichnungen von Deichen bei Bielenberg und Elsfleth; Lageplan des Deichs in Marne; Lageplan des Deichs zwischen der Meldorfer Schleuse und Ketelsbüller Schlipp

2067 Wiederherstellung der Binnendeiche im Amt Steinburg 1757-1758

2066 Einräumung von Vorland des Friedrichsgabekoogs für den Süderhufschlag in Wöhrden zur Entnahmen von Deicherde 1757

2024 Deichlasten der Pastoratsländereien in Brokdorf, Neuenkirchen und Borsfleth 1757-1760

2025 Einführung einer neuen Deichordnung (1756) 1757-1767

2026 Einführung einer neuen Deichordnung (1667-) 1767-1771

2064 Erdbewurf des sturmflutgeschädigten Hauses des Hans Glashof in Klevendeich durch die Untergehörigen der Güter Haselau und Haseldorf 1757-1758

2065 Verweigerte Nothilfe des Deichgrafen des Klosters Itzehoe Jürgen Thode und seiner Schauungsinteressenten bei der Bracke in Uhrendorf und Neuenkirchen (Gut Bahrenfleth) 1757-1758

2018 Wegtreiben von Holz und anderer Sachen durch die Sturmflut vom 7. Oktober 1756 1756
Enthält u. a.: Verzeichnis von beim Dorf Westerhorn angetriebene Gegenständen

2068 Streitigkeiten zwischen Untergehörigen des Gutes Bahrenfleth und dem Deichgrafen Pape wegen Anfertigung von Huckwehren am Kätnerdeich 1758-1764

2069 Beitrag zu den Notdeichkosten in Bielenberg 1758-1759

2071 Eindeichung des Vorlandes in Brunsbüttel sowie Streitigkeiten zwischen der Landschaft Süderdithmarschen und der Wilstermarsch wegen des Ostermoors (1753-) 1759-1761

2072 Eindeichung des Vorlandes in Brunsbüttel sowie Streitigkeiten zwischen der Landschaft Süderdithmarschen und der Wilstermarsch wegen des Ostermoors 1761-1763

2073 Eindeichung des Vorlandes in Brunsbüttel sowie Streitigkeiten zwischen der Landschaft Süderdithmarschen und der Wilstermarsch wegen des Ostermoors 1763-1764

2074 Eindeichung des Vorlandes in Brunsbüttel sowie Streitigkeiten zwischen der Landschaft Süderdithmarschen und der Wilstermarsch wegen des Ostermoors (1761-) 1764-1770
Darin: Karte zum Deich auf dem Vorland, 1761

2075 Eindeichung des Vorlandes in Brunsbüttel sowie Streitigkeiten zwischen der Landschaft Süderdithmarschen und der Wilstermarsch wegen des Ostermoors 1779-1799
Enthält u. a.: Verzeichnis der Akten von 1759 bis 1799

2453 Reparatur von Deichbrüchen in Uhrendorf und Neuendorf durch die Deichkommünen Bahrenfleth und Heiligenstedten 1760-1767

2076 Bracke im Stördeich bei Breitenburg 1761

2077 Verbesserung des Deichs in der Plessenschen Wildnis und beim Störort 1761-1770

2080 Belegung des Deichs in Esfleth mit Steinen sowie Streitigkeiten zwischen den Untergehörigen der Güter Groß Kollmar, Klein Kollmar und Neuendorf wegen des Zuschusses 1762-1768
Darin: gedruckte Vorstellung in der Angelegenheit der Witwe des Dr. Dose, Wilster, 1766

2081 Belegung des Deichs in Esfleth mit Steinen sowie Streitigkeiten zwischen den Untergehörigen der Güter Groß Kollmar, Klein Kollmar und Neuendorf wegen des Zuschusses 1768-1780
Darin: gedruckte Prozessschrift

2082 Belegung des Deichs in Esfleth mit Steinen sowie Streitigkeiten zwischen den Untergehörigen der Güter Groß Kollmar, Klein Kollmar und Neuendorf wegen des Zuschusses (1780) 1781-1796

2078 Verlegung der Kamperreger Schleuse (1635-) 1763-1777

2028 Vorschlag des Wallmeisters Leonhard Friedrich Stammer in Glückstadt zur Verbesserung des Deichbaus 1765-1766

2042 Beitrag zu den Schleusenkosten in Neuenbrook 1696-1699
Darin: Lageskizze, 1699

2043 Beitrag zu den Schleusenkosten in Neuenbrook (1696-) 1765-1774

2044 Streitigkeiten zwischen Rethwisch und Neuenbrook wegen Beitrags zu den Schleusenkosten in Neuenbrook 1775-1797

2079 Beiträge der Untergehörigen des Gutes Neuendorf in Moorhusen an den Vermessungskosten im Neuendorfer Deichdistrikt 1767-1768

4443 Auszahlung rückständiger Gelder für den Kanalbau am Kudensee an Hans Evers in Brokdorf 1767

2083 Bestallung des Hinrich Soltau als Deichgraf über die Festungsdeiche in Glückstadt, die Deiche in der Krempermarsch mit Herzhorn, Sommer- und Grönland sowie den Deichdistrikt Raa (1766-) 1769-1777

4444 Streitigkeiten zwischen dem Krempermarsch-Deichband und dem Besitzer der Cordtschen Ländereien wegen Kosten der Steinsetzung am Störort (1764-) 1771-1774

4445 Streitigkeiten zwischen der Wilstermarsch und der Landschaft Süderdithmarschen wegen Aufräumung der Wolber Au oder Burger Au 1771-1789

4446 Ausstehender Beitrag des Kommerzassessors Marcus Binge in Itzehoe zu den Kosten der Ableitung des Kudensees 1772

2049 Dämme beim Düpsgraben 1773-1774

4447 Beteiligung von Eingesessenen in Stördorf und Schadendorf an den Kosten des Kudensees (1761) 1772-1773

2084 Vertiefung und Erweiterung der Burger Au 1773-1774

2085 Beitrag von Interessenten des Altenkoogs an die Wilstermarsch für den Deichschoss 1773-1774

2029 Verfahren bei Verhandlungen in Deichangelegenheiten bei der Landesregierung 1774-1788

2051 Wilder Wassergang Band 1 1774-1779

2052 Wilder Wassergang Band 2 (1770) 1775-1791
Enthält u. a.: Abriss des Kanals des Wilden Wassergangs vom Altendeich bis zum Alten Herzhorner Fleet, 1784

2053 Wilder Wassergang Band 3 1779-1797

2054 Wilder Wassergang Band 4 (1778-) 1784-1794

2055 Wilder Wassergang Band 5 1793-1831

2086 Kostenbeitrag für die Bracke in Uhrendorf 1774-1781

2087 Kostenbeitrag für die Bracke in Uhrendorf 1775-1777

2050 Wasserstauung beim Deich in Dovenmühlen 1782-1787

2088 Beitrag des Besitzers des Buntenhofs vor Glückstadt zu den Kosten der Steindeichlegung im Störort 1776

2454 Aufgabe der Schleuse in Neuhof und Verlagerung der Abwässerung auf den Kudensee-Kanal 1778-1783
Darin: Karte

2030 Kommission für die neue Deichordnung 1779

2092 Bericht der Landvogtei der Landschaft Norderdithmarschen über Sturmflutschäden an den Deichen, besonders in den Kirchspielen Wesselburen und Büsum 1779, 1783

2094 Zustand der Deiche in der Landschaft Norderdithmarschen sowie Erhöhung und Verstärkung der Deiche in Büsum 1780-1782

2095 Beitrag des Besitzers der Herrenwisch in Brunsholt zu den Kosten des Dwingers im Heulandsdeich 1780

2100 Aufräumung der durch den Hedwigenkoog fließenden Schwälken und Heringsanderschleusenströme (1765-) 1787

2093 Verbesserung der Wasserableitung in den Kirchspielen Wesselburen, Neuenkirchen, Büsum und Norderwöhrden 1779-1785
Darin: Karte

2097 Beschwerde der Interessenten der Sonnendeicher Schleuse über Graf von Kielmannsegg auf Seestermühe wegen Abwässerung und Anlage von Sielen 1782-1784

4448 Setzen von Flutpfählen in der Hauptwetterung der Kasenorter Schleuse 1783-1789

2098 Abwässerung von Ländereien in Neuendorf und Wesselburen 1785-1791

2096 Regulierung der in einem Deichband zu vereinigenden Deichdistrikte der Güter Neuendorf, Groß Kollmar und Klein Kollmar 1781-1802

2099 Beitrag der Besitzer der Moorländereien in Moorhusen zu den Steinlegungskosten in Esfleth 1786-1788

2643 Beitrag zu den Notdeichkosten am Bielenberger Deich in den Jahren 1751, 1756 und 1757 1788

2102 Beitrag des Gerd Meinert und Johann Hinrich Kleinworth auf dem Strohdeich zu den Notdeich- und Steinlegungskosten in Bielenberg 1790-1795

2101 Beitrag zur Ausbesserung eines Deichschlags um die Pastoratsländereien in Wewelsfleth (1755-) 1790

2103 Befreiung der Deichgrafen der Wilstermarsch von den Kanongeldern 1791-1793

2031 Sturmflutschäden 1792-1797

2104 Nothilfe der Eingesessenen in Vormstegen, Langelohe (Herrschaft Pinneberg) und Hainholz bei einer Bracke in Kurzenmoor (1792) 1793

2455 Verteilung der Deichschläge in Elskop 1792-1798

2105 Bergung eines auf dem Steindeich bei Glückstadt gestrandeten Schiffs 1793

2112 Deichlasten von Eingesessenen in Wewelsfleth und Brokdorf (1779-) 1795-1802
Darin: Karte von einem Teil der Elbdeiche in der Wilstermarsch und Deichprofile, 1799

2108 Benutzung der Außendeiche an der Krückau 1794-1795
Darin: Übersichtsskizze

2111 Bedenken der Deichschlagsinteressenten in Brokdorf über die Anlage einer Elbschanze 1795-1801

2109 Streitigkeiten zwischen Langelohe (Herrschaft Pinneberg), Hainholz und Vormstegen wegen eines Moorwasserlaufs 1794-1795

2664 Protest der Laaksbesitzer in Kuden gegen den Ausbau eines Damms 1795-1803

2106 Vermessung und Verlosung des Schleusendeichs in Hanerau (1787-) 1794-1795

2107 Kahnfahrt auf dem Kudenseer Kanal durch die Schleuse in Büttel 1794-1826
Darin: gedruckte Klageschrift der Eingesessenen in Kuden und Buchholz gegen die Deichgrafen der Wilstermarsch wegen freier Fahrt auf dem Kanal, 1797; Karte, 1805

2032 Mitteilung und Einsendung von Deichnachrichten und Deichkarten an die königliche Deichkommission in Kopenhagen 1795

2110 Streitigkeiten der Interessenten der Norderschleuseneinigung im Kronprinzenkoog wegen Abwässerung 1795-1796

2033 Einziehen von Nachrichten über das Deichpersonal 1796-1797

2113 Beitrag zur Wiederherstellung des Elbdeichs bei Arentsee im Kirchspiel Brokdorf 1796

2114 Weigerung des Hedwigenkoogs zum Grassodenstechen für das Kirchspiel Wewelsfleth (1774-) 1796

2115 Streitigkeiten zwischen dem Hedwigenkoog und dem Kirchspiel Büsum wegen Grassodenstechens 1796

2036 Aufsicht über die Deiche 1800-1834
Enthält u. a.: Instruktion für den Oberdeichinspektor,1827; Erhebung von Beiträgen zur Deichkasse

2034 Plan zur Verbesserung des Deichwesens 1799-1803

2035 Torfstich im Marschland innerhalb eines Deichbandes 1800

2117 Schiffsstrandung am Elbdeich bei Brokdorf 1802

2116 Beschwerden der Interessenten der Schleuseneinigung in Kattrepel über Missbräuche und Unregelmäßigkeiten 1801-1802

2037 Nachrichten zur Anlage von Kanälen 1804

2038 Arrestfreiheit von Deicharbeitsgeldern 1805

2118 Anlage von Huckwehren am Stördeich im Gut Bahrenfleth (1803) 1804-1806

2119 Beschwerden der Deichkommüne Hodorf über den Deichgraf Holst 1805

2120 Anlage und Unterhaltung von Huckwehren an der Stör 1805-1809

2665 Streitigkeiten zwischen Neuenbrook, Lägerdorf, Dägeling und Münsterdorf wegen Wasserableitung 1806-1812

2039 Schaden durch den Orkan vom 27. Februar 1806 1806

2040 Verfügung über Streitigkeiten in Deichangelegenheiten 1806

2122 Schauung des Poggendeichs (1642) 1807-1809

2123 Abgabe eines Regulativs für den Deichgrafen in Moorhusen (Gut Klein Kollmar) 1808-1809

2121 Regulativ für die Wasserleitungsgräben (Wettern) in Moorhusen (Gut Neuendorf) 1807-1810

2124 Entlassung des Lütje Schmidt in Moorhusen als Schleusengevollmächtigten 1809

4449 Unordnungen im Dammduchter Wassergang 1809

2125 Ernennung eines Schleusenhauptmanns für die Feldschleusenkommüne in der Wilstermarsch 1809

2126 Bau der Schleuse in Kamperrege (1809-) 1811-1830

2127 Reparatur der Schleuse in Neuendeich 1815

2128 Errichtung einer Wasen am Stördeich 1815

2129 Muschelsammeln beim Deich in Pellworm 1816

2130 Regulierung von Wasserleitungen bei Elmshorn (1742-) 1816-1823

2131 Bau der Bekschleuse 1819-1826

2132 Widerstand der Deichinteressenten in Kollmar gegen die Ausführung von Deichvorkehrungen 1819

2456 Vergütung für ausgegrabene Erde am Außendeich der Brunsbütteler Neuen Koogshafener Schule 1822

2133 Beitrag der Güter Groß Kollmar, Klein Kollmar und Neuendorf zu den Kosten der Buschbefestigung des Steindeichs in Bielenberg 1824-1825

2457 Verfügung des Oberdeichgrafen zur Deichreparatur in der Wilstermarsch 1825-1836

2134 Überlassung eines Grundstücks des Sievert Nickel in Breiholz zum Schleusenbau in Bastenberg 1827

2135 Weisung an die Landvogtei in Meldorf wegen deren Auseinandersetzung mit den Deichbeamten beim Schleusenbau in Brunsbüttel 1830

2136 Übernahme der Berme bei Ivenfleth durch Eingesessene in Elskop (1830) 1831, 1837

2137 Aufsperren der Elbschleuse 1831

2138 Beschwerde des Deichkondukteurs Momsen über den Deichgrafen Meyners oder Magens in Nindorf wegen verweigerter Begleitung auf der Deichschau sowie Einreichung seiner Reise- und Diätenrechnung für die Besichtigung der Schleuse in Kollmar 1832-1833

2140 Vorstellung des Deichgrafen Harm Meinert in Seestermühe wegen der Vermessung und Bestickaufnahme im zweiten holsteinischen Deichband 1832

2141 Wiederherstellung des Deichschlags des Albert Thamling im Gut Groß Kollmar auf Kosten der Gemeinde 1833

2458 Beitrag der Deichgrafen in Groß Kollmar zu den Schleusenkosten in Bielenberg 1833-1834

2041 Ausschreibung der Deichkassenbeiträge 1834

Arme, Bettler, loses Gesindel, Zigeuner

4450 Mandat wegen der Armen und Bettler im Amt Steinburg und in den dortigen Städten 1643
Enthält u. a.: Verzeichnis der Armen in Glückstadt

4451 Verordnung zum herumstreifenden Gesindel und zu den Bettlern im Amt Steinburg, in den dortigen Städten und der Landschaft Süderdithmarschen 1653

4452 Verordnungen gegen die fremde Werbung und die Zigeuner 1669

4453 Untersiegelung der Patente gegen die Zigeuner 1680

4454 Abstellung des Bettelns in Glückstadt und Versorgung almosenwürdiger Armer 1693

4455 Wegschaffung der Zigeuner aus dem Gut Mori 1693

4456 Unsicherheit der Landstraßen durch abgedankte Soldaten und diesbezügliche Vorschläge des Herzogs von Celle 1697-1698

4457 Abstellung des fremden und groben Bettelns 1698

4458 Gottorfisches Mandat gegen die Bettler 1698

4459 Verordnung wegen der Bettler 1699

4460 Einschärfung der Verordnungen gegen die Zigeuner 1702

4461 Korrespondenz mit Gottorf wegen der Zigeuner 1703

4462 Verordnungen gegen die Zigeuner 1709

4463 Gemeinschaftliche Verordnung wegen der Bettler 1711

4464 Verordnung in der Landschaft Süderdithmarschen wegen der Zigeuner 1711

4465 Verfügung im Herzogtum Schleswig wegen der Tatern und Zigeuner 1715

4466 Unsicherheit auf den Landstraßen wegen abgedankter Soldaten 1720

4467 Verordnung gegen fremde Bettler und herumstreifende Müßiggänger (1722) 1723

4468 Gottorfische Verordnung gegen das Einschleichen fremder Bettler 1724

4469 Gemeinschaftliche und königliche Verordnungen gegen Zigeuner und loses Gesindel anlässlich des Einbruchs maskierter Räuber bei der Amtsverwalterswitwe Camphövener in Trittau 1723-1724

4470 Korrespondenz mit Gottorf wegen Maßnahmen gegen das Einschleichen von Räuber- und Diebesgesindel 1725-1727

4471 Absendung von Reitern zur Verteibung von Zigeunern im Kloster-distrikt Preetz 1725

4472 Bitte der Gutsbesitzer von Jersbek, Stegen, Kaden und Borsfleth um Miliz zur Vertreibung der Zigeuner 1733

4473 Verordnung gegen die Zigeuner und das lose Gesindel 1735

4474 Entsendung von Bettlern in den Karren in Glückstadt durch den Amtsverwalter Nottelmann in Segeberg 1735

4475 Verordnung des Herzogtums Lauenburg gegen Bettler und loses Gesindel 1735

4476 Anhaltung desertierter Soldaten und losen Gesindels 1735

4477 Bericht an den Hof wegen des Mordgesindels 1736

4478 Verordnung gegen das Betteln 1736-1786

4479 Verordnung gegen das Betteln 1794-1832

4480 Verordnung gegen das Betteln 1802-1837
Enthält u. a.: Gesamtinhaltsverzeichnis für Abt. 11 Nr. 4478-4480

4481 Polizeireiter 1736-1777

4482 Armenverpflegung an Orten mit gemeinschaftlichen und fürstlichen Eingepfarrten 1737

4483 Betteljuden und zum müßiges Gesindel 1738

4484 Annahme von fremden und auswärtigen Personen als Insten im Kirchspiel Süderau und Erlass einer diesbezüglichen allgemeinen Verordnung 1738

4485 Nachlass der in Armenhäusern verstorbenen oder aus der Armen-kasse unterhaltenen Armen 1738-1739

4486 Vertreibung der Zigeuner aus dem Klosterdistrikt Preetz 1739

4487 Vertreibung der Zigeuner aus der Gegend von Sülfeld und Ho-hendamm 1743

4488 Gemeinschaftliche Verordnung zur Vertreibung der Zigeuner aus den adligen Gütern 1746

4489 Maßnahmen zur Sicherung der Straßen und Aussendung der Umschlagspatrouillen 1747-1748

4490 Vorstellung des Amtmanns von Steinburg zum Transport der Bettler in das Zuchthaus in Glückstadt 1748

4491 Gemeinschaftliche Verordnung zum Armenwesen 1739-1750

Maße und Gewichte

420 Anordnungen zu Maßen und Gewichten 1584-1712

4492 Vereinheitlichung der Maße und Gewichte 1767-1773, 1833

4493 Gemeinschaftliche Verordnung über gleiche Maße und Gewichte 1768-1770

4494 Verstoß des Claus Holm in Lockstedt gegen die Verordnung zum Maß des Klafter- oder Fadenbrennholzes 1776

4495 Maße beim Verkauf von Fischen 1779

4496 Maße beim Verkauf von gotländischem Kalk 1809

4497 Einführung des dänischen Maßes und Gewichtes 1812

4498 Maße eines Fadens Brennholzes (1817) 1818

4499 Gewicht des Holzes der Buttertonnen 1817-1821

4500 Maß der Steinkohlentonne 1818-1819

4501 Justierung und Stempelung der eisernen Gewichte aus dem Eisenwerk Carlshütte 1833-1840

4502 Nichteinführung der gestempelten Kornmaßtonne zwischen Altona und Glückstadt sowie Gebrauch gestempelter, aber ungleicher Gewichte und Maße in Städten und Distrikten (1769) 1833-1844

4503 Stempelung eines unrichtigen Kornmaßes in Itzehoe 1834

4504 Maße und Gewichte in Wandsbek und Gebrauch hamburgischer Maße in der Umgegend 1834-1836

Ansteckende Krankheiten

677 Pest in Hamburg und Lübeck sowie in der Umgebung 1639

680 Sicherheitsmaßnahmen gegen die Pest 1655

682 Verordnung zur Pest in Danzig 1660

683 Pest in Hamburg und getroffene Sicherheitsmaßnahmen 1663-1665

684 Pest in den Herzogtümern, besonders in Krempe und Dithmarschen 1664

686 Pest in Deutschland 1680-1682

691 Maßnahmen gegen die Einschleppung der in Polen und Preußen grassierenden Pest 1708-1710

692 Maßnahmen gegen die Ausbreitung der Pest 1710-1711

693 Schutzmaßnahmen gegen die Pest 1709-1715

2530 Pest Band 1 1710-1711

2531 Pest Band 2 1711

2532 Pest Band 3 1711-1712

2533 Pest Band 4 1712
Enthält u. a.: Verzeichnisse von Kranken und Toten

2534 Pest Band 5 1712

2535 Pest Band 6 1712
Enthält u. a.: Berichte und Verzeichnisse über Kranke und Tote

2536 Pest Band 7 1712-1714
Enthält u. a.: Berichte und Verzeichnisse über Kranke und Tote

697 Schutzmaßnahmen gegen die Einschleppung der Pest durch Schiffe aus dem Mittelmeer 1720-1723

698 Pest auf den venezianischen Inseln im Ionischen Meer 1728-1729

703 Maßnahmen wegen der Pest in Polen, Ungarn, Süditalien, Nordafrika und Saint Croix 1737-1744

711 Maßnahmen wegen der Pest an der afrikanischen Küste und in Aleppo 1749-1750

4505 Maßnahmen wegen der ansteckenden Krankheit in Malaga und Konstantinopel 1751-1752

4506 Zuständigkeiten bei Vorschlägen der Regierung in Stade über Pestmaßnahmen 1751

4507 Ansteckende Krankheiten in Algier, Konstantinopel, Smyrna und auf Rhodos 1752-1754

4508 Angebliche ansteckende Krankheit in Strenglin im Gut Pronstorf 1754

4509 Ansteckende Krankheit in Rouen 1754

4510 Pest in Morea und an anderen Orten der Adriaküste 1754

4511 Angebliche Pest in Bayern 1756

4512 Pest in Algier und auf Korsika 1756-1758

4513 Gerücht über den Ausbruch der Pest in Lissabon 1757

4514 Angebliche Pestinfizierung des englischen Kaperers „Royal George“ 1758

4515 Ansteckende Krankheit in Nizza, Pest im Orient und pestinfiziertes Schiff „Maria Theresia“ 1759-1760

4516 Einfahrverbot eines Schiffs aus Smyrna in den Hafen von Hamburg, Verbreitung der Pest in der Levante sowie Seuche in Smyrna, Alexandria und Aleppo 1760

4517 Nachrichten über die Pest in Salerta, Konstantinopel und Smyrna 1761-1762

4518 Maßnahmen wegen der Pest in Smyrna und Konstantinopel 1765

4519 Pest in der Vorstadt Pera in Konstantinopel 1766

4520 Pestinfizierte englische Schiffe aus der Barbarei im Kanal 1767

4521 Pestinfiziertes französisches Schiff in Livorno 1768

4522 Pest in Kerkis zwischen Tunis und Tripolis 1768

4523 Pest in Alexandria 1770

4524 Maßnahmen wegen der Pest in Polen 1770-1773

4525 Maßnahmen wegen der Pest in Smyrna 1771-1772

4526 Nachricht über die Pest in Aleppo und in der Levante sowie Verweigerung des Gesundheitspasses für ein holländisches Schiff 1772

4527 Antrag der Regierung in Stade wegen der Pest in Konstantinopel 1778

4528 Maßnahmen wegen eines pestverdächtigen holländischen Schiffs aus Saloniki 1780-1781

4529 Maßnahmen wegen der Pest in Polen 1781

4530 Nachricht von der Pest in Smyrna 1780

4531 Ruhr in den Kirchspielen Horst und Süderau sowie in anderen Orten 1781-1782

4532 Maßnahmen wegen eines pestverdächtigen dänischen Schiffs sowie Verfügung wegen der Schiffe aus der Türkei, Barbarei und dem Mittelmeer 1781

4533 Verbreitung der Pest von Konstantinopel und Smyrna nach Nordafrika und Osteuropa 1783

4534 Pest in Dalmatien und im venetianischen Gebiet 1783

4535 Pest in Konstantinopel, Smyrna und im venetianischen Dalmatien 1784-1790

4536 Pest in Algerien 1787

4537 Ausbruch der Pest in Smyrna 1788

4538 Ansteckende Seuche in Alexandria und Ägypten 1791

4539 Pest in der Levante 1791

4540 Ansteckende Krankheit im Amt Bordesholm 1793

4541 Pestinfiziertes Schiff in venezianischen Gewässern 1793

4542 Gelbfieber in Westindien und in Philadelphia sowie Quarantänemaßnahmen in Cuxhaven 1793-1799

4543 Ansteckende Krankheit in New York und Virginia 1795

4544 Pest in Tunis und an der barbarischen Küste sowie an der polnischen Grenze der Moldau 1797-1798

4545 Einrichtung einer Quarantänekommission wegen der Pest und des Gelbfiebers 1797-1804

4546 Ansteckende Krankheit in Kiel 1798

4547 Pest in Marokko und Gelbfieber in Philadelphia 1799

4548 Gelbfieber auf dem von Philadelphia nach Bremen fahrenden Schiff „Iris" 1799

4549 Pestverdächtiges schwedisches Schiff „Constantia“ aus Smyrna 1800

4550 Pest in Cadiz 1800-1801

4551 Gelbfieber in Baltimore 1800

4552 Pestverdächtiges Schiff „Christian“ aus Malaga 1800

4553 Sicherheitsmaßnahmen bei Ausbruch der Pest oder anderer ansteckender Krankheiten in fremden Staaten 1801-1813

4554 Quarantäneeinrichtung sowie Verhaltensregeln für Seefahrer, Beamte und Untertanen in den dänischen Staaten 1800-1823

4555 Ausbruch einer ansteckenden Krankheit in der Landschaft Stapelholm und Verbreitung in einigen Gebieten des Herzogtums Holstein 1802

4556 Ruhr im Amt Segeberg 1802

4557 Fahrt des Schiffs „Amicitia“ nach Glückstadt ohne Quarantäne in Cuxhaven 1803

4558 Ausbruch einer Epidemie in Malaga (1801) 1803-1805
Darin: gedruckte Verordnung zur Verhütung der Pest und anderer ansteckender Krankheiten, 1801

4559 Ausbruch einer Rotzkrankheit unter Pferden 1804

4560 Ansteckende Krankheit unter Pferden 1805

4561 Quarantäneverordnung, Quarantänekommissionen und Bekanntmachungen der Quarantänedirektion 1805-1825

4562 Quarantäneverordnung, Quarantänekommissionen und Bekanntmachungen der Quarantänedirektion 1825-1831

4563 Quarantäneverordnung, Quarantänekommissionen und Bekanntmachungen der Quarantänedirektion 1831-1834

4564 Einfuhr alter Kleider und Lappen aus Hamburg in die Herzogtümer durch Johann Christian Niemann in Rapstedt 1806

4565 Ansteckende Krankheit in Lütjenburg und im Amt Reinfeld 1807

4566 Blatternkrankheit 1809-1833

4567 Vorschläge zur Verhütung ansteckender Krankheiten 1809-1835

4568 Seuche im Großherzogtum Hessen und Rinderseuche in Schlesien 1811

4569 Ruhr in Eckhorst (Gut Eckhorst) 1811

4570 Ruhr in der Propstei Preetz 1811

4571 Pest in Odessa und Umgebung 1812

4572 Pestverdächtiges Schiff „St. Georg“ aus Smyrna 1814

4573 Ausbruch der Ruhr 1814

4574 Angeblicher Ausbruch der Pest in Norwegen 1816

4575 Ausbruch und Verbreitung einer Halskrankheit im Herzogtum Holstein 1817

4576 Quarantänemaßnahmen auf der Elbe 1818-1819

4577 Pest in Marokko 1818

4578 Angeblicher Ausbruch einer ansteckenden Krankheit in Böhmen 1819

4579 Einfahrt des pestverdächtigen Schiffs „Hoffnung“ aus Cadiz in die Elbe 1819

4580 Quarantäne für das Schiff „Leida“ aus Baltimore 1819

4581 Aufbringung der Kosten ansteckender Krankheiten 1820-1821

4582 Quarantäne für das Schiff „Flora“ aus Malaga 1821

4583 Hautkrankheit im Gut Großenbrode 1821-1822

4584 Auslieferung des Nachlasses des in Barcelona verstorbenen J. G. Marler an dessen Schwager Marten Siess in Wilster 1824

4585 Abweisung des verdächtigen Schiffs „St. Bartholomey“ aus Alexandria 1825

4586 Quarantäne für das Schiff „Fidelitas“ aus Alexandria 1825

4587 Ansteckende Krankheit in den Niederlanden 1826

4588 Verfahren in Burg auf Fehmarn zum Heimattransport von Kranken 1827

4589 Gelbfieber in Gibraltar 1828-1829

4590 Cholera 1830-1832

4591 Cholera 1832-1840

Medizinalwesen

599 Apotheken 1672-1746
Enthält u. a.: Apothekerordnung; Apothekertaxe

4592 Apotheken, Apothekerordnung, Apothekenvisitation und Apothekertaxe 1756-1834

4593 Einzelne Apotheken 1772-1834
Enthält u. a.: Verzeichnis der in den Herzogtümern zugelassenen Ärzte und Wundärzte, 1832
Darin: Taxe für Apothekerwaren, 1832

4594 Prüfung der Wundärzte durch die chirurgische Akademie in Kopenhagen, Verordnung zur Rettung leblos scheinender Personen sowie Abgaben zur Beförderung der Chirurgen und zum Unterhalt eines anatomischen Theaters 1786-1832

600 Apothekerordnung, Apothekenvisitation und Apothekentaxe 1688-1740

598 Inspektion und Sektion von Leichen sowie anfallende Kosten und Gebühren 1739-1742

601 Besetzung des Landphysikats im Herzogtum Holstein (1719-) 1726-1739

4595 Verstoß des Provisors der Lehmannschen Apotheke in Itzehoe Otto Hinrich Vahlenkamp gegen die Medizinalordnung 1756-1759

602 Ablieferung der Leichen von Hingerichteten und derjenigen ohne Recht auf ehrliches Begräbnis an die Physiki 1737, 1740

4596 Verhalten der Hebamme Ladiussen bei der Entbindung der verstorbenen Frau des Regierungsadvokaten Georg Gottlieb Meyler in Glückstadt 1757

603 Ablieferung der im Zuchthaus Verstorbenen an das akademische Kollegium in Altona 1740

4597 Hebammenordnung 1765-1834

604 Examen der Chirurgen 1741

4598 Vorschlag des Landesphysikus der Landschaft Süderdithmarschen Dr. Salchau über eine Operation nach der Geburtshilfe bei Kindern 1769

4599 Unterstützung der Hebamme Elsabe Reuen in Süderau aus der Armenkasse (1765-) 1768-1776

4600 Bestreitung der Befugnis des ehemaligen großfürstlichen Regimentsfeldschers Johann Adolph Jennicke in Kiel zur Befassung mit inneren Kuren durch die medizinische Fakultät 1780-1781

4601 Bezahlung des Chirurgen Friedrich Gottlieb Körbin in Bornhöved für die Kur der Ehefrau des Christian Petersen in Bornhöved (1780-) 1782

4602 Befugnis der Kompaniefeldscher zum Aderlass und Rasieren außerhalb des Militärs 1782-1783

4603 Visitation nach Medikamenten bei den Gewürzkrämern und einem Tablettenkrämer in Itzehoe 1784-1785

4604 Beschwerde des Physikus Suadicani in Segeberg über die von den Hebammen nicht gelieferten Geburtenlisten 1784

4605 Zulage für die Hebamme Margarethe Boven in den Gütern Groß und Klein Kollmar 1784-1787

4606 Physikat im ehemaligen großfürstlichen Distrikt 1789, 1832-1835

4607 Befreiung des Dr. med. Peter Christian Gottlieb von Neuendahl in Krempe von der persönlichen Vorstellung beim Physikus Koch 1792-1793

4608 Animpfung (Inokulation) der Blattern 1792

4609 Wiedererstattung von Ausbildungskosten der Hebamme Hintze in Itzehoe 1794-1795

4610 Antrag des Prof. med. Juncker in Halle wegen der von Predigern und Äzten einzuliefernden Listen der Pockentoten 1797-1799
Darin: Pockentafeln

4611 Pflicht zur Erlangung des Doktor- oder Lizentiatengrades für einheimische Medizinstudenten 1798

4612 Anstellung von in der Veterinärschule ausgebildeten Viehärzten 1799-1834

4613 Mitteilung der Verordnungen zum Medizinalwesen an den Physikus Dr. Kück in Uetersen 1801

4614 Impfungen: Allgemeines 1802-1833

4615 Impfungen: besondere Angelegenheiten 1802-1834

4616 Umsetzung der Medikamente in der Apotheke in Plön gegen die Medizinaltaxe und andere Unregelmäßigkeiten 1802-1803

4617 Errichtung eines Sanitätskollegiums für die Herzogtümer 1803-1806

4618 Unerlaubter Medizinhandel des Gastwirts Johann Gottfried Abtfelder in Glückstadt 1799-1806

4619 Antrag der Armenvorsteher in Wilster auf Zulassung des Praktikanten Hinrich Ramm in Sankt Margarethen zur medizinischen Praxis 1804

4620 Veränderungen bei den Physikaten 1804-1834

4621 Errichtung der Hebammenanstalt in Kiel 1805, 1816

4622 Unerlaubte Ausübung des Hebammendienstes durch die Wartsfrau Bahrenburg in Itzehoe 1805

4623 Anstellung der Sophia Ehlers als Hebamme im Gut Tangstedt 1805

4624 Unordnungen in der Apotheke in Heiligenhafen 1806-1809

4625 Verteilung einer Bekanntmachung des Sanitätskollegiums über Vorsichtsmaßregeln wegen des Mutterkorns im Roggen 1805

4626 Entbindung der Engel Christina Schwiem in Bösdorf ohne Hebamme 1806-1807

4627 Verkauf der Hallischen Medizin, der Schwerschen Medizin und der Menadischen Wunderessenz 1807-1812, 1829-1830

4628 Einrichtung einer Oberdirektion über das Feldmedizinalwesen 1808

4629 Bezahlung von Medizinalrechnungen für Kranke im Krankenhaus in Kiel 1808-1812

4630 Verbot des Handels mit bestimmten Medizinalwaren 1808-1810

4631 Ausreiseverbot Verbot für Chirurgen 1808

4632 Stiftung des Professors Hensler in Kiel zum Besten junger Ärzte 1808

4633 Einsendung von Listen über die Chirurgen 1809-1818

4634 Anschaffung von Hebammengerätschaften 1810

4635 Pflicht von Militärpersonen zur Entrichtung der Hebammengebühr in Schwängerungsfällen 1810

4636 Einschränkung des Verkaufs von Arsenik 1810-1834

4637 Tagegeld (Diät) für Dr. Struve in Neumünster wegen Untersuchung einer Vagabundin 1810

4638 Versorgung der Militärkranken durch Zivilärzte 1810

4639 Anzeige des Pastors Witt in Nienstedten über die Entfernung eines Bandwurms durch Cornelius de Voss in Sülldorf 1810-1811
Darin: „Altonaischer Mercurius“ vom 26. November 1810

4640 Gebühr des Physikus bei Behandlung von Kranken der Armenkasse 1811, 1815

4641 Verkauf von Arzneien auf Rezept autorisierter Ärzte und Wundärzte 1812

4642 Vorschläge des Sanitätskollegiums zur Vorbeugung der Verwahrlosung unehelicher Kinder 1812

4643 Hebammenkonzession für Marie Magdalena Fick in Stockelsdorf 1812-1835

4644 Anschaffung des Lesebuchs für Hebammen des Prof. Wiedemann in Kiel 1813

4645 Verpflichtung der Apotheker zur Lieferung von Arzneien für das Militär 1813

4646 Verpflichtung der Ärzte zum Verzeichnen der Gebühren auf den Attesten 1813-1814

4647 Einteilung der Hebammendistrikte 1810-1818

4648 Begleichung einer Arztrechnung des Dr. Focke aus den Anlagen des Amtes Reinbek 1813

4649 Befugnis der Hebammen zur Ausübung ihrer Tätigkeiten ohne Bestallung 1814-1825

4650 Fuhren für die Physiki auf Amtsreisen 1814

4651 Medikamentenlieferungen des Apothekers Hasse in Krempe für fremde Truppen 1814-1815

4652 Festhaltung der Olitätenkrämer Michulitz, Derullo und Tuskney in Kiel 1814

4653 Ausübung der medizinischen Praxis durch Pastor Christiani in Sankt Margarethen 1814-1815

4654 Unterstützungen für Hebammen 1815-1819

4655 Beschwerde des Kapitäns Kaup in Louisenlund gegen den Kammerjäger Hancken in Itzehoe wegen Auslegung von Gift 1815

4656 Apothekenkonzession für den Kandidaten der Pharmazie Johann Friedrich Hoepner in Preetz (1710-) 1815

4657 Antrag des Interimsphysikus Henning in Segeberg um Bewilligung von Tagegeldern auf Dienstreisen 1815-1816

4658 Forderungen des Dr. Paulsen in Lütjenburg an mehrere Gutsbesitzer wegen Impfungen 1816-1817

4659 Bezahlung des Chirurgen Frick in Hohenwestedt für die Kur der Ehefrau des Schmiedegesellen Schlehein in Reher 1816-1817

4660 Erlass einer Verordnung wegen der Pfuscher und Quacksalber 1817

4661 Promotion des Friedrich Wilhelm Güldenpfenning in Hamburg zum Dr. med. ohne Prüfung und Disputation 1818

4662 Bestätigung des Apothekenprivilegs in Segeberg 1818-1820

4663 Gebührentaxe für Ärzte und Wundärzte 1819-1833

4664 Vakanzen bei besoldeten Distriktchirurgen 1820

4665 Beschlagnahmung von Arzneien des Johann Christian Schmidt aus Elmshorn im Gut Heiligenstedten 1820

4666 Privileg für den Apotheker Martin Lambert Peter Noodt in Uetersen 1820

4667 Vereidigung des Dr. Oehlers in Krempe und Eid der Ärzte allgemein 1820-1821

4668 Revision und Attestierung von Apothekerrechnungen 1821

4669 Verfügung wegen verdorbenen geräucherten Schweinefleisches 1822

4670 Verweigerter Empfang von Schreiben des Sanitätskollegiums durch den Chirurgen Meyer in Wedel 1823

4671 Selbstpräparierung von Medikamenten durch den Arzt Meyer in Wedel 1823-1824

4672 Verpflichtung der Ärzte zum Erfragen des Vaters bei Entbindung unverheirateter Frauen 1824

4673 Verbot des Ausdrücken der Brüste neugeborener Kinder 1824

4674 Regulierung des Hebammendistrikts Heiligenstedten 1824-1828

4675 Entlastung der Hebammen im Amt Kronshagen 1824

4676 Unbefugtes Austellen eines Blatternscheins durch Propst Nissen in Segeberg 1824

4677 Befugnis des Kloserproptes in Preetz zum Erteilen von Apothekenkonzessionen in klösterlichen Distrikten 1824-1825

4678 Selbstbeförderung des Physikus Dr. Meyn in Pinneberg 1825-1826

4679 Befeiung der Schullehrer im Kirchspiel Hohenwestedt von den Hebammenkosten 1826

4680 Wiedergebrauch von Gefäßen bei Neuanfertigung von Arzneien für Armenkranke 1826

4681 Gebühren für die Hebamme Heidmann in Uetersen beim Einsatz einer anderen Hebamme (1816) 1826

4682 Maßnahmen wegen des übermäßigen Tanzens junger Leute auf dem Land 1827

4683 Besetzung des Hebammendistrikts Wahlstedt und Bestimmung der Einkünfte (1826) 1827

4684 Entbindung in Notfällen durch die Witwe Anna Wind in Groß Flottbek und Anstellung einer zweiten Hebamme im Hebammendistrikt Nienstedten 1827

4685 Einrichtung eines Hebammendistrikts für die Güter Quarnbek, Klein Nordsee, Marutendorf mit Hohenschulen, Blockshagen, Schwartenbek und Groß Nordsee 1827-1830

4686 Anstellung und Entlassung der Provisoren in den Apotheken mit Besitzern ohne Kenntnisse der Pharmazie 1828

4687 Verbot der Aufnahme von Anzeigen zu obskuren Gesundheitsmitteln in den Zeitungen und Wochenblättern 1828

4688 Bitte des Physikus Dr. Meyn in Pinneberg um Einsendung der Abschriften seiner Gutachten 1829-1830

4689 Bekanntmachung des Goldarbeiters Dietzel in Itzehoe über seine Dienste als Zahnarzt 1830

4690 Quacksalberei des Pastors Carstens in Bovenau 1832

Viehseuchen

688 Vorstellung der Regierung in Celle wegen der Viehseuche in Deutschland 1682
Darin: Druck „Recept und bewehrtes Mittel“ gegen die Viehseuche

695 Hornviehseuche 1714-1722

696 Viehsterben im Herzogtum Bremen und Umgebung, Ochsentransport aus Jütland und Nachrichten über Viehsterben in der Wilstermarsch 1716-1722

699 Hornviehseuche in der Mark Brandenburg, Mecklenburg, Bremen und Verden 1729-1732

670 Einführung eines allgemeinen Buß- und Bettages wegen der Viehseuche 1745

706 Viehseuche im Herzogtum Holstein 1745

705 Viehseuche im Herzogtum Holstein 1745

707 Viehseuche im Herzogtum Holstein 1745

708 Vorschlag eines Verbots der Ausfuhr sowie des Auf- und Vorkaufs von Butter und anderer Fettwaren anlässlich der Viehseuche 1745-1746

709 Viehseuche im Herzogtum Holstein 1746

4691 Viehseuche im Herzogtum Holstein 1747-1753

4692 Viehseuche im Herzogtum Holstein 1754-1755

4693 Viehseuche im Herzogtum Holstein 1756-1772

4694 Weiden von verseuchtem Vieh in der Landschaft Süderdithmarschen durch Johann Hartwig Lempfert aus Itzehoe 1764

4695 Ausdehnung der Verordnungen zu den Viehseuchen auf das Gebiet des Herzogtums Plön 1768

4696 Viehseuche in Süderau und Sommerland 1774-1775

4697 Viehseuche in der Grafschaft Oldenburg 1774

4698 Zuständigkeit der Landesregierung bei Viehseuchen 1774

4699 Einrichtung einer Assurance-Kasse für Hornvieh und Nachrichten über die Stückzahlen in den adligen Gütern und Klöstern 1774

4700 Viehseuche in den Herzogtümern Bremen und Verden sowie in den Grafschaften Oldenburg und Delmenhorst 1775

4701 Viehseuche im Herzogtum Holstein 1775-1776
Darin: Druck zu Vorbeugemaßnahmen und Kuren

4702 Viehseuche im Herzogtum Holstein 1776-1777

4703 Viehseuche im Herzogtum Holstein 1777

4704 Viehseuche im Herzogtum Holstein 1777-1798

4705 Viehseuche in Mecklenburg 1800-1801

4706 Verordnung wegen der Viehseuche sowie Distriktsorganisation
Darin: gedruckte Verordnungen 1801-1814

4707 Kommission wegen der Viehseuche 1808

4708 Viehseuche: Anordnungen, Erschlagen des Viehs, Viehausfuhr, Gebühren für Gesundheitsatteste, Kordon 1776-1779

4709 Gefälschtes Viehattest des Peter Jarren in der Plessenschen Wildnis 1776

4710 Einsendung von Listen über die Viehverluste in adligen Gütern und Klöstern während der Seuche 1776-1777

4711 Konvention des Klosters Itzehoe, der Herrschaft Breitenburg und der Güter Erfrade, Heiligenstedten und Bahrenfleth wegen der Viehseuche in Hodorf und Kremperheide 1776-1778

4712 Gebühren für Viehatteste 1767-1777

4713 Beschwerde des Kammerherrn von Blome auf Heiligenstedten über die Weigerung des Zollverwalters in Wewelsfleth zur Passage einer Ladung Mist von Krautsand 1777

4714 Freie Durchfahrt der Posten durch Hitzhusen und Mühlenbarbek trotz Viehseuche 1777-1781

4715 Maßnahmen gegen die Viehseuche in den Außendeichen der Landschaft Süderdithmarschen 1776-1777

4716 Verbot der Beweidung der Grasanger an den Straßen und Wege in den Marschdistrikten 1777

4717 Ausfuhr von erkranktem Vieh durch Peter Andersen in Ramikhuus in der Grafschaft Schackenburg sowie Ausstellung eines falschen Attestes durch Hans Hinrich Hinsch in Rahlstedt 1777-1778

4718 Tötung des Viehs ohne Gesundheitsattest 1777

4719 Streitigkeiten zwischen Johann Matthias Schalburg auf Nütschau und der Witwe von Jagow auf Tralau wegen Verbreitung der Viehseuche 1777

4720 Heimlicher Viehhandel des Altflickers Woltersen in Burg auf Fehmarn und des Schiffers Peter Groot in Grömitz 1777-1778

4721 Ausfuhr von erkranktem Vieh aus dem Gut Drage durch den Müller Johann Wilhelm Carlsen in Ridders 1778

4722 Verstöße der Viehtreiber Jürgen Friedrich aus der Landschaft Norderdithmarschen und Johann Holst aus der Hohner Harde gegen die Zoll- und Viehseucheverordnungen in Traventhal 1778

4723 Einsendung von Nachrichten an die Deutsche Kanzlei und die Zeitungen in Kopenhagen über den Stand der Viehseuche in den adligen und klösterlichen Distrikten 1778

4724 Maßnahmen des Amtes Traventhal und der Stadt Segeberg gegen die Viehseuche und Widersetzlichkeiten von Bürgern in Segeberg 1777-1779

4725 Aufbringung der Zulagegelder für die Viehseucheposten 1778-1779

4726 Ausstellung eines Gesundheitsattestes für das Vieh des Johann Scharmer in Herzhorn durch den Vogt Peter Sommer in Langenhals 1778-1779

4727 Kommission zur Behandlung der Viehseucheangelegenheiten 1778

4728 Anzeige des Kammerherrn von Buchwald auf Fresenburg über den Verlauf von Hornvieh nach Mecklenburg 1779

4729 Infizierung des gesunden Viehs des Johann Detlef Wittmack und Jürgen Detlef Rix in Preetz mit einer leichteren Seuche 1779

4730 Anordnungen für den Viehkauf in Jütland und Ausstellung von Gesundheitsattesten (1778) 1779
Darin: gedruckte Verordnung, 1778

4731 Verheimlichung des Ausbruchs der Viehseuche in Glückstadt 1779

4732 Anordnung zum Handel mit dem fetten Schlachtvieh 1779

4733 Ausbruch einer Pferdeseuche 1779

4734 Verordnung zu den Vorschriften im Seehandel und Schifffahrt wegen der Viehseuche 1779

4735 Einbrennung des Viehs vierzig Tage nach Gesundung 1779

4736 Angebliches verordnungswidriges Verhalten des Gutsbesitzers von Weißenhaus und Verbreitung der Seuche bis Farve 1779

4737 Einfuhr roher Viehhäute durch den Sattlergesellen Hinrich Friedrich Klotz und den Schuster Michael Friedrich Methmann in Lütjenburg 1779

4738 Empfehlung zur Animpfung (Inokulation) der Viehseuche und Ersatz für größeren Verlust 1780

4739 Forderung der Regierung in Stade über Nachrichten zur Viehseuchenfreiheit in der Wilstermarsch 1781

4740 Zuchthausstrafen für den Heuerling Gottlieb Meyer wegen des Transports von Fleisch und Häuten von erkranktem Vieh nach Glückstadt 1781-1782

4741 Monatsberichte über die Viehseuche aus den adligen und klösterlichen Distrikten an die Kommission in Kopenhagen 1782

4742 Einschränkung des Animpfens (Inokulation) der Viehseuche und Verbot der freiwilligen Ansteckung 1782

4743 Untersuchung gegen den Kammerherrn von Buchwald auf Fresenburg wegen Verstoßes gegen die Viehseuchenverordnungen 1783

4744 Aufhebungen der Verordnungen und Verfügungen zur Viehseuche
Darin: gedruckte Verordnungen 1786

4745 Viehseuche in Nordhastedt 1798

4746 Einfuhrverbot für fremdes Hornvieh 1798-1801

4747 Viehseuche auf dem Gut Schwartenbek 1802

4748 Viehseuche in Böhmen 1803

4749 Erkrankung des Viehs im Amt Kiel 1806

4750 Viehkrätze im Gut Behrensbrook 1807

4751 Viehseuche in der Gegend von Danzig 1807

4752 Viehseuche im Herzogtum Pommern 1808-1809

4753 Verfahren bei Pferden mit ansteckenden Krankheiten 1808-1824

4754 Abdeckung des Viehs 1807-1832

4755 Rotzkrankheit unter den Pferden 1810-1811

4756 Viehseuche bei Kassel 1811

4757 Vieh- und Pferdeseuche 1814-1819

4758 Rotzkrankheit unter den Pferden 1815-1817, 1833

4759 Viehseuche in Sommerland 1817

4760 Öffnen der Gruben mit verendetem Vieh 1821

4761 Schafpocken in Mecklenburg 1821-1830

4762 Bezahlung der Rechnungen des Kirchspielvogts Puls und des Tierarztes Dieck wegen der Tötung kranker Pferde des Hufners Bollen in Neuenbrook 1822-1823

4763 Ausbruch einer Viehseuche in Mecklenburg 1822-1823

4764 Vorsichtsmaßnahmen bei nassem Viehfutter 1825

4765 Schadensersatz für vorschriftsmäßig getötete Pferde 1829-1831
Enthält: Johann Claussen, Süderholm (Landschaft Norderdithmarschen); Postexpediteur Lühring, Ahrensburg; Peter Dreese, Hesel

4766 Erkranken und Sterben des Viehs 1830

4767 Viehseuche in Finnland 1831

Wege

540 Instandsetzung des Wegs zwischen Lübeck und Segeberg 1641-1716

541 Gemeinschaftliche Verordnung zur Unterhaltung der Wege, Stege und Dämme 1650-1666

542 Wegeinstandsetzung in den königlichen Gebieten 1675-1683

543 Gemeinschaftliche Verordnung zur Instandsetzung der Wege um Oldesloe 1688

544 Reparatur der Brücke über die Stör bei Kellinghusen 1696

545 Gemeinschaftliche Verordnungen zum Wegewesen 1696-1701

546 Instandsetzung des Wegs von Itzehoe nach Wilster bei der sogenannten Oldenburgs Kuhle 1698

547 Wegeinstandsetzung bei Eckhorst (Gut Eckhorst) 1699

548 Instandsetzung des Büttlerdamms zwischen Itzehoe und Wilster 1708-1711

549 Gemeinschaftliche Verordnungen zur Instandsetzung der Wege, Stege und Dämme, zur Wegeaufsicht und der freien Fuhren 1711

550 Wegeinstandsetzung zwischen Kiel und Rendsburg sowie zwischen Kiel und Hamburg 1717-1718

551 Instandsetzung der Wege von Krempe nach Süderau und Grevenkop 1717-1719

552 Wegeinstandsetzung zwischen Lübeck und Segeberg 1720

553 Instandsetzung der Wege von Bramstedt nach Neumünster 1722

554 Instandsetzung der Wege um Oldesloe und des Wegs zwischen Lübeck und Hamburg 1723

555 Gemeinschaftliches Patent zur Instandsetzung der Wege und Stege 1724-1725

556 Patent zur Instandsetzung der Wege und Stege 1725

557 Beschwerden der Untertanen des Amtes Segeberg gegen die umliegenden adligen Gutsbesitzer wegen schlechter Wege 1733

558 Wegeinstandsetzung bei Ahrensbök sowie den Gütern Glasau und Lehmkuhlen 1734

559 Instandsetzung der Landstraße von Horst nach Steinburg bei der sogenannten Helle (1725-) 1739-1740

560 Instandsetzung des Wegs von der sogenannten Bräcke bis Heiligenhafen, von Kiel nach Lütjenburg und bis an die Bräcke 1741

561 Instandsetzung der Landstraße durch Hellhof (1740-) 1769-1770

2459 Streitigkeiten der Dorfschaft Barsfleth mit dem Landesgevollmächtigten Thiessen in Harmswöhrden wegen Wegeunterhaltung 1807-1809

Sonstige Polizeiangelegenheiten

Presse und Druckwesen

163 Anonyme Schrift des Grafen von Schmettau sowie patriotische Gedanken eines Dänen über stehende Heere, politisches Gleichgewicht und Staatsrevolutionen 1793-1794

4842 Beschlagnahme des sechzehnten Bandes der „Chronik des 19. Jahrhunderts“ von Venturini 1822

4843 Unterdrückung der Zeitung „Der deutsche Beobachter“ und Ausschluss des Redakteurs vom Zeitungswesen 1823

4844 Verkaufsverbot für das Buch „Mémoires d'une jeune Greque“ 1823

4851 Privileg für den Geheimrat von Goethe gegen den Nachdruck der neuen Ausgabe seiner Werke 1825

4852 Verbot der Schrift des Kammerherrn d'Aubert 1825

4858 Nachdruck von Büchern und Handel mit nachgedruckten Büchern 1826-1833

4859 Privileg für Simon Adolph Schrödter für eine Buchhandlung in Itzehoe 1827

4860 Privileg für Friedrich Pauli aus Schleswig zum Handel mit Büchern, Musikalien und Landkarten in Glückstadt, Itzehoe und Wilster 1827

4861 Privileg für die Erben des Dichters Friedrich von Schiller für die neue Ausgabe seiner Werke 1827

4865 Verkaufsverbot für die Schrift des Präsidenten Hurlebusch in Straßburg 1828-1829

4870 Privileg für den Bischof von Sailer in Regensburg gegen den Nachdruck seiner Werke 1829

4872 Beschlagnahmung einzelner Schriften 1830-1835

4873 Wochenblätter 1831-1834

4882 Privileg für Prof. Franz Allioti in München gegen den Nachdruck seiner Bibelübersetzung 1833

Pässe, Reisende, Ein- und Auswanderung

4775 Verbot für Schiffer und Fährleute zur Überfahrt von Juden nach Dänemark ohne Geleitbrief 1754

4782 Erläuterung eines Artikels der Verordnung vom 3. Juli 1776 über die Übernahme der Armen durch die Armenkasse 1782-1783

4788 Ausstellung und Einrichtung der Reisepässe 1802-1814
Enthält u. a.: Inhaltsverzeichnis für Abt. 11 Nr. 4788 bis 4790

4789 Nichtbeachtung der Passverordnung durch Polizeibehörden 1811-1831

4790 Nichtbeachtung der Passverordnung durch Polizeibehörden 1831-1834
Darin: Wanderbuch des Zimmergesellen Heinrich Politz aus Bullenstadt

4791 Ausstellung und Einrichtung der Reisepässe 1814-1834

4800 Kontrolle der Reisenden nach Seeland 1808-1812

4801 Forderung des Polizeiamtes in Flensburg nach Kostenerstattung für den Transport von zwei Scherenschleiferfamilien 1808-1809

4804 Pass für den Scherenschleifer Hans Heinrich Lüneburg in Schwartau 1811, 1831

4805 Kontrolle der Reisenden nach Russland 1811

4806 Reise der Obsthändler Johannes Muschkau und Conrad Müller aus Falken ohne ordnungsgemäße Pässe 1811

4807 Pässe der Reisenden Gerard Stevens, Wilhelm Zuckaroni und Wilhelm Holtzmann 1811

4809 Reise des Kaufmanns Ludwig Heinrich Nagel aus Hamburg nach Kiel ohne Pass 1812

4810 Reise des Leinwandhändlers Hermann Heinrich Pöhler aus Pivitsheide nach Kiel ohne Pass 1812

4811 Reise des Kaufmanns Johann Christian Niese aus Memel nach Heiligenhafen ohne Pass 1812

4812 Reisende ohne ordnungsgemäße Pässe 1812-1819

4814 Einwanderung der Schornsteinfegergesellen Johann Gottlieb Naumann aus Budissin und Johann Hinrich Wenzel Felck aus Preptow 1812

4815 Bewilligung der Durchreise für einige Ausländer 1813

4816 Pass der Kirchspielvogtei in Elmshorn für Friedrich Wilhelm Schemmann aus Hamburg 1813

4817 Gültigkeit der Abschiede für Soldaten als Reisepässe 1810, 1813

4819 Maßnahmen wegen der reisenden Franzosen und der französischen Emissäre 1815

4820 Pass der Administration in Rantzau für Johanna Dorothea Hartje aus Hamburg 1815

4821 Pässe des Magistrats in Segeberg für reisende Musikanten 1815

4822 Ausweisung von Reisenden durch das Polizeiamt in Itzehoe 1815-1817

4825 Beschwerde des Polizeiamts in Itzehoe gegen den Kirchspielvogt in Hohenwestedt wegen des Verfahrens bei der Passerteilung für die Witwe Catharina Hedewig Ida Zernitz 1816

4826 Reisepässe für jüdische Händler 1815-1816

4828 Beschwerde des Amtes Neumünster über den Magistrat in Plön wegen des Passes für den Bäckergesellen Carl Hinrich Grossmann 1816

4829 Auswanderung 1817

4830 Verfahren bei Auswanderern aus fremden Ländern 1817

4832 Pass für den Krämer Abraham Meyer aus Gentenbeck bei Minden 1818-1819

4834 Pässe für den Händler Friedrich Fischer aus Berlin und Maria Susanna Forster aus Bergen op Zoom 1819

4838 Falsche Beglaubigung des Passes für den Tambour Jens Johann Schmidt aus Schleswig 1820

4840 Anzeige der Gerichtsvogtei in Wyk auf Föhr wegen Ausstellung von Pässen an drei Ausländer durch den Magistrat in Plön 1821

4845 Beschwerde des Amtes Flensburg über die Beglaubigung des Passes des zur Landesräumung angewiesenen Bäckergesellen Breitenfeld durch die Kirchspielvogtei in Blankenese 1823

4846 Beschwerden des Oberpräsidiums in Altona und des Polizeimeisters Christensen in Kiel über den Polizeiinspektor Ohrt in Glückstadt wegen dessen Bemerkungen auf Pässen 1823, 1829

4848 Zurücklassung eines Passes des Kaufmanns Reimann aus Bonn in Glückstadt 1824

4853 Erteilung von Pässen durch den Besitzer des Gutes Hoisbüttel an den Dienstknecht Johann Heinrich Damm sowie an den Vagabunden Johann Friedrich Dreyer und seine Konkubine 1825-1826

Enthält u. a.: Passprotokoll des Gutes seit 1. Oktober 1824

4854 Einreiseerlaubnis des Gutes Jersbek für eine fremde Musikantenfamilie 1826

4862 Einführung von Wanderbüchern für reisende Handwerksgesellen 1827-1833

4863 Niederlassung des Arbeitsmannes Friedrich Wunder aus Brunswik in Kiel 1827

4866 Sonntagsarbeit des christlichen Lehrjungen Johann Delff bei den jüdischen Tabakfabrikanten Baruch Philipp und Marcus Hollander in Glückstadt 1828

4867 Pässe für Reisende nach Moldau und in die Walachei 1828

4874 Abholung milder Gaben durch J. P. Friedrich Jansen in Kiel 1831

2442 Nexus des Ferdinand Johannes Wit genannt von Dörring zum Holstein-Lauenburgischen Obergericht 1832

4887 Zulassung der Spanier im Gefolge des Don Carlos 1834

Gesinde

679 Verordnung gegen auswärtige Abwerber von Knechten und Mägden 1649

4772 Gesindeverordnung 1740-1799
Enthält u. a.: Klagen über einbehaltenen Dienstlohn

4783 Vorschlag einer Verordnung wegen der Dienstverträge mit unmündigen Personen 1797-1798

4785 Neue Gesindeordnung 1800-1835

4792 Festnahme des entwichenen Dienstmädchens Trine Janssen in Krempe 1804

Lotterie, Glücksspiel, Veranstaltungen

4786 Zulassung fremder Schauspielergesellschaften 1800

4787 Zulassungsverbot für Seiltänzer, Luftspringer, Marionettenspieler und andere Künstler 1800

4793 Verbot der Bekanntmachung ausländischer Lotterien in den Zeitungen 1804

4794 Verbot öffentlicher Maskeraden ohne Erlaubnis 1804

4795 Vogelschießen in Röbel (1796-1798) 1805

4797 Zulassung der Hazardspiele während des Umschlags in Kiel 1806-1826

4802 Musizieren des blinden Musikanten Jasper Rohde aus Glückstadt auf Jahrmärkten 1810-1811

4837 Feier einer öffentlichen Hochzeit des Wilhelm Erich in Krempe anlässlich seines fünfzigsten Hochzeitstages 1820

4847 Feier der Goldenen Hochzeit des Altenteilers Johann Wulff und seiner Frau im Gut Jersbek 1824

4856 Verbot des Sammelns für auswärtige Lotterien sowie des Verspielens von beweglichen und unbeweglichen Gütern 1750-1828

4857 Einzelne unerlaubte Sammlungen für Lotterien 1823-1831

4869 Untersuchung gegen Hinrich Schnoor in Burg/Süderdithmarschen wegen Verbreitung von Lotterieplänen und Sammelns für eine auswärtige Porzellanlotterie 1829

Polizeiordnung, Luxusordnung, Trauerordnung

676 Vollzug der gemeinschaftlichen Polizeiordnung 1637, 1643

4771 Luxusverordnungen 1736-1775

4774 Trauerverordnungen 1739-1808

675 Polizeiordnung für die Landschaft Süderdithmarschen von 1635 [1635] 1769

681 Polizeiverordnungen 1656-1732
Enthält u. a.: Kirche; Luxusverordnungen; Gevattergeschenke

700 Erlass einer Polizeiordnung: Berichte der Magistrate, Amtmänner und Pröpste sowie Entwurf der Polizeiordnung 1733-1741

4776 Verordnung über den Aufwand bei Hochzeiten, Kindstaufen und Beerdigungen auf dem Land 1768-1818
Darin: gedruckte großfürstliche Polizeiverordnung, 1768

4779 Verordnung zur Einschränkung der Üppigkeit 1783-1787
Darin: gedruckte Verordnungen

4803 Kommission zur Verbesserung der Polizei 1811

4833 Herausgabe von Mitteilungen des Polizeirats Mercker in Erfurt zur Förderung der Sicherheit 1819-1823

4835 Notizen des Kriminalgerichtsassessors Schwencken in Kassel über berühmte Verbrecher 1820

Polizeibedienstete

2519 Dienstbescheinigungen für die Polizeireiter Joachim Köhnke und Johann Anton Petersen 1746-1747

4770 Status der Ehrlichkeit für die Pförtner, Stadtdiener und Landdiener und diesbezügliche Vorfälle in Wilster 1709-1734, 1783-1784

4773 Unehrlichkeit und Beerdigung der Halbmeister und Abdecker sowie ihrer Angehörigen 1708-1776

4778 Anfrage des Oberpräsidenten Graf Bothmer in Kiel wegen der Bestrafung der Tätlichkeiten des Töpfergesellen Jürgen Joachim Wegemann am Polizeidiener Seydler in Kiel 1781

4799 Instruktion für die Polizeimeister 1808-1810

4813 Uniformen für die Jäger und andere Dienstboten 1812

Reisende Handwerksgesellen und Wanderbücher

4823 Festhaltung der Strohhutnäher Heinrich Ahlborn und Johann Arend Wohlers durch das Polizeiamt in Itzehoe 1815-1816

4855 Antrag des Justizrats Christensen in Kiel wegen des Missbrauchs der Wanderbücher in Mecklenburg (1813) 1826-1827
Darin: Musterexemplare von Wanderbüchern

4868 Verordnung in Dänemark gegen das Umhertreiben reisender Handwerksgesellen und entsprechende Verfügungen für das Herzogtum Holstein (1828) 1829
Darin: gedruckte Verordnungen

4876 Anzeige des Amtsschreibers Kellermann in Neumünster wegen des Zurückweisens von Handwerksgesellen durch deutsche Regierungen 1831-1832

4879 Verweisung kranker Handwerksgesellen nach Glückstadt 1833

4880 Festhaltung des Mauergesellen Johann Heinrich Grelstorf wegen fehlender Angaben zum Militärverhältnis im Wanderbuch 1833
Darin: Wanderbuch

Gewerbepolizei

687 Verbot der Einfuhr von Pflaumen in die Städte 1681

1024 Salzverpachtung in Lüneburg 1712-1724

4781 Aufhebung des Einfuhrverbots für fremde Glaswaren 1793
Darin: gedruckte Verordnungen

4808 Ausweisung fremder Kramjuden während des Umschlags in Kiel
Enthält u. a.: Pässe 1812

4824 Zulassung der mit Bildern, Landkarten, Gipsfiguren, Körben und Singvögeln hausierenden Ausländer 1816

4836 Offene und ungesicherte Mergelgruben 1820-1821

Beerdigungen

4768 Ehrliche Begräbnisse 1682-1787

1025 Konzession für die Witwe des Hofjuden Michael Hinrichsen und Rubens Hinrichsen in Schwerin zum Leichentransport nach Altona 1716

4780 Frühe Beerdigung der Juden 1785

4818 Bestimmung des Beerdigungstermins 1814

4850 Gebühr für den Transport der verstorbenen Pastorenfrau Lorentzen in Neumünster ins Erbbegräbnis nach Kiel 1825

Öffentliche Ordnung und Sicherheit

4769 Kalenderwesen, besonders Einführung eines neuen Kalenders 1699-1807

701 Polizeistunde in den Wein- und Bierhäusern 1736

4777 Verbot des Tragens von roten und gelben Kokarden an den Hüten 1780

4798 Verbot des Anzündens von Feuer zur Belustigung 1808

4839 Verbrennen des Rapsstrohs 1821

4841 Transport von Pulver 1822-1824

4849 Auslieferung des Kaufmanns Jürgen Fock aus Pinneberg vom Schiff „Wilhelmine“ 1825

4864 Verweigerte Hilfe des lauenburgischen Jägerkorps für das Polizeiamt in Kiel 1828

4871 Einsturzgefahr des Hauses des Tischlers Hans Eggers in Wilster 1829

4875 Tabakrauchen auf den Straßen und Plätzen in Ahrensbök 1831

4877 Zusammenkünfte wegen der Beschlüsse der deutschen Bundesversammlung 1832

4878 Weigerung des Postmeisters Frauen in Bramstedt zur Mitteilung des Aufenthaltsortes des Dienstknechts Hermann Schnor 1833

4881 Zurückweisung von Flüchtlingen aus Polen an der Landesgrenze 1833-1834

4884 Zusammenleben des Schlossergesellen Johann Martin David Siegmund in Kiel mit einer unverheirateten Frau 1834

4885 Beteiligung eines gewissen Anold oder Arnold und eines Simon an revolutionären Umtrieben 1834

4886 Beteiligung von Handwerksburschen an revolutionären Umtrieben 1834

Tiere

704 Erschlagen von Hunden während der Hundstage 1738-1739

4784 Erlass einer Verfügung wegen der Tollwut der Hunde 1800-1803

4796 Herumlaufen der Hunde 1806-1834

4827 Vertilgung der Seeraben 1816-1817

4831 Zulässigkeit des Auslegens von Fußangeln 1818

4883 Bezahlung des Halbmeisters Brey in Plön für die Tötung des Hundes des Kammerherrn von Rosen 1833

Handel und Schifffahrt

215 Verordnungen zum Handel und zur Schifffahrt 1695-1749

495 Handel mit Mauritius und Abessinien [17. Jh.]

485 Verbot des Verkaufs von in königlichen Landen gebauten Schiffe an Fremde 1671

486 Ausfertigung der See- und Landpässe 1688-1695

487 Untersuchung zu ausgegebenen Seepässen 1690-1692

488 Untersuchung zu ausgegebenen Seepässen 1691

489 Untersuchung zu ausgegebenen Seepässen 1691-1692

491 Untersuchung zu ausgegebenen Seepässen 1692-1693

492 Untersuchung zu ausgegebenen Seepässen 1692

493 Untersuchung zu ausgegebenen Seepässen 1692-1699

494 Untersuchung zu ausgegebenen Seepässen 1693-1696

490 Schiffsreeder und Kaventen 1691-1693

496 Gegenseitige Handelsfreiheit der königlichen und gottorfischen Städte (1704) 1705

498 Schreiben des Kurfürsten von Hannover wegen der freien Fahrt auf der Elbe 1712

499 Bedenken an die Rentekammer zum Handel mit Tabaksblättern 1714

500 Aufräumung des Schwal-Flusses 1714-1718

501 Ausfuhrverbot für Wolle sowie Wollmanufaktur in Kopenhagen 1719

504 Anlage einer Rapssaatmühle bei Rendsburg durch Aegidius Rabe in Schleswig 1722

505 Verordnung zur Sklavenkasse 1723

506 Anlage einer Tabakfabrik für Stormarn, Wagrien und Dithmarschen durch Abraham Rotschild 1724

507 Handel und Schifffahrt nach Schweden 1725

508 Verbot des Warentransportes von Hamburg nach Moisling 1728

510 Aufforderung an Schiffer, Proviant- und Schiffsschreiber zur Rechnungsablage für die Zeit des letzten Krieges 1732

4888 Ausfuhrverbot für Feldsteine 1734-1777, 1829

4889 Verbot des Führens königlicher Flagge und Wimpel auf den Kauffahrtschiffen 1741-1776, 1804

512 Handelsvertrag zwischen Dänemark und Frankreich 1742

4890 Ausfuhrverbot für Papiermaterialien 1720-1779, 1831

4891 Vor- und Aufkauf rohen Leders 1744-1752

513 Französisches Reglement zu Prisen und zur Fahrt neutraler Schiffe während des Krieges 1744

4892 Ausfuhrverbot für Eichenbork und Lohe 1721-1787

4893 Seepässe für Algier 1747-1831

516 Handels- und Navigationsvertrag zwischen Dänemark und Sizilien 1748

4894 Verordnung über die Konsuln 1749-1764

4895 Friedens- und Handelsverträge zwischen Dänemark, Tunis und Tripolis 1752

4896 Aufhebung des Handels mit spanischen Untertanen 1753

4897 Freundschafts-, Handels- und Schifffahrtsvertrag zwischen Dänemark und Genua 1756

4898 Reglement für königliche Handeltreibende hinsichtlich der Kriege zwischen Seemächten 1756

4899 Getreideausfuhr und Branntweinbrennen 1650-1710

4900 Getreideausfuhr und Branntweinbrennen 1711-1748

4901 Getreideausfuhr und Branntweinbrennen 1756-1790

4902 Getreideausfuhr und Branntweinbrennen: Verstöße und Gesuche 1756-1759

4903 Getreideausfuhr und Branntweinbrennen 1756-1760

Enthält: Aufhebung des Kornausfuhrverbots in der Landschaft Norderdithmarschen; Bitte der Regierung in Stade um Getreideausfuhr; Getreideausfuhr des Schaumburgischen Hofs in Hamburg; Verstöße gegen das Getreideausfuhrverbot

4904 Ausfuhrverbote für Getreide, Mehl und Brot 1795-1796

4905 Getreide- und Kartoffelausfuhr sowie Branntweinbrennen 1800-1811

4906 Ausfuhr von Schiffs-, Bau- und Brennholz, Hestern, Torf sowie Torf- und Holzkohle (1598-) 1660-1720

4907 Ausfuhr von Schiffs-, Bau- und Brennholz, Hestern, Torf sowie Torf- und Holzkohle 1721-1764

4908 Ausfuhr der Hester von Eichen, Hagebuchen und Birken zu Bandholz 1744-1754, 1809-1812

4909 Ausfuhrverbot für Pferde 1676-1762

4910 Handel mit Fayencen und Steingut 1767-1779

4911 Anordung von zwei Feuerbaken bei Helsingør 1772

4912 Ladungsfreiheit bei fremden Kolonien in Amerika 1772

4913 Einfuhr des Hafers nach Norwegen 1772

4914 Prämien für die Einfuhr von Roggen, Gerste und Kartoffeln nach Norwegen 1773

4915 Bekanntmachung von Punkten der Dänischen Asiatischen Kompanie 1773

4916 Einfuhrverbot für fremde Kornwaren in den südlichen Teil Norwegens 1774

4917 Kanalverbindung zwischen Nordsee und Ostsee 1774-1834

4918 Aufhebung des Einfuhrverbots für Blechplatten 1775

4919 Einfuhrverbot für fremde Parchente (Halbleinen) 1775-1779

4920 Verbot des Transports von Munition und anderen Kriegssachen unter königlicher Flagge nach den dänischen Westindischen Inseln 1775

4921 Einfuhrverbot für fremden Roggen 1777-1784

4922 Handel mit den dänischen Westindischen Inseln 1777

4923 Verordnungen und Plakate zur Schifffahrt 1776-1781

4924 Errichtung einer Species-, Giro und Leihbank in Altona 1776

4925 Vorschlag des Zollverwalters Noodt in Oldesloe wegen Veruntreuung von Güter auf den Frachtfahrten zwischen Hamburg und Lübeck 1777

4926 Tabakhandel und Tabakverarbeitung 1778-1786, 1823

4927 Salzhandel 1778-1785

4928 Tabak- und Salzhandel der Landhöker in den klösterlichen und adligen Distrikten 1779-1782

4929 Außerordentliche Abgabe von Schiffen und Waren 1779, 1783

4930 Handel des Krugwirts Hans Meyer in Bökenberg mit ungestempeltem Tabak 1779

4931 Salzhandel des Krämers Winter in Preetz ohne Konzession 1779-1780

4932 Freiheiten für den Speditionshandel in den Städten der Herzogtümer und den Transithandel über Kiel 1779, 1810

4933 Assekuranz-Ordnung 1779
Enthält nur Deckblatt (Bemerkung: vide Altonaer Archiv. Ökonomie und Kommerzsachen Nr. 51)

4934 Einfuhrverbot für fremdes Porzellan 1780

4935 Holz- und Krammarkt in Eddelak 1782

4936 Ausfuhrverbot für Schweine sowie für gesalzenen und geräuchten Speck 1782

4937 Einfuhrverbot für fremde Rasche und Chalongs (Futterstoffe) 1783-1789

4938 Unterstützungen zur Schiffsausrüstung für den Robben- und Walfang in der Davisstraße und bei Spitzbergen 1784-1833

4939 Eröffnung des Schleswig-Holsteinischen Kanals und Bestimmung der Durchfahrt 1785, 1792

4940 Nebenabgabe für die Kanalfahrt 1785

4941 Aufhebung des Einfuhrverbots für Tran 1785

4942 Verordnung zum neuen Kanal-, Fracht- und Transitwegs zwischen Rendsburg und Altona 1786

4943 Transport einheimischen Buchenholzes durch inländische Schiffe 1786, 1797

4944 Anstellung des Kanzlisten Detlevs zur Führung des Protokolls beim Lotsenexamen (1786) 1787, 1800

4945 Abstellung der Beschwerden der Helgoländer über Eingriffe der Fischer in Blankenese in das Lotsengewerbe 1787

4946 Vorrechte der Handelsplätze in Island 1787

4947 Isländische Seepässe 1787

4948 Unterstützung der Schifffahrt zum Fischfang bei Island 1787, 1798

4949 Ausfuhr von Pferden 1788-1813

4950 Ausfuhr von Heu 1788-1789

4951 Ausfuhr von Pferden durch den Besitzer des Gutes Satjewitz 1789

4952 Bekanntmachung der Regierung in Stade hinsichtlich des Viehhandels mit dem Land Wöhrden 1790-1791

4953 Außerordentliche Abgabe von Schiffen und Waren 1794-1795

4954 Aufkauf von Korn- und Fettwaren in Plön und Umgebung 1795

4955 Weizenausfuhr aus dem Gut Kletkamp und dem Meierhof Gottesgabe im Gut Neuhaus 1796

4956 Errichtung einer Kanallotsengesellschaft 1796-1802
Darin: Reglements und Instruktionen für die Eiderlotsenbrüderschaft in Tönning

4957 Außerordentliche Abgabe auf Schiffsfrachten 1796-1817

4958 Abgabe auf Kauf oder Einführung fremder Schiffe 1796-1810

4959 Verordnung zum ostindischen Handel der dänisch-europäischen Staaten 1797

4960 Gebühren für die Ausstellung lateinischer Seepässe 1797

4961 Kürzere Behandlung von Schiffahrts- und Seehandelsangelegenheiten 1798-1804

4962 Auf- und Vorkauf bei Butter und anderen Fettwaren 1800-1824

4963 Ausfuhrverbot für Schweine und Speck 1800-1802

4964 Ausfuhrverbot für einheimischen Kornbranntwein 1800-1801

4965 Ausfuhr von Korn nach Eutin 1800

4966 Erteilung der Steuermannspatente oder -zertifikate 1801

4967 Untersuchung wegen des Schiffs „Speculant“ 1801

4968 Anwendbarkeit eines Plakats vom 28. März 1794 über Vorschriften für Seefahrende auf das Herzogtum Holstein 1801

4969 Ausfuhrverbot für Waffen sowie für den Krieg und die Schiffsausrüstung verwendbare Waren 1801

4970 Embargo auf englische Schiffe und Waren 1801

4971 Anstellung eines batavischen Vize-Handelskommissars in Rendsburg 1802-1814

4972 Abgabe von der Schifffahrt zum Unterhalt der Feuereinrichtungen 1802, 1810

4973 Überschiffung von Passagieren nach anderen Weltteilen (1802) 1803

4974 Ausfuhrverbot für Heu, Stroh und Hafer 1803

4975 Anhaltung des mit Stroh beladenen Ewers des Schiffers Claus Haack aus Neufeld 1803

4976 Transport der Transitware auf der Stör und der Elbe nach Hamburg 1803

4977 Verhalten der Händler und Seefahrer während des Krieges zwischen Seemächten 1803-1823

4978 Messung und Stempelung der Schiffe 1803

4979 Polizeiaufsicht über das Ankern und Anlegen von Schiffen auf der Stör sowie Errichtung einer Scheinlampe an der Mündung der Stör in die Elbe 1804

4980 Besichtigung der Lotsenanstalten 1805

4981 Flucht von drei Matrosen des Schiffs „Fortuna" aus Glückstadt auf der Reede vor Kopenhagen und deren Festhaltung in der Grafschaft Holsteinborg 1805

4982 Gesundheitsatteste für von Nordamerika zurückkehrende Schiffer 1805

4983 Herausgabe eines Provinzial-Adressbuchs 1805

4984 Ein- und Ausfuhr holländischer Kornwaren bei Büsum 1805-1806

4985 Zurücksendung des Matrosen Hans Petersen aus Barcelona nach Glückstadt zur Bestrafung wegen Ungehorsams 1806

4986 Erhebung des Eidertonnen- und Baakengeldes 1806

4987 Ausfuhrerlaubnis für Holz 1806-1809, 1824

4988 Lotsenwesen 1807, 1819-1822

4989 Ausfuhrverbot für Kornwaren, Lebensmittel und Provisionen 1807-1808

4990 Versicherung der Schiffe mit Lebensmitteln für Norwegen 1807-1808

4991 Erhöhung des Ausfuhrzolls für Borke oder Lohe 1807

4992 Verkaufsverbot für Eichenholz 1807-1812

4993 Verkaufsverbot für ausländische gebrannte Bohnen und Wurzeln 1808

4994 Ausschiffung von Korn und Lebensmitteln zur Proviantierung von Norwegen 1808-1814

4995 Erforderliche Zertifikate bei Einführung von Waren nach Russland 1808

4996 Ausfuhrverbot für Kalbs- und Lammfell sowie für Schafwolle und Färberholz 1808-1809

4997 Bestimmung über Ein- und Ausfuhrverbote für Waren 1808-1809

4998 Beweis für die Auslösung der nach fremden Orten bestimmten Waren 1808

4999 Ausfuhrverbot für Hanf, Flachs, Teer, Tauwerk und anderen zur Schiffsausrüstung benötigten Materialien 1808

5000 Freie Einfuhr einheimischer Fabrikerzeugnisse nach und über Hamburg und Lübeck 1809

5001 Ausfuhrerlaubnis für Weizen und Hafer 1809

5002 Französische Kaperer in der Ostsee 1809

5003 Ausklarierung der Schiffe aus befreundeten und neutralen Staaten 1809

5004 Handelsverbot mit der unechten Angustura-Rinde 1809

5005 Nicht erforderliche Ursprungszertifikate für Salz 1810

5006 Geleitbriefe für Schiffe 1810

5007 Verbot der Fahrt durch den Grönsund 1810-1813

5008 Ausfuhrverbot für Wolle 1810

5009 Ausfuhrerlaubnis für Sirup 1810

5010 Ungültigkeit der Flaggen Hannovers, Hamburgs, Bremen und Lübecks 1811-1813

5011 Hilfsleistungen für die französischen Ingenieuroffiziere zur Anlage eines Kanals für die Verbindung der Ostsee mit der Seine 1811

5012 Fremde Konsuln 1811-1834

5013 Ausfuhrverbot für Rohseide sowie Einfuhrerlaubnis für glatte und gefärbte Seiden 1811

5014 Einführung dänischer Bankzettel in die Herzogtümer durch die Schiffer 1811

5015 Ausschiffung und Ausfuhr von Kornwaren 1812

5016 Abgabe beim Kauf fremder Schiffe durch königliche Untertanen und beim Verkauf einheimischer Schiffe an Fremde 1812-1825

5017 Ausfuhrverbot für Rapssaat 1812

5018 Einfuhr- und Verkaufsverbot für fremde Küperarbeiten 1812

5019 Ausfuhrerlaubnis für Lein- und Rübenöl 1812

5020 Abgabe von fremden Schiffen 1813

5021 Abgabe auf Steinkohle 1813

5022 Formular der Seepässe und der Schiffszertifikate sowie Gebühren für die Seepässe 1813-1825

5023 Transithandel in den Herzogtümern 1814

5024 Konsulatsgebühren 1814

5025 Befugnis der Seeleute zur Vermietung auf fremden Schiffen 1815

5026 Messung der Schiffe 1815-1816, 1830

5027 Einfuhrverbot für Kaffeesurrogate 1815

5028 Lastgelder für Schiffe von Helgoland 1815

5029 Unbefugte Lotsendienste des Matrosen Peter Stahmer aus Heiligenhafen 1815

5030 Vereinbarung der Schiffer in Uetersen, Elmshorn und Glückstadt über die Versicherung erlittener Schäden 1813-1816, 1828-1829

5031 Meldepflicht der Schiffer bei den Konsuln 1815

5032 Versiegelung der Schiffe 1815

5033 Freie Einfuhr für Hanfsamen, Leinsamen und Pottasche sowie Erhöhung des Einfuhrzolls für grüne Seife 1816

5034 Herabsetzung der Abgabe von gekauften und verkauften Schiffen 1816-1824

5035 Verbot des Nachstechens von Seekarten des Seekartenarchivs 1816

5036 Erweiterung der Handelsfreiheit für Island 1816-1833

5037 Einrichtung der Logbücher und Schiffsjournale 1817

5038 Englische Ausrüstung von See-Expeditionen nach dem Nordpol 1818

5039 Anlage eines Barkenkanals zwischen Ostsee und Niederelbe 1818-1819

5040 Verfahren der Kaufleute Diederichsen und Wille in Kiel bei einer Kornladung nach England 1818

5041 Annahme von Seeleuten für den Dienst auf den Grönlandfahrern 1819-1820, 1827

5042 Messung der Schiffe und Schiffsabgabe 1819-1822

5043 Abgabe der Gayenschen Erben in Altona für ein verkauftes Schiff 1819-1821

5044 Einquartierungsfreiheit für den schwedisch-norwegischen Konsul Malmros 1819

5045 Erlaubnis für königliche Untertanen zu Frachtfahrten mit Schiffen bis zu 15 Kommerzlasten 1819

5046 Hebung des gesunkenen Fährprahms aus Friedrichstadt 1820

5047 Französische Untersuchung der nördlichen Gewässer hinsichtlich der Fischerei 1820

5048 Gehorsamspflicht der Schiffer gegenüber den Konsuln 1820

5049 Freiheiten der Konsuln fremder Mächte 1821, 1833

5050 Losreißen einer Seetonne durch den Schiffer Jürgensen auf der Fahrt von Kronstadt nach Petersburg 1821

5051 Überlassung von Knaben als Kajütenjungen an fremde Schiffe 1821

5052 Forderung des Andreas Ludwig Diederichsen in Gaarden nach einer Assekuranzprämie 1821-1822

5053 Abgabe der Fischer aus Blankenese in den Niederlanden für eingeführte Fische 1821-1822

5054 Befugnis zur Schiffsführung für See-Enrollierte ohne Schiffszertifikate 1822

5055 Bergelohn für an hiesigen Küsten gestrandete Seetonnen 1821

5056 Blockadeerklärung der französischen Regierung für die Häfen von Cadiz, Barcelona, Santona, San Sebastian, Ferrol und Coruna 1823

5057 Vorteile und Erleichterungen für dänische Schiffe in britischen Häfen 1824

5058 Blockadeerklärung der britischen Regierung für den Hafen von Algier 1824

5059 Anhaltung des Schiffs „Celia“ mit dem Schiffsführer Lloyd aus den Niederlanden 1825

5060 Anordnung einer eigenen Lotsensignalflagge 1825

5061 Befugnis für dänische Schiffe zur Ladung auf Sankt Croix sowie westindischer Handel 1825-1834

5062 Antrag der Kanalaufsichtskommission wegen Wasserabzapfens von der Ober- in die Untereider 1825-1826

5063 Handelsvertrag zwischen Dänemark und Schweden-Norwegen 1827

5064 Examinierung der Steuerleute durch den Navigationsdirektor 1827

5065 Bergung von blindstehenden Ankern und Tauen im Fahrwasser der Eider 1827-1828

5066 Französische Blockade des Hafens von Algier 1827-1833

5067 Behandlung der bei Störort aus dem Schiff „Frau Margaretha" geborgenen Stückgüter 1827

5068 Bestimmung der erlaubten Abfahrts- und Landungsplätze an der Westküste der Herzogtümer 1811

5069 Vorschlag der hannoverschen Regierung über einen Reziprozitätsvertrag über die Schifffahrt 1827

5070 Handelsvertrag zwischen Dänemark und Brasilien 1829

5071 Verbot der Fischerei im Einlauf zur Bucht in Ringköbing 1829

5072 Aufhebung der Konsulatsgebühren für dänische Schiffe in den Häfen der Levante 1830

5073 Annahme einer Flagge auf der Insel Terceira sowie Annahme von Flaggen allgemein 1831-1832

5074 Verpflegung erkrankter Matrosen durch die Reeder oder durch Armenkommunen 1832

5075 Anordnung einer Examinationsbehörde zur Prüfung der Seeleute in Navigationskunde 1834

5076 Begünstigung dänischer Schiffe in belgischen Häfen 1834

5077 Feuerschiff an der Einfahrt zur Eider 1834

5078 Verhinderung der Einfuhr von Waffen und Kriegsbedarf in die vom Bürgerkrieg betroffenen spanischen Provinzen 1834

Handwerk und Gewerbe

517 Aufhebung der geschlossenen Ämter 1651

519 Bitte des Magistrats in Heiligenhafen um Umsetzung der Verordnung über die Landhandwerker 1691

520 Ein- und Ausschreiben der Lehrjungen in den Barbierämtern in Wilster und Glückstadt 1693

521 Landhandwerker und Landhandel im Amt Rendsburg 1695-1698

522 Abschaffung des Zubrots in Glückstadt 1709

523 Monopol zum Bau für alle Kirchen und öffentlichen Gebäuden sowie zur Anstellung von Handwerkern für den königlichen Baumeister Stallknecht 1720

518 Beseitigung der Missbräuche bei den Handwerksgilden 1688-1732

524 Privileg des Orgelbauers Johann Hinrich Kloppmeier in Glückstadt zum Orgelbau (1721-) 1733

527 Besuch fremder Märkte durch Handwerker aus den königlichen Gebieten 1735-1743

525 Annahme von Handwerksgesellen bei den Handwerksämtern in Glückstadt 1735

5079 Bürgerliche Nahrung und Handwerk auf dem Land 1686-1750

528 Verordnungen zum Besuch der Jahrmärkte durch unzünftige Handwerker, zu den Handwerkern bei der Miliz sowie zum Ausschluss der Unteroffiziere und Soldaten vom Besuch der Jahrmärkte 1739, 1747

529 Verbot des Besuchs von Jahrmärkten für Landkrämer 1743

5080 Privileg für Jacob Friedrich Beseler in Rendsburg zur Glockengießerei 1829

Landesökonomie

5081 Generallandesökonomie- und Kommerzkollegium, Generallandwesenskollegium, Schleswig-Holsteinische Landkommission 1735-1823

433 Schulden der Gemeinden im Herzogtum Holstein 1739-1740

5082 Patent gegen die Auswanderung nach fremden Kolonien in Amerika 1753

5083 Brandwesen in den Städten und Ämtern 1713-1800

5084 Brandversicherungsanstalten der Stadt- und Landkirchen 1758-1822

5085 Brandwesen in den Städten und Ämtern 1824-1832

5086 Übertragung der Verordnungen für das Herzogtum Schleswig zur Verkoppelung und Aufhebung der Gemeinschaft der Dorffelder auf das Herzogtum Holstein 1767-1791

5087 Volkszählung 1769

5088 Umwandlung der Mobiliengilde auf dem Land in eine allgemeine Brandversicherungsanstalt für bewegliche Güter 1778-1781

5089 Verbesserung der Pferdezucht 1779-1832

5090 Aufhebung des Gerichtsverfahrens gegen Claus Hein in Lohbarbek wegen Gebrauchs eines verworfenen Hengstes 1783-1784

5091 Verordnung zu den Landaufteilungsgebühren und der Verkoppelung für die Ämter Segeberg und Rendsburg, die Landschaft Süderdithmarschen sowie die Herrschaft Pinneberg 1784

5092 Abwurf des Strohdachs der Witwe Dorothea Bebensee in Gieschenhagen 1784

5093 Erschwerung der Verkoppelung in Lütjenburg wegen des adligen Jagdrechts 1784

5094 Grenzstreitigkeiten zwischen Hüttblek im Amt Segeberg und Sievershütten im Amt Trittau 1784-1791
Darin: Karte

5095 Einsendung von Gildeartikeln der Städte Glückstadt, Krempe, Wilster und Itzehoe an das Generallandesökonomie- und Kommerzkollegiums 1785

5096 Einkoppelung einer der Kirche in Schenefeld gehörigen Hölzung in Beringstedt 1785-1789

5097 Anwerbung königlicher Glasfabrikanten durch den Landmarschall von Hahn nach Mecklenburg 1786-1787

5098 Verbot der hannoverschen Regierung über Einfuhr und Durchfuhr von fremdem Hornvieh 1787

5099 Freie Ausfuhr von Feldsteinen durch Untergehörige der Herrschaft Breitenburg im Gut Rastorf 1788

5100 Einfuhrverbot für fremde gewebte Mützen 1788

5101 Ausrottung der Feldmäuse in den Landschaften Norderdithmarschen und Süderdithmarschen 1789

5102 Vorschlag zur Aufteilung und Einkoppelung von Stadtländereien in Plön 1790-1791

5103 Errichtung einer allgemeinen Brandversicherungsgesellschaft für Waren und Güter 1798, 1810

5104 Untersuchung über unverhältnismäßige Erstattungen aus privaten Brandgilden 1802

5105 Mobiliengilden (1800-) 1803-1832

5106 Mobiliengilden (1681-) 1828-1831
Enthält vor allem: Abschriften von Gildeartikeln

5107 Mobiliengilden (1739-) 1829-1830
Enthält vor allem: Abschriften von Gildeartikeln

5108 Brandversicherungsordnung für Helgoland und Christiansfeld 1804-1805

5109 Vorbeugung gegen Brotkornmangel und Teuerung 1805

5110 Aufforderung zur Sparsamkeit und zur Aufmerksamkeit auf einheimische Fabrikate 1809

5111 Papiermühlen und Papierfabriken 1809-1811

5112 Bestellung der Herbstsaat sowie Anbau der Futterkräuter und Handelspflanzen 1810-1812

5113 Gerbereien und Fellbereitereien 1811-1815
Enthält u. a.: tabellarische Übersichten über Gerbereien

5114 Direktion über die Kanäle, Leuchttürme, das Ringwesen und die Häfen 1811

5115 Einführung des Gebrauchs von Pferdefleisch als Nahrungsmittel 1811

5116 Examen der Gärtner 1811

5117 Übersicht über die zum nächsten Umschlag in Kiel gekündigten Kapitalien 1811-1812

5118 Aufhebung der Amtsökonomiekollegien 1812

5119 Schlachtvieh-, Fleisch- und Butterpreise 1814-1815

5120 Aufbereitung und Gebrauch des Seegrases 1815
Darin: Druckschrift eines Dr. Lehmann über den Nutzen des Seegrases

5121 Maßnahmen zur Verhütung des Kornmangels 1817

5122 Eintaxierung des Hauses des russischen Konsuls Brand bei Othmarschen in die Brandkasse 1821

5123 Abstellung der geteerten oder ungeteerten Bretterverkleidungen der Wohn- und Wirtschaftsgebäude in den Städten und Flecken 1820-1826

5124 Trennung der Herrschaft Pinneberg von den anderen Landdistrikten der Herzogtümer hinsichtlich der Brandversicherung (1821) 1822

5125 Grundgesetze der Schleswig-Holsteinischen adligen Brandgilde 1822

5126 Privileg für eine Feuerlöschmaschine für den inhaftierten Forstmeister Binge 1823

5127 Einsendung von Nachrichten über Fabriken, Industrien und Schiffsbau 1823-1834

5128 Verfahren zur Erledigung der Brandkassenrestanten 1824

5129 Einschärfung des Kanzleipatents über die Versicherung bei Brandschäden für den Kirchspielvogt Maassen in Marne 1824

5130 Ausgaben aus der Staatskasse für die Verwaltungszweige der Schleswig-Holstein-Lauenburgischen Kanzlei 1824
Enthält u. a.: tabellarische Verzeichnisse, darunter über Besoldungen der Beamten und Pastoren

5131 Einhaltung eines Mindestabstands beim Bau von Landgebäuden wegen der Feuergefahr 1825

5132 Mitteilungen und Nachweisungen an den Amtmann von Rosen in Segeberg zur Herausgabe einer Sammlung statistischer und kameralistischer Nachrichten 1825-1828

5133 Beschwerde des Hufners Peter Vögl in Dazendorf über die Kürzung des Gildegeldes in Heringsdorf durch die allgemeine Brandkasse 1827

5134 Gültigkeit von Vermessungen in den Herzogtümern durch einen für Dänemark bestallten Landmesser 1827

5135 Auszahlung der Schadensgelder für das abgebrannte Haus des in Konkurs geratenen Gastwirts Johann Adolph Wille in Preetz aus der Brandkasse an den Güterpfleger sowie die allgemeine Absicherung der Gläubiger in solchen Fällen 1828-1830

5136 Anfrage des Justitiariats auf Gut Lammershagen über die Vereidigung eines Abgebrannten 1828-1829

5137 Errichtung einer Hagelversicherungsgesellschaft für die Ämter und für die Landwirtschaft treibenden Bewohner der Städte 1828-1829

5138 Vorschrift von Ziegeldächern für Neubauten in Burg in der Landschaft Süderdithmarschen 1829

5139 Verein für eine Versicherungsanstalt gegen Feuergefahr in Altona 1830-1834

5140 Bestätigungen von Statuten über Feuerversicherungen für Schullehrer 1830-1831

5141 Verbindung von Eingesessen in Sulsdorf und benachbarter Orte zu einer Unterstützung in Brandfällen 1833-1834

5142 Vorschlag des Gutsbesitzers Baudouin auf Eckhorst zur Vermeidung der Brandstiftungen 1833-1834

5143 Lebensversicherungsgesellschaft in Altona 1833

5144 Auszahlung einer Geldsumme aus einem Brandschein des Branddirektors in Segeberg an den Kaufmann Potent in Segeberg 1833-1834

5145 Begünstigungen für die Kanonengießerei auf Frederikswerk 1834

5146 Einführung von Fabrikationsbüchern für das Tuchmachergewerbe 1834

Kammerwesen

423 Vorschläge des Duarte Nunes da Costa zur Verbesserung der königlichen Einkünfte 1639

425 Allgemeine Kammerangelegenheiten 1648-1781
Enthält u. a.: Hebungs- und Rechnungsbeamte; Kammergerichtsordnung; Vorzugsrecht herrschaftlicher Forderungen
Darin: Verordnung über die Pflichten der Hebungsbeamten, 1781

432 Einrichtung und Aufhebung der Schleswig-Holsteinischen Kammer 1735, 1746

434 Ernennung des Direktors der königlichen Finanzen Wilhelm August von der Osten 1743

5147 Errichtung eines Finanzkollegiums und besonderer Kammern für Dänemark, Norwegen und die deutschen Provinzen 1771

5148 Kabinettsorder und Reglement über die Überweisung der Geschäfte von den Kanzleien an das Finanzkollegium 1771

5149 Ernennung der Gevollmächtigten Müller und Petersen zum Kassierer und Kontrolleur der königlichen Kasse in Rendsburg 1772

5150 Zuständigkeiten für Finanz-, Kammer- und Kommerzangelegenheiten 1773

5151 Bestimmung der Geschäftsfelder zwischen Deutscher Kanzlei, den beiden Kammern und dem Ökonomie- und Kommerzkollegium 1773

5152 Aufhebung der Rentekammer in Kiel 1778

5153 Anleihe in Altona 1785

5154 Abtrag königlicher Schulden an die Bank sowie Einrichtung eines Zinsfonds und eines sinkenden Fonds zur Verzinsung und Tilgung der Staatsschulden 1785

5155 Errichtung einer Kreditkasse 1786

5156 Einrichtung der Annuitätstransportkontore in Altona 1786

5157 Anleihe gegen transportable Annuitäten in Altona 1791

5158 Errichtung beständiger transportabler Staatsfonds 1801-1806

5159 Zwangsmittel der Hebungsbeamten zur Sicherung herrschaftlicher Gefälle 1806

5160 Erledigung der Beschwerden über Hebungsbeamte 1807

5161 Außerordentliche Finanzkassenkommission in Kiel 1808-1810

5162 Einrichtung einer Staatsfondsanleihe durch Subskription freiwilliger Beiträge 1809-1810

5163 Absetzung von Effekten und Fonds durch die Kurantbank sowie konsignable Bankfonds und Einzug dänischer Bankozettel 1809-1810

5164 Verzeichnis von Posten im Zivilreglement mit fehlendem Personennamen 1813

5165 Unabgetragene Forderungen und Verpflichtungen im Ressort der Finanzkollegien 1814-1815

5166 Nachrichten zur Erstellung eines Finanzbudgets 1813-1814

5167 Verbot für Hebungsgevollmächtigte zu Handel- und Geldverbindungen mit Untertanen 1820

5168 Maßnahmen zur Sicherheit der königlichen Kasse hinsichtlich der Kassenbediensteten im Militäretat 1821

5169 Einschränkung der Freiheit der Marschkommünen zur Schuldenaufnahme und Revision der Kommünerechnungen 1827-1829

5170 Kontrakte über Landveräußerungen mit erforderlichem Kammerkonsens 1830-1833

5171 Verfahren von Juden bei Versteigerungen herrschaftlicher Pachtstücke 1831-1832

5172 Anordnung der Rentekammer über eine Kassenuntersuchung bei den Hebungsbeamten 1834

5173 Untersuchung der Restanten 1834

Landesmatrikel, Kontribution und Steuern

438 Kontributionsrechnungen und Restantenregister mit Bericht des Generalkriegskommissars von Ahlefeldt über den Zustand des Landkastens 1635-1643

421 Kommissionen und Verhandlungen zur Veranschlagung der Pflüge, der Kontribution, der Defensionssteuer, des Donativs und der schwedischen Satisfaktionsgelder 1635-1697

442 Kontributionsrechnungen und Restantenregister 1645-1648

443 Kontributionsrechnungen und Restantenregister 1649-1655

440 Rechnungen und Quittungen über Kontribution und Truppenverpflegungsgelder 1638-1664

441 Bezahlung der Kontribution, Landesausgaben, Verpflegungsgelder, Defensionsgelder, schwedische Satisfaktionsgelder und Restanten 1643-1684

437 Revision der Landesmatrikel 1624-1652

979 Bürgschaft des Grafen Penz für eine Schuld des dänischen Königs an Hamburg 1648

439 Rückständige Truppenverpflegungsgelder 1636-1652

444 Gemeinschaftlich zu verhängende militärische Exekution wegen rückständiger Kontribution 1651-1661

445 Ausschreibung der Pflugsteuer zur Unterhaltung der nach Dänemark marschierenden Truppen 1660

446 Schreiben des Reichsschatzmeisters von Gabel zur Einsendung der Landesrechnungen an den Kämmerer 1665

447 Steuerzahlung der Stände gegen Befreiung von der Stellung der Kriegsmannschaft 1677

448 Ausschreibung der Steuer zur Landesverteidigung 1679

5174 Prinzessinnensteuer 1680-1766

450 Kontributionsgelder und Steuern zur Landesverteidigung 1689-1691

451 Falsche Pflugzahl einiger adliger Güter, insbesondere der Güter Aschau, Breitenburg, Blockshagen, Bürau und Ottenbüttel 1691

452 Nachrichten über die Pflugzahlen der Ämter, Landschaften, Städte und Güter vor der neuen Landesmatrikel von 1652 1697-1721

5175 Außerordentliche Steuern 1710-1835

454 Gemeinschaftliches Patent zur Pflugsteuer der Ritterschaft 1710-1744

455 Einlieferung der Kontribution in die königliche Kasse 1713

456 Kontributionen der Güter Kronshagen, Koselau, Lasbek und Neumünster 1745

5176 Kontributionserlass wegen der Viehseuche 1749, 1751

5177 Kopfsteuer des Albert Wichmann, Besitzer des Buntenhofs vor Glückstadt 1784

5178 Kopfsteuerzahlung des unter Jurisdiktion des Amtes Steinburg stehenden Bernd Hinrich Ramshorn und seiner Familie in Krempe 1786

5179 Einviertelprozentsteuer 1781-1807

5180 Verfahren bei Berechnung der Abgabe vom Nachlass des Abel Nagels im Kirchspiel Wilster 1794-1795

5181 Verweigerung der abschossfreien Überlassung eines Kapitals in Preußen an die Witwe des Konferenzrates Schultze in Glückstadt 1794

5182 Erlass der Vierprozentsteuer für die Erben des Hans Hadenfeldt in Hohenwestedt 1796

5183 Rückständige Einviertelprozentsteuer-Angaben der Güter Klein Kollmar und Tralau 1797

5184 Rückständige Einviertelprozentsteuer-Angaben der Güter Hartenholm, Hasselburg, Övelgönne, Rosenhof und Klein Kollmar 1799, 1805

5185 Verordnung zur Entrichtung außerordentlicher Abgaben 1799-1805

5186 Ausschreibung der Grund- und Benutzungssteuer 1802-1834

5187 Erlass der Kollateralsteuer für ein Kapital der Konventualin Ida Friederica von Witzleben in Preetz 1804

5188 Erlass der Kollateralsteuer für den Kammerherrn von Rumohr in Cismar 1804

5189 Befreiung von der Kopfsteuer für Catharina Alpen in Heiligenstedten 1804

5190 Erlass der Kollateralsteuer für die Konventualin Hedwig Dorothea von der Wisch in Preetz und des Caspar von Saldern in Preetz 1804

5191 Kollateralsteuer des Geheimrat von Eyben wegen einer von Qualenschen Erbschaft 1805, 1810

5192 Abgabe zur Bestreitung außerordentlicher Einquartierungskosten 1805-1807

5193 Anstellung eines Hebungsbeamten für die Kontributions- und Steuerkasse der adligen Güter sowie der Deichkasse 1805-1807

5194 Erlass der Viertelprozentsteuer für den Müller Popp in Grube 1806

5195 Rangsteuer des Grafen von Hahn als Ritter des Danebrogsorden 1806

5196 Erlass der Kollateralsteuer für die Frau des Leutnants Hullmann in Itzehoe 1806

5197 Kollateralsteuer von der Plettschen Erbschaft in Itzehoe 1806

5198 Rangsteuer des Dr. Eimbcke 1806

5199 Erlass der Rangsteuer für Dr. Wolfrath in Rinteln 1807

5200 Pflugsteuer der Pastorenfrau Birckenstock in Itzehoe 1807

5201 Errichtung eines Schatzkammerabtragungsfonds 1808

5202 Beschwerden der Kontributions- und Steuerkasse über ausstehende Steuerlisten aus mehreren Gütern 1808-1809

5203 Ausschreibung einer außerordentlichen Abgabe zur Bestreitung der Quartiergelder und anderer Ausgaben sowie Abgabe von Gebäuden 1808

5204 Rückständige Kopf- und Rangsteuerlisten mehrerer Obrigkeiten 1809-1811

5205 Kollateralsteuer von einem Legat im Testament des Kaufmanns Winckler in Altona 1809

5206 Aufhebung der Viertelprozentsteuer und Anordnung einer Kapital-, Grund- und Haussteuer 1809-1828

5207 Pflugabgabe für Einquartierungskosten 1809

5208 Erlass der Zweiprozentsteuer für die Erben des Johann Gottlob Heydrich in Ahrensburg 1810

5209 Rückständige Zweiprozentsteuern 1809-1810

5210 Zweiprozentsteuer von Kapitalien im Erbpachtshof Tralauerholz 1809-1810

5211 Befreiung des Etatrats von Gössel in Itzehoe von der Zweiprozentsteuer 1810

5212 Anfrage des Landvogts Behrens in Husum wegen der Halbprozentsteuer 1810

5213 Einkunftsteuer 1810-1815

5214 Kollateralsteuer von der Erbschaft des Bürgers Stolcker in Altona 1810-1811

5215 Auseinandersetzung zwischen dem Advokaten Diederichsen in Kiel und dem Kammerrat Fries in Süderstapel wegen Zahlung der Zweiprozentsteuer 1810-1811

5216 Befreiung von der Eineindrittelprozentsteuer für den Rittmeister von Brömbsen in Wandsbek und den Pächter Rettich in Tresdorf 1811

5217 Zweifelhafter Halbprozentsteuerfall im Gut Ascheberg 1812

5218 Kapitalsteuer des Gutsbesitzers Spethmann in Meischenstorf vom Vermögen seiner Frau 1812

5219 Erlass der Kollateralsteuer von einem verlorenen Kapital für die Erben des Kammerrats Jacobsen in Preetz 1812-1813

5220 Rückständige Kapitalsteuer des Kapitäns Wolf von Brockdorff 1812

5221 Befreiung von der Sechsprozentabgabe an die Reichsbank für die Erben des Hans Adolph Grosse in Eutin 1813

5222 Kollateralsteuer des Jochim Piening in Seester (1812) 1813

5223 Einführung einer Branntweinabgabe 1813

5224 Kapitalsteuer von einem Hof in Hemme 1814

5225 Erlass der Halbprozentsteuer für Friedrich Anton Brammer in Eckhöft 1814

5226 Rückständige Kapitalsteuer der Witwe des Dr. Schrader in Kiel 1814-1815

5227 Befreiung von der Sechsprozentabgabe an die Reichsbank für den Kaufmann Herrmann Wilhelm Schröder in Hamburg 1813-1814

5228 Sechsprozentsteuer für die Reichsbank 1813-1815, 1830-1834

2460 Beitrag zu den außerordentlichen Pfluglasten im Gut Kampen 1815-1818

5229 Nachrichten über Steuer- und Naturalleistungen sowie über Munizipal- und Kommunalabgaben und Lasten 1816-1834
Enthält: adlige und klösterliche Distrikte sowie Köge

5230 Vorschlag für eine neue Steuer 1817

5231 Liquidationen für Lieferungen an die russische Armee in den Abgaben und Gefällen 1817-1818

5232 Rückzahlung einer Eineindrittelprozentsteuer aus königlicher Kasse 1817

5233 Kollateralsteuer vom Nachlass des Johann Christian Heydrich in Ahrensburg 1817

5234 Erlass der Kollateralsteuer für Anna Catharina Henrica Schwenn in Altona 1818

5235 Steuerpflicht von Geistlichen fremder Religionsverwandter 1819

5236 Kollateralsteuer des Gärtners Strüver in Bordesholm auf die Erbschaft des Johann Hinrich Blohm im Gut Bothkamp 1819

5237 Kollateralsteuer von einer Erbschaft des Hans Hansen im Hedwigenkoog 1819

5238 Halbprozentsteuer von den Legaten der Witwe Sophia Charlotte Classen in Wulksfelde 1821

5239 Kollateralsteuer für den Schullehrer Nicolaus Steffens in Martensrade 1821

5240 Gagen- und Akzidentiensteuer bei Predigerstellen mit Abgaben an einen emeritierten Pastor 1823-1824

5241 Erbschaftssteuer auf ein von der Frau des Ratsverwandten Rundt in Altona ihrem Bruder vorgeschossenen Kapital 1823-1824

5242 Rückständige Rangsteuer des Gutsbesitzers Kapitän von Hansen auf Mehlbek 1824

5243 Kollateralsteuer der Erben des Vollhufners Teegen in Bebensee 1824-1826

5244 Angabe der zufälligen Einkünfte der Kollaboratorstelle in Meldorf für die Akzidentiensteuer 1824-1825

5245 Umgehung der Stempelpapierverordnung und der Verordnung über die Halbprozentsteuer beim Landverkauf in Puls durch den Advokaten Voss, Christoph Hinrich von Ehms und Marx Bandholz 1824-1825

5246 Kollateral- und Halbprozentsteuer vom Nachlass des Zollverwalters Lütche in Burg (1817) 1825

5247 Akzidentiensteuer der Lehrer an der Gelehrtenschule in Glückstadt 1824-1825

5248 Angabe der Beschädigungen durch Deichbrüche und Überschwemmungen für Steuer- und Abgabenerleichterungen 1825-1827

5249 Vierprozent- und Halbprozentsteuer vom Nachlass des Kirchspielsdeputierten Johann Wilhelm Ipsen für die Errichtung einer Armenarbeitsanstalt in Heide 1825-1826

5250 Prozentsteuer des Zuchthausinspektors Claussen in Glückstadt 1824-1825

5251 Erlass der Rangsteuer des Kanzleirats Fiedler in Schiffbek oder Zurücknahme der Bestallung 1825

5252 Kollateralsteuer der Charlotte Sophie Albertine Strodtmann in Preetz für ein geerbtes Haus 1825

5253 Rangsteuer des Kammerjunkers d'Aubert in Oldenburg 1825

5254 Bankhaft des Parzellisten Jacobsen im Vorwerk Ahrensbök von seiner Krügerei 1825-1826

5255 Kollateral- und Halbprozentsteuer vom Nachlass der Eheleute Jürgen und Anna Deter in Breitenburg 1826

5256 Erlass der Rangsteuer, der Kopfsteuer und der Beiträge zum Armengeld für den Major von Zoega in Segeberg 1826-1829

5257 Halbprozentsteuer vom Nachlass der Witwe des Schlossverwalters Godske in Schleswig 1826

5258 Befreiung der Frau des Dr. Focke in Trittau von der Halbprozentsteuer 1827

5259 Erbschaftssteuer des Mühlenpächters Klüver in Plön vom Nachlass der Witwe Raben 1827

5260 Angabe der Akzidentien des Kanzleirats und Postmeisters Triller in Plön 1827

5261 Erlass der Gagen- und Akzidentiensteuer für das Gnadenjahr der Propstwitwe Posselt in Neustadt 1827

5262 Halbprozentsteuer vom Erbteil der Kinder des Jacob Brandt in Rendsburg 1828

5263 Rangsteuer des Kammerherrn Ludwig Achats von Buchwald in Niendorf (Herrschaft Pinneberg) 1828

5264 Halbprozentsteuer für den Verkauf der Schmiede in Stolpe (Gut Depenau) 1828

5265 Halbprozentsteuer der Gräfin von Reventlow wegen Umschreibung des Gutes Farve auf den Namen ihres Mannes 1828-1829

5266 Erlass der Prinzessinensteuer 1828-1829

5267 Berechnung der Gagen- und Akzidentiensteuer von der zweiten Lehrerstelle in Wilster 1829, 1835-1836

5268 Gagen- und Akzidentiensteuer verschiedener Predigerstellen 1829-1834

5269 Rückzahlung der Kollateralsteuer an die Erben der Gesche Hauschildt in Lutzhorn 1830

5270 Halbprozentsteuer vom Nachlass des Schusters Mählmann in Heiligenhafen 1830-1831

5271 Befreiung von persönlichen Abgaben für den See-enrollierten Peter Bremer in Krempe 1830

5272 Kollateralsteuer der Erben des geistesschwachen Christian Friedrich Binge in Mannhagen 1830-1831

5273 Abgabenerleichterung für Gutsbesitzer 1831

5274 Rangsteuer des Konsistorialrats und Pastors Valentiner in Pronstorf 1831

2666 Streitigkeiten zwischen Gemeinde und Pastor in Hohenaspe wegen Grund- und Benutzungssteuer sowie Instandsetzung der Feldwege an den Pastoratsländereien (1752) 1831

5275 Rangsteuer des Bürgermeisters von Mechlenburg in Plön 1832

5276 Kollateralsteuer vom Nachlass des Johann Gottlieb Möller in Pinneberg für die Unmündigen Maria Catharina und Heinrich Lüders in Uetersen 1832-1833

5277 Kollateralsteuer vom Nachlass der Hedwig Catharina Koch in Helmstorf 1832-1833

5278 Vierprozentsteuer der Witwe Anna Margaretha Möller in Dunkelsdorf vom Nachlass ihrer Stiefmutter 1833

5279 Rückständige Gefälle der Pastorenwitwe Friederica Börm in Zarpen 1832-1833

5280 Kollateralsteuer der Intestaterben des Peter Göttsch in Fahren 1833

5281 Kollateralsteuer des Paul Thamling in der Bülowschen Wildnis und seiner Brüder vom Nachlass ihres Bruders Ties Thamling in Klein Kollmar 1833

5282 Rückständige Gagen- und Akzidentiensteuern des Schullehres Moritz in Wandsbek 1833

5283 Erbschaftssteuer des Claus Thiessen in Rahde sowie von Marx und Abel Rehders in Huje 1833-1834

5284 Anzeige der Landvogtei in Süderdithmarschen über Umgehung der Erbschaftssteuer bei Errichtung von Scheinverträgen 1833-1834

5285 Rückständige Rangsteuer des Distriktarztes Frels in Cismar 1833-1834

5286 Verhalten der Beamten bei Zweifeln an den Angaben zur Kollateral- und Halbprozentsteuer 1834

5287 Erbschaftssteuer vom Vermögen des verschollenen Jürgen Friedrich Christian Lemcke in Jersbek 1834

5288 Doppelte Halbprozentsteuer des Bauervogts Ruge in Beringstedt für eine Auktion 1834

Münzwesen

457 Münzprivilegien und Bestallung der Münzmeister 1619-1680

458 Verordnung zur eigenmächtig herabgesetzten Münze genannt Reiterdütgen 1630

459 Reduzierung der kleinen Münzen durch die Untertanen 1653

460 Untersuchung falscher und geringhaltiger Münzen 1665-1680

461 Verbot des Schlagens von Münzen für den Münzmeister in Glückstadt 1668-1669

462 Ablieferung des Goldes aus Guinea in die Münze durch die Guineische Handelskompanie 1671

463 Veröffentlichung des in Hamburg erlassenden Münzediktes 1673

464 Münzedikte 1678-1689

465 Fremde Dütgenmünzen in Rendsburg 1681

466 Verbotene und reduzierte fremde Münzen 1689-1700

467 Konzession für Graf Detlev Rantzau zum Transport seiner in Barmstedt geschlagenen Münzen durch königliches Gebiet 1693

468 Korrespondenz mit der Regierung in Gottorf in Münzangelegenheiten 1702-1703

470 Prägung von Münzen mit der Umschrift „Supremus dux sleswicensis“ durch den Herzog von Gottorf 1705-1706

469 Aufsicht über die Münze in Glückstadt 1702-1711

471 Ausmünzung von 500.000 dänischen Zwei-Schilling-Stücken in der Münze in Glückstadt 1712-1721

473 Verzeichnis der in Glückstadt gebliebenen und der nach Kopenhagen gelieferten Münzakten 1721-1727

472 Falsche Acht-Schilling-Stücke der Jahre 1718 und 1719 1721

474 Absetzung der fremden Sechslinge im königlichen Anteil des Herzogtums Holstein 1725

475 Verordnung zur Münzreduktion 1726-1727

476 Schlag von dänischen Kronen in Glückstadt 1731

477 Ausfuhrverbot für gute Gold- und Silbermünzen 1738-1739

478 Verordnung zu den in Bremen geprägten Acht- und Vier-Pfennig-Stücken 1739-1740

479 Vorschlag des kurhannoverschen Geheimratskollegiums zum Erlass einer Verordnung wegen der Münzverringerung 1744

480 Umwechslung der kursierenden Bankzetttel 1748

481 Vorstellung des Kommerzkollegiums in Itzehoe wegen der beschnittenen und geringen Dukaten 1750

482 Umlauf von Zwei-Groschen-Stücken aus Brandenburg, Sachsen und Pommern 1750-1751

Holz- und Jagdwesen

5289 Deputatholz aus den Ämtern Reinfeld, Traventhal und Ahrensbök für den Zollverwalter Dragun in Lübeck 1764

5290 Verbot des Gebrauchs von Eichenholz für Särge 1766

5306 Verbot des Gebrauchs von Eichenholz für Särge 1807

5291 Jagdgerechtigkeit auf dem Strukdorfer Feld 1766

5292 Unerlaubte Jagd des Herrn von Mevius auf Schrevenborn in den großfürstlichen Distrikten 1770

5293 Wegfall des Wilddeputats für die königlichen Landgerichtsräte 1772

5294 Abhandlung mit den Predigern und Kirchenbediensteten in Ahrensbök wegen des Deputat- und Sammelholzes 1784, 1830-1832

5295 Lieferung der Feuerung an die Schulmeister in den zum Kirchspiel Segeberg gehörenden Dörfern des Amtes Traventhal 1785

5296 Vorschlag des Domkapitels in Lübeck an das Amt Traventhal über die wechselseitige Verfolgung der Holzdiebe 1785

5297 Anwendung von Bestimmungen der Forst- und Jagdverordnung für die Aufsicht über vier Kirchenhölzungen in Hohenwestedt (1786) 1787, 1837

5298 Sicherheitsmaßnahmen für die Forstbediensteten wegen der Krupschützen 1787, 1798

5299 Gewalttätigkeiten an einem Wildschützen durch Jäger des Grafen von Schimmelmann 1788-1789, 1798

5300 Ausfuhrverbot für Bauholz und Forstordnung für die adligen Güter 1798

5301 Bekanntmachung der Holz- und Jagdverordnungen an die Jägermeister 1800

5302 Holzkauf des Hegereiters Carl Christian Wegert in Barkhorn aus königlichen Gehegen 1800

5303 Abstellung des Missbrauchs und der unhaushälterischen Benutzung der Bedienungs-Moorflagen 1801

5304 Erlass einer Holzverordnung 1806-1811

5305 Verfahren bei Übernahme und Unterhaltung von Dienstgebäuden und Ländereien durch die Forstbediensteten 1805

5307 Vorkehrungen gegen Wilddiebstahl 1811

5308 Eisjagd im Hafen von Flensburg 1814-1815

5309 Verpflichtung der Eingesessenen eines Distrikts bei Treib- und Klopfjagden zur Ausrottung schädlicher Tiere 1823

5310 Eid der Gehilfen der unteren Forst- und Jagdbeamten 1823

Sonstige herrschaftliche Einnahmen

422 Königliche Obligationen und ihre Wiedereinlösung 1635-1743

424 Königliche Fischerei im Herzogtum Holstein und der Herrschaft Pinneberg, Fischfuhren und Lachsfang auf der Elbe 1640-1654

428 Auseinandersetzung zwischen der Landesherrschaft und den Besitzern adliger Güter um die Kruggerechtigkeit 1705

5311 Strandrecht 1705-1774, 1803

426 Anspruch auf die Strandgerechtigkeit durch einige adlige Güter
Darin: Karte des Elbabschnitts bei Hetlingen, 1669 (1669) 1677-1692

427 Strandrecht auf der unteren Elbe 1685-1703

5312 Strandverordnung 1787-1833

5313 Einzelne Strandfälle 1804-1833
Enthält u. a.: Inventar und Taxationsinstrument über die bei Blankenese geborgen Güter des Jalkschiffs des Schiffers Gerkens, 1804

430 Verkehr mit der Rentekammer in Angelegenheiten der Domänen und königlichen Einnahmen sowie Vorzug herrschaftlicher Restanten vor Privatschulden bei Konkursen 1718-1720

435 Verordnung zur Fouragelieferung 1746

5314 Stempelung der Spielkarten 1747, 1770

5315 Übersendung einer deutschen Übersetzung der Gründung der königlichen allgemeinen Pensionskasse 1760

5316 Pension für die Obersachwalterwitwe Picker 1762

5317 Aufenthalt des zum Amtsvogt in Zwischenahn ernannten Jacob Schütt 1770

5318 Auseinandersetzungen über ein Kapital des mecklenburgischen Kammerrats Christian Hinrich Paulsen bei der Rentekammer in Plön (1759-) 1771-1776

5319 Verbot der Sammlungen für Wettbüros 1733-1776

5320 Mühlenpflicht der Eingesessenen eines Zwangsdistrikts 1782-1784

5321 Fall von protokollierten Forderungen an den Fiskus bei Nichtmeldung von Gläubigern beim Aufgebot 1788-1793

5322 Verbot für Mehlverkäufer zum Verkauf von fremden Mehl 1790-1793, 1817

5323 Anlage und Erweiterung von Mühlen in der Stadt und ihrem Gebiet ohne landesherrliche Erlaubnis 1795-1811, 1832

5324 Brüche des Marx Rohlfs in Plön 1795

5325 Brüche des Johann Peter Burmeister in Steinbusch 1797

5326 Brüche des Postillions Juhlsen in Neustadt 1797

5327 Brüche des Hans Lampe in Bornhöved 1797-1798

5328 Brüche des Paul Rahlf in Wakendorf im Amt Traventhal 1798

5329 Brüche des Christian Albrecht Tramm in Glückstadt 1798

5330 Strandung des Schiffs „Fortuna“ 1799

5331 Strandung eines Schiffs bei Sütel 1799-1801

5332 Brüche des Detlef Sindt in Plön 1799

5333 Brüche des Palm Bornhöft in Segeberg 1799-1801

5334 Brüche des Hans Hinrich Heeschen in Neumünster 1799-1800

5335 Brüche des Hans Christian Grimm in Holstendorf im Amt Ahrensbök 1800

5336 Aufbewahrung von Kornvorräten 1801-1802

5337 Polizeivergehen des Friedrich Andersen aus Ulzburg 1801

5338 Auszahlung des Eigentümer- und herrschaftlichen Drittels von einer gestrandeten Holzladung an den Schiffer Breckwoldt in Glückstadt 1801

5339 Gebühr des Ernst Hinrich Siegfried Sell in Marutendorf für einen Ehedispens 1802

5340 Gebühr des Hans Ehlers in Langenhagen für einen Ehedispens 1802

5341 Brüche des Advokaten Christian Hinrich Lorentzen in Oldesloe 1803

5342 Brüche des Erbpächters Hinrich Gadegast in Ascheberg (1803) 1804

5343 Brüche des Jacob Schmidt in Neurahlstedt 1804

5344 Strafzahlung des Müllers Nicolaus Friedrich Bahr bei Segeberg wegen Verstoßes gegen die Stempelpapierverordnung 1804

5345 Brüche des Friedrich Wichmann in Havighorst (Amt Reinbek) 1804

5346 Brüche des Bauervogts Friederichs in Börnsdorf 1805

5347 Brüche des Jochim Vogt in Strukdorf 1805

5348 Aufbewahrung und Ablieferung von Fouragevorräten 1805-1810

5349 Fehlen eines Brüchepostens im Zivilbrücheregister in Krempe 1806

5350 Gebrauch gestempelter Spielkarten 1806, 1832

5351 Brüche des Hinrich Zingelmann und des Andreas Peemöller in Eichede 1807-1808

5352 Ausschreibung außerordentlicher Roggen- und Haferlieferungen sowie Heu- und Strohlieferungen 1807-1823

5353 Brüche des Friedrich Rau in Schwienköben 1809

5354 Brüche des Timm Thode in Groß Kampen 1809

5355 Brüche des Lotsen Claus Mackelhoff in Wöhrdenerhafen 1809-1810

5356 Brüche des Hans Jochim Sielcke in Nützen 1810

5357 Brüche des Schulmeisters Jürgens in Röbel 1810

5358 Brüche der Erbpächter Hans Hinrich Schümann und Claus Ratje im Gut Ascheberg 1810

5359 Brüche des Proviantverwalters Martini in Rendsburg 1810

5360 Brüche des Frachtfuhrmanns Schnoor in Kiel 1810-1811

5361 Brüche der Frachtfuhrleute Claus Finck in Klinkrade, Hinrich Bruns in Klinkrade, Hans Führböter in Sandesneben, Bendix Krogmann in Elmenhorst im Amt Tremsbüttel und Jasper Bentsen in Elmenhorst im Gut Jersbek 1810-1811

5362 Brüche des Hans Bornhold in Bullenkuhlen 1810-1811

5363 Brüche des Erbpächters Gosch in Kalübbe 1811

5364 Brüche des Hans Hinrich Lüdemann zum Ochsenzoll 1811

5365 Brüche der Hufner Lütje Borgers und Hans Möller in Altengörs sowie des Hufners Jochim Christian Bostedt in Klein Rönnau wegen Abweichens von der Landstraße 1811

5366 Brüche der Witwe Mellenthin in Glückstadt 1812

5367 Brüche des Claus Boll in Reher 1812

5368 Brüche des Carl Friedrich Jäger in Plön 1812

5369 Brüche des Hauerinsten Hans von Hagen in Huje 1812-1813

5370 Brüche des Altflickers Schade in Krempe 1813

5371 Brüche des Viertelhufners Marx Hinrich Westphal in Ekelsdorf 1815

5372 Brüche des Johann Christoph Roeper in Gleschendorf wegen Verkaufs ungestempelter Spielkarten 1814-1815

5373 Brüche des Marx Hinrich Müller, des Hans Hintz, des Timm Struve, des Johann Hinrich Wenlandt und des Hartmut Behrens in Huje 1815

5374 Brüche des Parzellisten Koch in Gronenberg 1815

5375 Brüche des Hans Hinrich Münster in Hohenfelde (Amt Steinburg) wegen der Anzahl der Hochzeitsgäste 1815-1827

5376 Brüche des Hein Langloh in Schenefeld (Herrschaft Pinneberg) wegen einer Tanzgesellschaft russischer Truppen 1815

5377 Brüche des Hinrich Suhr und des Jürgen Bornholt in Sankt Margarethen wegen heimlicher Bergung einer Elbtonne 1815

5378 Brüche des Claus Ross in Sparrieshoop 1815

5379 Brüche des Johann Struve in Liesbüttel wegen der Anzahl der Hochzeitsgäste 1816

5380 Brüche des Erbpächters Clamer in Reinbek 1816

5381 Brüche des Handelsmanns Wertheimer in Segeberg wegen Gebrauchs einer ungestempelten Elle 1817

5382 Brüche des Peter Christian Evers in Gronenberg wegen Nichtgebrauchs des Stempelpapiers 1817

5383 Brüche des Hinrich Christopher Fischer in Neumünster 1817

5384 Brüche des Frachtfuhrmanns Johann Falck in Klostersande 1817

5385 Brüche des Schornsteinfegers Lindemann in Krempe 1817

5386 Brüche des Johann Harder, des Hans Harder, des Johann Kelting, des Peter Siems und des Schankwirts Zernickow in Horst (Gut Horst) 1818

5387 Brüche des Jasper Fischer in Bramstedt wegen Aufkaufs von Schweinen (1764) 1818

5388 Brüche des Hinrich Böthern in Hohenaspe 1818-1819

5389 Brüche des Johann Christoph Möller in Neumünster wegen Aufnahme eines Heuerlings 1818-1819

5390 Brüche der Bürger Creuzfeldt, Punck und Thran in Plön wegen ungestempelter Maße und Gewichte 1819

5391 Brüche der Witwe Schröder in Glückstadt wegen Überschreitung der Trauerordnung 1819

5392 Brüche des Jochim Timmermann in Jenfeld wegen eines rotzigen Pferdes 1819

5393 Brüche des Joachim Kübel in Kiel wegen ungestempelten Gewichts 1819-1820

5394 Brüche des Johann Friedrich Rehmcke in Kiel wegen ungestempelten Gewichts 1819-1820

5395 Brüche des Wilhelm Flege in Kiel wegen ungestempelten Gewichts 1819-1820

5396 Brüche der Einwohner Knuth, Jaspersen, Bohn und Eggerling wegen ungestempelten Gewichts 1819-1820

5397 Brüche des Johann Christian Niehuus in Kiel wegen ungestempelten Gewichts 1820

5398 Brüche des F. L. Drümpelmann in Kiel wegen ungestempelten Gewichts 1820

5399 Brüche des Kätners Hans Bohlen in Hinschendorf wegen Aufnahme einer fremden Familie 1820

5400 Brüche des Krugwirts Buck auf der Harksheide wegen ungestempelter Spielkarten 1820

5401 Brüche des Hinrich Bornhold in Neumünster wegen Ankaufs von Hafer 1820

5402 Brüche des Rademachers Plambeck in Schlüsbek 1820

5403 Brüche des Malzmüllers Lorentzen in Kiel wegen Düngerfahrens 1821

5404 Brüche des Bauervogts Willhoeft in Rade im Gut Wulksfelde wegen Verkaufs ungestempelter Spielkarten 1822

5405 Brüche mehrerer Eingesessener in Hanerau (1817) 1822

5406 Brüche des Wilhelm Lüdemann, des Hein Claus Sohn, des Johann Hein Hans Sohn und des Hinrich Tietjen in Osterhorn 1823

5407 Brüche der Witwe Kühl in Reher 1824

5408 Rechte und Pflichten der Zwangsgäste einer herrschaftlichen Zwangsmühle bei Reparaturen (1822-) 1824

5409 Brüche des Hinrich Piening, des Julius Ruben Israel und des Ernst Schrader in Elmshorn 1824

5410 Brüche des Hökers Hinz in Tensfeld wegen ungestempelten Gewichts 1824

5411 Brüche des Krugpächters Peter Muus in Ravensbusch wegen ungestempelter Spielkarten 1824

5412 Brüche des Kaufmanns Oehler in der Neustadt Plön wegen ungestempelten Maßes 1824

5413 Brüche des Hinrich Michel in Bargen wegen Gebrauchs einer ungestempelter Tonne 1825

5414 Brüche des Hinrich Wulff in Hingstheide und des Carsten Fischer in Stellau wegen Befahrens eines Wegs über das Bokeler Feld 1825

5415 Brüche des Fetthändlers Ludwig Hacker in Neumünster 1825

5416 Brüche des Erbpächters Hinrich Stahmer auf dem Heidschlag bei Ahrensburg wegen Postvergehens 1825

5417 Brüche der Erbpächters und Hökers Hahn in Dannau (Gut Rantzau) 1826

5418 Brüche des Dr. Hübner in Itzehoe wegen Ausstellung eines Attestes ohne Gebührenvermerk 1826

5419 Brüche des Dr. Eckhoff in Itzehoe wegen Ausstellung eines Attestes ohne Gebührenvermerk 1826

5420 Brüche des Musikanten Claus Behrens in Marne wegen einer Festmusik in Brunsbüttel 1826

5421 Brüche des Jochim Sülau in Krempe wegen Aufnahme eines kranken Mädchens 1826

5422 Brüche des Johann Hinrich Pethahn in Heede 1827

5423 Brüche der Heuerlinge Jürgen Hinrich Kock in Quickborn (Herrschaft Pinneberg), Jochim Glissmann in Quickborn und Hans Hinrich Bargmann in Renzel wegen unerlaubter Hökerei 1827

5424 Brüche des Dr. Kück in Altona wegen Ausstellung eines Attestes ohne Gebührenvermerk 1827

5425 Brüche des Dr. Zwanck in Eddelak wegen Ausstellung eines Attestes 1827

5426 Brüche des Dr. Herz in Kiel wegen Ausstellung eines Attestes 1827

5427 Brüche des Schiffers Claus Tiedemann in Ivenfleth (Ibenfleth) wegen Verstoßes gegen die See-Enrollierungsverordnung 1827

5428 Brüche des Dr. Heseler in Lütjenburg wegen eines Attestes für den Müller Wulf in Mucheln 1827

5429 Brüche des Jürgen Embcke in Borgstedt 1827

5430 Brüche des Dienstknechts Matthias Christopher Blunck in Brunswik 1827

5431 Brüche des Dr. Neuber in Meldorf wegen Ausstellung eines Attestes ohne Gebührvermerk 1828

5432 Brüche des Lizentianten Kirchner in Kiel wegen Ausstellung eines Attestes ohne Gebührvermerk 1828

5433 Brüche der jüdischen Handelsleute Wulf David und Heymann Blum in Glückstadt wegen ungestempelter Maße 1828-1829

5434 Brüche des Schankwirts Sönke Jensen in Lunden 1829

5435 Brüche des Schankwirts Johann Detlef Hinrichs in Lunden 1829

5436 Brüche des Detlef Matthias Geisler in Lunden 1829

5437 Brüche des Dr. Oehlers in Krempe wegen Ausstellung eines Attestes ohne Gebührvermerk 1829

5438 Brüche des Dr. Herz in Kiel wegen Ausstellung eines Attestes 1829

5439 Brüche des Physiki Henning in Segeberg wegen Ausstellung eines Attestes 1829

5440 Nachstempelgebühren des Hans Stegemann in Kisdorf 1829

5441 Brüche des Hökers Hans Hinrich Stamjohann in Neuendorf (Gut Neuendorf) wegen Übertretung des Hökereireglements 1829

5442 Brüche des Frachtfuhrmanns Franz Bleidorn in Vormstegen 1829

5443 Brüche des Schullehrers Jensen in Appen und Abschaffung der Tanzveranstaltungen für die Schuljugend nach der Prüfung 1829-1830

5444 Brüche der Schankwirtin Voss in Wandsbek 1830

5445 Entdeckung einer für das Zahlenlotto gefährlichen telegrafischen Nachricht durch Raketen 1830

5446 Brüche des Arztes Lindemann in Wesselburen wegen Ausstellung eines Attestes 1830

5447 Brüche des Schmieds Jochim Gamm in Pinneberg wegen Aufnahme eines fremden Gesellen 1830-1831

5448 Brüche des Andreas Wagener in Wilster wegen unerlaubten Schenkens 1830-1831

5449 Antrag des Amtes Cismar auf Abschreibung nicht einzutreibender Brüche 1831

5450 Brüche des Krugwirts Claus Eicken in Itzehoe 1831

5451 Brüche für fehlende Gebührenvermerke auf Attesten 1831-1833

5452 Zuweisung der Brüche des Johann Peters Jürgens in Lunden an die Armenkasse 1832

5453 Brüche des Achtelhufners Voss in Gleschendorf 1833

5454 Brüche des Gastwirts Kruse in Neumünster wegen Verstoßes gegen die Passverordnung 1833

5455 Brüche des Hökers Buck in Scharbeutz wegen verbotenen Branntweinverkaufs 1834

5456 Brüche des Hans Holm in Holstenniendorf 1834

5457 Brüche des Hans Hadenfeldt in Remmels wegen versäumter Erstellung eines Überlassungsbriefs 1834

5458 Brüche des Dr. Heyk und des Dr. Trier in Altona wegen Ausstellung eines Attestes ohne Gebührvermerk 1834

Militär

562 Abschaffung des Missbrauchs bei den Frei- und Kriegsfuhren 1646, 1702

563 Beschaffung der Rüstwagen zur Landesverteidigung 1652

2515 Verbot des Ankaufs von Kriegsgut sowie Deserteure bei Glückstadt und Krempe 1658-1660

564 Abzug eines Monatssoldes für die Soldaten in Glückstadt und Krempe 1662

565 Bericht an den dänischen König über die Festung Pries (Friedrichsort) 1663

566 Verbot für königliche Untertanen zum Eintritt in fremde Dienste 1666, 1728

569 Soldatentumult in Glückstadt 1672

568 Festhaltung des Kapitäns Steinmann und seiner in Hamburg geworbenen Leute durch Generalmajor Rosenstein 1672

570 Patent zur Werbung der Kreistruppen 1673

572 Ankauf eines Kriegsschiffs in Hamburg durch Schweden 1676

573 See-Enrollierung sowie Verbot für Matrosen und Seefahrende des Eintritts in fremde Dienste und des Aufenthaltes außerhalb des Landes 1676-1711

571 Transport der Kranken des Regiments Oberst Lutker aus dem Herzogtum Bremen nach Glückstadt 1676

574 Werbung von Untertanen aus dem Herzogtum Celle in Dithmarschen 1677

575 Königliche Werbungen in Hamburg 1677-1680

567 Fremde Werbungen 1670-1750

576 Exzesse der Miliz auf dem Land 1683

577 Fortifikationssteuer für Rendsburg 1691

2516 Vorschlag zur besseren Ausnutzung der Reutergüter in Dänemark 1703

578 Deserteure und ihr im Land hinterlassenes Vermögen 1703-1774

579 See-Enrollierung und Privilegien der Seeleute und Matrosen 1709, 1723

2517 Befolgung der Anforderungen des Generalkriegskommissars von Platen 1712

580 Verpflichtung der kommandierenden Offiziere zur Abstellung von Mannschaften auf Anforderungen von Behörden und Gutsbesitzer 1717-1764

581 Enrollierung der Matrosen 1723, 1734

582 Heiraten von Offizieren 1731, 1742

583 Generalpardons für Deserteure 1732-1748

584 Lastenfreiheit für verabschiedete Militärpersonen bei Ausübung eines bürgerlichen Gewerbes 1733-1745

585 Landausschuss 1733-1750

586 Lebensunterhalt der aus dem Landmilitär abgedankten Unteroffiziere und Gemeinen 1740

587 Schuldenwesen der Offiziere (1734) 1746, 1775-1776

588 Verbot der Annahme von Ausrüstung und anderen Gegenständen von Soldaten ohne Erlaubnis des Kompaniechefs 1749, 1755

2430 Anteil des Itzehoer Güterdistrikts an Nachzahlungen der Diätengelder für Bataillonschirurgen 1805

2431 Einsendung des Lageregisters aus der Laurvigschen Wildnis 1805

2432 Bestellung der durch Einberufung von Arbeitern entblösten Höfe und Ländereien 1805

2433 Trennung des Amtes Plön vom Amt Ahrensbök im Landmilitärwesen 1805

2434 Aufhebung einer Bestimmung der Landmilitärordnung zu Depotgeldern 1805

Klöster allgemein

1039 Veröffentlichung des Patents zur Wahl der Pröpste und Verbitter 1711

1040 Eidesleistung neugewählter Priörinnen 1744

5459 Aufnahme der Klosterrechnungen 1750-1776

5460 Abhaltung von täglichen Betstunden in den Klöstern 1777-1778

5461 Kommission zur Abfassung einer Klosterordnung und Fuhrleistungen der Klöster für den Kommissionsekretär 1779

5462 Mängel bei Aufnahme der Klosterrechnungen und Entwurf einer Instruktion für die Prälaten 1795-1814

5463 Einschreibung einer Expektantin in zwei Klöster 1800

5464 Ausübung des Rechts der Erstbitte bei der Besetzung erledigter Stellen in den Klöstern (ius primarum precum) 1808, 1839-1848

5465 Einschreibung der Tochter des Grafen Münnich in Oldenburg in eines der Klöster 1820-1821

Sankt Johanniskloster vor Schleswig

1045 Streitigkeiten mit der Dorfschaft Füsing sowie Regulierung der Grenzstreitigkeiten mit den Ämtern Flensburg und Gottorf 1719-1756

1041 Streitigkeiten zwischen Konventualinnen und der Priörin von Bassewitz 1737-1740

1042 Nachlass der Priörin von Bassewitz 1743-1746

1043 Wahl einer Priörin und eines Propstes 1743-1744, 1840

1044 Fürsprache wegen einer Stelle im Kloster 1746

Kloster Itzehoe

1091 Kloster Itzehoe: spezielle Angelegenheiten (1542) 1638-1651
Enthält u. a.: Wegeunterhaltung; Aufbringung von Pferden; Testamente; Wagenfuhren; Einquartierung; Trauergeläut; Jurisdiktion

1069 Umgießen einer Glocke 1641

1046 Wahl des Klostervogts zum Verbitter 1641

1068 Einquartierung 1627-1672

1070 Braugerechtigkeit 1646

1071 Injurienangelegenheit zwischen Äbtissin von Buchwald und Bürgermeister Mauritius in Itzehoe 1647-1648

1047 Appellation an das Reichskammergericht in der Streitangelegenheit mit dem Küster Jürgen Hesse 1649

2551 Vorschuss zur Verpflegung der schwedischen Truppen 1649-1651

1072 Außerordentliche Belastungen klösterlicher Marschuntertanen 1650

1048 Einsetzung des Matthias Cadovici zum Hof- und Klosterprediger 1651

2552 Streitigkeiten mit Adligen und der Stadt Itzehoe wegen der schwedischen Verpflegungskosten 1653-1657

1049 Gewalttätigkeiten des ehemaligen Wildschützen Jürgen Boie 1657-1658

1073 Aufnahme von Obligationen zum Wiederaufbau der klösterlichen Amtshäuser 1650, 1665-1666

1050 Kommission zur Beilegung der Streitigkeiten zwischen Äbtissin und Verbitter 1661-1664

1051 Streitigkeiten der Äbtissin und der Konventualinnen mit dem Verbitter wegen eines Rechtsbeistandes 1673

1074 Jurisdiktionsstreitigkeiten wegen Tötung des Rademachers Johann Lacken auf dem Kirchhof der Sankt Laurentiuskirche in Itzehoe 1669-1670

1052 Beschwerde des Verbitters von Buchwald über Äbtissin und Konventualinnen wegen der Klosterschreiberei 1674

1053 Streitigkeiten zwischen der Äbtissin und dem Verbitter von Buchwald wegen Wiederbesetzung des Diakonats 1680-1681

1075 Streitigkeiten mit Wolf und Christopher Blome wegen einer Schuldforderung 1684

1054 Beschwerden von Adligen über Zulassung von Konventualinnen zur Erhebung der Klostergefälle 1685

1055 Streitigkeiten zwischen Priörin Anna Clarelia von Ahlefeldt und Klosterhofmeister Colmann wegen Kirchenstühlen und Gerichtsstand 1689-1720

1056 Streitigkeiten der Priörin Anna Clarelia von Ahlefeldt mit der Äbtissin, dem Verbitter, den Konventualinnen, dem Klosterschreiber Pflueg und dem Klosterhofmeister Colmann 1691-1712

2554 Geldgeschenk des dänischen Königs aus den Rantzau-Schmoelschen Strafgeldern zum Aufbau von Klostergebäuden 1691-1693

1057 Streitigkeiten des Verbitters Friedrich von Reventlow und der Konventualinnen mit der Priörin Anna Clarelia von Ahlefeldt wegen des Predigers in Heiligenstedten 1693-1694

1058 Mandat für die Konventualinnen Anna und Eva Maria von Hartinghausen zum Einfinden im Kloster und Besuch des Gottesdienstes 1695-1696

1059 Klagen der Kirchenjuraten in Itzehoe gegen den Klosterschreiber Pflueg wegen des Kirchenmissals 1696

1076 Streitigkeiten mit dem Amt Steinburg wegen Aufnahme der Kirchenrechnungen in Heiligenstedten, Wahl eines Predigers in Itzehoe und sonstigen Angelegenheiten 1695-1697

1077 Wahl des Organisten 1697-1700

1078 Begräbnisse, Kirchenstühle und Klappen in der Sankt Laurentiuskirche 1698

1060 Kommission zur Prüfung der Einquartierungs- und Kontributionsrechnungen des Klosterschreibers Pflueg 1698-1706

1081 Unterlassene Veröffentlichung der Predigten bei der Pastoratswahl in Heiligenstedten 1700

1080 Jurisdiktion über eine Koppel in Schönmoor 1700-1701

1067 Streitigkeiten der Priörin Anna Clarelia von Ahlefeldt mit Propst von Petkum, Generalsuperintendent Schwarz sowie den Predigern Decker und Scheel in Itzehoe wegen einer Beleidigung 1701-1710

1079 Konzession für den Klosterschreiber zur Errichtung eines Begräbnisses, einer Bibliothek und einer Sakristei in der Sankt Laurentiuskirche 1706-1707

1061 Militärische Exekution für den Klosterschreiber Pflueg wegen der Restantenregister 1707

1082 Auslieferung eines in Hohenwestedt wegen Totschlags verhafteten dänischen Soldaten 1708

1062 Bestätigung der Bestallung des Klosterschreibers Pflueg 1710

2553 Anordnung einer Kommission zur Untersuchung des Zustands der Klosteruntertanen 1710

1063 Irrungen wegen der Wahl eines Klosterhofmeisters 1714

2555 Reparatur der adligen Begräbnisse in der Sankt Laurentiuskirche 1716

1064 Veröffentlichung einer Verfügung zu den Kirchenstühlen durch Propst Kirchhof 1718

1083 Güter der Witwe des Kapitäns Aschoff in Ottenbüttel (1721) 1722

1084 Gewalttätigkeiten der Klosteruntertanen in Langwedel gegen die königlichen Untertanen in Seedorf (Amt Rendsburg) 1724

1065 Klagen von Klosterbediensteten wegen der ihnen als Teil des Gehalts zustehenden Bäume 1725-1726

1066 Strittige Wahl eines Verbitters 1729

1085 Gebührenforderung des Kanzlisten von Saldern für die klösterliche Revisionskommission 1736

1087 Antrag des Verbitters Claus von Reventlow auf Untersuchung einiger umstrittener Örter wegen Grenzirrungen 1739

1088 Vererbpachtung der Mühle in Langwedel 1739

1089 Konsens zum Verkauf der klösterlichen Holzteile auf der Hufe des Rolf Buntzen in Fitzbek 1743

1090 Streitigkeiten mit dem Amtmann Graf von Dernath in Kiel wegen Wegnahme eines Kahns (1665-) 1744-1745

1086 Hausbau auf der Gemeinweide und Anlage eines Grabens in Ottenbüttel 1744-1748

5466 Ausstellung einer Kapitulation durch den Verbitter Konferenzrat Christian von Ahlefeldt 1754-1755

5467 Holzhandel der Klosteruntertanen Poll und Schüder in Dükermühle 1756

5468 Erstattung des vom Zollverwalter in Wewelsfleth erhobenen Zolls auf Baumaterialien für zwei Konventualinnen 1757-1758

5469 Befreiung des Vorstehers des Armenkollegiums Matthias Starck in Itzehoe von allen übrigen Ämtern 1758

5470 Einquartierung in Silzen 1761

5471 Entschädigung von Klosteruntertanen für Einquartierungen 1763-1770

5472 Streitigkeiten der Äbtissin mit dem ehemaligen Klosterschreiber Harder in einer Exekutionsangelegenheit 1764-1765

5473 Streitigkeiten von Klosteruntertanen mit dem Verbitter Konferenzrat Christian von Ahlefeldt wegen einer Beerdigung (1763) 1764-1765

5474 Lieferung von sogenannten Giebelschweinen 1764-1767

5475 Abtrag der Schulden, Aufnahme der Klosterrechnungen und Anordnung von Kommissionen 1630-1772

5476 Erbverpachtung der Mühle in Westermühlen 1767-1768

5477 Streitigkeiten zwischen Verbitter und Äbtissin in verschiedenen Angelegenheiten 1769-1770

5478 Jurisdiktion über die Dorfgemeinheiten in Nortorf und Hohenwestedt 1769-1770

5479 Fehlende Landausweisung an den Schulmeister in Techelsdorf sowie Fehlen von Schulhäusern in Siggen und Krößs 1769

5480 Auferlegung eines Pflicht- und Tegend-Roggens für Hans Rehders und Carsten Dieck in Homfeld (1711-) 1770-1771

5481 Erbverpachtung des Meierhofs und der Wassermühle in Springhoe 1771-1772

5482 Regulativ zur Beilegung der Streitigkeiten zwischen Äbtissin und Verbitter 1771-1777

5483 Erbverpachtung des mittleren Hofs im Bellerkrug 1772

5484 Erbverpachtung von Klosterland in Grönhude 1772

5485 Erbverpachtung einer Koppel des ehemaligen Klosterschreibers Albinus 1772-1773

5486 Streitigkeiten mit Klosteruntertanen in Sude in Holz- und Feldangelegenheiten sowie über die Ausgrabung und den Verkauf von Steinen
Darin: zwei Kartenskizzen 1773-1778

5487 Erbverpachtung eines Landstücks an Jens Friedt in Itzehoe 1773

5488 Erbverpachtung eines Landstücks an Tönnies Evers 1774

5489 Verkauf des Plagenbergs und des Äbtissinendeichs in der breitenburgischen Hölzung 1774

5490 Streitigkeiten der Klosteruntertanen und Höker in Nortorf mit dem Pächter der Mühle in Langwedel wegen des Korn-, Grütz- und Mehlverkaufs an anderen Orten 1774-1776

5491 Fideikommiss der Äbtissin Ottilia Elisabeth von Ahlefeldt 1774-1823

5492 Verkauf des Meierhofs Büttel an den Kammerherrn von Blome auf Heiligenstedten 1775-1776

5493 Erbverpachtung des ersten oder vordersten Hofs im Bellerkrug 1776

5494 Aufhebung der Brauerei in Hohenaspe sowie Bier- und Branntweinkauf der Klosteruntertanen in der Stadt Itzehoe 1777-1778

5495 Anzeige des Geheimrats Cai Rantzau über seinen Rücktritt als Verbitter 1777

5496 Erbverpachtung des hintersten Hofs im Bellerkrug 1777

5497 Verkauf eines Landstücks aus dem Legat der Konventualin Charlotte Christine von Drost (1749) 1779

5498 Untersagter Gebrauch der Grützqueren des Hans Warnholt und des Hans Braker in Innien sowie des Harder Ratjen in Fitzbek 1779

5499 Verkauf von Holzgründen und Bäumen in Wiedenborstel, Hennstedt, Rade, Innien und Homfeld 1780

5500 Erbverpachtung einer Stelle in Eversdorf 1780-1781, 1793

5501 Einzug des Insten Claus Huss in Ottenbüttel zur Landmiliz 1781

5502 Feststellung der Mängel durch die Klosterkommission 1786-1790, 1831

2429 Streitigkeiten des Landrats von Brockdorff mit den Dorfschaften Klein Flintbek und Meimersdorf wegen Aufräumung des Schulensees 1792-1793

5503 Fütterung der Dragonerpferde in Itzehoe in der Gräsungszeit 1797

5504 Militärengagement des Schulmeisters Marx Mester in Techelsdorf 1797

5505 Dispens für die Komtesse von Bothmer zur Andacht bei einem Stadtprediger 1798

5506 Rotziges Pferd des Jochim Schlüter in Itzehoe 1798-1799

5507 Nachtwächterlohn in Overndorf 1802-1806

5508 Aufnahme fremder Bienen in Oldendorf 1804

5509 Annahme des Thies Möller als Schulmeister in Fitzbek 1805

5510 Aufteilung der Hölzung in Langwedel und Veräußerung der Jagd auf der dortigen Feldmark 1805-1808

5511 Pflugzahl des Marschdistrikts 1806-1808

5512 Verzeichnis der Familienstellen, Dienste und Abgaben der Untergehörigen 1805

5513 Beschwerde des Hans Wilckens in Armstedt wegen Quittierung des Jagdgeldes 1807

5514 Abgaben des Hans Gosau in Overndorf 1807

5515 Bearbeitung des Schullandes in Techelsdorf 1807-1808

5516 Beitrag des Propstes Burdorff zu den außerordentlichen Einquartierungskosten 1807-1810

5517 Handwerkskonzession für den Tischler Hinrich Lienau in Schinkel 1808

5518 Zahlung an den Hauptpastor an der Sankt Laurentiuskirche in Itzehoe zur Aufsicht über ein Begräbnis in Heiligenstedten 1808, 1812

5519 Ansprüche der Catharina Kohn in Itzehoe an eine Präbende 1808-1809

5520 Einquartierung der Klosteruntertanen in Itzehoe 1808

5521 Ansetzung der Klosteruntertanen in Itzehoe zur Haussteuer 1805-1810

5522 Bau des Eggert Harder im Bellerkrug 1809, 1817

5523 Klostergefälle des Major Graf Conrad von Ahlefeldt in Itzehoe 1809

5524 Hinzuziehung zur Einquartierung 1809-1811

5525 Haferlieferung der Vogtei Meimersdorf 1809

5526 Beitrag der Eingesessenen in Ottenbüttel zu den außerordentlichen Ausschreibungen 1809

5527 Erbverpachtung der Schäferei Pünstorf 1809-1811

5528 Verkauf der Hölzung in Techelsdorf 1809-1810

5529 Streitigkeiten zwischen dem Verbitter von Qualen und Propst Burdorff wegen Bekanntmachung eines Patents 1810

5530 Außendeichweg in Hodorf 1809-1811

5531 Schur auf dem Ackerland in Sude 1810

5532 Aufteilung der Gemeinheitsländereien in Sude 1810-1812

5533 Bestallungen der Priörinnen und Äbtissinnen 1810-1811

5534 Verbesserung der Diensteinkünfte des Schulmeisters Rühmann in Sude 1810

5535 Militärpflicht der Interessenten der Steinpflüge bei Kellinghusen 1811

5536 Aufnahme der Tochter des Brudersohns der Konventualin Louise Fridericke Benedicte Sophie von Rantzau 1811-1812

5537 Aufhebung der Naturaldienstleistungen der Untergehörigen
Darin: gedruckte Regulative, 1814 1812-1814

5538 Haussteuer des Oberstleutants Graf Conrad von Ahlefeldt 1812-1813

5539 Hökereikonzession des Johann Meyer in Nortorf 1812

5540 Bezahlung der Neujahrsrechnungen der klösterlichen Quartierkasse 1813

5541 Zulassung neuer Anbauern in Armstedt 1812-1813

5542 Einnahmeposten in der Quartierrechnung für 1809 (1808-) 1813
Enthält u. a.: Quartierrechnung, 1808

5543 Kassenbestand der Quartierbürger in Repräsentatieren (Barzahlung) 1813

5544 Holzrechnung 1813

5545 Herabsetzung der Einquartierungslasten des Hauses des Advokaten Scheel in Itzehoe 1813

5546 Ansetzung des Advokaten Scheel zur Zwangsanleihe 1813

5547 Befreiung von einer Lieferungsvergütung für die Klostervogtei Nortorf 1814

5548 Einquartierungsfreiheit für Leutnant Meyer 1814

5549 Aufenthalt der Frau des Oberst von Vanseelen 1814

5550 Verteilung der außerordentlichen Abgaben und Lieferungen der Dorfschaft Overndorf 1814

5551 Forderungen der Kaufleute Billerbeck und Holst in Itzehoe wegen Lieferungen an die Dorfschaft Hennstedt 1815-1816

5552 Mietschuld des Kaufmanns Jarvis in Altona für Ländereien (1812-) 1815

5553 Forderungen des Kaufmanns Henning Hasse in Itzehoe an die Dorfschaft Hennstedt (Kloster Itzehoe) wegen Eisenlieferungen 1815-1816

5554 Beitrag des Johann von Aspern in Itzehoe zu außerordentlichen Requisitionen 1816

5555 Vergütung des Andreas Kröger in Itzehoe für die den russischen Truppen eingeräumte Wachstube 1816-1817

5556 Zinsen der Zwangsanleihe 1817

5557 Mühlenhanddienste des Postmeisters in Nortorf 1817

5558 Kosten der Stadt Garding für Claus Heymann aus Techelsdorf (1808-) 1818-1820

5559 Pension des Danebrogsmanns Jasper Krohn in Nortorf aus der Ordenskasse 1820-1821

5560 Wahl des Kammerherrn Cay Werner von Ahlefeldt und des Kammerherrn Magnus von Moltke zum Verbitter 1820, 1847

5561 Einquartierung 1822, 1848
Enthält: Vergütung für den Klostervogt Reese in Nortorf und den Eingesessenen Harms in Oldenhütten, 1822; Einquartierungslasten in Hennstedt, 1848

5562 Beiträge des Claus Gloy und Konsorten in Silzen zur Armenkasse 1822

5563 Fleckensgerechtigkeit des Lehmberg bei Kellinghusen 1823

5564 Ansetzung einer Lizitation auf einen Sonntag durch den Klostersyndikus Leesen 1823
Darin: „Wochenblatt zum Besten der Armen in Kiel“ vom 18. Juni 1823

5565 Landhandwerker 1824-1848

5566 Erhöhung der Unterstützung für Johann Andreas Ritter in Itzehoe 1823-1824

5567 Instandsetzung eines Stegs über die Eider 1826

5568 Verteilung der Armenanlagen in der kombinierten Armenkommune Overndorf, Hennstedt und Fitzbek 1829-1842

5569 Von Ahlefeldt-Muggesfelder Armenlegat und Legat des Dr. Delfs 1831-1834

5570 Ansetzung des Hauses der Witwe Catharina Schnell in Itzehoe zu den Kommunalabgaben 1831

5571 Kloster Itzehoe: Verzeichnis der Akten im Bestand Abt. 11 [1846]

Kloster Preetz

1092 Immunität für den Hof des Klosterschreibers Reimers in Preetz 1632

1100 Einquartierung 1638

1101 Kloster Preetz: spezielle Angelegenheiten 1641-1642
Enthält: Streitigkeiten der Brüder Caspar und Friedrich von Buchwald mit Erdmann Freyer in Preetz; Pastorenbestallung in Preetz; hinterlassene Gelder des Bruders der Konventualinnen Dorothea und Apollonia Brockdorff; Einquartierung; Streitigkeit mit der Witwe des Predigers in Bergstedt; Pastorenwahl

1093 Einräumung eines Klosterhauses für die Töchter des Obersts Jacob Sehestedt 1642

1094 Streitigkeiten mit den Erben des Propstes von Buchwald wegen der Klosterrechnungen 1670

1095 Anzeige der Konventualin Dorothea von Sehestedt über Exzesse im Kloster 1711

1096 Streitigkeit mit Landrat Bendix Wilhelm von Ahlefeldt auf Kaden wegen Zulassung der Tochter des Geheimrats von Ahlefeldt auf Mohrkirchen zu den klösterlichen Schuljahren 1736

1097 Forderung des Landrats Hinrich von Ahlefeldt auf Bothkamp nach Auslieferung eines entlaufenen Untertanen 1737

1098 Jurisdiktion über einen Platz auf dem Feld in Havighorst 1741

1099 Schutzbrief des Jacob Ephraim aus Eutin für die Niederlassung in Preetz 1748

5572 Beschwerde des Sattlers Köhler in Preetz über das Schusteramt und Bestätigung der Privilegien der Zünfte in Preetz (1755) 1756

5573 Streitigkeiten zwischen dem Schusteramt in Preetz und dem Magistrat in Lütjenburg wegen des dortigen Jahrmarkts 1759-1760

5574 Abwesenheitserlaubnis für die Konventualin Sophie Magdalena von Reventlow 1761

5575 Aufnahme der Klosterrechnungen 1767-1772

5576 Veränderung eines in der Landschaft Eiderstedt belegten Kapitals 1766

5577 Anlage eines Schlagbaums in Preetz und Anschaffung einer Wohnung für den Zollvisiteur 1768-1773

5578 Abwesenheitserlaubnis für die Hofdame von Beulwitz in Kopenhagen 1769

5579 Anfrage des Zollverwalters Jacobsen über den Verkauf von Waren reisender Galanteriekrämer auf dem Kloster 1769-1770

5580 Befreiung von bürgerlichen Lasten für den Zollverwalter Jacobsen in Preetz 1770

5581 Unfug der Schuhknechte (1769-) 1771

5582 Vermessung und Aufteilung der Ländereien der Kätner in der Propstei Preetz 1771-1772

5583 Märkte in Preetz und Schönberg 1771-1779, 1830

5584 Klosterfuhren der Halbhufner Claus Willrodt und Hans Jochim Hauschildt in Elmschenhagen 1772-1774

5585 Apothekenprivileg der Witwe Suadicani in Preetz (1761-) 1774

5586 Einsendung der Listen über Geborene und Gestorbene aus dem Kloster Preetz, den Kirchspielen Nüchel und Westensee sowie der reformierten Gemeinde in Glückstadt 1775

5587 Fuhren (1740-) 1776-1777
Enthält u. a.: Fuhrrolle aus Kiel, 1764

5588 Konzession als Schneiderfreimeister für den Mann der Anna Catharina Dorothea Stüber in Preetz (1733) 1777-1778

5589 Hauserwerb in Preetz durch den Juden Jakob Philipp Falck 1777

5590 Ausübung des Weißgerberhandwerks durch Hinrich Jacob Wigand in Preetz 1778-1779

5591 Befugnis des Propstes zur Erteilung ausschließender Privilegien in Preetz 1778

5592 Privileg für Jochim Detlef Wittmack in Preetz zum Handel mit Glas und Glaswaren 1779

5593 Erteilung von Privilegien für das Zimmeramt in Preetz 1779-1820

5594 Zehntforderung des Klosters Preetz an Hinrich Kirchhoff in Neustadt von der Hinterlassenschaft des Thomas Hinrich Kirchhoff 1779

5595 Vermessung der Ländereien der Vollhufner und Zuweisung von Anteilen an die Kätner 1780

5596 Verpflegung des verarmten Christian Jacob Petersen aus Hammel in Jütland und Vergütung der Kosten des Amtes Hadersleben 1780-1782

5597 Befreiung des Jürgen Evers aus Gadeland vom Landausschuss während seiner Tätigkeit als Bauknecht auf Sarlhusen 1781-1784

5598 Zwangsgerechtigkeit des Erbpachtsmüllers Schnoor in Oppendorf über klösterliche Pachtstellen in Klausdorf 1782-1784

5599 Feststellung von Mängeln durch die Klosterkommission 1786

5600 Erhöhung und Veränderung der Dienste der Hufner der Walddörfer 1790-1794

5601 Vieh- und Pferdemärkte sowie Hökereireglement und bürgerliches Gewerbe in Preetz 1790-1793

5602 Verhinderung der Anhaltung von Deserteuren durch den Pöbel und die Handwerksgesellen in Preetz 1792-1794

5603 Weigerung des Kammerrats Jacobsen zum Beitrag für das Armenwesen in Preetz 1793

5604 Zollfreie Einfuhr der Wachslichter für den Altar der Klosterkirche 1793

5605 Beitrag des Klosters und seiner Untergehörgen in Gadeland zum dortigen Sielbau 1794

5606 Kuhweide in Wentorf 1793-1794

5607 Musikantenprivileg für Hans Hinrich Schultz in Preetz 1794-1795

5608 Übernahme der Kaution des Postmeisters Steen durch den Einwohner Heitmann in Preetz 1795

5609 Streitigkeiten zwischen den Fleckensschneidern in Preetz und den Landschneidern wegen einer Abgabe 1795-1796

5610 Anteil der Schattkätner in Wisch an der gemeinen Weide (1738-) 1795-1801

5611 Kosten wegen der Wahl und der Abholung eines Klosterpredigers 1797-1818

5612 Fuhren zum Bau eines abgebrannten Mühlhauses bei Lutterbek 1800-1802

5613 Streitigkeiten zwischen Mühlenzwangsgästen und Müller in Schönberg (1794-) 1800-1801

5614 Krügerei 1801

5615 Leimgraben in Wisch (1751-) 1800-1801

5616 Konzessionen für Glaser 1801-1810

5617 Umwandlung der Naturalhofdienste in Geldabgabe und Bewirtschaftung der klösterlichen Ländereien 1802-1804

5618 Erlass von Abgaben für Brandgeschädigte 1802-1803

2259 Parten- und Buschausweisung in Wakendorf 1802-1803

5619 Wiederbesetzung der Schullehrerstelle in Tasdorf 1803-1804

5620 Aufenthalt der Konventualin Louise Marianne Charlotte von Rumohr außerhalb des Klosters 1803

5621 Aufenthalt der Konventualin Gräfin Henriette Augusta von Reventlow außerhalb des Klosters 1804

5622 Abwesenheit der Schwester der Grafen von Reventlow auf Altenhof und Emkendorf vom Kloster 1804

5623 Aufenthalt der Konventualin Louise Agathe von Buchwald außerhalb des Klosters 1804

5624 Aufenthalt der Konventualinnen Sophie Charlotte und Louise Sybille von Reventlow außerhalb des Klosters 1804

5625 Beiträge der Hufner in Stakendorf zu den Armenanlagen 1804-1805

5626 Bau- und Reparaturkosten für die Schulkate in Ellerbek (1803) 1804-1805

5627 Kuhweide in Stakendorf 1805

5628 Einrichtung eines wöchentlichen Viktualienmarkts 1805

5629 Einquartierung 1806

5630 Einquartierungsvergütung für Ellerbek und Dorfgarten 1806

5631 Aufenthalt der Konventualin Charlotte Amalie von Brockdorff außerhalb des Klosters 1806-1809

5632 Befreiung der Töchter der Gräfin von Schack vom Klosteraufenthalt 1806

5633 Brandgildeartikel der Probsteier Kirchspiele (1793-) 1805-1806

5634 Konzession des Zimmergesellen Diekmann in Preetz zum Verkauf von Roggenbrot 1806

5635 Aufenthalt der Konventualin von Rumohr im Kloster 1806-1809

5636 Fuhrleistungen 1807

5637 Aufenthalt der Konventualin von Schack außerhalb des Klosters 1807

5638 Abdeckung von Vieh durch den Schulmeister Bruhn in Barmissen 1807

5639 Annahme fremder verheirateter Gesellen im Zimmeramt 1806-1807

5640 Abfindung der Kätner in Nettelsee wegen Viehweide in der Freihölzung 1806-1807

5641 Meisterrecht für den Tischlergesellen Christian Brandt in Preetz 1807-1808

5642 Aufenthalt der Konventualin Anna Sophia Elisabeth von Bülow außerhalb des Klosters 1807-1808

5643 Anfertigung weiblicher Putzarbeiten und Kleider durch die Frau und die Töchter des Friseurs Christensen in Preetz 1808-1811

5644 Beteiligung der Siebenteiler in Schönberg an den Abgaben und Lieferungen 1808-1809

5645 Ankauf von Eichen durch Friedrich Ludwig Donat und Christian Friedrich Donat 1808
Enthält u. a.: Listen über Holzlieferungen für den Hausbau von Hufnern in Wakendorf

5646 Befreiung der Konventualin Charlotte Marie Louise von Warnstedt vom Klosteraufenthalt 1809

5647 Branntweinausschank an Militär durch den Kätner Peter Muus in Barsbek 1809

5648 Anlage eines Brückenzolls 1809

5649 Befreiung der Konventualin Agnes Cecilia Wilhelmine von Warnstedt vom Klosteraufenthalt 1809

5650 Befreiung der beiden Töchter des Kammerherrn von Brockdorff vom Klosteraufenthalt 1809

5651 Stipendium der Konventualin Hedwig Dorothea von der Wisch 1809-1811

5652 Aufenthalt der Konventualin Gräfin Baudissin außerhalb des Klosters 1809-1810

5653 Privileg des Klostervogts Wiese zum Branntweinverkauf (1729-) 1810-1811

5654 Unbefugte Jagd des Kapitän von Brockdorff 1810

5655 Abhaltung von zwei Vieh- und Pferdemärkten in Preetz 1810

5656 Aufenthalt der Konventualin Charlotte von Reventlow außerhalb des Klosters 1810

5657 Schule und Schulregulativ 1811-1849

5658 Befreiung der Konventualin Fernandine Johanne Agnes von Luckner vom Klosteraufenthalt 1810-1811

5659 Aufenthalt der Konventualin Elise von Buchwald außerhalb des Klosters 1811

2210 Weidegerechtigkeit in Ratjendorf 1811

5660 Sehestedtsche Stipendien (1643) 1812

5661 Zerstörte Muschelpfähle in Ellerbek 1812-1813

5662 Befreiung der Konventualinnen Wilhelmine Catharine und Charlotte Wulffhilda von Ahlefeldt vom Klosteraufenthalt 1812

5663 Zollfreiheit des Meierhofs Scharstorf 1812

5664 Aufenthalt der Konventualin Antoinette von Liliencron im Kloster 1812

5665 Pension der Gräfin von Holck 1812-1816

5666 Hökereikonzession für Hans Blöcker in Warnau 1812-1813

5667 Einräumung von Schmiedewerkstätten an das Militär (1811) 1812

5668 Freimeisterschaft des Schustergesellen Johann Jacob Schultz in Preetz 1812-1813

5669 Hökereikonzession für Hinrich Rix, Ida Kindern und Johann Bendix Heinemann in Kirchbarkau 1812-1813

5670 Tabakfabrik des Johann Hempel in Preetz 1812-1813

5671 Befreiung der Töchter des Grafen Carl von Rantzau auf Rastorf vom Klosteraufenhalt 1813

5672 Bestätigung der Priörin Ida Amalia Rumohr 1813

5673 Hökereikonzession für Hinrich Stoltenberg in Passade 1813-1814

5674 Armenbeiträge in Bentfeld 1814-1815

5675 Befreiung der Töchter des Grafen von Rantzau, Amtmann in Schwartau, vom Klosteraufenthalt 1814

5676 Untersuchung zum Handel mit ungestempelten Spielkarten in der Probstei 1814

5677 Befreiung der Postmeister Steen in Preetz und Hackspiel in Itzehoe von der russischen Einquartierung 1814-1816

5678 Beteiligung der Dorfschaften Ellerbek und Gaarden an den außerordentlichen Lasten und Leistungen 1814-1816

5679 Aufkauferei des Branntweinbrenners Marstein in Preetz 1815

5680 Aufnahme des Schneidergesellen Ludwig Heine in die Schneiderzunft 1814-1815

5681 Bau einer Brücke über die Schwentine 1815

5682 Privatbeförderung von Briefen und Sachen nach Kiel 1814-1815

5683 Arbeitsaufnahme des Zimmergesellen Johann Joseph Walther in Preetz 1815-1816

5684 Rossmühle des Grützmachers und Bäckers Colbe 1815-1816

5685 Niederlassung des Juden Ludwig Simon in Kirchbarkau 1816

5686 Beschwerden des Insten Hans Diederich Stapelfeldt in Ellerbek 1816-1818

5687 Privileg des Heinrich Vieregge in Brodau zum Musizieren in den Dörfern der Probstei 1816

5688 Ableitung des Wassers aus der Bothkamper Koppel des Hufners Willrodt in Rönne 1815-1816
Enthält u. a.: Skizze

5689 Ansprüche auf den Moorsee 1817-1818

5690 Vergütung für Pferdelieferungen der Probstei während der feindlichen Invasion 1817

5691 Vergütung der Bauervögte in den Walddörfern für Bemühungen und Auslagen 1817

5692 Konzession des Hinrich Stuhr in Fiefbergen zum Schneiden von Hengsten und Rindern 1817

5693 Befreiung des Maurergesellen Jacob Hinrich Hoffmann in Preetz von den Wanderjahren 1817-1818

5694 Warder in der Honigseer Stauung (1730) 1818
Darin: Karte

5695 Freimeisterschaft des Grenadiers Soltau 1818-1824

5696 Konzession des Rademachers Scheel in Preetz zum Bier- und Branntweinausschank sowie zu Tanzveranstaltungen 1818

5697 Aufnahme der Witwe Anna Bruhn aus Barmissen in das Klosterarmenhaus 1818

5698 Freimeisterschaft des Tischlergesellen Jürgen Hinrich Katzeburg in Preetz 1818

5699 Krügereikonzession für Hans Hinrich Hofmeister in Raisdorf 1818

5700 Beschränkung der Dispense für Konventualinnen zum Bezug ihrer Einkünfte außerhalb des Klosters 1818

5701 Befreiung der Konventualin Luise von Kielmannsegg vom Klosteraufenthalt 1818

5702 Befreiung der Konventualin Adolphine Ernestine Friderike von Ahlefeldt vom Klosteraufenthalt 1818-1837

5703 Anlage eines Damms mit Schleuse am nordöstlichen Ufer der Probstei sowie Errichtung eines Deichbandes 1818-1841

5704 Befreiung der Konventualin Wilhelmine Johanna Charlotte von Buchwald vom Klosteraufenthalt 1819

5705 Rechnungswesen und Holzdeputate 1819-1837

5706 Befreiung der Konventualin Ermegrad Adelheid von Holck vom Klosteraufenthalt 1819

5707 Aufnahme des Scheidergesellen Jochim Friedrich Thoms in Preetz in die Schneiderzunft 1819

5708 Befreiung der Konventualin Caroline von Qualen vom Klosteraufenthalt 1819-1833

5709 Befreiung der Töchter des Grafen von Reventlow auf Pederstrup vom Klosteraufenthalt 1819-1820

5710 Beschwerden des Feldvogts Beckmann in Preetz wegen Armenunterstützung 1820

5711 Befreiung der Konventualin Ottilia Sophia Louise Agathe von Reventlow vom Klosteraufenthalt 1820

2211 Auseinandersetzung mit der Dorfschaft Stein wegen der Ausweisung von Bauplätzen 1820-1822

5712 Befreiung der Konventualin Charlotte Dorothea von Brockdorff vom Klosteraufenthalt 1820-1826

5713 Amtsartikel der Rademacher und Stellmacher 1821-1822

5714 Zollfreiheit der Pachtstelle Reuterkoppel 1822

5715 Konzession für den Nagelschmiedgesellen Jacob Möller in Preetz 1822-1823

5716 Erlass der Wanderjahre für den Maurergesellen Hinrich Brammer 1823

5717 Zahlung schuldiger Impfgebühren an den Physikus Dr. Maes in Neumünster 1823

5718 Konzession für den Schustergesellen Hans Friedrich Löhndorf in Preetz 1823

5719 Bestätigungen der Zunftartikel in Preetz (1640-) 1823-1830

5720 Landhandwerker 1824-1832
Enthält u. a.: Verzeichnis der Landhandwerker, 1824; Inhaltsverzeichnis für Abt. 11 Nr. 5720-5723

5721 Landhandwerker (1809-) 1832-1841

5722 Landhandwerker (1819-) 1832-1841

5723 Landhandwerker (1826-) 1841-1850

5724 Befugnis des Kandidaten Schütt in Preetz zur Erteilung von Privatunterricht 1824

5725 Verkauf von Zuckerbäckerwaren auf den Vieh- und Pferdemärkten in Preetz 1825-1826

5726 Konzession für den Zimmergesellen Friedrich Hass in Preetz 1825-1826

5727 Befreiung des Schneiders Hans Hinrich Först in Schellhorn von den Wanderjahren und Aufnahme in die Schneiderzunft in Preetz 1826

5728 Gerberei des H. D. Scheel in Preetz 1826

5729 Befreiung des Webers Marx Christian Stocks in Preetz vom Meisterstück 1826-1827

5730 Armenwesen 1823-1842

5731 Zollfreiheit für die Ausfuhr von Produkten der Pachtstelle Niederste Koppel 1827

5732 Konzession des Kaufmanns Jacob Friedrich Georg Henningsen in Preetz zur Herausgabe eines Wochenblattes 1827

5733 Töpferei- und Ofenfabrik des Andreas Ludwig Diederichsen in Gaarden 1827-1828

5734 Befreiung von Konventualinnen vom Klosteraufenthalt 1828-1847

5735 Bestätigung der Statuten des Feuerassekuranzvereins der Probsteidörfer 1828-1831

5736 Übertragung der klösterlichen Hauskoppel in Nettelsee an Hans Löptin (1676-) 1829

5737 Konzession für das Ordenszeichen 1829

5738 Beitrag der kombinierten Schulen in Großbarkau und Honigsee zum Anbau an das Schulhaus 1829-1830

5739 Begräbnisplatz für die Gemeinde der Fleckenskirche in Preetz
Darin: gedrucktes Regulativ für den Begräbnisplatz, 1834 1831-1834

5740 Schutzgelder des Hinrich Stoltenberg und Claus Stuhr in Preetz 1833

5741 Bier- und Branntweinausschank des Johann Christian Otto Schildhauer in Preetz 1833-1834

5742 Jahr- und Krammärkte in Probsteierhagen 1833

5743 Brandwesen 1833-1834

5744 Streitigkeiten der Bauervogtswitwe Trine Muhs in Schönberg mit Diakon Kähler wegen Fuhrleistungen 1834-1835

Kloster Uetersen

1102 Nachrichten über das Kloster von Sekretär Clain 1601

1113 Ausgaberegister wegen der Ankunft der Prinzessin Christina von Braunschweig und des Bischofs von Halberstadt (Halle) sowie der Beherbergung des dänischen Königs und des Prinzen [1625]

1116 Kloster Uetersen: spezielle Angelegenheiten 1637-1641
Enthält u. a.: Beziehungen zu Horst; Linderung von Kriegsbelastungen

1115 Rossdienst und Rüstwagen der Klosteruntertanen in Horst 1637-1648

1114 Landmaße und Kontributionsregister in Horst (1606-) 1636-1643

1104 Hoheitsrechtliche Zugehörigkeit (1553-) 1641-1667

1103 Forderung des Herzogs von Gottorf nach Beteiligung an der Bede des Klosters 1638-1656

2562 Grenzen und Weidegerechtigkeit in Horst 1690-1698

1105 Gemeinschaftliche Kommission 1704-1706

2563 Gelder von den Einwohnern auf dem Kirchen- und Priesterland in Horst 1708

1106 Streitigkeit der Konventualin Sophia Ohlgard von Ahlefeldt als Erbin der Priörin Schwaben mit Priörin und Konventualinnen wegen einer Jahreshebung 1709

2564 Zahlungen der Eingesessenen in Horst für einen Graben 1710-1714

2565 Kirchspielsgevollmächtigte in Horst 1715-1724, 1773-1774

1107 Wahl einer Priörin 1713

1108 Widersetzlichkeit und Verstöße von Konventualinnen gegen die Klosterordnung (1713) 1714-1715

1117 Abgabenverweigerung von Klosteruntertanen in Krempdorf 1715-1716

2556 Streitigkeiten der Konventualinnen von Michelbergen, von Sparren und von Ahlefeldt mit der Priörin Anna Emerentia von Reventlow wegen eigenmächtiger Änderung des Altars 1716-1717
Darin: Zeichnung der Sitzordnung im Chor

2557 Beschwerde der Konventualin de Rascha über Priörin und Konventualinnen wegen eines Fallhauses 1724

1109 Wahl eines Propstes 1725-1729

2558 Erklärung eines Landgerichtsurteils über einen Kirchenstuhl 1725

1110 Streitigkeiten zwischen Priörin Anna Emerentia von Reventlow und Propst Graf Hinrich von Reventlow 1726-1727

2559 Streitigkeiten zwischen Propst Graf Hinrich von Reventlow und Priörin Anna Emerentia von Reventlow wegen verschiedener Angelegenheiten 1727

2560 Beschwerde der Konventualin Anna Catharina von Ahlefeldt gegen Propst Graf Hinrich von Reventlow wegen Auferlegung einer Exekution 1728-1729

2561 Anstellung von Kirchenbediensteten 1734

1111 Streitigkeiten zwischen Priörin Anna Emerentia von Reventlow und Konventualin Sophia Ohlgard von Ahlefeldt wegen erhobener Gelder 1727-1728

2566 Beschwerde des Bäckeramts in Krempe über den Landhandel der Bäcker in Horst (Gut Horst) 1735-1736

2567 Krügereikonzession für Christian Kelting auf der Horstheide 1745

1112 Nachlass der Konventualin de Rascha 1747

2568 Beschwerde des Pastors Christensen in Horst gegen den Tagelöhner Hinrich Wilde wegen dessen Lebenswandels 1750

5745 Streitigkeiten um die Armenstiftung der Priörin Anna Emerentia von Reventlow 1753-1754

5746 Wahl des Klosterschreibers und Ernennung des Kirchspielvogts in Horst 1754-1757

5747 Bestätigung des Vergleichs mit dem Propst Benedikt von Ahlefeldt (1657-) 1757

5748 Zehnt von einer Erbschaft in Horst für die Frau des Claus Maas in Klostersande 1762-1764

5749 Aufhebung der Ordnung der Fallhäuser 1763

5750 Klosterrechnungen 1767-1773

5751 Bau einer Mühle in Horst 1772

5752 Amtsniederlegung der Priörin Hedwig Albertina von Rumohr 1773

5753 Verweigerte Einschreibung der Tochter des Landrats Hans Hinrich von Levetzow auf Ehlerstorf 1779-1781

5754 Einführung von Quittungsbüchern für die Geldabgaben der Untergehörigen 1779-1787

5755 Gerichtsstand eines fremden Nutzungsberechtigten bei der Meldung beim Konkursgericht in Horst 1781

5756 Assignation an den Klosterschreiber 1783

5757 Feststellung von Mängeln durch die Klosterkommission 1786-1787, 1831

5758 Recht zur Landausweisung in den Gemeinheiten der Dörfer und Distrikte sowie Erhebung von Kauf- und Grundheuergeldern 1786-1787

5759 Predigt am Weihnachtsabend 1787

5760 Aufnahme der Klosterrechnungen 1788

5761 Beschwerden der Kirchspielsgevollmächtigten in Horst wegen neuer Verfügungen des Klosters 1791-1794

5762 Zustand und Verbesserung des Gefangenenhauses in Horst 1792-1795

5763 Abschaffung der Deputierten in Klostersande 1794

5764 Beeinträchtigungen des Peter Piening in Horst in seinen Privilegien als Gast- und Krugwirt 1801-1802

5765 Legat des Justizrats Kölpin für die lateinische Schule in Uetersen 1801-1816

5766 Abzugsrecht im Allgemeinen und Klostersande im Besonderen 1800-1801

5767 Verkauf des Wohnhauses der Konventualin Christina Maria von Reventlow 1801-1802

5768 Jurisdiktion über die sogenannten Priester-Plincken 1803-1806, 1815

5769 Verkauf des Wohnhauses der Priörin Dorothea Catharina von Ahlefeldt 1805

5770 Erlaubnis für die Eingesessenen im Kirchspiel Horst zum Selbstabdecken ihres Viehs 1805

5771 Familienstellen, Dienstleistungen und Abgaben der Untergehörigen 1805-1809, 1836

5772 Behandlung des Marx Klüver in Uetersen bei der Einquartierung französischer Truppen 1808

5773 Befreiung des Pastors Hoepfner in Uetersen von der Sicherung einer Pension für seine Frau 1808, 1830

5774 Beitrag der Kirchen und Grundheuer-Plincken zu den Magazin- und Fouragelieferungen 1808

5775 Regulierung der Hofdienste 1808-1810, 1830, 1850

5776 Beitrag der Untergehörigen des Kirchspiels Horst zur Unterstützung der Landsoldatenfamilien 1809-1811

5777 Kloster Uetersen: Unterstützung der Ehefrauen von Schiffern in englischer Gefangenschaft 1809

5778 Bestellung eines Plinckengevollmächtigten in Horst 1810 1811

5779 Wassergrube des Hauptpastorats in Horst 1811-1814

5780 Abhalten von Auktionen 1812

5781 Eintreibung der Einquartierungs- und Fuhrvergütungsgelder von Ländereien des Amtes Steinburg in Horst 1813, 1834-1843
Darin: zwei Karten des nördlichen Teils des Horster Moores, 1842

5782 Aufenthalt eines Jacob Sparre und seiner angeblichen Ehefrau 1813

5783 Beitrag des Müllers Jochim Scharmer in Horst zu den Armenanlagen 1812-1813

5784 Dienstfuhren der Kommune in Horst für den Klosterhofmeister in Uetersen und den Kirchspielvogt in Horst 1813-1815

5785 Aufenthalt der Konventualin Louise von Rantzau außerhalb des Klosters 1813-1814

5786 Einkunftsteuer der Ölmühle in Hahnenkamp 1814

2212 Streitigkeiten mit der Herrschaft Pinneberg wegen der Dorfschaft Heist und des Batzhorns 1790-1810

5787 Hökereikonzession des Matthias Nagel in Heist 1815-1816

5788 Aufenthalt des Johann Gottlieb Steincourt in Horst 1815

5789 Schmiedekonzession für Johann Hell in Seester 1815

5790 Zollabgaben der Konventualinnen Louise, Ernestine und Sophie von Rantzau auf Louisenberg 1815

5791 Vergütung der Amtsführung der Lagemänner in Horst (1816) 1817
Enthält u. a.: Lagerechnungen

5792 Konzession des Johann Nicolaus Carstens in Horst zum Hausieren mit Wollgarn 1817

5793 Einrichtung des Hebammendistrikts Horst 1817

5794 Privileg des Krugwirts Peter Piening in Horst (1795-) 1818-1837

5795 Wahl des Propstes 1819, 1847

5796 Beschwerden des Amtes Steinburg wegen eines Vergehens des Thies Kahlcke in Krempdorf 1820

5797 Streitigkeit des Landhandwerkers Bahlmann in Seester mit dem Zimmer-, Tischler- und Maureramt in Elmshorn 1820

5798 Beitrag der klösterlichen Eingesessenen der Vogtei Krempdorf zu den Kommunallasten 1820, 1831-1835

5799 Beitrag der Witwe Mohr in Wisch zur Fleckensschuld Klostersande (1757-) 1820-1821

5800 Übertragung der Nachtwächterstelle in Horst an Hinrich Sass 1820-1821

5801 Streitigkeiten des Zimmer-, Tischler- und Maureramtes in Elmshorn mit unkonzessionierten Handwerkern in Horst 1821

5802 Mitteilung von Kommunerechnungen an die klösterlichen Eingesessenen der Vogtei Krempdorf 1821-1823

5803 Aufhebung des Dezimationsrechts zwischen dem Gut Horst und der Grafschaft Rantzau 1821-1822

5804 Verbittelsgelder des Heuerlings Claus Peter Hopmann in Horst 1821-1822

5805 Konzession des Diedrich Tiedemann in Haseldorf zum Musizieren in Uetersen 1823

5806 Handwerker 1824-1847

5807 Auktionariat 1826

5808 Jahrmarkt in Uetersen am Vorabend des Bußtages 1826

5809 Befreiung der Klostereinkünfte der Konventualin Hedwig von Buchwald von Abzügen und Leistungen 1826-1827

5810 Behördenzuständigkeit bei Rücksendung von durch die Rentekammer nachgestempelter Dokumente 1830

5811 Ausübung der Gewerbepolizei sowie Mitteilung der Landdrostei Pinneberg in einer Zivilangelegenheit 1828-1835

5812 Tanzveranstaltungen 1831-1832

5813 Medizinalpolizei in der Klostervogtei 1833

Adel

2213 Teilungsrezess der Brüder Rantzau auf Rastorf über den Nachlass des Geheimrats Rantzau und dessen Frau 1719-1720

2214 Anspruch einer adligen Witwe auf Einkünfte bei Verschuldung ihres Manns 1732

2215 Erteilung ritterschaftlicher Rechte für die Kinder des Grafen Carl Christian von Baudissin 1832-1834

Adlige Güter allgemein

1118 Niedergelegte Kirchenhufen 1710

1119 Veröffentlichung des Patents über die Lehngüter und den Magdeburger Vergleich 1711

1120 Huldigungseid auswärtiger Gutsbesitzer 1736

1121 Kauf adliger Güter im Amt Oldenburg beziehungsweise Kauf des Amtes durch Graf von Platen 1738-1739

2569 Einführung von Schuld- und Pfandprotokollen 1740-1741

5814 Beschwerden der großfürstlichen Regierung über Einquartierung königlicher Truppen auf adligen Gütern und über Verhinderung von Pferdedurchfuhren aus großfürstlichen Gebieten durch königliche Postierungen 1762

5815 Anlage einer Kapelle auf dem Gut Hohenlieth 1765

5816 Befreiung der leibeigenen Untergehörigen der Güter Schmoel und Hohenfelde von der Leibeigenschaft 1767-1778
Enthält u. a.: Kommando gegen die widerspenstigen Untergehörigen, 1768-1772

5817 Streitigkeiten zwischen der Ritterschaft und den nicht rezipierten Gutsbesitzern wegen der Anlagen und Präferenz der Anlagen der Gutsbesitzer bei Konkursen 1774-1779

5818 Abgabe von leibeigenen Untergehörigen ohne deren Einwilligung an die Miliz durch einige Gutsbesitzer 1778

5819 Recht zur Abforderung entlaufener Leibeigener aus Mecklenburg und anderen Reichslanden durch die Ritterschaft und andere Gutsbesitzer 1778

5820 Entwurf einer Mobilienbrandgilde 1780-1781, 1827-1829

5821 Befugnis der Klöster und Güter zur Anlage und Betrieb von Mühlen (1725-) 1781-1834

5822 Verordnung zur halbjährlichen Einsendung der Rangsteuer und Rangsteuerlisten von den Klöstern und Gutsbesitzern 1786

5826 Krugwirtschaften (1724-) 1790-1834

5823 Verbot für Gutsbesitzer zur eigenmächtigen Abgabe von Untergehörigen an das Militär 1791

5824 Befugnis von Reichsgrafen als Gutsbesitzer zur Verwendung des Pluralis bei Befehlen an die Untergehörigen, Pachtkontrakten und gerichtlichen Vollmachten 1791

2252 Streitigkeiten des Geheimrats von Schilden und des Justizrats Rötger mit den Reventlow-Schmoelschen Gläubigern wegen der Ansprüche auf die Insel Hetlingen sowie die Güter Haselau, Henstacken und Hetlingen 1792-1797

5825 Aufhebung der Leibeigenschaft auf den adligen Gütern 1797-1806

5827 Zollfreiheit für neu errichtete Meierhöfe 1797-1798

5828 Beschwerden von Gutsbesitzern wegen Abforderung von Eidesscheinen für Kornsendungen 1797-1798

5829 Zollfreiheit von Gutsbesitzern für Baumaterialien zum Bau von Fabrikgebäuden 1798

5830 Sicherheitsregeln bei Anfragen von Gutsbesitzern oder Parzellisten um Anleihen aus der Kreditkasse 1798-1799

5831 Jagdbefugnis für adlige Güter und Manggüter 1799-1800

5832 Berichte von den Veränderungen der Guts- und Koogbesitzer 1800-1805

5833 Branntweinbrennereien in den Klöstern und adligen Gütern 1803

5834 Erteilung von Hökereikonzessionen durch Gutsbesitzer 1803-1804

5835 Verbesserung des Geschäftsbetriebs 1803-1806

5836 Mitteilung von Entscheidungen in Angelegenheiten der Gutsuntergehörigen 1805

5837 Erlass einer Dienstordnung 1805

5838 Trauscheine der Gutsuntergehörigen 1805

2436 Familienstellen in den Güter- und Klosterdistrikten 1805

5839 Gefängnisse 1806

5840 Einbeziehung von Bauernfeldern unter das Hofland 1806

5841 Gerechtsame der Meierhöfe 1806-1809

5842 Erstellung von Verzeichnissen über die Meierhöfe 1806-1811

5843 Errichtung von Dienst- und Überlassungskontrakten mit den Gutsuntergehörigen 1805-1838

5844 Verkauf der Meierhöfe und anderer Grundstücke 1806-1807, 1819

5845 Entrichtung der Kontribution und Rangsteuer sowie Steuererhebung allgemein 1806-1811

5846 Aufenthalt der Juden 1808, 1820

5847 Entlassung des Advokaten Noodt, Gerichtshalter der Güter Borstel, Jersbek, Stegen, Wulksfelde und Grabau 1808

5848 Armenunterhalt 1806-1823

5849 Fabriken, Manufakturen und andere Anlagen mit verarbeiteten Waren 1809-1813
Enthält u. a.: Verzeichnis des Gutes Wandsbek, 1809

5850 Zollfreiheit mehrerer Meierhöfe 1810-1811

5851 Branntweinbrennerei, Malzen und Bierbrauererei in den adligen Gütern und Klöstern 1810-1829

5852 Portofreiheit der Distriktsdeputierten 1810, 1839-1841

5853 Veränderungen bei den Distriktsdeputierte des Itzehoer Güterdistrikts 1810-1811, 1821

5854 Fuhren für den See-Etat 1811

5855 Verteilung der außerordentlichen Leistungen über Bauernfelder und Hoffelder sowie Anordnung einer Kontrolle 1811

5856 Veränderungen bei den Distriktsdeputierten des Preetzer Güterdistrikts 1812, 1820

5857 Rückständige Pflugsteuer mehrerer Gutsbesitzer 1812

5858 Verlegung der Güter Rethwisch und Bredeneek vom Preetzer zum Kieler Güterdistrikt 1811-1812

5859 Ansetzung einiger adliger Güter zur Pflugzahl 1813

5860 Beachtung der Sicherheitsvorschriften zum Brandwesen durch die Untergehörigen 1812-1813

5861 Beiträge zur Adligen Brandgilde 1813

5862 Befreiung von Gütern der Landesherrschaft von den ritterschaftlichen Anlagen 1813-1816

5863 Vergütung der Deputierten der Güterdistrikte 1814

5864 Angebot eines don gratuit der Gutsbesitzer für notwendige Staatsbedürfnisse 1813

5865 Rückständige Wertberechnung aus mehreren Gütern 1816-1817

5866 Versicherungsanstalt gegen Hagelschaden der Gutsbesitzer und Pächter im Preetzer Güterdistrikt 1816-1817

5867 Bewilligung der Reise des Justitiars Boie nach Norwegen 1816-1817

5868 Zollfreiheit der Administratoren, Pächter sowie Fideikommissnutzer und nichtadliger Gutsbesitzer für Konsum- und Haushaltsbedürfnisse 1818-1834

5869 Abstellung des bürgerlichen Gewerbes in den klösterlichen und adligen Distrikten 1819-1834

5870 Handwerker in den klösterlichen und adligen Distrikten sowie Übertragung des Hökereireglements auf die Distrikte 1819-1832
Enthält u. a.: Verzeichnisse

5871 Gleichstellung der zunftberechtigen Flecken in den ehemaligen gemeinschaftlichen Distrikten hinsichtlich der Landhandwerker und Gewerbtreibenden mit den Städten (1740) 1819-1821

5872 Verzeichnisse der Handwerker und Gewerbetreibenden 1833-1837

5873 Verkauf liegender Gründe der Hufen und anderer Familienstellen 1819-1820

5874 Distriktsdeputierte des Oldenburger Güterdistrikts 1820, 1831-1832

5875 Vergütung der Distriktsdeputierten für außerordentliche Ausgaben ihrer Geschäftsführung 1820, 1832

5876 Übernahme der Justitiarsgeschäfte des Senators Witthöft in Kiel während der Auslandsreise des Gerichtshalters Boie 1823

5877 Distriktsdeputierte 1824-1834

5878 Übersicht über Steuern und Kommunalabgaben sowie über Armen- und Schulkosten der adligen Güter, Kanzleigüter und oktoyierten Köge 1826-1827
Enthält auch: Herzogtum Schleswig

5879 Fuhrforderungen der Remontekommission an den Preetzer Güterdistrikt 1831-1833

Adlige Marschgüter

161 Historische Nachrichten des Inspektors Praetorius über das ehemalige königliche Amt Haseldorf 1739

5880 Lieferung von Reuterpferden (1745-) 1775-1788

Lübsche Güter

1252 Extrakt des Vertrags zwischen den Familien von Kalven und von Lüneburg über das halbe Dorf Steinrade 1624

1242 Bestätigung der Privilegien der Güter Moisling, Niendorf und Reeke durch König Christian V. von Dänemark 1671

1253 Streitigkeiten des Hinrich von Brömbsen auf Stockelsdorf und Steinrade mit Hinrich Lüneburg in Eckhorst wegen eines Scheidegrabens 1672-1678

1243 Befreiung von Rekognitions- und Kontributionsgeldern für die Güter Moisling, Niendorf und Reecke 1681-1682

1244 Gut Moisling: Revers des Kammerjunkers von Wedderkop als Käufer 1702-1710

1241 Inspektion 1712

1254 Ansprüche des Leutnants von Kalven auf die Güter Stockelsdorf und Mori 1721-1722

1256 Gut Dunkelsdorf: Streitigkeiten zwischen Oberst Kirchring und dem Domkapitel in Lübeck wegen Auslieferung des Heuerlings Sime Evers 1724-1725

1258 Festsetzung des Besitzers des Amtes Trenthorst Hartwig von Wetken in Schwerin 1725

1245 Gut Moisling: Arrest des Bruders des Moses Victor in Altona in Moisling 1736

1255 Gut Steinrade: Streitigkeiten zwischen den Vormündern der von Rumohrschen Kinder und Gutsuntertanen wegen Restanten und Widersetzlichkeiten 1736

1246 Gut Moisling: Ansprüche der Stadt Lübeck wegen einiger Wiesen 1741-1745

1247 Gut Moisling: Revers des Geheimrats Joachim von Brockdorff als Käufer 1742-1743

1251 Gut Moisling: Beschwerden des Geheimrats Joachim von Brockdorff über die Stadt Lübeck wegen Sperrung des Gutes, Wegnahme von Fleisch und Errichtung einer Wachhütte 1745-1749

1257 Gut Dunkelsdorf: Niederlegung oder Übertragung an den dänischen König 1747

1248 Gut Moisling: Grenzstreitigkeiten mit der Stadt Lübeck (1684-) 1746-1747

1259 Gut Trenthorst: Streitigkeiten mit der Stadt Lübeck wegen Landeshoheit über Grinau 1744-1754

1249 Gut Moisling: freier Zutritt der Juden aus Moisling in die Stadt Lübeck 1747

1250 Gut Moisling: königlicher Schutz für den Gutsbesitzer zur Anlage eines Scheidegrabens zur Stadt Lübeck 1748

5881 Weigerung der Eingesessenen in Ahrensfelde zur Abgabenleistung an die Kirche in Siebenbäumen 1751

5882 Gut Trenthorst: Verhaftung von Untergehörigen in Ahrensfelde 1751

5883 Gut Dunkelsdorf: Überlassungsvertrag der Gebrüder Lehmann und Bestätigung der Gutsprivilegien 1758

5884 Gut Trenthorst: Rundschreiben anlässlich der gewaltsamen Wegführung eines Knechts durch schwedische Husaren 1761-1762

5885 Gut Eckhorst: Untersuchung gegen Untergehörige wegen Fluchthilfe für zwei Deserteure des Ersten Fünischen Kürassierregiments 1761-1762

5886 Gut Moisling: Verletzung der königlichen Territorialhoheit 1763

5887 Gut Dunkelsdorf: Grenzstreitigkeiten mit dem Sankt Johanniskloster in Lübeck 1764-1765

5888 Passage der Fuhr- und Frachtwagen zwischen Lübeck und Hamburg über die Güter Niendorf und Moisling (1697) 1702, 1772-1779

5889 Streitigkeiten zwischen den Besitzern der Güter Moisling und Niendorf wegen eines zugeworfenen Grabens 1773

5890 Gut Moisling: Ehedispens für Catharina Elisabeth Filitzen 1774

5891 Gut Steinrade: Sperrung eines Wegs durch die Steinrader Wüstenei 1775-1783, 1815

5892 Gut Steinrade: Verkoppelung und Vergabe der Koppeln an die Untergehörigen in Erbpacht 1775

5893 Gut Moisling: Verzeichnisse der Todesfälle, Heiraten und Geburten 1776-1777

5894 Gut Moisling: Schutzjudenprivileg 1781-1782

5895 Abtretung der Güter Niendorf und Reecke an Georg Christian Pauli (1781) 1782-1783

5896 Gut Moisling: Unordnungen in der jüdischen Gemeinde 1783

5897 Gut Moisling: Abteilungen der Juden bei einer zweiten Ehe 1783

5898 Gut Moisling: Gebühren der Juden für Nachtzettel und Steigerung der Gerichtsgebühren 1783

5899 Gut Moisling: Anfrage der Deutschen Kanzlei wegen Unterschriften für Privilegien, Begnadigungen und Konzessionen 1783-1784

5900 Gut Eckhorst: Besitzverhältnisse des Bauernlandes in der Dorfschaft Eckhorst 1785-1795
Enthält u. a.: Verzeichnis der Besitzverhältnisse mit Größenangaben der Ländereien, 1790

5901 Gut Moisling: Überlassung der Moislinger Heide in Erbpacht an Johann Christoph Schmidt in Lübeck 1794

5902 Gut Moisling: Bestätigung der Privilegien 1797-1798

5903 Gut Trenthorst: Kündigung der Dienststellen der Kätner 1797-1798

5904 Zollfreiheit für die Güter Dunkelsdorf, Trenthorst und Wulmenau 1798-1808, 1832-833

5905 Gut Trenthorst: Anlage eines Kirchenwegs für Untergehörige zur Kirche in Klein Wesenberg 1799

5906 Bestätigung der Privilegien der Güter Niendorf und Reecke 1800

5907 Gut Trenthorst: schlechter Schulbesuch der Kinder aus Ahrensfelde in Siebenbäumen 1800

5908 Gut Eckhorst: Erbpachtsvertrag mit dem Parzellisten Claus Hinrich Gasau in Eckhorst 1801-1806

5909 Diensteinnahmen des Schulmeisters Gerlach in Reecke 1801-1803

5910 Gut Eckhorst: Bierzwang der Dorfschaft Eckhorst 1804

5911 Befreiung der Besitzer der lübschen Güter von neuen Lasten und Abgaben 1804-1807

5912 Gut Eckhorst: Brauerei, Malzerei und Branntweinbrennerei 1804

5913 Fouragelieferung der lübschen Güter nach Pflugzahl 1805

5914 Familienstellen, Dienstleistungen und Abgaben der Untergehörigen in den lübschen Gütern 1805-1806
Enthält u. a.: Landbesitzverzeichnisse; Volkszählungsregister für Westerau, 1806

5915 Gut Steinrade: Tod des Leinwegebergesellen Carl Friedrich Reck aus Stralsund 1806

5916 Aufschub der Rekognitionszahlung für die Besitzer der Güter Mori und Eckhorst 1807

5917 Gut Trenthorst: Beteiligung an den Kirchenbauten in Siebenbäumen 1810

5918 Gut Eckhorst: Kanonsgelder der Erbpächter Scheel und Wendelborn in Eckhorst 1810

5919 Grund- und Benutzungssteuer der Güter Trenthorst und Groß Steinrade 1812-1813

5920 Bestätigung der Privilegien der Güter Dunkelsdorf, Stockelsdorf, Trenthorst und Mori 1813, 1845-1846

5921 Belastungen der lübschen Güter durch fremdes Militär 1814

5922 Gut Dunkelsdorf: Erlass rückständiger Landsteuer für die Besitzer und die dazugehörigen Meierhöfe 1814

5923 Mangel an sicheren Gefängnissen in den lübschen Gütern 1814-1834

5924 Gut Stockelsdorf: versäumte Angabe auswärtiger Gläubiger durch die Eingesessenen 1815

5925 Gut Trenthorst: Abschossgelder des Halbhufners Käselau in Schürensöhlen (1815) 1816

5926 Gut Trenthorst: Kriegsschadensvergütung für die Eingesessenen in Ahrensfelde 1816

5927 Einsendung von Quittungen an die Kasse in Rendsburg durch die Besitzerin der Güter Mori und Eckhorst 1816

5928 Gut Steinrade: Vergütungsgelder für die Erbpächter 1816-1817

5929 Gut Trenthorst: Gefälle des Bauervogts Buck in Ahrensfelde (1800-) 1816

5930 Beschwerden der Besitzer lübscher Güter wegen entzogener Rechte 1817

5931 Gut Trenthorst: Landsteuer der Erbpächter in Ahrensfelde 1817-1818

5932 Gut Trenthorst: Aufnahme des Zimmergesellen August Arp in die Zimmerzunft in Oldesloe 1817

5933 Gut Trenthorst: Ankauf von zwei Pferden von aus Hamburg desertierten Ulanen durch den Bauervogt Stapelfeldt aus Trenthorst 1818

5934 Gut Trenthorst: Beitrag der Dorfschaft Ahrensfelde zu den Kirchenanlagen in Siebenbäumen 1819

5935 Gut Stockelsdorf: Hausieren Einheimischer mit selbst gefertigten Waren und Kurzwaren 1822

5936 Rechtliches Gehör für die Besitzer der Güter Stockelsdorf, Mori, Eckhorst, Trenthorst, Steinrade und Dunkelsdorf wegen auferlegter Steuern und Lasten 1823

5937 Landhandwerker in den lübschen Gütern 1823-1834
Enthält u. a.: Verzeichnisse der Landhandwerker

5938 Verteilung der Marschgelder auf die Untergehörigen der Güter Stockelsdorf, Eckhorst und Mori 1830-1836

Einzelne adlige Güter

Ahrensburg

1122 Entwichene Untertanen des Grafen Detlef Rantzau 1726

5939 Unterlassene Taufe des Kindes des Einwohners Schubert 1803

5940 Entlassung des Pastors Hoffmann 1803

5941 Familienstellen, Dienstleistungen und Abgaben der Untergehörigen
Enthält u. a.: tabellarisches Verzeichnis der Stellen 1805

5942 Steuerfreiheit von Ländereien des Meierhofs Beimoor (1730-) 1811

5943 Juden 1811-1812, 1836

5944 Verlust von Wagen und Pferden der Eingesessenen in Bünningstedt bei Militärfuhren 1814-1824

5945 Branntweineinfuhr 1815

5946 Verteilung der Kommunalabgaben und der Kosten der Armenversorgung 1821-1839

5947 Beschwerde des Ernst Wilhelm Zander wegen Unterstützung aus der Armenkasse 1821

5948 Zollfreiheit der Meierhöfe Bagatelle und Hagen 1821-1822

5949 Beschwerde des Schusters Gehrke wegen Wegnahme der Gerätschaften und Verbot der Arbeit auf eigene Rechnung 1822-1824

5950 Wegeunterhaltung (1788-) 1822
Darin: Druckschriften zur Versteigerung von Hoffeldern, 1788, und Abfindung leibeigener Untergehöriger in Ahrensfelde, 1798

5951 Antrag des Schustes Köhncke auf Bestimmung der Anzahl der Schuster 1823

5952 Beschwerde des Postexpediteurs Dose über den Grafen von Schimmelmann wegen missbräuchlicher und beleidigender Polizeiverfügung 1823-1824

5953 Schlachtereikonzession des Levin Meyer in Ahrensburg 1823-1824

5954 Landhandwerker 1823-1841

5955 Beschwerde des Gerichthalters Heiss wegen verbotener Tanzveranstaltungen 1825

5956 Viehmärkte in Woldenhorn 1825, 1839-1842

5957 Rückständiges Schulgeld des Musketiers Heinrich Martin Christian Lange 1829

Annenhof

5958 Familienstellen, Dienstleistungen und Abgaben der Untergehörigen
Enthält: tabellarisches Verzeichnis 1805

5959 Unterstützungsgelder des Heuerinsten Mahncke 1821

5960 Landhandwerker 1824, 1847

Ascheberg

5961 Beherbergung losen Gesindels 1802-1803

5962 Brandkassengelder 1805-1806

5963 Familienstellen, Dienstleistungen und Abgaben der Untergehörigen
Enthält u. a.: tabellarisches Verzeichnis der Stellen 1805

5964 Wiederbesetzung der Hebammenstelle (1807) 1808

5965 Beitrag zu den außerordentlichen Ausgaben und Lasten 1808

5966 Wohnung des Schneiders Brooks 1808-1810

5967 Vereinigung der Erbpachtstelle Hainböst mit den Ländereien des Hofes Lindau (1794) 1809

5968 Beschwerden des Dr. Tobiesen und des Erbpächters Witt wegen Magazinhaferlieferungen 1809

5969 Vertreibung des Bertram Friedrich Fries von seiner Stelle (1809) 1810

5970 Beschwerden des Insten Hartz in Dersau wegen Rechnungsablage 1809-1810

5971 Unterhalt und Instandsetzung der Wege beim Meierhof Lindau 1810-1811

5972 Kruggerechtigkeit des Erbpächters Joost (1732-) 1812

5973 Landsteuer 1813

5974 Taxation der Gebäude durch den Maurermeister Sander und den Zimmermann Wichmann aus Plön 1815-1816

5975 Kauf der Stenderschen Stelle durch die Schulinteressenten in Dersau (1811-) 1819-1821

5976 Streitigkeiten zwischen dem Erbpächter Priess bei Langenrade und dem Gutsbesitzer Schleiden wegen Wegeinstandsetzung 1821-1822

5977 Landhandwerker 1824-1849
Enthält u. a.: Verzeichnis der Handwerker und Gewerbetreibenden, 1827

5978 Wegeinstandsetzung (1811-) 1824-1825
Darin: Karte des Kalübber Geheges

5979 Sandgrube des Erbpächters Asmus Pries in Spannhorn zur Wegeinstandsetzung 1825

Bahrenfleth

1123 Oberlehnsgerichtsbarkeit 1640-1690

1124 Lasten und Kontribution der Eingesessenen in Bahrenfleth und Heiligenstedten 1641-1648

1125 Rechnungen, Restanten und Register 1680-1696

1126 Beschwerden der Untertanen des Klosters Itzehoe und der Herrschaft Breitenburg über die Gutsuntertanen wegen schwedischer Brandschatzung 1727-1728

5980 Kirchenbegräbnisse 1767

5981 Stellung eines Reuterpferdes mit dem Gut Höltenklinken 1816

5982 Konzession des Schusters Fischer in Neuenkirchen und Zuteilung eines Hebammendistrikts an dessen Ehefrau 1823

5983 Landhandwerker 1824-1848

Bekdorf, Bekhof und Bekmünde

1127 Zulegung von Pflügen 1662

5984 Familienstellen, Dienstleistungen und Abgaben der Untergehörigen
Enthält u. a.: tabelllarisches Verzeichnis der Stellen 1805

5985 Gut Bekmünde: Beitrag des Peter Dibbern zu den außerordentlichen Landesabgaben 1809-1810

5986 Veränderung von zwei Landstellen des Johann Averhoff 1812

5987 Beitrag für die Stellvertretungskosten für den Landmesser Ross sowie Unterstützung der bei Deicharbeiten geschädigten Personen 1812-1814

5988 Erbpachtskontrakte der Untergehörigen 1813-1818

5989 Gut Bekdorf: Zollfreiheit 1816

5990 Güter Bekdorf, Bekhof und Bekmünde: Landhandwerker 1824-1846

Blumendorf

5991 Unterhalt der Mutter des Claus Hinrich Kock 1807

5992 Beteiligung fremder Zimmerleute bei Bauten 1809

5993 Nicht geleistete Militärfuhren der Güter Blumendorf, Schulenburg und Krummbek 1814

5994 Errichtung eines Meierhofs aus Hufen des Dorfes Glinde 1815

5995 Landhandwerker 1824-1833

Borstel mit Grabau

5996 Gut Borstel: Weigerung zum Beitrag einer Vermessung 1782

5997 Gut Borstel: Heirat des Holzvogts Hans Casper Krohn mit der Witwe Margarethe Köhncke 1793

5998 Gut Borstel: Einführung eines Schuld- und Pfandprotokolls 1799-1800

5999 Gut Borstel: Aufenthalt des Handelsjuden Salomon Heymann 1800-1801

6000 Gut Borstel: Aufgebot zur Anmeldung von Ansprüchen anlässlich des Verkaufs 1801

6001 Gut Borstel: Beschwerden der Insten 1802-1809

6002 Gut Borstel: Fuhrvergütung für Hufner und Erbpächter 1805

6003 Gut Grabau: Familienstellen, Dienstleistungen und Abgaben der Untergehörigen 1805
Enthält u. a.: tabellarisches Verzeichnis der Stellen

6004 Beschwerden des Claus Studt in Oering wegen Landkaufs 1805-1806

6005 Gut Borstel: Familienstellen, Dienstleistungen und Abgaben der Untergehörigen 1806

6006 Gut Grabau: Kaufkontrakte 1807-1808

6007 Gut Borstel: Beschwerden des Otto Scheel wegen Auszahlung seines Arbeitslohns 1807

6008 Konzession des Schneiders Diederichs in Sülfeld 1808

6009 Konzession des Böttcher Staack in Sülfeld 1808

6010 Gut Borstel: Konzession des Zimmermannes Thegen 1808

6011 Konzession des Rademachers Steenbock in Sülfeld 1808

6012 Gut Grabau: Räumung der Wohnung des Insten Lewerentz 1808-1809

6013 Gut Borstel: Unterstützung der Ehefrau des Jochim Friedrich Stapelfeldt 1809

6014 Güter Borstel und Grabau: Verteilung der Pflugzahl 1809

6015 Gut Grabau: rückständige Prediger- und Organistenpflichten 1812

6016 Gut Borstel: Meisterrecht für den Grobschmied Jochim Friedrich Kreutz 1812

6017 Gut Grabau: Kündigung der Heuerlinge Sohnrey und Thies durch die Gutsherrschaft 1813

6018 Verweigerte Aufnahme des Insten Studt in Todesfelde im Gut Borstel 1817

6019 Gut Grabau: Beeinträchtigung der Amtsgerechtigkeiten des Zimmeramtes in Oldesloe 1821

6020 Gut Borstel: Landhandwerker 1824-1848

6021 Gut Grabau: Landhandwerker 1824-1848

Bossee

6022 Familienstellen, Dienstleistungen und Abgaben der Untergehörigen
Enthält u. a.: tabellarisches Verzeichnis der Stellen 1805

6023 Aufnahme des Claus Christian Ewers in Warder (Gut Emkendorf) als Heuerling 1817

6024 Unterstützung des Wilhelm Tanck in Bruchs 1818

6025 Zollfreiheit des Meierhofs Mohrrügen 1823

6026 Landhandwerker 1824-1844

Bothkamp

1128 Prozess zwischen Mitgliedern der Familie von Brockdorff um die Nachfolge im Gut Band 1 1680-1725

1129 Prozess zwischen Mitgliedern der Familie von Brockdorff um die Nachfolge im Gut Band 2 1725-1727

1130 Prozess zwischen Mitgliedern der Familie von Brockdorff um die Nachfolge im Gut Band 3 1727-1730
Darin: Druck der Prozessschrift

1131 Prozess zwischen Mitgliedern der Familie von Brockdorff um die Nachfolge im Gut Band 4 1730-1733

1132 Prozess zwischen Mitgliedern der Familie von Brockdorff um die Nachfolge im Gut Band 5 1733-1734

1133 Prozess zwischen Mitgliedern der Familie von Brockdorff um die Nachfolge im Gut Band 6 1734-1739

1134 Prozess zwischen Mitgliedern der Familie von Brockdorf um die Nachfolge im Gut Band 7 1651-1688

1135 Prozess zwischen Mitgliedern der Familie von Brockdorff um die Nachfolge im Gut Band 8 1688-1690

1136 Prozess zwischen Mitgliedern der Familie von Brockdorff um die Nachfolge im Gut Band 9 1690-1701

1137 Prozess zwischen Mitgliedern der Familie von Brockdorf um die Nachfolge im Gut Band 10 1702

1138 Prozess zwischen Mitgliedern der Familie von Brockdorff um die Nachfolge im Gut Band 11 1703-1715

1139 Prozess zwischen Mitgliedern der Familie von Brockdorff um die Nachfolge im Gut Band 12 1680-1739
Enthält: Inhaltsverzeichnis der Abt. 11 Nr. 1128-1139

1140 Appellation des Grafen Detlef von Reventlow an das Reichskammergericht in der Auseinandersetzung mit Heinrich von Ahlefeldt wegen Holzschlags 1725-1727

6027 Veränderungen in den Hufen (1719-) 1800
Enthält u. a.: Übersicht über Veränderungen bei den Heuerstellen in Busdorf seit 1730
Darin: gedruckte Nachrichten über den Kammergerichtsprozess wegen Bothkamp, 1726

6028 Beschwerden der Insten gegen die Gutsherrschaft 1802-1805

6029 Beschwerden der Insten gegen die Gutsherrschaft 1804-1833

6030 Beschwerden des Bauervogts Haggen in Schipphorst wegen Parzellierung der Hufen 1802

6031 Vertreibung des Johann Vollrath Westphalen aus dem Gut 1802-1806

6032 Einräumung einer Wohnung für Hartwig Bülck 1805

6033 Vorenthaltung von Brandgildegeldern durch den Bauervogt Löptin in Busdorf 1806

6034 Familienstellen, Dienstleistungen und Abgaben der Untergehörigen
Enthält u. a.: tabellarisches Verzeichnis der Stellen 1805

6035 Lieferungen anderer Güter für das Gut 1815-1817

6036 Einräumung einer Wohnung für den Tagelöhners Voigt in Neubokhorst 1815

6037 Weigerung zur Wegeinstandsetzung durch den Pächter des Ziegelhofs 1815

6038 Zollfreiheit für Hof Ovendorf 1822-1825

6039 Landhandwerker 1821-1832

Bramstedt

1141 Übertragung von Nutzungsrechten an Wibke Kruse, Wiedereinlösung des Gutes und rechtliche Zugehörigkeit zum Amt Segeberg 1639-1651

1142 Streitgkeiten zwischen den Kirchgeschworenen in Bramstedt mit Oberstleutnant von Grote wegen Abgabenleistungen 1703-1704

1145 Walkmühle (1720-) 1730

1144 Verbot der Aufnahme von Juden 1740

1143 Einseitige oder gemeinschaftliche Behandlung (1631-) 1740

2570 Kirchenzehnt der Baronesse von Grote an die Kinder des verstorbenen Pastors Beierholm in Heiligenstedten 1746-1747

2571 Weigerung der Baronesse von Grote zum Abtrag der Kirchenrestanten von wüsten Pflügen 1747

6040 Streit um die Anstellung eines Schullehrers in Weddelbrook 1774-1775

6041 Grenzvergleich zwischen Lentföhrden und Weddelbrook (1774) 1776

6042 Beteiligung der Hufner und Kätner in Weddelbrook und Hitzhusen an den außerordentlichen Abgaben (1802) 1803, 1814-1815

6043 Einquartierung und Einräumung der Scheune 1803

6044 Unterhaltung eines armes Kindes 1804-1805

6045 Untersuchung wegen Förderung fremder Werbung 1805-1806

6046 Familienstellen, Dienstleistungen und Abgaben der Untergehörigen
Enthält u. a.: tabellarisches Verzeichnis der Stellen 1805

6047 Erstattung eines Fuhrlohns des Landwehrmannes Dwinger in Weddelbrook 1808

6048 Gewerbe 1808

6049 Aussage des Hans Christopher Schenck in Weddelbrook in einer Konkursangelegenheit der Herrschaft Breitenburg (1811) 1812

6050 Beteiligung der Kätner an den Einquartierungslasten 1814-1826

6051 Trennung vom Amt Segeberg hinsichtlich der Brandversicherung 1816-1818

6052 Roggenlieferung des Dorfes Weddelbrook in das Magazin in Bramstedt 1818

6053 Hökereikonzession des Hinrich Reimers in Hagen (Amt Segeberg) 1818

6054 Befreiung von Landsoldaten in Weddelbrook vom Verbittelsgeld 1821-1822

6055 Beschwerden der Kaufleute Hermann Wesselmann und Jasper Warns in Bramstedt wegen des Handels des Casper Lohse in Hitzhusen 1823

Breitenburg

1146 Verzeichnis Johann Rantzaus zu Übertragungen aus dem Kirchspiel Itzehoe an ihn und seine Söhne durch König Christian III. von Dänemark [1551]

1154 Gut Wellen mit Mühlenbarbek und Rensing 1642-1766
Enthält u. a.: Einnahmeverzeichnisse; Verzeichnisse über Äcker und Wiesen

1147 Streitigkeiten zwischen Graf Christian Rantzau und der Stadt Itzehoe wegen der Grenzen, des Gewerbes und Handwerks 1635-1661

1155 Schleifung der Festung Breitenburg, erhöhtes Gras- und Futtergeld sowie gesperrte Wege 1647, 1705-1706

1152 Scheide auf dem Kremper Moor zwischen Krempe und Dägeling 1632-1656

1149 Streitigkeiten zwischen der Stadt Itzehoe und Graf Detlef von Rantzau wegen Einquartierung 1674-1675

1153 Reparatur des Moorsteindamms 1683

1156 Königliche Jurisdiktion, Deichschlag auf Amelingshof, Ritterschaftsanlagen und Schlagbaum 1704-1714

1158 Hofdienste der Untertanen des Gutes Wellen, Schutzbriefe und Unterlassungsbefehle an Graf Rantzau 1705-1712

1157 Hofdienste der Eingesessenen des Kirchspiels Breitenburg sowie Prozess mit dem Herzogtum Gottorf wegen Strafgeldern 1705-1709

1159 Streitigkeiten der Deichgrafen und Geschworenen des Breitenburger Deichbandes mit den Eingesessenen in Wellen wegen Deichreparaturen 1707-1711

2574 Streitgkeiten des Grafen Christian Detlef Rantzau mit Untertanen des Gutes Wellen wegen Unterhaltung der Stördeiche 1707-1716

1148 Brauerei und Branntweinbrennerei in Lotternhof (1643) 1711-1750

1160 Overbecksche Strafgelder für die Kirche in Münsterdorf 1712-1714

1150 Klage des Bürgermeisters Bock in Itzehoe als Deichgraf gegen Graf Christian Detlev Rantzau wegen unterlassener Reparatur der Deiche und Siele (1714) 1715

1151 Klage des Grafen Wilhelm Adolf von Rantzau über den Magistrat der Stadt Itzehoe wegen Handwerker in der Bekstraße 1716

1161 Streitigkeiten der Eingesessenen in Münsterdorf und der Kalandsleute mit den Eingessenen in Wellen wegen der Kontribution 1717

2572 Streitigkeiten der Eingesessenen der Herrschaft mit der Gräfin von Castel wegen Holzlieferung für den Schleusenbau 1738-1740

1162 Klage der Hufner und Kätner in Lägerdorf über den Rat Wiebel wegen eines nicht vollstreckten Urteils zur gemeinen Weide 1740

2573 Verweigerte Herrendienste der Kätner im Kirchspiel Breitenburg 1739

6057 Branntweinbrennerei und Brauerei in Lotten (1711-) 1751-1768, 1815

6059 Zahlung der Prinzessinnensteuer durch die Eingesessenen des Gutes Wellen 1752

6060 Hofdienste der Eingesessenen in Winseldorf, Schlotfeld, Oelixdorf und Kollmoor am Meierhof Bücken 1753

6061 Streitigkeiten der Eingesessenen mit der Gräfin von Castel wegen Deichkosten, Kontribution und anderer Angelegenheiten
Enthält u. a.: Abschriften älterer Kontributionsregister (1670-) 1754-1759

6062 Beschwerden des Johann Kröger in Breitenberg wegen Kontributionszahlungen 1755-1757

6058 Reinigung der Mühlenau in Breitenburg (1736-) 1758-1794, 1836

2461 Holzfuhren der Eingesessenen in Wellen zur Mühle in Krojansberg 1758

6063 Fehlen eines Schulhauses in Rickling 1759-1766

6064 Beschwerden von Eingesessenen in Stellau wegen Instandhaltung der Deiche (1690-) 1762-1764

6056 Hoheit über das Gut Wellen (1649-) 1765-1768

6065 Wegeinstandsetzung der Dörfer Lohbarbek, Mühlenbarbek und Rensing 1768-1769

6066 Beteiligung an den Arbeiten an den Hofdeichen und Wettern in Stellau 1768-1772

6067 Wegeinstandsetzung der Dorfschaften Rethwisch und Dägeling (1764-) 1768

6068 Grenzvergleich zwischen Lentföhrden und Mönkloh (1775) 1776

6069 Amidamfabrik 1776-1777

6070 Verpflegung der Rebecca Borchert in Lägerdorf und Erhaltung ihres Kindes 1779

6071 Zehntleistung des Majors Christian Friedrich von Rappe 1779

6072 Fürschreiben des Grafen von Friedrich von Rantzau an die Justizkanzlei in Hannover wegen seines Kammerdieners Helmrich Christian Börgerhoff aus Nienburg in der Grafschaft Hoyer 1781

6073 Beschwerden des Hufners Jacob Reimers in Bahrenfleth wegen des Landausschusses (1779-) 1781

6074 Anlegen der Prahmführer aus Glückstadt und Itzehoe an der Fährbrücke 1788

6075 Anlage eines Siels in Kollmoor 1792-1796

6076 Zollfreiheit für Holzwaren zum Wideraufbau der Kornwindmühle bei Itzehoe 1793

6077 Beschwerden der deputierten Bürger in Segeberg und Gieschenhagen über den Pächter der Mönchsmühle in Segeberg (1791-) 1796-1798

6078 Erlegung eines Wolfs 1796

6079 Zoll- und Lizentenabgaben für die Kirchenglocken in Breitenberg 1796-1797

6080 Beliebung der Dorfschaft Mühlenbarbek wegen ihres Schulmeisters 1800-1801

6081 Wahl und Bestallung eines Gevollmächtigten für königliche Fuhren in der Rostorfer Vogtei 1801

6082 Verweigerte Fuhrleistungen der Eingesessenen in Breitenberg 1802

2462 Streitigkeiten mit Stellau wegen eines Torfmoores und einer Birkenkoppel (1692-) 1802-1824

6083 Handdienste der Eingesessenen in Stellau 1803

6084 Aufteilung der Gemeinheitsländereien in Münsterdorf 1804

6085 Zollfreie Ausfuhr von Kalkerde 1804

6086 Anteile der Kirchenbediensteten aus der Gemeinweide 1804

6087 Brückengeld bei Hitzhusen 1805

6088 Verteilung der Fuhr- und Quartierleistungen in Grönhude 1806

6089 Gut Erfrade: Familienstellen, Dienstleistungen und Abgaben der Untergehörigen 1805
Enthält u. a.: tabellarisches Verzeichnis der Stellen

6090 Herrschaft Breitenburg: Familienstellen, Dienstleistungen und Abgaben der Untergehörigen 1805
Enthält u. a.: tabellarisches Verzeichnis der Stellen

6091 Grenzziehung zwischen Dägeling und Münsterdorf 1807

6092 Anhaltung des Ziegenhändlers Spicker aus Driburg 1807

6093 Dienstfuhren der Untergehörigen 1807-1808

6094 Aufteilung der Gemeinweide und des Moors in Lohbarbek 1807

6095 Außerordentliche herrschaftliche Lasten der Dorfschaft Kollmoor 1807

6096 Verteilung der Jungschen Hufe in Münsterdorf 1809-1810

6097 Abgaben der Besitzer der Mönchsländereien 1807-1810

2463 Reparatur der Moorreger und Wittenbergener Wind-Wassermühle (1793) 1812-1814 (1851)
Darin: Karte über einen Teil der Gemarkung Wittenbergens, 1793

6098 Gut Erfrade: Einverleibung einer Hufe und Kate in das Amt Neumünster 1812-1813

6099 Maitegen der Eingesessenen in Neuenbrook 1813-1814

6100 Zollfreiheit des Meierhofs Meierhaus 1815

6101 Nachrichten über einen Sulpitius Vesrin 1815

6102 Hökereikonzession des Karsten Klahn in Oelixdorf 1816

6103 Konzession des Carsten Jansen zum Hausierhandel mit Bettbändern 1816

6104 Zollfreie Einfuhr für Baumaterialien für Osterhof 1818

6105 Abgabe der Abschiedsleute Hans Hardefeldt und Claus Runge in Rensing 1819

6106 Einräumung einer Wohnung für Hinrich Lucht in Dägeling 1819

6107 Überlassung einer Mietwohnung an den Insten Huus in Lohbarbek 1819

2464 Streitigkeiten mit den Dorfschaften Mühlenbek und Feldhusen wegen Torfgrabens auf dem Kaiserhofer Moor 1819-1825

6108 Beteiligung der Kätner in Dägeling an den Militärmarschgeldern 1819

6109 Ansetzung des Asmus Hass in Lägerdorf zu Kirchenanlagen 1819

6110 Verweigerte Aufnahme des Schmiedgesellen Jansen im Gut 1819

6111 Vergütung außerordentlicher Einquartierungskosten für Hinrich Reimers und Hinrich Orth in Münsterdorf 1820

6112 Beitrag von Eingesessenen in Wulfsmoor zu den Militärreisegeldern 1820, 1839-1840

6113 Beschwerde des Heuerlings Claus Mohr in Lägerdorf wegen Geldforderungen für Arbeiten an der dortigen Schule 1820-1821

6114 Arztvergütung für Behandlung armer Personen 1821

6115 Kosten für das Lazarett des russischen 43. Jägerregimentes in Lohbarbek 1822

6116 Fischfang in der Stör durch Tietje Schröder in Beidenfleth 1823-1824

6117 Verwendung eines Kapitals der Armenkasse 1824

6118 Anspruch der Dorfschaft Lägerdorf auf Vergütung zu viel gezahlter Grund- und Benutzungssteuer 1824

6119 Wiederherstellung der Durchbrüche im Stördeich 1825-1827
Enthält auch: Aktenverzeichnis Abt. 11 Nr. 104-124

6120 Verteilung der Kosten für die Instandsetzung des Stördeichs 1826-1827

Brodau

6121 Reparatur des Schulhauses in Albersdorf 1805

6122 Familienstellen, Dienstleistungen und Abgaben der Untergehörigen 1805
Enthält u. a.: tabellarisches Verzeichnis der Stellen

6123 Zustand der Gefängnisse 1819

6124 Landhandwerker 1824-1839

Bürau

6125 Ab- und Zulegung von Ländereien sowie Reduzierung der Landmaße der Hufen 1805-1807

6126 Familienstellen, Dienstleistungen und Abgaben der Untergehörigen 1805
Enthält: tabellarisches Verzeichnis der Stellen

6127 Landhandwerker 1824-1839

Depenau

6182 Kontrakte mit den Heuersleuten 1800-1818

6183 Beschwerden des Hans Daniel Schlüter in Wankendorf und Jürgen Friedrich Laehndorf in Stolpe gegen die Gutsherrschaft 1802, 1825-1832

6184 Ausweisung einer Wohnung für Claus Horst in Stolpe 1805

6185 Fehlende Unterstützung der Familie des Insten Hans Dietrich Eggers 1814-1815

6186 Aufnahme der Meierhöfe Löhndorf und Nettelau in die adligen Güter 1814-1815, 1824

6187 Unterstützung der Ehefrauen von Landsoldaten 1814-1815

6188 Aufkündigung der Wohnungen von Insten 1817-1820

6189 Wohnung und Unterstützung der Witwe Behrens in Stolpe 1816-1817

6190 Abgaben des Insten Hinrich Löhndorf in Wankendorf 1817

6191 Gut Depenau: Beschwerden der Hufner Hinrich Duggen, Hinrich Sieck und Marx Friedrich Theden in Stolpe wegen Schuldforderungen 1817-1818

6192 Beitrag des Hofes Horst zu den Justitiariatsfuhren 1818

6193 Parzellierung der Dörfer Stolpe und Wankendorf 1820-1822

6194 Verkauf der Dörfer Stolpe und Wankendorf (1815-) 1822-1829 (1867)

6195 Rückständige Gebühren für die Hebamme Hollen (1818-) 1821-1829

6196 Einräumung einer Kate an Christian Linau in Stolpe 1822

6197 Ankauf der Stellen der Voll- und Halbhufner in Stolpe und Wankendorf 1822

6198 Konzession des Schlachters Christian Grape in Wankendorf 1823

Drage

6199 Widersprüche der Untergehörigen gegen Vermessung und Einkoppelung der Ländereien in Pöschendorf (1794) 1795-1797

6200 Beschwerden der Dorfschaften Drage und Looft gegen die Dorfschaft Hohenaspe wegen Umleitung von Wegen und Fußsteigen 1800-1801

6201 Erhebung von Wegezoll durch den Erbpächter Holtorff 1804

6202 Erhebung von Wegegeld durch Untergehörige in Kaisborstel 1806

6203 Pflicht der Kätner zu Fouragelieferungen sowie zu Fuhr- und Jagdtageleistungen 1806-1809

6204 Familienstellen, Dienstleistungen und Abgaben der Untergehörigen
Enthält u. a.: tabellarische Verzeichnisse der Stellen 1805-1806

6205 Auseinandersetzung mit den Gütern Krummendiek und Mehlbek wegen gemeinschaftlicher Grundstücke 1809

6206 Kur- und Begräbniskosten des Schmiedegesellen Sauer 1809

6207 Gefängnis 1811-1829

6208 Befreiung der Eingesessenen in Huje und Oldendorf von den Unterhaltskosten für Wahnsinnige 1812

6209 Beitrag des Peter Styrck in Ottenbüttel zu den außerordentlichen Pfluglasten 1812-1813

6210 Unterstützung des Marx Wolters in Hohenaspe 1815

6211 Unterstützungsgelder des Kätners und Landsoldaten Behrens in Huje 1815

6212 Beteiligung der Eingesessenen in Kaaksburg (Gut Mehlbek) an der Einquartierung 1815-1816

6213 Konzession des Musikanten Paul Jahn 1815-1816

6214 Aufnahme der Witwe Eli 1816

6215 Aufnahme des Christopher Eli aus Hohenaspe 1816

6216 Konzession des Grob- und Hufschmiedes Christian Timm Rabe in Huje 1817

6217 Aufnahme fremder Heuerlinge im Kirchspiel Hohenaspe 1817-1818

6218 Tausch eines Landstücks 1818

6219 Streitigkeiten der Untergehörigen mit der Hebamme Bolls in Hohonaspe (1791-) 1819

6220 Beitrag der Eingesessenen in Reher zu den Armenanlagen 1819-1820

6221 Musikkonzession des Balthasar Koll in Hohenwestedt 1819

6222 Hökereikonzession des Eggert Voss in Looft 1819

6223 Marschgelder der Landsoldaten 1819

6224 Zollfreiheit des Eigentümers der Stamm- und Hauptparzelle 1820-1838

6225 Konzession des Musikanten Johann Schütt in Huje 1820

6226 Hagelschaden 1821

6227 Heimatrecht und verweigerte Wohnung des Claus Rathjen in Reher 1821-1822

6228 Musikkonzession des Insten Hans Hansen in Reher 1821-1823

6229 Heimatrechte des Claus Rathjen in Poyenberg 1822

6230 Rückständige Brandbeiträge des Kammerjunkers von Revenfeldt 1823

231 Musikkonzession des Balthasar Koll in Hohenwestedt 1823

6232 Beitrag der Kleinkätner zu [illegible] den Kriminalkosten 1823

6233 Hökereikonzession der Witw[illegible] [illegible]anftenberg in Hohenaspe 1823-1824

6234 Ernennung des Gevollmächtigten [illegible]eiling zum Inspektor und des Amtmanns von Levetzow in Itzeho[illegible] [illegible]um Oberaufseher sowie Ausübung des Patronatsrecht 1824-1826

6235 Einquartierung in Pöschendorf, Hadenfel[illegible] [illegible]nd Kaisborstel 1828-1830

6236 Reinigung der Auen und Bäche 1829

6237 Ankauf eines Landstücks für die Schulkoppel in L[illegible]ft 1833

6238 Angebliches Krugprivileg des Hans Wischmann in H[illegible]enaspe 1833-1834

6239 Jurisdiktion über die Kate des Jochim Brügge in Huje u[illegible] das dortige Brückengeld 1834

Ehlerstorf

6240 Dienstkontrakte der Insten [illegible]3

6241 Familienstellen, Dienstleistungen und Abgaben der Untergehörigen
Enthält: tabellarisches Verzeichnis der Stellen 180[illegible]

6242 Abtrennung des Meierhofs Einhaus 1811, 1819-1821

6243 Landhandwerker 1824-1831

Emkendorf

6244 Familienstellen, Dienstleistungen und Abgaben der Untergehörigen
Enthält u. a.: tabellarisches Verzeichnis der Stellen 1805

6245 Einräumung einer Wohnung für den Heuerinsten Wenzel in Klein Vollstedt 1812

6246 Versicherung des Schulhauses in Groß Vollstedt in der Brandkasse 1823

Farve

6247 Güter Farve und Meischenstorf: Familienstellen, Dienstleistungen und Abgaben der Untergehörigen 1805
Enthält u. a.: tabellarische Verzeichnisse der Stellen

6248 Streitigkeiten des Gutsbesitzers mit dem Holzvogt Pabst 1807-1820

6249 Vertreibung der Insten Matthias Schleis, Matthias Hass und Christian Gradert aus dem Gut 1808-1809

6250 Streitigkeiten mit dem Gutsbesitzer von Gut Meischenstorf wegen Stellung von Stückpferden 1815

6251 Landhandwerker 1824-1835

6252 Gut Meischenstorf: Landhandwerker 1824-1835

Fresenburg

6253 Freierklärung des Leibeigenen und Musketiers Johann Hinrich Rohwedder nach dem Militärdienst 1790-1791

6254 Einrichtung von Seiten im Schuld- und Pfandprotokoll sowie Einrichtung von Schuld- und Pfandprotokollen für die Dörfer Seefeld und Poggensee 1806-1809, 1825-1847

6255 Familienstellen, Dienstleistungen und Abgaben der Untergehörigen
Enthält u. a.: tabellarisches Verzeichnis der Stellen 1805

6256 Unterstützung von Frauen der Landsoldaten 1814

6257 Schneiderkonzession des Johann Hinrich Heher in Poggensee 1817-1818

6258 Aufgebot zum Meierhof Schadehorn 1818-1819, 1827
Enthält u. a.: Abschrift des Besitzprotokolls über das Gut Fresenburg, 1827

6259 Schneiderkonzession des Landsoldaten Hermann Reher 1819

6260 Verkauf 1834

6261 Beinträchtigungen der Gerechtsame des Schmiedeamtes in Oldesloe durch die Schmiede in Fresenburg 1829-1834

6262 Verteilung der Armenlasten 1832-1833

6263 Bestätigung der Statuten der Totengilde 1834-1836

Freudenholm

6264 Befreiung vom Unterhalt der Landstraßen (1773-) 1782

6265 Einquartierung 1805-1806

6266 Konzession zur Trennung 1806

6267 Familienstellen, Dienstleistungen und Abgaben der Untergehörigen
Enthält u. a.: tabellarisches Verzeichnis der Stellen 1805

6268 Benutzung eines Kirchenfußsteigs durch das Gut Wahlstorf (1818) 1819

6269 Landhandwerker 1824-1829
Enthält: tabellarische Verzeichnisse

Futterkamp

2220 Abtretungsvertrag des Grafen von Platen über die Güter Futterkamp, Weißenhaus und Putlos 1790

6270 Baufälligkeit des Schulhauses in Sehlendorf 1805

6271 Familienstellen, Dienstleistungen und Abgaben der Untergehörigen
Enthält: tabellarisches Verzeichnis der Stellen 1805

6272 Von Engländern erbeutete Wassertonnen 1807

6273 Fund einer alten Kupfermünze 1819

Gaarz

6274 Familienstellen, Dienstleistungen und Abgaben der Untergehörigen
Enthält u. a.: tabellarisches Verzeichnis der Stellen 1805, 1821

6275 Anlage eines Wegebaumes in Quals 1808-1809

6276 Zollfreiheit des Meierhofs Christiansthal 1816

6277 Entzogenen Hufe des Hans Priess in Gaarz 1817

6278 Ausweisung einer Wohnung für den Insten Claus Puck in Gaarz 1817-1818

6279 Vergütung für Lieferungen an die Pächter der Meierhöfe und Hufen 1818-1821

6280 Altenteilsleistungen des Gutsbesitzers an die Hufenpächter Grage, Bargholz und Schroeder 1818-1820

6281 Wegeinstandsetzung des Pächters Bietz in Christiansthal und Antoinettenhof 1818-1819

6282 Fußsteig über ein Torfmoor 1819

6283 Beschwerde des Kätners Peter Gottfried Schröder in Lütjendorf wegen Armenversorgung 1820

6284 Beitrag des Pächters von Christiansthal zu den Polizeikosten 1820

6285 Landhandwerker 1824-1846

Glasau

6286 Grenzvergleich mit dem Amt Ahrensbök 1774

6287 Familienstellen, Dienstleistungen und Abgaben der Untergehörigen
Enthält u. a.: tabellarisches Verzeichnis der Stellen 1805

Großenbrode

1180 Heuer- und Kaufverträge 1638-1642
Enthält: Heuervertrag mit Hinrich Schlichting über Klaustorf und Großenbrode; Permutationsvertrag zwischen Graf Penz und Hans Rantzau auf Neuhaus; Kaufvertrag zwischen König Christian IV. von Dänemark und Graf Penz; Kaufvertrag über Lütjenburg, Wandsbek und Gut Neuendorf

1181 Einsendung eines Berichts über den Priester in Großenbrode 1648

1182 Übersendung der Permutationsakten über Lütjenburg und Großenbrode nach Kopenhagen 1668-1669

1183 Beschwerde der Landschaft Fehmarn über das Fähr- und Fuhrwesen in Großenbrode (1706) 1711

1184 Schutz der Seefischerei der Dorfschaft Großenbrode 1741

6288 Beschwerden über den Fährmann in Großenbrode 1770

6289 Bestätigung des Regulativs zur Predigerwahl in Großenbrode 1776

6290 Verbesserung der Fährbrücke am Fehmarnsund 1808

6291 Pacht der Fähre durch Peter Cords 1808-1812

6292 Auszahlung von Unterstützungsgeldern des Landsoldaten Marx Kruse in Großenbrode (1808) 1809

6293 Hökereikonzession des Hans Kühlsen in Großenbrode 1813

6294 Beschwerden des Hufners Wilhelm Maack in Großenbrode wegen Bonitierung der verteilten Ländereien 1813-1815

6295 Anlage einer Schmiede durch den Schmiedegesellen Boberts 1823-1826

6296 Hökereikonzession des Carl Daniel Bendix Reise in Großenbrode 1823

Güldenstein

6297 Familienstellen, Dienstleistungen und Abgaben der Untergehörigen
Enthält u. a.: tabellarisches Verzeichnis der Stellen 1815

6298 Zollfreiheit des Meierhofs Kaihof 1809

6299 Wohnung des Tagelöhners Franz Jochim Boller 1821

6300 Dienste der Insten in Harmsdorf 1827

Hagen

6301 Gut Dobersdorf: Familienstellen, Dienstleistungen und Abgaben der Untergehörigen 1805
Enthält: tabellarisches Verzeichnis der Stellen

6302 Gut Hagen: Familienstellen, Dienstleistungen und Abgaben der Untergehörigen 1805
Enthält u. a.: tabellarisches Verzeichnis der Stellen

6303 Anlage eines Begräbnisplatzes 1811

6304 Räumung der Stelle des Halbhufners Stuhr in Dobersdorf 1816-1817

6305 Verweigerte Gebühren der Hebamme Gangelhof 1816

Hanerau

1185 Zoll in Hanerau und Hohenhorn sowie Zollfreiheit der Landschaften Norderdithmarschen und Süderdithmarschen (1577-) 1632-1759

1186 Verbot der Kirchenvisitation im Amt Hanerau für den Propst von Rendsburg 1647

1187 Bericht des Amtmanns Krebs über die Lizentenversteigerung im Amt Hanerau 1652

2578 Streitigkeiten zwischen Geheimrat Rumohr und dem schwedischen Residenten Teixera wegen ausstehender Kaufgelder 1691

6306 Beitrag zu den Fuhren für das Lager der königlichen Truppen 1761

6307 Forderung hoher Zoll- und Wegegelder bei Hohenhörn, Keller und Luxbrücke 1782-1783, 1805-1807

6308 Anzeige des Amthauses in Rendsburg über die Ablieferung des Gutes an den Bevollmächtigten des Erbprinzen Friedrich 1783

6309 Stempelpapierfreiheit 1791

6310 Verfahren bei Kirchen- und Schulangelegenheiten 1795-1796

6311 Beteiligung der Eingesessenen in Bokelhop an der Schule in Oldenbüttel 1796-1813

6312 Ungleiche Landverteilung in Hademarschen 1798

6313 Stellung zum Landausschuss 1798-1799

6314 Schule 1801

6315 Passagegeld in Hanerau, Keller und Hohenhörn (1637) 1803, 1838-1842

6316 Anlage eines Kirchhofs 1804-1805

6317 Dienste bei Vermessung und Aufteilung von Gemeinheitsländereien in Oersdorf (1798-) 1804-1805

6318 Familienstellen, Dienstleistungen und Abgaben der Untergehörigen
Enthält u. a.: tabellarisches Verzeichnis der Stellen 1805

6319 Untersuchung wegen einer Fundsache bei Hohenhörn 1807

6320 Einzug der Katenstelle des Johann Ehlers in Bornholt 1808

6321 Verleitung der landmilitärpflichtigen Eingesessenen Claus Wischmann und Claus Musfeld zur Flucht durch Peter Stahl in Hademarschen 1810

6322 Verteilung der Quartiervergütung 1812

6323 Instruktion für den Vormund des gemütskranken Friedrich Michael Kalckberner in Thaden 1812

6324 Ablieferung der Gefälle an feindliche Behörden während der Besetzung 1815

6325 Vergütung für vom Feind requirierte Pferde 1815-1816

6326 Vergütung für durch die schwedisch-mecklenburgische Intendantur requirierte Fabrikwaren 1816

6327 Reparatur der Schleuse in Bokelhop (1791-) 1816-1818
Darin: gedrucktes Verkaufsaufgebot der Pachtstücke in Bokhorst (Gut Hanerau), Oldenbüttel, Bokelhop und Schleuse, 1791

6328 Polizeiaufseher 1816, 1829-1830

6329 Beitrag des Gutsbesitzers von aufgekauften Ländereien der kleinen Leute in Hademarschen zu den Schulbaukosten 1817-1822

6330 Widerspenstigkeit des Hinrich und des Johann Tetzner in Liesbüttel in Schulangelegenheiten 1819

6331 Feuersbrunst in Hademarschen 1820-1821

6332 Haft- und Verpflegungskosten für mehrere Arrestanten aus dem Gut Drage 1821-1822

6333 Wegeinstandsetzung durch die Eingesessenen in Oersdorf 1822, 1833

6334 Hökereikonzession des Hans Hadenfeldt in Bendorf 1823

6335 Bierbrauerei und Branntweinbrennerei des Hofbesitzers Ziegler in Steenfeld 1823-1824

6336 Einlieferung der Mannzahlregister zur Revision der Kopfsteuerrechnungen 1827

6337 Verbindung von zwei den Hammerichschen Erben in Altona gehörenden Landstellen in Steenfeld 1828

6338 Anschaffung einer Feuerspritze in Hademarschen 1834

Haselau und Haseldorf

1188 Beschlüsse zu den Gütern auf einem Treffen mit König Christian III. von Dänemark, den Herzögen Johann und Adolf von Gottorf, dem Grafen Otto von Schauenburg sowie den Brüdern Hans und Benedikt von Ahlefeldt in Uetersen 1548

1189 Grenzstreitigkeiten mit der Herrschaft Pinneberg und Wasserlösung durch die Reviere Bulle und Kuhle 1664-1668

1193 Überfall und Plünderungen durch schwedische Truppen 1676

1196 Reparatur der Brücken und des Stakettwerks 1684

1190 Streitigkeiten zwischen königlicher und gottorfischer Regierung wegen eines Prozesses über die Justizverwaltung auf den Gütern 1693

1199 Eindeichung der Insel Hetlingen und Folgen für die Hetlinger Schanze 1715

1194 Streitigkeiten zwischen Detlev von Ahlefeldt und Pastor Hartnack wegen der Tauf- und Totenregister 1717

1191 Kontribution der Untertanen 1724-1730

1197 Untersuchung der Ländereien der Eingesessenen in Haselau 1732

1200 Anordnung einer Kommission zur Untersuchung der Einnahmen 1732

1198 Streitigkeit zwischen der Dorfschaft Holm und Konferenzrat Desmercieres wegen eines Wegs 1736-1737

1195 Streitigkeiten zwischen Johann Erich von Schilden und Hausvogt Hartwig in Pinneberg wegen eines Anwachses 1744-1749

1192 Reparatur eines Deichs 1745

6339 Instandsetzung der durch die Sturmflut vom September 1751 entstandenen Schäden im Klevendeich 1751-1755

6340 Instandsetzung der durch die Sturmflut vom September 1751 entstandenen Schäden im Klevendeich 1755-1759

6341 Übertragung von Pflügen vom Gut Seestermühe 1753

6342 Veränderung im Prediger- und Küsterdienst 1757

6343 Zustand der Deiche 1764-1765

6344 Strandwachen am Elbufer 1801

6345 Verteilung der Armengelder 1804

6346 Versorgung und Transport des geisteskranken Johann Hinze 1806

6347 Ehehindernisse des Hinrich Schuldt 1806

6348 Familienstellen, Dienstleistungen und Abgaben der Untergehörigen
Enthält u. a.: tabellarisches Verzeichnis der Stellen 1805-1806

6349 Erteilung eines Erlaubnisscheines zum Wegzug des Insten Hans Plump 1806

6350 Messung und Stempelung des Schiffes des Conrad Schleuning 1809-1810

6351 Einsendung von Schiffsverzeichnissen 1811

6352 Wegzug des Hinrichs Harms in Hetlingen 1815

6353 Beschwerden des Otto Detlef Stamerjohann in Haseldorf wegen der neuen Brandgildeordnung 1818-1819

6354 Zollfreiheit der Insel Giesensand 1820

6355 Landhandwerker 1821-1832

Hasselburg

2222 Muthschein 1625

1201 Beschwerde der Stadt Neustadt wegen der Handwerker in Altenkrempe 1738

6356 Verlegung eines von Untergehörigen aus Schlamin benutzten Kirchenwegs (1800) 1801

6357 Gut Wahrendorf: Familienstellen, Dienstleistungen und Abgaben der Untergehörigen 1805
Enthält u. a.: tabellarisches Verzeichnis der Stellen

6358 Gut Haselburg: Familienstellen, Dienstleistungen und Abgaben der Untergehörigen 1805
Enthält u. a.: tabellarisches Verzeichnis der Stellen

6359 Gut Kniphagen: Familienstellen, Dienstleistungen und Abgaben der Untergehörigen 1805
Enthält u. a.: tabellarisches Verzeichnis der Stellen

6360 Beschwerden der Branntweinbrenner Appel und Jappe in Heiligenhafen gegen den Besitzer von Kniphagen wegen des Hausierhandels mit Brannntwein 1810-1813

6361 Branntweinbrennerei des Müllers Jürgens 1815-1816

6362 Vergütung von Kriegsschäden für Eingesessene in Sibstien und Krummbek 1815

6363 Hökereikonzession des Diederich Verlov in Hobstin 1816

2289 Ansprüche des kaiserlichen Kämmerers Graf von Dernath in Wien am Gut und den Meierhöfen Wahrendorf und Kniphagen (1729-) 1818-1819
Enthält u. a.: Testament des Grafen Gerhard von Dernath, 1729

6364 Gut Hasselburg: Landhandwerker 1824-1843

6365 Gut Wahrendorf: Landhandwerker 1824-1840

6366 Gut Kniphagen: Landhandwerker 1824-1839

6367 Rettungsprämie an Fritz Buck in Altenkrempe 1829

Heiligenstedten mit Kampen

1203 Predigten am Sonntagnachmittag und Mittwoch 1681

2579 Streitigkeiten zwischen Balthasar von Ahlefeldt und Pastor Brammer in mehreren Angelegenheiten, insbesondere der Kirchenlade und der Armengelder 1688-1690

1204 Streitigkeiten zwischen Diakon Brandt und Pastor Brammer in Heiligenstedten wegen nicht gezahlten Gehalts 1683-1686

1206 Kapital der Kirche in Heiligenstedten 1740

1205 Stube im Diakonat (1698) 1740-1742

6368 Jurisdiktion über das Schelensche Stipendium (1684-) 1752

6369 Zinsforderungen und Gehalt des Verwalters der Armengelder
Enthält auch: Armenhaus 1752-1770, 1821

6370 Beteiligung der im Gut Neuenkirchen eingepfarrten Untergehörigen an den Armengeldern 1753-1755

6371 Wiederbelegung eines Legats der Adelheid Benedicta von Rantzau zum Unterhalt des Begräbnisses in Heiligenstedten 1758-1779

6372 Bezahlung des Maurermeisters Deelwater in Itzehoe für die Reparatur des Begräbnisses in Heiligenstedten sowie Forderungen des Propstes Decker wegen Begräbnisgeldern 1759-1761

6373 Diakonatswahl 1788-1789

6374 Einquartierung 1806

6375 Güter Heiligenstedten, Bahrenfleth, Bekmünde, Bekhof und Kampen: Familienstellen, Dienstleistungen und Abgaben der Untergehörigen
Enthält u. a.: tabellarische Verzeichnisse der Stellen 1805

6376 Befreiung des Diakons Wichmann von der Einquartierung 1808

6377 Schadensersatz der Brandgilde für Franz Mecklenburg 1809

6378 Konzession des Schmieds Johann Pahl in Neuenkirchener Wisch 1812

6379 Landhandelkonzession des Schusters Timm Paasch in Deicherde 1812

6380 Verteilung der außerordentlichen Kosten aus der Kriegszeit 1817

6381 Neubenennung des Meierhofs Büttel als Julianka 1819

6382 Güter Heiligenstedten und Bahrenfleth: Beschäftigung von Gutshandwerkern durch die Untergehörigen für eigene Bedürfnisse 1822

Helmstorf

6385 Familienstellen, Dienstleistungen und Abgaben der Untergehörigen
Enthält: tabellarisches Verzeichnis der Stellen 1805

6386 Aubrücke bei Vogelsdorf 1816-1817

6387 Landhandwerker 1824-1831

Höltenklinken

6383 Familienstellen, Dienstleistungen und Abgaben der Untergehörigen
Enthält u. a.: tabellarisches Verzeichnis der Stellen 1805

6384 Verkauf des Gutes an Wilhelm Arnold Auff'm Ordt in Hamburg 1825-1827

Hoisbüttel

2580 Einrichtung einer Seite im Schuld- und Pfandprotokoll 1800

6388 Dienstpflicht der nach und aus Hamburger Territorium wechselnden Reserven 1802

6389 Familienstellen, Dienstleistungen und Abgaben der Untergehörigen
Enthält u. a.: tabellarisches Verzeichnis der Stellen 1805

6390 Anwesenheit einer instruierten Person bei der Landmilitärsession 1807

6391 Stellung eines Artilleriepferdes mit dem Gut Kaden 1815

6392 Landhandwerker 1821-1831

Jersbek und Stegen

1207 Verwahrung der Stadt Hamburg gegen Hans Adolph von Buchwald wegen der Schiffe auf der Alster 1676-1695

1208 Errichtung eines Wegegeldes und Schlagbaumes bei Stegen 1724

6393 Güter Jersbek und Borstel: Beschwerden über die Gutsbesitzer wegen des schlechten Wegs bei Sülfeld 1751

6394 Vermeintlich stahl- und eisenhaltiges Erz bei Bargstedt 1753

6395 Streitigkeiten mit der Dorfschaft Fischbek wegen des Befahrens eines Wegs über das Elmenhorster Feld 1775-1782

6396 Güter Jersbek und Stegen: Verteilung der gemeinschaftlichen Kontribution 1777

6397 Aufnahme eines Juden im Gut Mönkenbrook 1782-1783

6398 Zustand der Schule 1786-1788

6399 Heirat des Peter Schacht mit Dorothea Schacht 1790

6400 Ausstoßung des Pförtners Noppenau in Jersbek aus der Totengilde in Bargteheide 1792-1793

6401 Gut Mönkenbrook: Familienstellen, Dienstleistungen und Abgaben der Untergehörigen 1805
Enthält u. a.: tabellarisches Verzeichnis der Stellen

6402 Güter Jersbek und Stegen: Familienstellen, Dienstleistungen und Abgaben der Untergehörigen 1805
Enthält u. a.: tabellarisches Verzeichnis der Stellen

6403 Landmilitärpflicht der Hoffeldparzellisten 1809

6404 Zollfreiheit für den Erbpachthof Bornhorst 1809

6405 Auseinandersetzung mit dem Gut Wulksfelde wegen der Pflugzahl 1809, 1843

6406 Konzession des Grobschmiedgesellen Casper Drews im Elmenhorst 1810

6407 Bezahlung der Medizinalrechnungen wegen einer ansteckenden Krankheit in Bargfeld 1815

6408 Errichtung eines Schlagbaums in Elmenhorst 1817

6409 Fuhrleistungen der Hufner in Bargfeld, Nienwohld und Elmenhorst 1819

6410 Niederlegung der Hufe des Hans Friedrich Schacht in Bargfeld 1820-1821

6411 Mitteilung der Rechnungen über die Kommunalanlagen an die Bauervögte in Jersbek, Elmenhorst und Stegen 1823-1829

6412 Hökereikonzession des Gottlieb Friedrich Weidemann in Bargfeld 1823-1825

6413 Zollfreiheit der Erbpachtsparzelle Bornhorst 1823

6414 Tischlereikonzession des Claus Hinrich Krohn in Delingsdorf 1824

6415 Dienste der Untergehörigen bei Mühlenbauten 1825

6416 Zollfreiheit der Erbparzelle Schierenhorst 1829

Kaden

1163 Abzugsfreiheit der Untertanen 1708

6128 Entlassung der Hebamme Engel Kock in Ellerau 1777

6129 Vollzug eines Grenzvergleichs mit der Grafschaft Rantzau 1783-1874

6130 Abstellung eines Husarenkommandos 1783

6131 Vermehrte Hofdienste der Untergehörigen 1801 1802

6132 Befreiung von Handdiensten bei Abwesenheit des Sohnes oder Knechtes zum Militärdienst 1803

6133 Streitigkeiten zwischen Gutsherrschaft und Untergehörigen wegen der Dienste 1805-1830
Enthält u. a.: Regulativ über Geldabgaben sowie Hand- und Spanndienste, 1809

6134 Familienstellen, Dienstleistungen und Abgaben der Untergehörigen
Enthält u. a.: tabellarisches Verzeichnis der Stellen 1805

6135 Landstelle des jüdischen Einwohners Heimann Samuel Fett aus Hamburg 1808-1809

6136 Beitrag der Dörfer Alveslohe und Ellerau zu den Fouragelieferungen 1808-1809

6137 Fällen von Eichen für Gutsbauten 1809

6138 Pfändung von Kühen des jüdischen Eingesessenen Hertz in Alveslohe 1809-1816

6139 Verkauf des Eichenholzes auf den Bauernfeldern 1809

6140 Beschwerden des Peter Schleef in Alveslohe gegen den Gutsbesitzer wegen Verkaufsbedingungen 1810

6141 Einschreibung der Landstelle des Liebermann Schlesinger in Bahrenfeld 1813

6142 Grobschmiedekonzession des Marx Diederich Preuss in Alveslohe 1813-1814

6143 Rechnung des Distriktchirurgen Vendt und des Apothekers Rode im Barmstedt 1818

6144 Brandschäden 1820-1821

6145 Landhandwerker 1824-1832

6146 Befreiung der Witwe Brömmer in Alveslohe von Abgaben auf ihre Katenstelle 1825-1826

6147 Verpflegung der Armen 1826-1833

6148 Ungenauigkeiten bei der Lageführung 1829

Kletkamp

6417 Einrichtung eines zweiten Jahrmarkts in Kirchnüchel 1756

6418 Güter Kletkamp und Grünhaus: Familienstellen, Dienstleistungen und Abgaben der Untergehörigen 1805
Enthält u. a.: tabellarisches Verzeichnis der Stellen

6419 Aufenthalt des von Fehmarn entwichenen Diebs David Die, auch Jürgen Witt genannt 1809

6420 Abfindung des Jacob Friedrich Dittmann in Nessendorf 1810, 1827-1828

Kollmar, Groß und Klein

1164 Gut Kollmar: Abschriften von Dokumenten [1495-1627]
Enthält: Vergleiche über Abgaben und Dienste, 1495, 1553, 1557; Nachrichten aus den Kirchspielen Kollmar und Neuendorf über die Kriegsauswirkungen 1627 und 1628

1168 Verkauf eines zur Kirche in Kollmar gehörenden Hauses 1692

1169 Gut Kollmar: Hofdienste und Fuhren der Untertanen 1702-1707

1170 Klage von in Kollmar eingepfarrten Eingesessenen in Neuendorf und Seestermühe wegen der Leichenlaken 1725-1726

1171 Protest der gottorfischen Regierung über die Kommission zur Beilegung der Streitigkeiten zwischen Graf Reventlow und Eingepfarrten in Kollmar wegen verweigerten Kirchenausschlags 1729

1172 Beschwerde der Eingessessenen in Kollmar über die Ausübung der Abdeckerei durch den Scharfrichter in Elmshorn 1732

1173 Gut Klein Kollmar: Vollmachten und Zusammenkünfte der Gemeinde (1725-) 1732-1736

2576 Vergleich über Austausch der Kirchspielszugehörigkeit zwischen Mars Tiedemann in Groß Kollmar und Ties Tiedemann in Neuendorf 1735

1165 Gut Groß Kollmar: Konkurs des Grafen Reventlow sowie Kauf des Gutes und der Insel Hetlingen durch den dänischen König 1721-1739

1166 Gut Groß Kollmar: Bekanntmachung des Verkaufs des Gutes und der Insel Hetlingen an den dänischen König 1736-1737

1175 Gut Kollmar: Verbindung der Kirchen- und Armengeschworenenschaft 1737

2577 Gut Kollmar: erhöhter Botenlohn bei Übertragung der Abdeckerei an den Scharfrichter in Elmshorn 1738

1167 Gut Kollmar: Einbehaltung der Kontribution und Gutseinnahmen durch Inspektor Praetorius 1739-1742

1174 Gut Kollmar: Mühlenmatte 1735-1742

1176 Gut Kollmar: Gebührenforderung für Erstellung der Armenrechnung 1747-1748

6149 Gut Groß Kollmar: Ehedispens für Tim Magens 1759

6150 Annahme eines anderen Schulhalters in Moorhusen durch die Schulinteressenten 1760-1761

6151 Güter Groß und Klein Kollmar sowie Neuendorf: Schulwesen 1761-1771

6152 Gut Groß Kollmar: verweigerte Bezahlung des Kirchenausschlags 1761-1762

6153 Bau einer Sägemühle in Bielenberg 1769-1795

6154 Besetzung der Schulmeisterstelle in Bielenberg 1772

6155 Gut Groß Kollmar: Beitrag der nicht kontribuablen Kätner zu den Geldabgaben für den Landausschuss 1776

6156 Gut Klein Kollmar: Klausel in den Quittungsbüchern über Naturalabgaben 1777

6157 Gut Klein Kollmar: Erlaubnis für Johann Köster und Harm Tiedemann zur Annahme des Amtes eines Gutsgevollmächtigten und Ältermann der Brandgilde 1778-1779

6158 Gut Groß Kollmar: Kündigung eines Armenkapitals 1787-1789

6159 Unterhalt der Lucia Bover in Süderau 1790-1795

6160 Güter Groß und Klein Kollmar: verbotene Ausfuhr von Gerste durch den Kornhändler Piening 1795-1801

6161 Güter Groß und Klein Kollmar: Abzugsrecht 1795-1799

6162 Gut Groß Kollmar: Weigerung des Matthias Früchtenicht zum Beitrag zu den Landmilitärkosten 1802

6163 Güter Groß und Klein Kollmar: Familienstellen, Dienstleistungen und Abgaben der Untergehörigen 1805
Enthält u. a.: tabellarische Verzeichnisse der Stellen

6164 Verbesserung des Dienstes für den Organisten und Schulhalter Lienau 1806-1807

6165 Verbesserung der Diensteinkünfte des Schulhalters Roggenkamp 1806-1809

6166 Wohnung für den Kontrolleur in Bielenberg 1811

6167 Gut Klein Kollmar: Hökereikonzession des Schneiders Hermann Westermann 1811

6168 Güter Groß und Klein Kollmar sowie Neuendorf. Einquartierung 1811

6169 Güter Groß und Klein Kollmar: Aufenthalt fremder Tagelöhner 1812

6170 Gut Groß Kollmar: Aufenthalt der Familie des Drosten von Gruben aus Wischhafen 1813

6171 Gut Groß Kollmar: Auslieferung des ausgetretenen Landwehrpflichtigen Vieth aus Wischhafen 1815

6172 Konzession des Thies Meinert in Bielenberg für eine Likördestillerie 1826-1827

6173 Gut Klein Kollmar: Befreiung vom Schutz- und Verbittelsgeld für Landsoldaten 1826-1827

6174 Gut Klein Kollmar: Aufenthalt des Friedrich Kraatz 1829

6175 Gut Groß Kollmar: Regulativ für die Armensetzung 1830, 1837

Kronsburg

6176 Schulhaus in Bredenbek 1805

6177 Familienstellen, Dienstleistungen und Abgaben der Untergehörigen
Enthält u. a.: tabellarisches Verzeichnis der Stellen 1805

6178 Abtrennung des Meierhofs Bredenmoor 1806-1807, 1833-1834

6179 Verkaufte Krug- und Mühlenstelle in Bredenbek 1819

6180 Landhandwerker 1824-1837

6181 Regulierung der Armenwesens 1831-1832

Krummendiek mit Kampen

1178 Pastoratswahl und Revers des Kandidaten der Theologie Johann Jakob Westphal (1690-) 1704

1177 Streitigkeiten der Syndiki in Krummendiek mit Pastor Johannes Westphal in Krummendiek und dessen Erben wegen des Elbsteindeichs 1702

1179 Wachtdienste der Gutseingesessenen 1735-1737

6421 Beitrag der Eingesessenen in Kleve zum Landausschuss 1777-1779

6422 Vermessung und Taxierung der Ländereien sowie Festsetzung der Abgaben (1780) 1781-1782
Enthält u. a.: Verzeichnis über Landbesitz und Abgaben der Untergehörigen

6423 Abzugsrecht 1786-1791

6424 Abhandlung der Untergehörigen für den Landausschuss 1793

6425 Beschwerden des Müllers Hassselmann in Krummendiek gegen den dortigen Höker Frahm wegen Verstoßes gegen das Hökereireglement 1794

6426 Kriegsfuhren 1801

6427 Beitrag der Eingesessenen in Oldendorf zu einer Abgabe der Landdistrikte 1800-1802

6428 Verteilung der Fouragelieferungen und anderer Lasten 1806-1809

6429 Güter Krummendiek, Kampen und Rahde: Familienstellen, Dienstleistungen und Abgaben der Untergehörigen 1805
Enthält: tabellarisches Verzeichnis der Stellen

6430 Verkauf von Eichenholz 1808

6431 Streitigkeiten von Eingesessenen in Kleve mit der dortigen Witwe Sievers wegen Aufteilung der Dorfgemeinheit 1808-1809

6432 Lasten der Pastoratsländereien 1810

6433 Beschwerden des Johann Voss junior in Oldendorf wegen Unterstützungsgeldern 1812

6434 Gut Kampen: Pflugsetzung 1813-1814

6435 Zulage zur ordentlichen Kontribution der Untergehörigen 1813

6436 Bearbeitung der Ländereien durch Landsoldaten 1813

6437 Zollfreiheit des Erbpächters Dorn 1815

6438 Zusicherung der Diensteinkünfte der Hebamme Mohr 1815

6439 Beitrag der Untergehörigen zu den ritterschaftlichen Anlagen 1815-1816

6440 Handelskonzession des Jacob Rickers in Krummendiek 1818

6441 Schusterkonzession des Peter Dreyer in Kleve 1822

6442 Regulierung der Hebammendistrikte Krummendiek und Hohenaspe 1822-1831

6443 Konzession für den blinden Sohn der Witwe Horst in Beidenfleth zum Musizieren im Kirchspiel Beidenfleth 1823-1826

6444 Bau einer Kate in einer Sandkuhle durch den Insten Husfeldt in Oldendorf 1823-1824

Kühren

6445 Familienstellen, Dienstleistungen und Abgaben der Untergehörigen
Enthält u. a.: tabellarisches Verzeichnis der Stellen 1805-1806, 1839

Lammershagen

6446 Hökereikonzession des Krugwirts Hansohn in Selent 1812

6447 Landhandwerker (1823) 1824-1843

Lehmkuhlen

6448 Familienstellen, Dienstleistungen und Abgaben der Untergehörigen
Enthält u. a.: tabellarisches Verzeichnis der Stellen 1805

6449 Bestallung und Zulage des Schullehrers Baumann in Trent 1809-1810

6450 Vergütung für Korn- und Fouragelieferungen 1809-1810

6451 Ermäßigung der Pachtbedingungen für Insten (1795) 1822-1834

Löhrstorf

2224 Güter Löhrsdorf, Klaustorf und Großenbrode: Proklam und Amortisation der Hardenbergschen Güter bei Verkauf an die Ordensballei Sachsen 1789

6452 Unterstützung des taubstummen Hinrich Ehmcke in Neukirchen 1803

6453 Gut Johannisthal: Familienstellen, Dienstleistungen und Abgaben der Untergehörigen 1805
Enthält u. a.: tabellarisches Verzeichnis der Stellen

6454 Güter Löhrstorf, Klaustorf, Goddersdorf und Großenbrode: Familienstellen, Dienstleistungen und Abgaben der Untergehörigen 1805
Enthält u. a.: tabellarische Verzeichnisse der Stellen

6455 Zustand eines Wegs 1822-1823

6456 Privilegien der Kirchenhäuser und Pastoratsländereien in Neukirchen 1823-1825

6457 Beschwerden des Maureramtes in Oldenburg gegen den Maurergesellen Suck (Stuck) aus Altgalendorf wegen Arbeitens auf adligen Gütern 1826

6458 Branntweinbrennerei 1827-1831

Mannhagen

6459 Familienstellen, Dienstleistungen und Abgaben der Untergehörigen
Enthält u. a.: tabellarisches Verzeichnis der Stellen 1805-1806

6460 Landhandwerker 1824-1832

Marutendorf

2225 Güter Marutendorf und Blockshagen: Forderung der Frau des Geheimrats von Wedderkop 1710

6461 Güter Marutendorf und Hohenschule: Familienstellen, Dienstleistungen und Abgaben der Untergehörigen 1805
Enthält u. a.: tabellarisches Verzeichnis der Stellen

6462 Gut Blockshagen: Familienstellen, Dienstleistungen und Abgaben der Untergehörigen 1805
Enthält: tabellarisches Verzeichnis der Stellen

2473 Aufgebot über das Vermögen des Gutsbesitzers Otto Johann Daniel Wulff (1806-) 1812

6463 Diensteinkünfte des Schullehrers Barthels in Schönwohld 1810-1815

6464 Gut Blockshagen: Zollfreiheit 1818

6465 Unterstützung des Peter Friedrich Nagel in Achterwehr 1821

6466 Aufnahme und Verpflegung des Wilhelm Hinrich Bruhn in Schönwohld 1821

Mehlbek

1209 Einrichtung einer Kommission zur Bereinigung der Grenzstreitigkeiten 1728

1210 Verkauf von Wiesen an das Gut durch die Dorfschaft Agethorst (1577-) 1730-1731

1211 Stempelpapierfreiheit 1735

1212 Anteil an der Brücke über die Hujer Au 1745

6467 Bau einer Schulkate und Ausweisung der Ländereien in Mehlbek 1797-1802

6468 Holzverkauf 1798

6469 Familienstellen, Dienstleistungen und Abgaben der Untergehörigen
Enthält u. a.: tabellarisches Verzeichnis der Stellen 1805, 1820-1821

6470 Ausbesserung des Schulwegs in Hörsten 1807

6471 Beitrag der Dorfschaft Huje zu den Fuhrleistungen 1808-1817, 1837

6472 Reichsbankhaft für ein Kapital 1818

Muggesfelde

1213 Streitigkeiten mit der Dorfschaft Blunk wegen Viehweidens, Heidemähens und Torfstechens 1731-1737

1214 Verweigerte Brennholzlieferung des Rates Wilckens an den Pastor in Warder 1747

6473 Einzeichnung der Instenhäuser in die Brandkasse 1800

6474 Bau der Schulkate in Krems 1804-1806

6475 Schulgeld der Erbpächter Ausborn und Rottgaard an den Schulmeister in Nehms 1805

6476 Entzogene Diensteinkünfte des Schulmeisters Junge 1805

6477 Kostenrechnungen des Hinrich Meyer und Jürgen Kaack 1807

6478 Holzverkauf (1806-) 1808

6479 Freiheit der Besitzer des Meierhofs Grönwohld vom Militärdienst 1809

6480 Landumtausch beim Meierhof Grönwohld 1809-1810

6481 Wohnung des Schusters Bendt in Kühlkamp 1811

6482 Wohnung des Johann Hinrich Bornhöft in Blunk 1811

6483 Verweigerte Aufnahme des Böttchers Friedrich Petersen in Blunk in das Gut 1811

6484 Aufnahme des Heuerlings Hans Hinrich Riemann durch den Erbpächter Schmüser 1814
Darin: „Lübeckische Zeitung“ vom 5. April 1814

6485 Räumung der Wohnung des Insten Claus Ehlers 1814, 1820-1821

6486 Katenbau und Pfändung des Insten Hans Thomas Bohn 1819

6487 Vertragsverletzung gegen den Tagelöhner Druwe (1818) 1819

6488 Verweigerter Aufenthalt des Arbeitsmannes Johann Peter Dose im Gut 1820

6489 Konzession des Schuhmachers Johann Wegner in Grönwohld 1823

6490 Konzession des Tischlergesellen Friedrich Christian Nachtigall 1823

6491 Konzession des Schusters Meinsen 1823

6492 Zollfreiheit der zweiten Erbpachtstelle 1823

Nehmten

1215 Streitigkeiten zwischen Pastor Stilcke in Bosau und der Witwe Christina Amalia von Breigern wegen ausstehender Priestergefälle (1716-) 1744

6493 Familienstellen, Dienstleistungen und Abgaben der Untergehörigen
Enthält: tabellarisches Verzeichnis der Stellen 1805

6494 Landhandwerker 1824-1832

Neudorf

2397 Verkauf durch Geheimrat Friedrich von Reventlow an den Geheimrat Magnus von Wedderkop (1677-) 1714-1718

6495 Besetzung des Pastorats in Neukirchen (Amt Eutin) 1791-1793

6496 Losen und Laden der Schiffer bei Hohwacht sowie Miete der Packhäuser und Holzlager 1799-1805

6497 Forderungen der Prediger in Lütjenburg nach doppelten Gebühren für Kindstaufen, Verlobungen und Heiraten 1805-1806, 1815

6498 Familienstellen, Dienstleistungen und Abgaben der Untergehörigen
Enthält u. a.: tabellarisches Verzeichnis der Stellen 1805

6499 Veränderung in der Krugstelle in Hohwacht 1808

Neuendorf

1216 Almosenzahlungen an zur Kirche in Kollmar gehörende Arme 1744

2398 Einsetzung der Gräfin von Castel 1725-1726

1217 Beschwerde des Pächters des Brücken- und Wegegeldes in Elmshorn wegen der Fähre über die Seester Au 1750

6504 Kostenrechnungen zum Prozess der Kirchengemeinde in Neuendorf gegen die Kirchenjuraten wegen Diffamierungen (1750) 1757-1762

6505 Bau der Orgel und des Gewölbes in der Kirche in Neuendorf 1754-1761

6506 Eintreibung der Kirchenausschlagsgelder, Kirchenrenten und Ackerheuergelder von der Kirchengemeinde in Neuendorf 1758

2399 Aufgebot über Neuendorf und Hellhof 1763

6507 Unterhalt des armen Webergesellen Andreas Lienau oder Levenau 1765

2400 Streitigkeiten mit Moorhusen (Gut Neuendorf) wegen der Schauungsgerechtigkeit 1766-1767

2401 Aufgebot über Neuendorf und Hellhof 1771

2402 Beschwerden der Interessenten der Wasserscheide wegen der Bedeckung der Lander mit Fiel oder Sand 1771-1772

6508 Anlage eines Wegs zum Zollhaus an der Krückau in der Grafschaft Rantzau 1781-1782

6509 Streitigkeiten mit dem Mühlenpächter wegen des Malzmahlens zum Bierbrauen, Einkaufens fremden Bieres und Verbot der Annahme fremden Brotes 1782-1801

2403 Gerichtsgebühren für die vormundschaftlichen Rechnungen
Enthält u. a.: Rechnungen von Vormündern (1751-) 1788

6510 Güter Neuendorf und Klein Kollmar: Verfassung des Armenwesens und Befugnisse des Propstes in Armenangelegenheiten 1802-1803

6511 Familienstellen, Dienstleistungen und Abgaben der Untergehörigen
Enthält u. a.: tabellarisches Verzeichnis der Stellen 1805

6512 Überlassung von Pastoratsland an Johann Früchtenicht in Neuendorf 1807-1808

6513 Beitrag zu den außerordentlichen Magazinkornlieferungen 1810-1811

6514 Zweiprozentsteuer von Kirchen- und Armenkapitalien 1810

6515 Versetzung der Kate des Jürgen Hinrich Giesemann in Horst 1811-1814

2405 Veränderungen im Mitbesitz 1810

2406 Folium im Schuld- und Pfandprotokoll 1812-1816

6516 Quartier eines Offiziers von den annektierten Bataillonen 1815

6517 Verkauf der Außendeichskoppel des Fährmanns Claus Maas 1818

6518 Branntweinbrennerei 1819

6519 Anlage eines Fußsteiges 1834

Neuhaus

1218 Beschwerde der Schusterzunft in Lütjenburg über die Jahrmärkte in Giekau 1713

6500 Familienstellen, Dienstleistungen und Abgaben der Untergehörigen
Enthält u. a.: tabellarisches Verzeichnis der Stellen 1805

6501 Belassung des Schullehrers Schütt in Engelau im Schuldienst 1810

6502 Anstellung eines Polizeireiters 1817-1819

6503 Streitigkeiten mit dem Gut Futterkamp wegen Stellung und Unterhalt eines Reuterpferdes 1828

Neverstorf

6520 Familienstellen, Dienstleistungen und Abgaben der Untergehörigen 1805
Enthält u. a.: tabellarisches Verzeichnis der Stellen

Nienhof und Pohlsee

6521 Gut Deutsch-Nienhof: Wegeinstandsetzung 1783

6522 Gut Deutsch-Nienhof: Aufhebung der Leibeigenschaft und Fällung einer Hölzung 1797-1801

6523 Gut Pohlsee: Abschied des Marx Reimers in Entendorf 1806

6524 Gut Pohlsee: Familienstellen, Dienstleistungen und Abgaben der Untergehörigen 1805
Enthält: tabellarisches Verzeichnis der Stellen

6525 Gut Deutsch-Nienhof: Familienstellen, Dienstleistungen und Abgaben der Untergehörigen 1805
Enthält: tabellarisches Verzeichnis der Stellen

6526 Gut Pohlsee: Fuhrleistungen 1806-1808

6527 Gut Deutsch-Nienhof: Zollfreiheit 1825

Klein Nordsee und Neu Nordsee

2575 Gut Klein Nordsee: Legat für Schule und Arme 1800

6528 Gut Neu Nordsee: Familienstellen, Dienstleistungen und Abgaben der Untergehörigen 1805
Enthält: tabellarisches Verzeichnis der Stellen

6529 Gut Klein Nordsee: Familienstellen, Dienstleistungen und Abgaben der Untergehörigen 1805
Enthält u. a.: tabellarisches Verzeichnis der Stellen

6530 Gut Klein Nordsee: Räumung der Wohnung des Johann Westphal 1810

6531 Gut Klein Nordsee: Anweisung einer Wohnung für die Mutter des Hans Ehmck 1817

6532 Gut Klein Nordsee: Beschwerden des Kätners Ehmcke in Felde wegen einer Schuld 1819

6533 Gut Klein Nordsee: Aufnahme und Versorgung des Johann Wilhelm Kraencker in Felde 1820

6534 Gut Klein Nordsee: Landhandwerker 1824-1832

6535 Gut Neu Nordsee: Anweisung einer Wohnung an den Tagelöhner Hans Hamann 1824

6536 Gut Neu Nordsee: Landhandwerker 1824-1846

6537 Gut Neu Nordsee: Kauf durch Solm Jacob Herz in Mettenhof 1825-1826

Groß Nordsee mit Klein Königsförde

6538 Gut Groß Nordsee: entzogene Diensteinkünfte des Schullehrers Büntz in Krummwisch 1798

6539 Gut Groß Nordsee: Familienstellen, Dienstleistungen und Abgaben der Untergehörigen 1805
Enthält u. a.: tabellarisches Verzeichnis der Stellen

6540 Gut Klein Königsförde: Familienstellen, Dienstleistungen und Abgaben der Untergehörigen 1805
Enthält: Begleitschreiben

6541 Gut Groß Nordsee: Kaufkontrakt des Kammerherrn von Blome auf Hagen 1807

6542 Gut Groß Nordsee: Landhandwerker 1824-1834

6543 Gut Klein Königsförde: Landhandwerker 1824-1831

Nütschau

6544 Einlösung des Dorfes Sühlen 1743-1761

6545 Streitigkeiten mit dem Gut Tralau wegen Stauung der Trave durch Anlage einer Mühle 1781-1782

6546 Reskript zur Wegeinstandsetzung 1783

6547 Beschwerden des Erbpächters Hans Voss wegen Schmälerung der freien Weide und Heranziehung zum Landausschuss 1791

6548 Landausschussdienst des Erbpächters Peter Hinrich Johns 1791

6549 Stellung von Landausschussleuten 1793-1805

6550 Stellung von Landausschussleuten 1805-1811

6551 Einrichtung eines Schuld- und Pfandprotokolls 1796

6552 Eingriffe in die Rechte des Tischleramtes in Segeberg durch den Untergehörigen Studt in Klein Rönnau 1796-1797

6553 Familienstellen, Dienstleistungen und Abgaben der Untergehörigen
Enthält u. a.: tabellarisches Verzeichnis der Stellen 1805

6554 Beschwerden der Kätner Claus Hinrich Hartz und Claus Hinrich Ahrens wegen einer Wegführung 1807-1808
Darin: Karte des Sühlner und Mühlenmoors

6555 Aufenthalt des Johann Detlef Schöttler im Gut 1812

6556 Wohnung des Schusters Jochim Stehn in Vinzier 1815

6557 Verkauf an Graf Carl von Moltke 1827

Övelgönne mit Winterhagen

6572 Bau eines Schulhauses in Sierksdorf 1804

6573 Gut Winterhagen: Familienstellen, Dienstleistungen und Abgaben der Untergehörigen 1805
Enthält: tabellarisches Verzeichnis der Stellen

6574 Gut Övelgönne: Familienstellen, Dienstleistungen und Abgaben der Untergehörigen 1805
Enthält: tabellarisches Verzeichnis der Stellen

6575 Opfergeldforderung des Pastors in Süsel 1808-1809

6576 Schulgarten in Sierksdorf 1808

6577 Gut Winterhagen: Einzug von zwei Hufenstellen 1813-1815

6578 Verpflegungsrechnung wegen Sophia Augusta Marckmann in Strande 1814

6579 Gut Winterhagen: Verfahren gegen die Mutter des Johann Detlev Sick (1804-) 1814

6580 Wiederherstellung des Kirchen-, Fahr- und Fußwegs in Süsel 1814

6581 Gut Winterhagen: ausstehender Dienstlohn des Peter Friedrich Marckmann 1814-1815
Enthält u. a.: Pass Marckmanns

6582 Gut Winterhagen: vorenthaltene Unterstützung der Anna Sieck 1814-1815

6583 Unverhältnismäßige Versicherung unbeweglicher Güter in Sierksdorf 1818-1821
Enthält u. a.: Schätzungsverzeichnis

6584 Zollfreiheit für die vom Meierhof Altona abgelegte Stelle Neustawedder 1818-1819

6585 Unterstützung des Peter Schacht in Roge 1817-1819

6586 Anweisung einer Wohnung für Hinrich Ernst Lerch in Roge 1820

6587 Gut Winterhagen: Verkauf an Esay Souchay 1822-1823

6588 Gut Winterhagen: Landhandwerker 1824-1832

6589 Zoll- oder Baumgeldforderung des Krugbesitzers in Stawedder 1826

6590 Gut Winterhagen: Erteilung der Stimme auf dem Kirchenkonvent in Süsel 1832-1833

6591 Gut Winterhagen: Sammeln von Steinen am Ostseestrand 1833

Oppendorf

6558 Güter Oppendorf und Schönhorst: Familienstellen, Dienstleistungen und Abgaben der Untergehörigen 1805
Enthält: tabellarisches Verzeichnis der Stellen

6559 Gut Oppendorf: Benachteiligung der Familie des Carl Matthias Dohse 1806

6560 Beschwerden des Pächters Becker auf Schönhorst wegen Vergütung der Estafettenbeförderung 1809-1811

6561 Rückständige Schulgelder für Schullehrer Dohrn in Schönhorst 1810-1811

6562 Diensteinkünfte des Schullehrers in Flüggendorf 1811-1812

6563 Schulgelder des Schullehrers Dohrn in Schönhorst 1811

6564 Gut Oppendorf: Holzausfuhr 1815-1818

6565 Gebührenforderung der Hebamme Will in Schönkirchen 1820

6566 Güter Oppendorf und Schönhorst: Landhandwerker 1824-1834

Osterrade

6567 Gut Osterrade: Kontrakte mit den Hufen- und Instenpächtern 1808

6568 Güter Osterrade und Kluvensiek: Familienstellen, Dienstleistungen und Abgaben der Untergehörigen 1805
Enthält u. a.: tabellarisches Verzeichnis der Stellen

6569 Viehseuche in Georgenthal 1814

6570 Gut Steinwehr: Landhandwerker 1824-1832

6571 Beschwerde des Insten Kühl in Georgenthal wegen verweigerter Arbeit 1824

Panker

2227 Gut Panker: Muthschein der Töchter des Detlef Rantzau 1640

6592 Güter Panker, Schmoel, Hohenfelde und Klamp: Familienstellen, Dienstleistungen und Abgaben der Untergehörigen 1805
Enthält u. a.: tabellarische Verzeichnisse der Stellen

6593 Gut Panker: Einweihung der Kapelle 1816

6594 Gut Panker: Kosten- und Auslagerechnung des Magistrats in Lütjenburg 1820

6595 Gut Panker: Beschwerde des Christian Matthias Kay wegen verweigerter Arbeit 1824

Perdöl

6596 Gut Perdöl: Einquartierung 1806

6597 Güter Perdöl und Schönböken: Familienstellen, Dienstleistungen und Abgaben der Untergehörigen 1805
Enthält u. a.: tabellarisches Verzeichnisse der Stellen

6598 Gut Bockhorn: Familienstellen, Dienstleistungen und Abgaben der Untergehörigen 1805
Enthält u. a.: tabellarisches Verzeichnis der Stellen

6599 Gut Bockhorn: Aufenthalt und Wohnung des Tagelöhners Bobsien 1816

6600 Gut Perdöl: verweigerte Aufnahme des Hans Friedrich Wigers im Gut 1816-1817

6601 Gut Bockhorn: Beschwerde der Witwe Niemann wegen einer Gefängnisstrafe 1820

6602 Gut Perdöl: Beschwerden des Insten Jochim Stender wegen eingeklagter Miete und verweigerter Arbeit 1820-1821

6603 Erhebung des Meierhofs Diekhof zum adligen Gut (1821) 1822

Petersdorf

6604 Familienstellen, Dienstleistungen und Abgaben der Untergehörigen
Enthält u. a.: tabellarisches Verzeichnis der Stellen 1805

6605 Vertreibung von Insten in Petersdorf (1806) 1810-1811

6606 Räumung der Wohnungen der Insten Christian Hinrich Töpfer und Johann Hinrich Krohn 1814-1815

6607 Räumung der Wohnung der Witwe Jessen oder Ruhberg 1815

6608 Zollfreiheit des Meierhofs Christianenhain 1815

6609 Landhandwerker 1824-1832

6610 Anzeige des Pastors Petersen in Lensahn gegen den Gutsbesitzer wegen Gefährdung der öffentlichen Sicherheit sowie Befolgung seiner Pflichten gegenüber Armen und Schulen 1827-1828

Plessensche und Blomesche Wildnis

1220 Plessensche Wildnis: Erbzinsgerechtigkeitsverschreibung zwischen König Christian IV. von Dänemark und den Eingesessenen (1615) 1632

2412 Plessensche Wildnis: Verkauf an den Statthalter Friedrich von Ahlefeldt 1665-1667

2413 Mahlen des Korns in Borsfleth (1647-) 1722-1726

1221 Plessensche Wildnis: Unterhalt einer geisteskranken Frau durch Etatsrat von Johnn 1747

1222 Plessensche Wildnis: Beitrag der Eingesessenen zur Armenkasse 1748

6611 Plessensche Wildnis: Versetzung des Schulhauses 1757

2414 Plessensche Wildnis: Streitigkeiten zwischen den Gevollmächtigen und dem Besitzer in verschiedenen Angelegenheiten (1615-) 1758-1759
Darin: gedruckte Sammlung von Aktenstücken mit Auszügen aus den Amtsrechnungen des Amtes Steinburg seit 1615

2415 Schlicklandsheuer für Jasper von Leesens Hof 1764
Enthält u. a.: Quittungsbuch vom Schlickland des Jasper von Leesen, 1728-1763

6612 Plessensche Wildnis: Verhältnis gegenüber der Landesherrschaft sowie Ausschossgerechtigkeit 1789

6613 Blomesche Wildnis: Einquartierung und Verpflegung eines Jägerkommandos sowie Bau eines Wachthauses 1800-1808

6614 Fünfzigjähriger Hochzeitstag des Peter Boldt am Steindamm 1803

2416 Plessensche Wildnis: Mühlenzwangspflicht 1806-1816

6615 Blomesche Wildnis: Befreiung von der Einquartierungsabgabe 1806

6616 Blomesche Wildnis: Familienstellen, Dienstleistungen und Abgaben der Untergehörigen 1806
Enthält u. a.: tabellarisches Verzeichnis der Stellen

6617 Blomesche Wildnis: Benutzungssteuer 1807

6618 Blomesche Wildnis: Fuhrleistungen wegen der französischen Truppen 1808-1811

6619 Blomesche Wildnis: Aufnahmen auswärtiger Reserven in das Lageregister 1808

6620 Blomesche Wildnis: Beitrag zu den Kirchenanlagen in Glückstadt 1810-1811, 1821-1824

6621 Blomesche Wildnis: Verbesserung der Schulstellen 1809-1810

6622 Blomesche Wildnis: Bestimmung des Schuldistrikts 1812-1814

6623 Blomesche Wildnis: Einquartierung russischer Truppen 1814

6624 Entlassung des Schullehrers Schröder am Steindamm 1814

6625 Blomesche Wildnis: Vergütung für den Vogt Peter Mahn wegen seiner von der Garnison in Glückstadt abgenommenen Gegenstände 1816-1822

2417 Plessensche Wildnis: Vergehen des Bäckers Hinrich Mohr gegen den Mühlenzwang 1816-1818

2418 Plessensche Wildnis: Mühlenzwangsvergehen des Claus Lüdje 1816-1818

6626 Blomesche Wildnis: Anzeige der Polizei in Glückstadt über einen Verstoß gegen die Armenordnung 1819

6627 Blomesche Wildnis: Kaufkontrakt des Hans Eggers mit der Armenkasse 1826

6628 Blomesche Wildnis: Auszahlung rückständigen Gehalts an den Elementarschullehrer Michaelsen in Glückstadt 1827

Projensdorf

6641 Familienstellen, Dienstleistungen und Abgaben der Untergehörigen
Enthält u. a.: tabellarisches Verzeichnis der Stellen 1805

6642 Passage durch die Güter Knoop und Projensdorf während der Reparatur der Fähre in Holtenau 1822

6643 Landhandwerker 1824-1832

Pronstorf

6629 Familienstellen, Dienstleistungen und Abgaben der Untergehörigen 1805
Enthält u. a.: tabellarisches Verzeichnis der Stellen

6630 Zollfreiheit des Meierhofs Strukdorf 1815-1816

6631 Bankhaft 1819

6632 Beibehaltung der Wohnungen der Kleininsten 1823-1824

Putlos

6633 Gut Putlos: Fehlen eines Schulhauses 1762-1766

6634 Nichtbeachtung der Kontrakte der Insten in Krößß (1800-) 1805-1806

6635 Gut Schwelbek: Familienstellen, Dienstleistungen und Abgaben der Untergehörigen 1805
Enthält: tabellarisches Verzeichnis der Stellen

6636 Gut Putlos: Familienstellen, Dienstleistungen und Abgaben der Untergehörigen 1805
Enthält: tabellarisches Verzeichnis der Stellen

6637 Beschwerden des Hufenpächters Steffen in Göhl wegen verschiedener Forderungen 1812-1813

6638 Beschwerden der Insten in Krößß gegen den Müller Petersen wegen schlechten Mehls 1814-1816

6639 Gut Schwelbek: Verkleinerung der Hufenstellen 1817

6640 Gut Schwelbek: Landhandwerker 1824-1831

Quarnbek

6644 Familienstellen, Dienstleistungen und Abgaben der Untergehörigen 1805
Enthält u. a.: tabellarisches Verzeichnis der Stellen

6645 Beitrag zu den Schulhauskosten in Melsdorf 1812

6646 Unterstützung des Claus Wriedt in Melsdorf 1818

6647 Verweigerte Wohnung und Unterstützung der Witwe Schulz in Melsdorf 1821

6648 Verpachtung der Stellen und Einführung der Hofdienste 1827-1829
Darin: gedruckte Pachtkontrakte

Rade

1223 Anteil des Etatsrates Baron von Reichenbach auf Mehlbek an der Instandhaltung des Beckdeichs (1666-) 1709-1711

Rantzau

2229 Verkaufsplan des Grafen Wilhelm Adolf Rantzau 1722

6649 Änderung der öffentlichen Wege 1788

6650 Güter Rantzau und Lammershagen: Familienstellen, Dienstleistungen und Abgaben der Untergehörigen 1805
Enthält u. a.: tabellarische Verzeichnisse der Stellen
Darin: gedruckte Pachtkontrakte

6651 Räumung der Wohnung des Insten Hans Bock in Gowens
Darin: gedruckter Pachtkontrakt des Hans Bock, 1800 (1800) 1813-1816

6652 Dienstkontrakte der Landinsten 1817-1819

6653 Beschwerden der Insten Steenbeck und Bock in Gowens wegen Einsetzung eines Anwalts (1816) 1818

6654 Verweigerte Gebührenzahlung des Kriegsassessors Paysen in Dannau an die Gutshebamme Moldtmann 1824

Rastorf

6655 Gut Rastorf: Familienstellen, Dienstleistungen und Abgaben der Untergehörigen 1805
Enthält u. a.: tabellarisches Verzeichnis der Stellen

6656 Gut Bredeneek: Familienstellen, Dienstleistungen und Abgaben der Untergehörigen 1805
Enthält u. a.: tabellarisches Verzeichnis der Stellen

6657 Anstellung des Pächters Stuhr in Schädtbek als Befehlshaber beim Landausschuss 1813

6658 Zulegung von Bauernfelder in Rosenfeld zum Haupthof 1818

Rethwisch

6683 Gut Rethwisch: Bedrückungen der Eingesessenen durch ihre Gutsherrschaft 1795-1821

6684 Gut Rethwisch: Familienstellen, Dienstleistungen und Abgaben der Untergehörigen 1805
Enthält u. a.: tabellarisches Verzeichnis der Stellen

6685 Gut Sophienhof: Familienstellen, Dienstleistungen und Abgaben der Untergehörigen 1805
Enthält: tabellarisches Verzeichnis der Stellen

6686 Räumung der Wohnung des Johann Hinrich Wegener in Sophienhof 1808

6687 Vorenthaltene Futterlieferung für August Fey in Falkendorf (1798-) 1808-1809

6688 Gut Bredeneek: Zollfreiheit 1813

6689 Gut Sophienhof: Beschwerden des Eingesessenen Loskant wegen Räumung seiner Kate 1820

6690 Gut Sophienhof: Landhandwerker 1824-1846

6691 Arbeitszeit der Gutsinsten in Falkendorf 1834-1836

Rixdorf

6659 Familienstellen, Dienstleistungen und Abgaben der Untergehörigen
Enthält u. a.: tabellarisches Verzeichnis der Stellen, 1805 1805, 1839

6660 Einräumung einer Wohnung für Johann Christian Heuck in Kossau 1810

6661 Hökereikonzession des Johann Casper Haack in Lebrade 1812

Rohlstorf

6662 Rückständige Kirchenanlagen für die Kirche in Segeberg 1790

6663 Aufnahme des Schmieds Johann Jochim Gadow in Quaal durch die Schmiedezunft in Segeberg 1792

6664 Aushebung des Schulmeisters Johann Hamdorff in Quaal zum Landausschuss 1794

6665 Verlegung eines Wegs bei Hamdorf 1801-1802

6666 Errichtung eines Wegebaums in Quaal 1803-1806

6667 Abfindung des Predigers und Organisten in Warder sowie des Schulmeisters in Quaal bei Verteilung der Gemeinheitsländerein 1805

6668 Familienstellen, Dienstleistungen und Abgaben der Untergehörigen
Enthält u. a.: tabellarisches Verzeichnis der Stellen 1805

6669 Kündigung der Schmiede des Johann Jochim Gadow in Quaal 1807

6670 Befugnisse des Meierhofs Pettluis bei Angelegenheiten des Kirchenkonvents in Segeberg 1808

6671 Ausbruch der Kinderblattern auf dem Meierhof Pettluis 1810

6672 Gut Margarethenhof: Beschwerde des Tischleramtes in Segeberg wegen Tischlerarbeiten 1820

6673 Beschwerde des Insten Hinrich Hamdorff in Quaal wegen verlangter Arbeitstage 1821-1822

6674 Regulierung der Kontrakte der Insten 1823-1824

6675 Gut Margarethenhof: Landhandwerker 1824-1831

Rosenhof

6676 Eröffnung des Rosenhofer Bröcks und Beseitigung einer Sandbank 1797-1846

6677 Gut Augustenhof: Familienstellen, Dienstleistungen und Abgaben der Untergehörigen 1805
Enthält: tabellarisches Verzeichnis der Stellen

6678 Gut Rosenhof: Familienstellen, Dienstleistungen und Abgaben der Untergehörigen 1805
Enthält: tabellarisches Verzeichnis der Stellen

6679 Wohnung des Hans Jürgen Petersen in Siggeneben 1807-1808

6680 Wohnung und Forderung des Heuerlings Stahl 1815

2230 Gut Augustenhof: Verkauf durch Oberstleutnant von Moltke 1817-1821

6681 Gut Augustenhof: Landhandwerker 1824-1830

6682 Gut Rosenhof: Landhandwerker 1824-1831

Salzau

6692 Familienstellen, Dienstleistungen und Abgaben der Untergehörigen
Enthält u. a.: tabellarisches Verzeichnis der Stellen 1805

6693 Streitigkeiten mit dem Gut Neuhaus wegen eines Umleitungsgrabens bei der Wassermühle 1821-1829

6694 Landhandwerker (1823) 1824-1847

Sarlhusen

6695 Geldgeschenk für Schulbücher für arme Kinder 1800

6696 Familienstellen, Dienstleistungen und Abgaben der Untergehörigen
Enthält: tabellarisches Verzeichnis der Stellen 1805

6697 Erbpachtskontrakte des Papiermüllers Behrens (1750-) 1808-1809

6698 Pension für den Danebrogsmann Claus Jarsdorf 1823

6699 Landhandwerker 1824-1847

6700 Pflicht des Müllers Stemmann zu Kirchenfuhren 1827-1829

Satjewitz

6701 Familienstellen, Dienstleistungen und Abgaben der Untergehörigen
Enthält: tabellarisches Verzeichnis der Stellen 1805

2294 Wiedergründung als Stammmgut des Grafen von Hardenberg 1833

Schierensee

6702 Familienstellen, Dienstleistungen und Abgaben der Untergehörigen
Enthält u. a.: tabellarisches Verzeichnis der Stellen 1805

6703 Güter Schierensee, Annenhof und Blockshagen: Landhandwerker 1824-1832

Schmoel und Hohenfelde

6704 Entfernung der Witwe Kay in Schwartbuck von der Hufe
Enthält u. a.: Taxationsprotokoll (1817-) 1819

6705 Hökereigerechtigkeit beim Krug in Hohenfelde 1819-1820

6706 Unterstützung des Claus Ehlers in Schwartbuck 1824

6707 Verweigerte Arbeit für Eingesessene in Schwartbuck 1827

Schönweide

2233 Muthschein für Baron von Kurtzrock (1532-) 1736-1737

6708 Verlegung der Landstraße zwischen Lütjenburg und Plön 1788

6709 Beitrag der Erbpächter in Grebin zu den Armenkosten und der Weihnachtsakzidentien der Schullehrer 1802-1804

6710 Verheiratung von Untergehörigen durch den Prediger in Neukirchen 1804

6711 Räumung der Kate des Kätners Hans Friedrich Struck in Görnitz 1806

6712 Fouragelieferungen 1806-1808

6713 Einquartierungsvergütung 1806

6714 Familienstellen, Dienstleistungen und Abgaben der Untergehörigen
Enthält: tabellarisches Verzeichnis der Stellen 1805

6715 Beschwerden des Bauervogts Bünnig in Grebin wegen Wegeinstandsetzung (1801-) 1806

6716 Beitrag zum Krankenhaus auf Gut Wittenberg 1806

6717 Kirchenanlagen der Hufner in Grebin 1806-1831

6718 Vergütungen an die königliche Feldkasse für ausgebliebenen Fuhren sowie rückständige Fuhrvergütungsgelder 1807-1811

6719 Verkauf der Erbpachtstelle des Johann Valentin Wirth in Schönweide 1809-1810

6720 Rückständige Kirchenanlagen an die Kirchenkasse in Neukirchen 1810-1812

6721 Quartprozentsteuer 1810-1814

6722 Armenrecht des Johann Friedrich Siegfriedt in Schönweide (1810) 1811

6723 Einkunftsteuer 1811

6724 Dienstentlassung des Polizeireiters Laussen 1811-1812

6725 Arbeitsanforderungen der Pächterin des Meierhofs Breitenstein an die Insten 1813

6726 Streitigkeiten zwischen dem Krüger Lorentzen in Schönweide und dem Feldvogt Fey wegen der Krügerei 1813-1814

6727 Anweisung einer Wohnung für den Kuhhirten Bünnig in Grebin 1816

6728 Streitigkeiten mit dem Gut Ohrfeld wegen des entwichenen Reserven Wirth 1817

6729 Erweiterung der Wohnung des August Dehn in Görnitz 1819-1820

6730 Überlassung von Kohlhöfen und Feuerung an Insten 1820-1824

6731 Konzession des Rademachers Hinrich Christian August Diehn 1822

6732 Landhandwerker 1824-1850

Schrevenborn

6733 Sperrung eines Wegs nach Kiel 1771-1773

6734 Verfall der Schulhäuser in Altheikendorf und Neuheikendorf 1805

6735 Familienstellen, Dienstleistungen und Abgaben der Untergehörigen 1805
Enthält u. a.: tabellarisches Verzeichnis der Stellen

6736 Brandgelder der Erbpächter 1817

6737 Beitrag der Erbpächter und Kätner nach Tonnenzahl zu Kommunalauslage 1817

6738 Landhandwerker 1824-1847

Schulenburg

6739 Einführung eines Schuld- und Pfandprotokolls 1801-1804

6740 Erbpachtskontrakte 1805

6741 Güter Schulenburg und Blumendorf: Familienstellen, Dienstleistungen und Abgaben der Untergehörigen 1805
Enthält u. a.: tabellarische Verzeichnisse der Stellen

6742 Gut Krummbek: Familienstellen, Dienstleistungen und Abgaben der Untergehörigen 1805
Enthält u. a.: tabellarisches Verzeichnis der Stellen

6743 Unterstützung des Michel Schirr in Schmachthagen 1808-1810

6744 Gut Hohenholz: Zollfreiheit 1818

6745 Gut Hohenholz: Verkauf 1819-1820, 1830-1831

6746 Unterstützung des Christian Pöhlsen in Schmachthagen 1819

6747 Gut Schulenburg: Beschwerde des Magistrats in Oldesloe wegen des Aufenthaltes von Zimmerleuten 1821

6748 Gut Schulenburg: Konzession des Schusters Claus Friedrich Ran 1823

6749 Konzession des Schusters Hinrich Feddern in Schmachthagen 1823

6750 Gut Schulenburg: Landhandwerker (1823) 1824-1842

6751 Gut Hohenholz: Landhandwerker 1824-1832

6752 Güter Schulenburg und Krummbek: Landhandwerker 1824-1846

Seedorf mit Hornstorf

6753 Streitigkeiten mit dem Schusteramt in Segeberg 1765-1767, 1790

6754 Gut Hornsdorf: verweigerte Fouragelieferung an den Pächter 1806

6755 Güter Seedorf und Hornsdorf: Familienstellen, Dienstleistungen und Abgaben der Untergehörigen 1805
Enthält u. a.: tabellarisches Verzeichnis der Stellen

6756 Pachtvertrag des Schmieds Johann Hinrich Christian Dreyer in der Berliner Au (1805) 1807-1808

6757 Diensteinkünfte des Schullehrers Reher in Berlin 1807-1811

6758 Freie Wohnung des Heinrich Wulff in Schlamersdorf 1818

6759 Gut Seedorf: Anweisung einer Wohnung an Claus Hinrich Wulff 1821-1825

6760 Gut Seedorf: Heiratsverbot des Hans Hinrich Bumann 1822-1823

6761 Beschuldigungen des Pastors Krumbhaar in Schlamersdorf gegen Inspektor Vest wegen Betrügereien im Armenwesen (1816-) 1823

6762 Güter Seedorf und Hornsdorf: Landhandwerker 1824-1848

Seegalendorf

6774 Versteigerung des Gutes 1753

6775 Güter Seegalendorf und Bankendorf: Familienstellen, Dienstleistungen und Abgaben der Untergehörigen 1805
Enthält u. a.: tabelarisches Verzeichnis der Stellen

6776 Beeinträchtigung der Diensteinkünfte des Schullehrers in Jahnshof 1807-1808

6777 Unterstützung der Schullehrerwitwe Kock in Jahnshof 1823

6778 Güter Seegalendorf und Bankendorf: Landhandwerker 1824-1836

Seestermühe

2582 Bestätigung von Privilegien (1713-) 1774

6763 Handdienste der Kätner zur Reinigung des Kirchensteindamms in Seester 1760

6764 Störhaus an der Seester Au 1776

6765 Beitrag der Kätner zur Geldabgabe für den Landausschuss 1777

6766 Bergegeld für am Außendeich angetriebenes Floßholz 1778

6767 Familienstellen, Dienstleistungen und Abgaben der Untergehörigen
Enthält: tabellarisches Verzeichnis der Stellen 1805

6768 Verteilung der Einquartierungslasten 1811

6769 Kurkosten für venerische Kranke 1812-1813

6770 Aufenthalt für aus Stade geflüchtete Familien 1813

6771 Beitrag der Armendistrikte Pinneberg und Kloster Uetersen zum Armenunterhalt 1817-1836

6772 Landhandwerker 1824-1847

6773 Befreiung vom Schutz- und Verbittelsgeld für See-Enrollierte und Landsoldaten 1827-1829

Sierhagen

6779 Entschädigung der Insten in Stolpe und Verbesserung ihrer Einkünfte 1803-1809

6780 Beschwerden des Schmieds Grönwoldt in Kassau wegen Abfindung nach aufgehobener Leibeigenschaft 1805

6781 Wiedereinsetzung des Hans Hinrich Path in Plunkau in seine Stelle (1804) 1805-1807

6782 Einräumung einer Wohnung für Wulf Hinrich Witt in Plunkau 1806-1809

6783 Familienstellen, Dienstleistungen und Abgaben der Untergehörigen
Enthält u. a.: tabellarisches Verzeichnis der Stellen 1805

6784 Horndrechselhandwerk des Wulf Hinrich Lange in Stolpe 1809

6785 Pfändung des Claus Hinrich Path in Kassau 1821

6786 Güter Sierhagen und Mühlenkamp: Landhandwerker 1824-1839

Siggen und Godderstorf

6787 Güter Siggen und Godderstorf: Festsetzung der Pflugzahl 1784

6788 Niederlegung der Stellen der Kätner in Michaelsdorf 1801-1802

6789 Dienste der Insten in Farvemühl 1815

6790 Gut Siggen: Familienstellen, Dienstleistungen und Abgaben der Untergehörigen 1805
Enthält u. a.: tabellarisches Verzeichnis der Stellen

6791 Gut Süssau: Familienstellen, Dienstleistungen und Abgaben der Untergehörigen 1805
Enthält: tabellarisches Verzeichnis der Stellen

6792 Vorenthaltenes Deputat des Marcus Willer in Siggenerbusch 1817

6793 Wohnung des Dienstknechts Kuchel aus Farvemühl 1819

6794 Gut Siggen: Landhandwerker 1824-1834

6795 Gut Süssau: Landhandwerker 1824-1843

Silk

6796 Einquartierungsfreiheit 1788-1789

6797 Magazinlieferung 1811

6798 Ausbleiben des Beamten, des Lagemanns und der Reserven auf der Landmilitärsession 1818-1822, 1833

6799 Landhandwerker 1824-1832

Tangstedt

6800 Grenzregulierung mit Poppenbüttel 1804-1811

6801 Magazinlieferungen und Hoftage der Untergehörigen 1805-1813

6802 Viertelprozentsteuer 1807

6803 Unterstützung des Claus Offen 1807

6804 Dienstentlassung des Schullehrers Westphal in Duvenstedt 1808-1809

6805 Militärpflicht 1808-1809

6806 Landmilitärverfassung der Insten 1808-1809

6807 Wegeunterhalt in Wilstedt (1808) 1809

6808 Beitrag des Kätners Lohse in Tangstedt zu öffentlichen Abgaben und Lasten 1811

6809 Landhandwerker 1819-1847

6810 Abgabenforderungen an die Landsoldaten Ohge und Stelley 1825

Testorf

6811 Hofdienste der Hufenpächter 1805

6812 Familienstellen, Dienstleistungen und Abgaben der Untergehörigen
Enthält u. a.: tabellarisches Verzeichnis der Stellen 1805

6813 Landhandwerker 1824-1845

Tralau

1224 Salzsiederei 1707-1730

6814 Schmälerung der Diensteinkünfte des Schulhalters Penzlin
1793-1795

6815 Familienstellen, Dienstleistungen und Abgaben der Untergehörigen
Enthält: tabellarisches Verzeichnis der Stellen 1805

6816 Wohnung des Insten Claus Friedrich Ehlers 1806-1807

6817 Unterbringung des Tagelöhners Dancker 1819

6818 Verkauf des Gutes 1819-1821, 1833

6819 Landhandwerker 1824-1847

Travenort

6820 Versäumter Schulbesuch der Kinder 1801-1802

Wahlstorf

6821 Beschwerden des Schullehrers Lorentzen 1790

6822 Familienstellen, Dienstleistungen und Abgaben der Untergehörigen
Enthält u. a.: tabellarisches Verzeichnis der Stellen 1805

6823 Aufenthalt und Unterstützung der Familie des Christian Gerhard Schlüter in Bergrögen 1815, 1824

6824 Landhandwerker 1824-1832

Wandsbek

1233 Vorschlag des Inspektors von Schomberg zur Verlegung der Kirche in Wandsbek vom Konsistorium in Segeberg zum Konsistorium in Altona 1740

2583 Gut Wandsbek: spezielle Angelegenheiten 1637-1648
Enthält u. a.: Kaufbriefe; Holz; Dörfer Hinschenfelde und Todendorf

1226 Episkopalrecht über die Kirche in Wandsbek 1646-1647, 1672

1227 Kalklieferung an Pastor Holzmann in Wandsbek (1638) 1655

1234 Anlage von Jahrmärkten 1678

1228 Beschwerde der Kirchenvisitatoren im Amt Segeberg über Baron von Kielmannsegg wegen der Nichtannahme der Kirchenjuraten (1657) 1689-1690

1235 Abstellung der Eingriffe Hamburgs in die Rechte des Gutes 1694

1229 Eingriff des Barons von Kielmannsegg in das Episkopalrecht über die Kirche in Wandsbek 1695-1696

1230 Anzeige des Konsistoriums in Segeberg gegen Baron von Kielmannsegg wegen der Küsterwahl in Wandsbek und Eingriffs in das königliche Episkopalrecht 1695

1236 Druck einer Bibel und anderer Schriften ohne Zensur 1710

1237 Streitigkeiten zwischen der jüdischen Gemeinde in Altona und Joachim von Ahlefeldt wegen des betrügerischen Bankrotteurs Michel Bendix 1715

1231 Streitigkeiten zwischen Joachim von Ahlefeldt und Pastor Behrens in Wandsbek wegen Veröffentlichung eines Urteils (1712) 1716

1232 Patronatsrecht über die Kirche in Wandsbek 1728
Enthält u. a.: Zusammenstellung von Nachrichten über die Kirche

1225 Gemeinschaftliche oder einseitig königliche Jurisdiktion 1729

1238 Verbot und Wiedererscheinung der Wandsbeker Zeitung 1747-1758

1239 Auslieferung des Kaufmanns Johann Dietrich Bretting 1748-1749

6825 Verwaltung des Kielmannseggschen Armenhauses in Schleswig und Kündigung eines Kapitals des Armenhauses 1746-1754

6826 Vieh-, Pferde- und Krammarkt 1758-1767

6827 Unterlassene Taufe der Kinder des Mennonisten Hubert Janssen 1759-1760

6828 Ausweisung einer Katenstelle an Claus Soltau in Tonndorf und Protest des Amtes Trittau 1760

6829 Beitrag zu ritterschaftlicher Anlage 1760

6830 Reinigung des Mühlenstroms (1759) 1760

6831 Trauschein für den markgräflichen Bediensteten Reitzer 1761

6832 Mängel im Kirchen- und Schulwesen 1763

6833 Zehntleistung des Bäckers Bobsien in Oldesloe sowie Befugnis zur Zehnterhebung 1766-1768

6834 Druck eines katholischen Katechismus 1766

6835 Katholische Taufe des Kindes des Tuchmachers Franz Ritter 1778-1779

6836 Kostenverteilung für die Stellung von Landausschussleuten 1779

6837 Freie Religionsausübung, Kapellen und Kirchhöfe für Katholiken und Reformierte 1779-1780

6838 Milch für die jüdische Gemeinde 1780

6839 Befreiung des Eigentümers der Holz, Walk- und Graupenmühle vom Beitrag zum Landausschuss 1780-1781

6840 Beitrag von Untergehörigen zu Landausschussgeldern 1780-1781

6841 Weidebefugnis und Forderungen nach Feldern des Amtes Trittau 1783-1790

6842 Baumgeld neben der Wasserfurt 1784

6843 Kirchenbuße der Johanna Catharina Erich 1795

6844 Anforderung eines Husarenkommandos für die Jahrmärkte in Wandsbek und andere Gelegenheiten 1795-1796

6845 Streitigkeiten zwischen den Einwohnern in Wandsbek und den Pächter der Holländerei wegen des Milchverkaufs 1802

6846 Verweigertes Glockengeläut beim Tod des Erbprinzen 1805-1806

6847 Familienstellen, Dienstleistungen und Abgaben der Untergehörigen
Enthält: tabellarisches Verzeichnis der Stellen 1805

6848 Ankauf des Fabrikortes Wandsbek auf landesherrliche Rechnung, das Gutsinspektorat des Gerichtshalters Witt und Fleckensgerechtigkeit 1807-1842

6849 Befreiung des Inspektors Witt von der Hebung und Verhältnis der Beamten in Wandsbek untereinander 1807

6850 Puppenspiel des Gastwirts Voss in Wandsbek 1809

6851 Gebühr für die Hebamme Hartog 1809

6852 Befreiung der Gutskätner von der Fouragelieferung 1809

6853 Kosten wegen des verhafteten Deserteurs Wölcke 1810

6854 Beförderung von Zirkularverfügungen durch den Justitiar 1810

6855 Konzession des Glasergesellen Johann Friedrich Stapel 1810

6856 Anlage einer Zollstätte 1810

6857 Aufnahme des Schneiders Drilling 1810

6858 Wirtschafts- und Hökereikonzession des Johann Hinrich Stahmer 1810

6859 Beitrag zu den Kriminalkosten 1811, 1817

6860 Meisterrecht des Zimmergesellen Sothmann 1811-1813

6861 Aufenthalt und Milchverkauf des Heinrich Julius Wulff 1811

6862 Wirtschafts- und Hökereikonzession des Friedrich Kiel 1811

6863 Hausiererlaubnis für die Juden 1811

6864 Kruggerechtigkeit des Bauervogts Martens in Hinschenfelde 1811-1812

6865 Aufhebung der Verbindung der in Hamburg wohnenden Juden mit der jüdischen Gemeinde in Wandsbek 1811-1812, 1821

6866 Konzession des Schmieds Hein Hinrich Neubauer in Hinschenfelde 1811-1812

6867 Einquartierung des Hebungsbeamten Zweydorf 1812

6868 Hökereikonzession des Friedrich Witt bei Rahlstedt 1812

6869 Niederlassung des Sattlers Geertz 1813

6870 Vergütung des Kätners Köster in Lohe für verlorene Wagen und Pferde bei Kriegsfuhren 1813

6871 Vergütung des Bauervogts Martens in Hinschenfelde für verlorene Pferde bei Kriegsfuhren 1813

6872 Seite im landgerichtlichen Schuld- und Pfandprotokoll 1813

6873 Konzession des Schlossers und Kleinschmieds August Diederich Meincke in Wandsbek 1815-1816

6874 Hökerei und Mehlhandel des Hinrich Christian Kähler in Wandsbek 1815-1821

6875 Krugwirtschaft des Peter Behrmann in Wandsbek 1815

6876 Hökereikonzession des Meyer Heinrich in Wandsbek 1815

6877 Nachtwächterkosten von 1807 bis 1813 1815

6878 Bau eines neuen Gefängnisses 1816-1823

6879 Vergütung für die von französischen Truppen abgebrannte Scheune des Bauervogts Martens in Hinschenfelde 1816

6880 Präsentation und Wahl der Vorsteher des Fabrikortes Wandsbek 1817, 1834, 1848-1849

6881 Hökereikonzession des Jochim Christian Reetz in Lohe 1817-1818

6882 Aufnahme und Entlassung der Untergehörigen 1817

6883 Verwendung des Kapitals der aufgehobenen Brandgilden 1818-1823

6884 Baden an der Wassermühle 1818

6885 Sonntagsarbeit der Kattunfabrikanten 1818

6886 Hebammen 1819-1820

6887 Speisebuden fremder Gastwirte auf den Märkten in Wandsbek 1818-1819

6888 Beschwerden des Konditors Kaevus in Wandsbek gegen den Kriegsrat Ivens wegen konfiszierter Konditoreiwaren 1819

6889 Bepflanzung der Wege mit Bäumen 1820

6890 Zulage des Gerichtsbediensteten Heinrich Muck 1820

6891 Zahlungen der Alt-Reitbrooker an die Gutskasse 1821

6892 Anlage einer Eau de Cologne-Fabrik in Wandsbek 1821

6893 Konzession des Malers Friedrich Hinrich Voss in Wandsbek 1821

6894 Mehlhandel des Gastwirtes Ahlers in Wandsbek 1821

6895 Kosten der Entbindung einer unverheirateten Untergehörigen im Gut Tangstedt 1821

6896 Verbot der Passage von Frachtwagen auf dem Nebenweg am Schloss in Wandsbek 1822

6897 Beschwerde der Polizeibehörde in Hamburg über die Duldung von Vagabunden 1822

6898 Konzession des Maurers Johann Ferdinand Schebeska in Wandsbek 1823

6899 Konzession des Schlachtergesellen Johann Hinrich Gossenberger in Wandsbek 1823

6900 Konzession des Joachim Heinrich Lehmann in Wandsbek zur Weiß- und Kuchenbäckerei 1823

6901 Konzession des Riemergesellen Johann Friedrich Cornelius Peickner in Wandsbek 1823-1824

6902 Handelskonzession des Peter Christian Sager in Wandsbek 1823

6903 Beinträchtigungen des Maleramtes in Altona 1823

6904 Konzession des Malergesellen Carl Christian Martin Davids in Wandsbek 1823

6905 Hökereikonzession des Johann Peter Raabe in Wandsbek 1823

6906 Konzession des Tischlers Johann Jacob Christian Meins in Wandsbek 1823-1824

6907 Konzession des Schustergesellen Wilhelm Möller in Wandsbek 1823-1825

6908 Konzession des Schusters Jochim Hinrich Nebelmann in Wandsbek 1823-1824

6909 Konzession des Riemers Schlegel in Wandsbek 1824-1826

6910 Strafe für den unkonzessionierten Maler Kesselhut in Wandsbek 1824

6911 Brückenzoll des Müllers Fick in Wandsbek 1824-1825

6912 Anlage von Brücken sowie Erhebung von Wegegeld durch Johann Emanuel Wallhöfer und Johann Hinrich Petersen genannt Puvogel in Wandsbek 1825-1827

6913 Schenkung des Vermögens des verschollenen Johann Arnold Zeuner an die Armenkasse 1827-1831

6914 Grenzbestimmung zwischen gräflichem und königlichem Gutsanteil sowie zwischen königlichem Anteil und hamburgischem Gebiet (1797) 1827

6915 Tabakfabrik des Kaufmanns Johann Georg Langhoff aus Hamburg 1827

6916 Märkte in Wandsbek 1828-1848

6917 Armenwesen in Wandsbek 1827-1849

Darin: gedrucktes Regulativ zum Armenwesen im Flecken Wandsbek, 1840; Übersicht der neuen Wandsbeker Armenpflege von 1802 bis 1822

6918 Einrichtung einer Zwangsarbeitsanstalt in Wandsbek 1828-1829

6919 Polizeiaufsicht über die Baumpflanzung in Wandsbek 1829

6920 Plan zur Errichtung einer Branntweinbrennerei 1830-1831

6921 Schutztaler der Spritzenleute in Wandsbek 1831

6922 Bäckerzunft in Wandsbek (1833) 1834-1844

6923 Schlachterzunft und Tischlerzunft in Wandsbek 1834-1850

Warleberg (Schwartenbek)

6924 Gut Schwartenbek: Familienstellen, Dienstleistungen und Abgaben der Untergehörigen 1805-1806
Enthält: tabellarisches Verzeichnis der Stellen

Weißenhaus

6925 Familienstellen, Dienstleistungen und Abgaben der Untergehörigen
Enthält: tabellarisches Verzeichnis der Stellen 1805

6926 Landhandwerker 1824-1847

6927 Sandtransport vom Ostseestrand 1833-1836

Wellingsbüttel

1240 Exemtionen und Gerechtigkeiten sowie Salvagardien 1640-1700, 1762, 1802

6928 Unabhängigkeit von den dänischen Staaten (1696-) 1790-1805

6929 Unabhängigkeit von den dänischen Staaten 1805-1813
Darin: Exemplare des „Altonaischen Merkur", der „Schleswig-Holsteinischen Anzeigen" und der „Hamburgischen neuen Zeitung"

6930 Heirat des Müllers Schultz mit einer Katholikin 1798-1799

6931 Verbotener Umgang des Wilhelm Burgdorf in Wellingsbüttel mit Anna Elisabeth Sellschoppen 1796

6932 Grenzregulierung mit dem Amt Trittau (1806) 1810-1817
Enthält u. a.: Abschrift des Erdbuches des Gutes, 1806

6933 Unterstützung der Familien der Landsoldaten 1812

6934 Weiß- und Grobbäckerei des Hans Friedrich Jürs in Wellingsbüttel 1812

6935 Setzung von Neutralitätspfählen 1813

6936 Aussetzung des Christopher Friedrich Tielemann in Wellingsbüttel aus seinem Gasthaus 1815

6937 Nachlass des Herzogs Friedrich Carl Ludwig von Schleswig-Holstein-Sonderburg-Beck (1806-) 1816-1837
Enthält u. a.: Abschriften der Erdbücher des Dorfes und Gutes Wellingsbüttel, 1806, 1812

6938 Hökereikonzession des Jacob Hinrich Pein in Wellingsbüttel 1817-1818

6939 Landhandwerker 1824-1845

Wensin und Travenhorst

6940 Güter Wensin, Siershagen und Löhrstorf: Befreiung von der Naturalstellung der Miliz gegen eine Geldabgabe 1797

6941 Gut Müssen: Veränderungen bei den Hufen 1805

6942 Gut Wensin: Anweisung einer Wohnung für Jochim Christian Hutzfeldt in Garbek 1806

6943 Güter Wensin und Travenort: Familienstellen, Dienstleistungen und Abgaben der Untergehörigen 1805
Enthält u. a.: tabellarisches Verzeichnis der Stellen

6944 Gut Müssen: Familienstellen, Dienstleistungen und Abgaben der Untergehörigen 1805
Enthält u. a.: tabellarische Verzeichnisse der Stellen

6945 Mähen des Roggens und Hafers für den Pastor in Warder 1807

6946 Altenteil der ehemaligen Pächter Hildebrandt und Kneese in Garbek 1808-1809

6947 Landausweisung und Bezahlung des Tagelohns an die Insten Hinrich Stühm und Friedrich Scheel in Travenort 1823

6948 Güter Wensin und Travenort: Landhandwerker 1824-1831

6949 Gut Müssen: Landhandwerker 1824-1845

Westensee

2584 Verkauf an die Witwe von Rumohr auf Düttebüll 1720

6950 Viehschlachten der Untergehörigen Hinrich Muss (Mess) und Casper Rehbehn 1797

6951 Besuch der Jahrmärkte durch den Sattlermeister Hans Peter Lowgrün in Westensee 1797

6952 Familienstellen, Dienstleistungen und Abgaben der Untergehörigen
Enthält u. a.: tabellarisches Verzeichnis der Stellen 1805

6953 Landhandwerker 1824-1844

Wittenberg

6954 Heirat des Hinrich Pölmann mit Abel Margret Lillen 1777

6955 Familienstellen, Dienstleistungen und Abgaben der Untergehörigen
Enthält u. a.: tabellarisches Verzeichnis der Stellen 1805

6956 Räumung der Wohnung des Claus Detlef Schlünz in Passau 1816

6957 Landhandwerker (1823) 1824-1847

Wittmoldt

6958 Bestimmung der Dienstverhältnisse zwischen Gutsbesitzer und Gutsinsten 1805-1806, 1817, 1831-1837

6959 Familienstellen, Dienstleistungen und Abgaben der Untergehörigen
Enthält: tabellarisches Verzeichnis der Stellen 1805

6960 Entfernung des Johann Krabbenhöft aus dem Gut 1814

6961 Aufenthalt des Schusters Carl Friedrich Möller 1817-1819

6962 Landhandwerker 1820-1830

Wulksfelde

6963 Rückständige Schul- und Holzgelder für den Schulhalter Brüssing in Rade 1779
Enthält u. a.: Verzeichnis der säumigen Zahler mit Benennung der Kinder

6964 Rückkehr des leibeigenen Untergehörigen Paul Sahlmann und seiner Familie aus Schönningstedt (1779) 1780-1781

6965 Zollfreie Einfuhr der Baumaterialien für eine Kattunfabrik 1798-1801

6966 Frondienste der Insten und Arbeitsleute an einer Kattunfabrik 1799-1809

6967 Verweigerung von Leistungen an den Prediger und Organisten in Bergstedt durch den Gutsbesitzer 1801-1803

6968 Einführung eines neuen Schulreglements 1804

6969 Familienstellen, Dienstleistungen und Abgaben der Untergehörigen
Enthält u. a.: tabellarisches Verzeichnis der Stellen 1805, 1820

6970 Steuer von den Ziegelei- und Fabrikgebäuden 1807

6971 Einrichtung der Fabrikgebäude zu einem Lazarett 1813

6972 Zollfreie Versendung von Papier der Papiermühle in Gurbek 1816-1817

6973 Juden 1819-1820

6974 Verpachtung der Brauerei und Brennerei in Rethfurt an den Schlachter Adam Starck in Wulksfelde 1819

6975 Unterbringung der Friederica Rix in Wulksfelde 1820

6976 Zollfreie Holzeinfuhr für den Meierhof Rethfurt 1820

6977 Wohnung und Unterhalt des Johann Jürgen Papp in Wulksfelde 1821

6978 Verweigerte Wohnung des Friedrich Bedenknecht im Gut Tangstedt 1823

6979 Rettungsprämie des Bauervogts Hinrich Wilhelm Kruse in Rade 1824

6980 Landhandwerker 1824-1844

6981 Rettungsprämie für den Tagelöhner Erasmus Kronhelm und den Knecht Friedrich Brümmer 1826-1827

Adlige Kirchen

Adlige Kirchen allgemein

6982 Generalkirchenvisitation der gemeinschaftlichen Kichen 1638

1260 Weigerung des Adels zur Erstattung der Visitationsreisen und Zehrungskosten des Generalsuperintendenten 1647

1261 Generalvisitation des Generalsuperintendenten Klotz in den adligen Kirchen und Ämtern 1648

1262 Erstellung eines Verzeichnisses aller Kirchen unter gemeinschaftlicher Episkopalhoheit 1711

1263 Mängel im Kirchen- und Schulwesen bei den gemeinschaftlichen Kirchen 1725

6983 Generalkirchenvisitationsberichte zu den gemeinschaftlichen Kirchen von 1737 bis 1760 1737-1761 (1827)

6984 Generalkirchenvisitationsberichte zu den gemeinschaftlichen Kirchen von 1761 bis 1770 1762-1770

6985 Generalkirchenvisitationsberichte zu den gemeinschaftlichen Kirchen von 1770 bis 1778 1771-1780, 1830

6986 Generalkirchenvisitationsberichte zu den ehemaligen gemeinschaftlichen Kirchen von 1780 bis 1788 1780-1792
Enthält u. a.: Vermessungsregister des Dorfes Lensahn, 1779-1781
Enthält auch: Kirchenvisitation in Haselau und Haseldorf, 1779-1790

6987 Generalkirchenvisitationsberichte zu den ehemaligen gemeinschaftlichen Kirchen 1790, 1793 und 1795 1790-1797

6988 Generalkirchenvisitationsberichte zu den ehemaligen gemeinschaftlichen Kirchen 1795, besonders das Kircheninventar in Lensahn 1795-1842

6989 Unterbliebene Bekanntmachung der Schul- und Sabbatordnung in Neukirchen, Schönwalde und Selent, Einführung eines Katechismus in den gemeinschaftlichen Kirchen, Gewohnheit des sogenannten ehrlichen Beischlafs in Schönberg (Kloster Preetz) sowie Verwaltung der Kirchengüter 1754-1757

6990 Unordnungen im Ehe- und Kirchenwesen an den gemeinschaftlichen Kirchen 1764

6991 Abstellung der Mängel an gemeinschaftlichen Kirchen und Schulen 1765-1766

6992 Forderung der Prediger an gemeinschaftlichen Kirchen nach Taufscheinen bei der Konfirmation nicht im Kirchspiel geborener Kinder 1765

6993 Eintragungen und Quittierungen der Kirchenrechnungen der gemeinschaftlichen Kirchen in einem Buch 1769-1772

6994 Erlass von Verfügungen an die Patrone der gemeinschaftlichen Kirchen bei Rechnungsangelegenheiten 1771

6995 Eintragungen der Namen der Patrone und Prediger sowie der Jurisdiktion in den Visitationsberichten zu den ehemaligen gemeinschaftlichen Kirchen 1774

6996 Abhaltung der Kirchenvisitationen an den ehemaligen gemeinschaftlichen Kirchen und Dispens des Generalsuperintendenten Struensee von der Kirchenvisitation 1776

6997 Einführung eines Katechismus an den ehemaligen gemeinschaftlichen Kirchen 1776

6998 Vermerk der Stiftungsgründungen in den Visitationsberichten zu den ehemaligen gemeinschaftlichen Kirchen 1776

6999 Befreiung der Besitzer von Hoffeldern von den Gebühren der Generalkirchenvisitation 1777-1780

7000 Predigtverbot an den ehemaligen gemeinschaftlichen Kirchen für Studenten ohne Tentamen 1777-1778

7001 Dienstentlassungen der Prediger an den ehemaligen gemeinschaftlichen Kirchen 1779

7002 Beschwerde des Gutsbesitzers von Jersbek gegen den Pastor in Sülfeld wegen unrechtmäßiger Gebühren (1780-) 1784

Enthält u. a.: Verzeichnis der Gebühren von Untergehörigen für geistliche Handlungen

7003 Visitation adliger Kirchen durch den Konsistorialrat Lange 1788

7004 Mangelhafte Armenanstalten in den ehemaligen gemeinschaftlichen und adligen Distrikten 1794

7005 Verwaltung der Kirchengüter und Hinzuziehung der Prediger bei Rechnungsaufnahme der adligen Kirchen 1796

7006 Pflugzahl der lübschen Güter sowie der Güter Schwarzenbek und Tangstedt zu den Kirchenbeiträgen 1797

7007 Unterlassene Vorlage der Kirchenrechnungen bei der Visitation im Klosterdistrikt Preetz 1802

7008 Hinzuziehung der Prediger bei Aufnahme der Kirchenrechnungen im Klosterdistrikt Preetz 1802

7009 Predigerwahlen bei den adligen Kirchen 1804-1808

7010 Pflicht der Patrone adliger Kirchen zur Anzeige der Kandidaten für die Pastoratswahl an den Propst 1805

7011 Erlass der Zweiprozentsteuer von den Kapitalien der Predigerwitwenkasse in Preetz 1810

7012 Beschwerden des Diakons Peters in Koldenbüttel wegen des Missbrauchs des Präsentationsrechts durch Patrone adliger Kirchen 1812

7013 Generalkirchenvisitation adliger Kirchen 1810 1810-1811

Altenkrempe

1264 Anbau eines Begräbnisses 1690

1265 Klage des Pastors Weber gegen die Kinder seines Vorgängers Hildemann wegen Räumung des Pfarrhauses 1717

1266 Streitigkeiten des Pastors Weber mit dem Küster und Organisten Knölck wegen Eingriffen in Pastoratsrechte 1718-1720

1268 Streitigkeiten zwischen Graf von Dernath und Pastor Weber wegen Herausgabe des Kirchenbuchs 1743

1267 Einlieferung der Kirchenrechnung beim Kirchenpatron 1736

1269 Streitigkeiten zwischen Graf von Dernath und Pastor Weber wegen widerrechtlicher Eingriffe und unanständigen Betragens 1743

1270 Absetzung des Organisten und Schulmeisters Brauer (1704-) 1747

7014 Beschwerden der Patrone gegen Pastor Weber und neue Predigerwahl 1756-1757

7015 Beitrag des eingepfarrten lübschen Domkapitelsdorf Gömnitz zu den Anlagen 1760-1761

7016 Verwendung einer Geldsumme in der Kirchenkasse 1773

7017 Von Dernathsches und Rantzausches Legat sowie Vermächtnis des Schäfers Siegel 1777

7018 Gemütsschwäche und Tod des Pastors Mau sowie Anordung einer vorübergehenden Amtsführung 1779-1781

7019 Schule in Marxdorf 1800

7020 Adjunkt für Pastor Ottens 1804

7021 Predigerwitwenpension 1805

7022 Zulassung des Schullehrers Schröder in Klein Schlamin zu Schulstellen 1805

7023 Weigerung des Pastors Jungclaussen zum Ausstellen eines Proklamationsscheins 1806

7024 Weigerung des Pastors Jungclaussen zur Anzeige von Todesfällen 1807

7025 Fehlen der älteren Kirchenbücher im Pastoratsarchiv 1811

7026 Zustand der Schulgebäude in Rettin und Schashagen 1811

7027 Führung der Pastoratsgeschäfte bei Vakanz durch einen ordinierten Kandidaten der Theologie 1831

7028 Dienstabgaben an die Predigerwitwen 1831-1832

7029 Einrichtung eines neuen Kirchhofs 1833-1841

7030 Bauten 1833

Barkau

1271 Jurisdiktionsanspruch Gottorfs (1449) 1692-1694

1272 Einsetzung des Organisten, Küsters und Schulmeisters Daniel Voss 1717

1273 Beisetzung der Mutter des Besitzers des Hofes Boksee Schnepel in einem Begräbnis 1748

7031 Forderung des Pastors Hasse nach Mitteilung der Lateinischen Ovendorfer Schenkungsakte und des Pachtvertrages mit dem Pächter von Hof Ovendorf aus dem Archiv des Klosters Preetz
Enthält u. a.: Nachlass von Prozesskosten, 1767-1769 1754-1769

7032 Kirchenrechnungen und Schule in Hohendamm im Gut Borstel 1757-1758

7033 Holzfällen in Ovendorf 1767-1773, 1820-1821

7034 Holzentnahme zur Reparatur des Kirchturms aus der Hölzung in Ovendorf 1767-1769

7035 Erstattung von in der Viehseuche gestorbenen eisernen Kühen 1768-1769

7036 Wegeinstandsetzungskosten in Ovendorf 1768-1769

7037 Exkommunikation des Bauervogts Hinrich Hingst in Großbarkau 1768

7038 Deputatholz 1769

7039 Erstattung von Prozesskosten für Pastor Hasse (1755-) 1773-1776

7040 Verächter der Gnadenmittel David Hingst und seine Schwester in Warnau 1769-1773

7041 Bestätigung des Patronatsrechts über das Gehöft Ovendorf 1770

7042 Heirat des Claus Hinrich Rohlf mit Margaretha Dorothea Willrodts in Großbarkau 1777

7043 Einkünfte der Schullehrer in Honigsee und Kleinbarkau 1777-1778

7044 Ernennung der Pastoren Hasse in Barkau, Dreyer in Bordesholm und Krück in Preetz zu Konsistorialassessoren 1777

7045 Aufnahme der Kirchenrechnungen alle zwei Jahre 1779

7046 Entlassung des Pastors Haase 1784

7047 Pension der Predigerwitwen 1786-1792

7048 Verpachtung des Hofes Ovendorf (1766-) 1802-1827

7049 Verhalten des Pastors Schütze gegen den Landsassen von Rumohr auf Bothkamp 1809

7050 Wiederbesetzung des Pastorats 1821

7051 Direktorium des Kirchenpatronats 1821

7052 Entnahme von Geldern aus der Kirchenkasse durch Pastor Schütze 1822

Blekendorf

1274 Kirchenabgaben des Gutes Futterkamp (1614-) 1650

1276 Streitigkeiten des Pastors und Interessenten der Kirche mit Asmus Rathlou auf Höltenklinken wegen eines Kirchenkapitals 1664

1275 Gnadenjahr der Witwe des Pastors Mechler 1653

7053 Baufälligkeit des Kirchturms 1768

7054 Versäumte Ablage der Kirchenrechnung 1777-1779

1277 Streitigkeiten des Patrons von Buchwald auf Futterkamp mit der Dorfschaft Kaköhl und Pastor Jensen wegen Umzäunung des Pastorats 1724

7055 Pension für die Pastorenwitwe Heimann 1782-1789, 1823

7056 Einlieferung der Kirchenbücher in Blekendorf, Hansühn und Hohenstein an die Prediger sowie unterbliebene Bekanntmachungen der Verordnungen 1794-1796

7057 Veränderungen bei den Pastoratsländereien 1795

Bovenau

1278 Pastoratswahl 1695-1696

1279 Beschwerde der Patrone über den Generalsuperintendenten wegen der Pastoratswahl 1711

1280 Eingepfarrte Hufen im Gut Bossee 1720

7058 Pastoratsgebühren von einer niedergelegten Hufe in Bredenbek 1775-1776

7059 Angebliche Armenstiftung des Gutsbesitzers Graf von Güldenstein auf Kronsburg 1777

7060 Holzdeputat des Gutes Groß Nordsee 1799-1802

7061 Torflieferung an Pastor Scholz und Abschaffung des Opfers in der Kirche 1805-1806, 1838-1850

7062 Dienstentlassung des Pastors Scholz 1809-1831

7063 Einziehung der Grabstättengebühren 1810

7064 Zugehörigkeit zum Konsistorium in Rendsburg und Predigerwahl 1812

Elmschenhagen

7065 Nichtversiegelung des Nachlasses des Pastors Bartram Friedrich Thiessen 1776, 1801-1804

7066 Einkoppelung der Pastoratsländereien 1784-1786

7067 Rücktritt des Pastors Thiessen und seine Unterstützung 1794-1795
Enthält u. a.: Verzeichnis der Pastoratseinkünfte

7068 Unordnungen im Kirchen- und Schulwesen in Elmschenhagen und Schönberg 1794-1795

7069 Weigerung der Dorfschaft Wellingdorf zum Beitrag für Baukosten der Kirche und Kirchengebäude (1772-) 1797-1803

7070 Trauung des Dr. Johann Christian Eduard Fabricius mit Catharina Dorothea Rathlew in Kiel 1802-1803

7071 Anteil der Dorfschaft Wellingdorf an den Predigergebäuden im Brandversicherungsregister des Amtes Kiel 1826

7072 Abgabe der Predigerstelle an die Predigerwitwe 1828-1829

Flemhude

1281 Ausstehende Priestergefälle für Pastor Hohenholz 1692

1282 Ausstehende Salariengelder für den Organisten und Küster Dahren 1692

1283 Betragen und Amtsführung des Pastors Laurentius 1693

1284 Einsetzung des Sohnes des Pastors Lorentzen als Adjunkt (1730-) 1733

7073 Kirchenzugehörigkeit des Hofes Schwarzenbek (1769-) 1772-1782

7074 Pfluganlage 1781-1782

7075 Aufnahme der Kirchenrechnungen 1792

7076 Fehlen einer Kirchspielsschule 1794

7077 Holzlieferung an den Organisten 1796

7078 Erklärung des Pastors Möller zum Emeritus 1799

7079 Reparatur des Küsterhauses 1803-1804

7080 Pension der Predigerwitwe von den Pastoratseinkünften 1808-1809

Giekau

1285 Suspendierung des Pastors Linekogel 1701

1286 Streitigkeiten zwischen den Pastoren in Giekau und Selent wegen Amtsverrichtungen auf einer Glashütte in Selent 1716-1719

1287 Aufstellung von Predigern zur Pastoratswahl ohne Wahl oder Probepredigt 1729

1288 Unzuchtsvergehen 1748

7081 Verbesserung der Einkünfte des Schullehrers Hans Lange in Satjendorf 1763

7082 Amtsniederlegung des Pastors Carl Friedrich Loppnau 1792

7083 Entzogener Unterhalt des ehemaligen Schulhalters Müller in Gadendorf 1795-1796

7084 Dienste zur Reparatur des Kirchturms 1803, 1811

7085 Umtausch der Organistenkoppel 1809

7086 Korn- und Fouragelieferungen des Pastors Sieverts 1809

7087 Befreiung des Pastors von den außerordentlichen Lasten und Abgaben für die Dienstländereien 1811, 1817

Hansühn

7088 Bestätigung des Pachtvertrages des Pastors Thamm 1764

7089 Entzug des Deputatholzes vom Gut Testorf 1765-1767

7090 Tod und Nachlass des Pastors Thamm 1777-1779

7091 Bau der Pastoratsscheune 1785

Haselau

1289 Einseitige königliche Kirchenvisitation 1694

1290 Verlegung in Haseldorf eingepfarrter Untertanen nach Haselau 1731-1735

7092 Störung des Gottesdienstes durch Hinrich Witt und Joachim Bohn 1763

7093 Predigerwitwenpension aus den Predigereinkünften 1797-1799

7094 Anzeigen der Prediger bei Sterbefällen 1798

Haseldorf

1291 Streitigkeiten zwischen Schulmeister Kistner in Scholenfleth und Pastor Hartnack 1728-1744

1292 Anschlag gottorfischer Plakate an der Kirchentür durch Inspektor Hartnack 1730

1293 Konzession des Pastors Stresau zum Druck seiner Katecheten-Jahrgänge und Bußpsalme 1748

7095 Aufschub der Wiederbesetzung der Predigerstelle 1796

7096 Predigerwitwenpension aus den Predigereinkünften 1802

7097 Wohnung für die Predigerwitwen 1807

Hohenstein

1294 Haustrauung des Pastors Johann Daniel Liebhold 1745

1295 Absetzung des Schulmeisters in Gramdorf und Nichtveröffentlichung der Schul- und Sabbatverordnung (1746) 1748-1749

7098 Tod des Pastors Johann Daniel Liebhold 1777

7099 Kirchenrechnungen 1831-1833

7100 Sicherung eines Legats im Gut Löhrstorf zur Unterhaltung des Begräbnisses 1828-1833

Lebrade

1296 Reparatur 1698

1297 Streitigkeiten des Pastors Stempel mit Graf Reventlow auf Lehmkuhlen wegen Legatengeldern und mit Diakon Völker wegen Eingriffen in Amtsverrichtungen und Einkünfte 1715

7101 Verkauf eines verfallenen Begräbnisses 1781-1782

7102 Heirat einer in Stralsund aus der Leibeigenschaft entwichenen Frau 1782

7103 Umwandlung der Weidegerechtigkeit im Gut Rixdorf und Naturallieferungen des Pastors Jensen 1789

7104 Bestallung des Carl Friedrich Reiche zum Küster, Organisten und Schullehrer 1799

7105 Naturalisationspatent des Küsters Reiche 1805

Lensahn

1298 Kirchenanlage der in Petersdorf und Manhagen Eingepfarrten zum Bau des Pastorats und Kirchenreparatur (1654) 1656

7106 Lebenswandel des Pastors Hartmann und seine unerlaubten Verheiratungen 1763-1764

7107 Aufteilung eines zwischen dem Organisten in Lensahn und dem Schullehrer in Schwienkuhlen umstrittenen Landstücks 1768

7108 Streitigkeiten zwischen Pastor Falckenhagen und der Pastorenwitwe Hartmann wegen Einkünften 1769

7109 Aufnahme der Kirchenrechnungen 1794-1800

7110 Beschaffenheit der Bänke für die Leibeigenen der Fideikommissgüter 1796

7111 Abhandlung der Weide- und Mastgerechtigkeit des Predigers, der Predigerwitwe und des Organisten 1797

7112 Verhalten und Amtsführung des Organisten Stein 1805-1806

7113 Holzdeputat des Predigers 1808-1809

7114 Kirche in Lensahn: Arrogation des Waisenkindes Christiana Vogelsang durch den Schullehrer Susemihl in Beschendorf 1809-1810

7115 Grenzstreitigkeit und Austausch von Pfarrländereien mit dem Gut Lensahn 1823-1824

7116 Beschwerden des Pastors Petersen gegen die Besitzerin des Gutes Petersdorf wegen Unterlassung von Kirchenfuhren und Abschließung von Kirchenstühlen 1828

Neukirchen

1299 Ordination des Predigers durch den königlichen Generalsuperintendenten sowie Ordination des Predigers in Satrup durch den gottorfischen Generalsuperintendenten 1711

7117 Annahme eines Leibeigenen als Schullehrer 1752

7118 Unterlassene Bekanntmachung der gemeinschaftlichen Schul- und Sabbatverordnungen in Neukirchen, Schönwalde und Selent 1753

7119 Lebenswandel des Pastors Schmidt sowie Forderungen des Kandidaten Becker für die Predigten während der Suspendierung des Pastors 1767-1774

7120 Reparatur des Kirchenturms 1770-1771

7121 Bestätigung des Pachtvertrages über Pastoratsländereien und das Pastorat 1771-1779

7122 Vergütung für den pensionierten Pastor Schmidt während der Vakanz des Pastorats 1781

7123 Hinzuziehung der Prediger bei der Aufnahme der Kirchenrechnungen 1794

7124 Verbesserung des Organistendienstes und Verlegung des Organistenhauses 1801-1803

7125 Verpachtung der Pastoratsländereien 1801

7126 Mitteilung der Kirchen- und Schulverordnungen an Pastor Ross 1802

7127 Verkauf eines Kornspeichers 1803

7128 Unbrauchbare Kirchenglocke 1803

7129 Reparatur der Orgel und des Fußbodens 1805-1806, 1818-1819

7130 Bau eines Schulhauses in Heringsdorf 1808-1815

7131 Schulpflicht der Kinder auf und bei dem Hof in Satjewitz 1811

Nüchel

1300 Verfall der Kirche und der Gebäude der Kirchenbediensteten (1664-) 1737, 1742

Enthält auch: Schenkung der Margaretha Brockdorff an die Kirche und Armen; Zustand und Reparaturen der Kirchen in Sarau und Woldenhorn; Schulhaus in Schlamersdorf; Konzessionserteilung für Trauungen durch die Patronin von Giekau

7132 Heirat des Hans Bauer aus Lütjenburg mit Adelheid Magdalena Schönemanns 1760

7133 Errichtung einer Nebenschule im Gut Kletkamp 1763

7134 Fehlende Berichtigung des Nachlasses des Pastors Hirschfeld 1763

7135 Taufe des Pastors Thamm aus Hansühn auf dem Hof Kletkamp und kirchliche Zugehörigkeit des Hofes 1763-1764

7136 Bestätigung des Vergleichs und Pachtvertrages zwischen dem Kirchenpatron und dem Pastor über Einkünfte und Pastoratsländereien 1763

7137 Beschwerden des Pastors, des Küsters und des Kirchenpatrons übereinander 1765-1770

7138 Vergleich zwischen Kirchenpatron und Pastor wegen des Kornmaßes 1770

7139 Anfrage des Pastors Petersen über die Bestimmung des Heiratsortes 1790

7140 Unregelmäßigkeiten im Kirchen- und Schulwesen 1794

7141 Predigerwitwenpension aus den Predigereinkünften 1800

Preetz, Fleckenskirche

1305 Ernennung des Tycho von Jessen zum Prediger ohne Wahl [1637-1645]

1301 Anzeige des Pastors Lundius über Verhalten und Amtsführung des Diakons Völker 1719

1302 Abgaben an den Pastor von Hufen des Gutes Rethwisch (1707-) 1719-1723

1303 Beschwerde des Grafen Hinrich Reventlow auf Kronshagen wegen eines Kirchenstuhls 1726

1304 Konzession für eine Lotterie 1737

7142 Gehalt und Stellenausstattung der Quartierschullehrer des Klosters Preetz 1758-1760

7143 Annahme eines dritten Nebenschullehrers 1767

7144 Beschwerden des Schullehrers Klem über den schlechten Schulbesuch und Entzug des Schulgeldes (1768) 1769

7145 Legat der Konventualin von Wedderkop 1776

7146 Verkauf eines Begräbnisses 1781

7147 Versorgung des abgesetzten Schullehrers Stelck in Laboe 1795-1796

7148 Pension für die Pastorenwitwe Block aus den Diakonatseinkünften 1798

7149 Wahl eines Diakons 1798-1799

7150 Verbesserung der Einkünfte des Schullehrers Wulff 1807

7151 Verbesserung der Schulstellen sowie Bau von Schulhäusern in Postfeld und Löptin 1806-1807

Preetz, Klosterkirche

7152 Vorzeigen der Gründungsakte der milden Stiftung bei der Kirchenvisitation 1777

7153 Besetzung der Klosterpredigerstelle 1829

Probsteierhagen

7154 Amtsführung des Schullehrers Andersen in Lutterbek 1763-1765

7155 Tod des Pastors Matthias Jacobsen 1780

7156 Heirat des Husarenoberst von Gähler mit Fräulein von Oertzen ohne Konzession 1782

7157 Pension für die Witwe des Pastors Chrysander 1789-1790

7158 Veränderung bei der Verteilung eines Legats für die Armen des Gutes Hagen 1795

7159 Bau der Kirche, des Kirchturms und des Pastorats 1800-1802

7160 Beitrag der Dorfschaft Hagen zum Kirchenbau (1777-) 1801-1803

Sarau

7161 Rückständige Gebühren des Amtes Ahrensbök 1764

7162 Beeinträchtigungen bei Aufgeboten und Heiraten 1769

7163 Aufnahme der Kirchenrechnungen alle zwei Jahre 1770-1777

7164 Verwendung eines Überschusses der Kirchenrechnung 1771

7165 Legat des Claus Hinrich Gaede in Liensfeld für die Kirche und die Armen sowie Vergleich mit den Erben 1771-1773

7166 Nachlass des Pastors Bielefeld 1779-1780

7167 Berufung des Pastors Ibbeken aus Klein Wesenberg ohne Wahl 1780

7168 Austausch und Einkoppelung von Pastoratsländereien 1781

7169 Bestätigung des Pachtvertrages über Pastoratsländereien 1783

7170 Tausch- und Abfindungsvertrag zwischem dem Besitzer des Gutes Glasau und dem Pastor 1801

7171 Bestätigung des Pachtvertrages über Pastoratsländereien 1801-1805

7172 Bau eines Küsterhauses 1833-1834

Schlamersdorf

1306 Wechsel der Besitzerin des Gutes Muggesfelde von der Kirche in Warder nach Schlamersdorf [17. Jh.]

1307 Unordentlicher Beginn des Gottesdienstes 1712

1308 Beschwerden des Grafen von Dernath über Pastor Grellen wegen des Kirchenbuchs 1726

1309 Streitigkeiten zwischen Kammerjunker Joachim von Ahlefeldt auf Muggesfelde und Pastor Wendt wegen verschiedener Angelegenheiten 1732-1740

1310 Verhalten des Bendix Schmeling bei der Beichte 1737

1311 Streitigkeiten zwischen Pastor Wendt und der Frau des Geheimrats von Hahn auf Seedorf wegen freier Feuerung 1740-1741

1312 Unordnungen im Kirchen- und Schulwesen 1749

7173 Gebührenentzug des Pastors Wendt und Schulmeisters Wolf 1761

7174 Gebühren des Schusters Claus Stolzenberg in Muggesfelde 1777

7175 Fehlen der Sommerschule in Nehms sowie Mangel eines Buches über die Hebungen des Pastors und des Küsters 1777

7176 Weigerung eines Roch im Gut Muggesfelde zur Heirat mit seiner Braut 1794

7177 Predigerwitwenpension aus den Predigereinkünften 1794-1815

7178 Vergütung an Prediger und Küster wegen des ihnen durch die Einkoppelung der gemeinen Weide entstandenen Schadens 1795-1808

7179 Verpachtung der Pastoratsländereien 1800-1801

7180 Verlegung der Kate Rugenberg im Gut Müssen zur Kirche in Warder 1805

7181 Wiederbesetzung des Pastorats 1809

7182 Bau des Pastorats 1809

7183 Ernennung des Erbpächters Hilmers in Hohlegruft zum Kirchenjuraten 1811-1812

7184 Donation des Kammerherrn und Amtmanns Detlev von Buchwald in Kiel 1821-1827

7185 Roggenlieferung an Pastor Asmussen 1831-1832

Schönberg

1313 Pastoratswahl 1710

1314 Abmähen des Reets auf dem Pastoratsland durch das Kloster Preetz 1715

1315 Begräbnis des erschlagenen Schusters Alexander Herzberg 1738

1316 Verhalten und Suspendierung des Diakons Junge 1745-1747

7186 Verheiratung des Claus Niebuhr aus Wisch mit Lehncke Hass durch Pastor Hartmann in Lensahn 1763-1765

7187 Zuständige Kirchengelder und zuständiges Legat 1767-1768

7188 Beschwerden über den Schulmeister Hinrich Hoyck in Höhndorf und seine Absetzung 1770-1771

7189 Eigenmächtige Aufhebung der Ehe von Johan Daniel mit Anna Catharina Schott in Schönberg 1776

7190 Abhaltung der Predigt und anderen gottesdienstlichen Handlungen nach dem Kirchenbrand 1779

7191 Berufung des Organisten und Kirchspielschulmeisters Berendsen 1797

7192 Weinschenkgerechtigkeit des Organisten 1804-1805

7193 Predigerwitwenpension aus den Predigereinkünften 1806-1807

Schönwalde

1317 Kirchenvisitation 1640

7194 Bestrafung des Pastors Eckard wegen vorehelichen Beischlafs 1765-1766

7195 Reparatur des Pastorats und Aufnahme des Kircheninventars
Darin: gedrucktes Inventar, 1831 1805, 1830-1832

7196 Austausch von Predigerwitwenländereien zur Anlage eines Wegs und Einrücken der Kirchhofmauer 1832-1833

Selent

7197 Überlassung von Pastoratsländereien an das Gut Lammershagen 1754

7198 Versehen des Pastors Pohl bei der Heirat des Landrats von Qualen mit Fräulein von Rumohr 1770

7199 Fehlen eines Beichtregisters 1794

Stellau

1318 Erhöhte Gebühren des Pastors Olde 1718-1719

7200 Abstellung der jährlichen Kirchenvisitation 1755

7201 Heirat von Matthias Iversen und Metta Peters aus dem Amt Apenrade 1761

7202 Zweimalige Verlobung der Antje Brammann in Hingstheide 1776-1778

7203 Heiratsaufgebot für Catharina Borcherts 1784

7204 Verheiratung der Elisabeth Lentföhrden mit Johann Wohlers 1785

7205 Ernennung des Kandidaten Brüning zum Pastor ohne Wahl 1788

7206 Unordnung im Schulwesen 1794-1795

7207 Ernennung des Kandidaten Brinckmann zum Prediger ohne Präsentation und Wahl 1832

7208 Einführung des Pastors Brinckmann ohne Vorzeigen seiner Bestallung 1833

Sülfeld

1319 Öffnung des Kirchenblocks 1693

1320 Streitigkeiten zwischen Jasper von Buchwald auf Jersbek und Otto Friedrich von Buchwald auf Borstel wegen einer Pastoratswahl sowie Ansprüche von Eingepfarrten aus dem Amt Tremsbüttel 1696-1702

1321 Streitigkeiten zwischen Jasper von Buchwald auf Jersbek und Otto Friedrich von Buchwald auf Borstel wegen Öffnung des Kirchenblocks und der Kirchenrechnung 1700-1701

1322 Streitigkeiten zwischen Jasper von Buchwald auf Jersbek und Otto Friedrich von Buchwald auf Borstel wegen des Küsters und Organisten 1703

1323 Streitigkeiten zwischen Jasper von Buchwald auf Jersbek und Otto Friedrich von Buchwald auf Borstel wegen der Pastoratswahl 1725

1324 Schatzsuche des Organisten Hans Heinrich Meier 1741-1743
Enthält u. a.: Formeln und Zeichnungen zur Geisterbeschwörung

7209 Amtsführung und Absetzung des Schulmeisters Erich in Seth (Gut Borstel) 1754-1759

7210 Heirat des Pächters Dancker im Gut Borstel mit der unehelichen Tochter seines Bruders und Anforderung von Taufscheinen von nicht im Kirchspiel geborenen Kinder vor der Konfirmation 1763-1765

7211 Widerrechtliche Verheiratungen durch den Pastor Wendisch 1766

7212 Lieferung von Bauholz für das Pastorat, Tod eiserner Kühe in der Viehseuche, Mietschulden für das vom Pastor bewohnte Haus und Ausschluss von Personen vom Abendmahl 1773-1774

7213 Verweigerte Kommunion für eine Dienstmagd 1775

7214 Unordnungen bei Beerdigungen 1775

7215 Verheiratung des Hans Peter Poggensee im Gut Jersbek mit Maria Magdalena Rastrum 1776

7216 Bestallung eines Schullehrers in Bargfeld 1777

7217 Heirat des Lars Andersen aus Jütland mit Catharina Margaretha Biel aus Oering in Hamburg 1777

7218 Heirat des leibeigenen Knechts Jasper Stuht im Gut Jersbek mit Margaretha Dorothea Poggensee 1777

7219 Anzeige des Pastors über Unordungen 1777

7220 Einweihung der Kanzel, des Altars und des Beichtstuhls 1786

7221 Betragen des Otto Christian Petersen gegen seine Ehefrau sowie Briefträgergeld des Postboten Hinrich Gercken in Elmenhorst 1789-1790

7222 Beschwerden des Konferenzrates von Kossel auf Jersbek gegen Pastor Andresen wegen mehrerer Angelegenheiten 1789-1790

7223 Vergütung der Kirchenbediensteten für Naturallieferungen von Hufen in Mönkenbrook und einer Kate in Siebenbergen 1791

7224 Heirat der Margaretha Elsabe Poggensee mit Hans Jasper Wolgast 1791

7225 Haustrauung des Jochim Friedrich Petersen in Itzstedt 1792-1793

7226 Konfirmation des taubstummen Jochim Diederich Nuppenau in Hoherdamm 1793

7227 Bedenken bei der Heirat des Johann Hinrich Stoffer mit Dorothea Voss in Nienwohld 1796

7228 Beschwerden des Konferenzrates von Kossel auf Jersbek gegen Pastor Andresen wegen widerrechtlicher Verlobungen 1796-1797

7229 Verweigerte Heirat des Peter Poggensee mit Margaretha Carstens in Bargfeld (Gut Jersbek) 1797

7230 Taufe des unehelichen Kindes der Sophia Kruse in Sülfeld auf den Namen des Clas Brüggen in Bargfeld (Gut Jersbek) 1797

7231 Entschädigung der Organistenwitwe Eggerling 1801-1802

7232 Verkauf von Kupfersärgen 1802

7233 Verweigerte Heirat des Paul Rudolph Steffens im Gut Mönkenbrook mit Anna Hamdorf aus dem Gut Rohlstorf 1802

7234 Beschwerde des Besitzers des Gutes Muggesfelde über eine Gebührenrechnung des Pastors Andresen 1803

7235 Errichtung eines Strafpfahls mit Halseisen an der Kirchenpforte 1803

7236 Patronatsrecht und Beitrag der eingepfarrten Untertanen des Amtes Tremsbüttel zu den Kirchenanlagen 1803-1809

7237 Wahl eines Adjunkten 1804, 1816-1819

7238 Holzdeputat des Gutes Borstel an den Organisten und Schullehrer 1805

7239 Verhalten des Pastors Stilcke wegen eines neuen Lesebuchs und einer Streitigkeit der Dorfschaft Nahe mit ihrem Schullehrer 1805

7240 Schulgeld, Bearbeitung der Ländereien des Organisten und Schullehrers sowie Anerkennung der Schule als Kirchspielsschule 1807-1811

7241 Annahme und Ordination eines Gehilfen für Pastor Stilcke 1829

7242 Abgabe für die Pastorenwitwe Stilcke 1829-1830

7243 Erbbegräbnis des Gutes Jersbek 1831

Westensee

1325 Rückständige Hebungen für den Küster und Organisten Struve 1691-1693

1326 Beschwerden der Kirchspielsherren über Gutsbesitzer von Rumohr wegen des Kirchenwesens 1726-1727

1327 Streitigkeiten wegen Kirchenzinsen (1727) 1728-1729

1328 Schenkung des Obersts Friedrich von Ahlefeldt auf Oppendorf für das Armenhaus (1695-) 1733

1329 Verwaltung des Armenhauses und der Armenschule 1737

7244 Amtstätigkeit des Schulmeisters in Blocksdorf 1763

7245 Armenhaus in Westensee 1763-1764

7246 Begräbnisstelle des Gutes Seestermühe 1763-1768
Enthält u. a.: Gründung des Schul- und Armenhauses in Seestermühe

7247 Rückständige Kirchenanlagen des Gutes Deutsch-Nienhof 1766

7248 Bestätigung eines Vergleichs zwischen dem Gut Westensee und dem Pastorat über Tausch und Einkoppelung von Pastoratsländereien 1773

7249 Bestätigung eines Vergleichs über die Kosten der Einkoppelung von Pastoratsländereien 1774, 1781

7250 Armenhaus in Hohenhude 1778-1780

7251 Wiederbeschaffung des Legats des Johann Breide Rantzau 1777

7252 Predigerwitwenpension 1787

7253 Zahlung der Bankzinsen von den Pastoratsländereien 1832-1834

Woldenhorn

1330 Streitigkeiten zwischen Graf von Detlef Rantzau auf Breitenburg und Pastor Hosemann (1725-) 1728

1331 Diebstahl im Pastorat (1747) 1748-1749

7254 Vertrag zwischen Kirchenpatron und Pastor über Pastoratsland 1768

7255 Beteiligung der freien Einwohner in Woldenhorn an der Predigerwahl 1773-1774

7256 Konfirmation eines Mädchens ohne Taufbeweis 1777

7257 Stiftung der Margaretha Rantzau für Prediger- und Küsterwitwen, Stipendium für arme Theologiestudenten und Vorzeigen der Gründungakte milder Stiftungen 1777

7258 Heirat des Franz Jürgen Führböter mit seiner Frau außerhalb des Kirchspiels sowie Konfirmation des Sohnes des Perückenmachers Meyer aus Ahrensburg in Hamburg 1781

7259 Flachslieferungen an den Prediger 1802

7260 Kircheninventar 1810-1849

7261 Legat des Heinrich Carl von Schimmelmannn auf Ahrensburg (1768) 1811-1831

Propsteien

Propstei Flensburg

1375 Konsistorialgerichtsprotokoll im Scheidungsfall Dietrich von Blome in Tondern gegen Adelheid von der Wisch 1646

2587 Pastoratswahl in Esgrus 1654

1376 Eheversprechen des Carsten Paulsen in Langenhorn 1671-1672

1379 Beschwerden über Pastor Georg Eggebek in Husby 1678

1377 Doppelte Verlobung der Tochter des Pastors Gensche in Großenwiehe 1690

1378 Schwängerungsfall zwischen Margarethe Redlifs in Loheide und Jens Paulsen in Langenhorn 1704-1705

Propstei Münsterdorf

Allgemeines

1617 Freie Predigerwahlen der Kirchspiele Beidenfleth und Wewelsfleth [1639]

1605 Verbesserung der Besoldung der Diakone 1639-1640

2520 Jurisdiktion über die in königlichen Kirchen eingepfarrten Untertanen der Grafschaft Holstein-Schauenburg 1638

1632 Verfahren bei Aufnahme der Kirchenrechnungen und bei der Kirchenvisitation in der Krempermarsch und Wilstermarsch 1647

1603 Auseinandersetzung zwischen dem dänischen König und dem Kloster Itzehoe um die Ernennung des Propstes (1632-) 1651

1614 Streitigkeiten zwischen Pastoren und Diakonen über die Seelsorge 1652-1658, 1747

1613 Katechismuspredigt und Katechismusexamen 1636, 1656, 1681

1615 Veröffentlichung königlicher Verordnungen in den Kirchen 1681

1620 Anzügliche Ausdrücke des Martin Grönland in der Wilstermarsch gegen die Ernennung des Pastors Hahn in Beidenfleth und des Propstes Hahn in Meldorf 1692

1602 Anspruch Gottorfs auf Mitepiskopalhoheit über die adligen Kirchen in den Propsteien Segeberg und Münsterdorf (1305-) 1643-1721

1604 Jurisdiktionsstreitigkeiten mit dem Kloster Itzehoe anlässlich einer Privatauseinandersetzung in der Sankt-Laurentius-Kirche 1726-1727

1606 Bestallung des sogenannten Mithelfers beim Gottesdienst im Amt Steinburg 1736-1737

1616 Armen- und Verpflegungsangelegenheiten 1738-1767

1644 Vizepräpositur für Pastor Christensen in Horst 1745

1677 Kirchenbußen wegen Hurerei in Wewelsfleth und Beidenfleth 1748

1607 Vorsitz des Amtmanns von Steinburg 1749

1661 Kirchenbußen wegen Ehebruchs und Religionsspötterei in Neuendorf und Seester 1750-1752

7267 Tod des Propstes Piper und Wiederbesetzung mit Pastor Schramm in Itzehoe 1751

7268 Tod des Propstes Schramm in Itzehoe und Wiederbesetzung mit Archidiakon Decker 1751

7273 Heiraten von Konsistoriumsuntergehörigen in Hamburg ohne Aufgebot und Erlaubnis 1753

7276 Befragung des Schlossapothekers Wedderkop in Glückstadt wegen einer Eheangelegenheit 1754

7278 Beschwerde des Propstes über den Rat von Suckow wegen Eingriffen in königliche Episkopalrechte 1755

7289 Beerdigungen in der Wilstermarsch an Sonntagen während der Predigt 1758-1759

7296 Vorübergehende Übertragung der Propsteigeschäfte durch Propst Decker in Itzehoe an Pastor Rickers in Krempe 1760

7320 Ernennung des Archidiakons Kelter in Itzehoe zum Konsistoriumsmitglied 1764

7333 Tod des Propstes Decker und Ernennung des Konsistorialrats Kirchhoff zum Interimspropst 1767

7340 Streitigkeiten zwischen den Armenkassen in Süderau und Horst wegen Verpflegung des Claus Bossels (1768) 1769

7344 Befreiung des Pastors Ottens in Neuendorf von den Sitzungen des Konsistoriums 1769-1770

7356 Vergütung der Mahlzeiten bei den Visitationen in Breitenberg und Münsterdorf 1770

7362 Assessorenstelle des Diakons Wolfrath in Glückstadt beim Konsistorium 1771

7363 Tod des Propstes Kelter und Ernennung des Konsistorialrats Kirchhoff in Glückstadt zum Interimspropst 1771

7370 Predigt in Münsterdorf am Johannistag zum Andenken an Johann Rantzau, Predigttermin auf Breitenburg für den Diakon in Neuendorf sowie Predigt der Archidiakone und Diakon an den zweiten Weihnachts-, Oster- und Pfingsttagen 1772

7407 Dekret über Annahme oder Verweigerung des Armenrechts 1777

7413 Trauerjahr einer verwitweten Wöchnerin 1778

7421 Befugnisse des Diakons bei Trauungen und Totenfeiern 1778-1779

7438 Beleidigung des Propstes Kramer und des Pastors Glasemeyer in Breitenberg durch Pastor Hölk in Münsterdorf 1780-1781

7445 Teilung der Marschen bei Predigervakanzen 1781

7447 Zinszahlungen an den Pastor Hennings in Großenaspe aus einem markgräflichen Legat 1781

7463 Schulgeld für den Schulmeister in Kollmar und Bekanntmachung von Verordnungen in Kirchenangelegenheiten durch die Pastorate 1785-1786

7465 Aussetzung der Freitagspredigten 1786

7481 Tod des Propstes Kramer und vorübergehende Verwaltung der Präpositur 1794-1798, 1810

7483 Missbräuche bei Dispensen vom Eheaufgebot 1795

7493 Gottesdienstanfang in Itzehoe, Wilster, Krempe, Sankt Margarethen und Süderau 1797

7494 Bestätigung eines Synodalbeschlusses zur Predigerwitwenkasse 1797-1798, 1819-1820

7496 Veröffentlichung der Verordnungen in den adligen Distrikten 1798

7499 Trennnung der Schullehrerstellen von den Diakonaten 1798

7507 Auktionen der Prediger sowie der Kirchen- und Schulbedienteten
Enthält u. a.: Auktionsregister, 1738-1754 (1738-1754) 1800-1803

7508 Attest des Regimentschefs für die Heirat des Rittmeisters Fleming Christoph von Holstein 1801

7510 Mitteilung von Verordungen an den Propst 1801

7512 Einsendung von Attesten des Kirchenpropstes zum Belegen der Amtsrechnungen 1801-1803

7518 Fehlende Kircheninventare aus einigen Orten der Propsteien Münsterdorf und Süderdithmarschen 1801-1805

7522 Gebühren für die Beerdigung von Kindern 1801-1802

7528 Streitigkeiten zwischen dem Amtmann von Steinburg und Propst Burdorff wegen der Mitunterschrift eines Visitorialbefehls (1747-) 1802-1803

7534 Streitigkeiten zwischen Propst Burdorff und Amtsverwalter Thomsen wegen Ausstellung von Kollateralsteuerattesten 1804

7573 Zuteilung einer Anzahl von Exemplaren der Kirchenverordnungen an die Kirchenvisitatoren 1809

7587 Schulregulativ 1810-1817

7588 Einzelne Schulen 1810-1833

7594 Magensches Stipendium 1811-1814

7619 Streitigkeiten zwischen dem Propst Burdoff und dem Archidiakon Viether in Itzehoe wegen Untersuchung der Zulässigkeit von Ehen 1812-1813

7622 Recht des Propstes an den Einkünften der verstorbenen Konventualin Magdalena Lucie von Buchwald 1813

7630 Wiederbesetzung der Propststelle und der Predigerstelle an der Sankt-Laurentius-Kirche in Itzehoe 1813-1832

7637 Streitigkeit zwischen den Pastoren Hubrich in Sankt Margarethen und Knochen in Wilster wegen Konfirmation eines Knaben 1814

7639 Beitrag der unbebauten Stellen zu den Schulabgaben 1814

7642 Grenze des Schuldistrikts zwischen den Kirchspielen Wilster und Sankt Margarethen 1814

7647 Aussetzung des großen Konsistoriums 1814-1815

7668 Beitrag der Kirchen- und Predigerländereien in der Krempermarsch und Wilstermarsch zu den außerordentlichen Kriegskosten 1814-1817

7674 Beschwerde der Philosophischen Fakultät in Kiel über eine Anmerkung des Pastors Kochen in Wilster in den Provinzialberichten 1815

7681 Anfrage des Propstes Hudtwalcker zur Notwendigkeit eines zweiten Eheaufgebots in gewissen Fällen 1815

7682 Veräußerung eines transportablen Staatsfondsscheins auf Twisselmannsche Legatgelder 1815

7683 Streitigkeiten zwischen den Armenvorstehern in Neuenkirchen und Beidenfleth wegen Unterstützungsgeldern 1815-1816

7708 Propstländereien 1817-1819, 1839-1849

7730 Bau der Schulhäuser in Dägeling, Krempermoor und Kremperheide 1818

7736 Ausschreibung eines Beitrags zur Konsistorialkasse 1818

7753 Bau eines Schulhauses in der Blomeschen Wildnis 1820

7758 Verwaltung der Witwenkasse 1820-1821

7797 Aufnahme des Archidiakons Vietheer in Itzehoe als Assessor in das Konsistorium 1823-1824

7805 Bestätigung der Kirchenrechnungen in der Krempermarsch und Wilstermarsch 1824-1825

7811 Vergütung des Kalandsboten für Überstellung von Mitteilungen in Armenangelegenheiten 1825

7813 Zahlung von Schul- und Armengeld von Besitzern städtischer Häusern 1825

7817 Schulgeld für ein angenommenes Kind 1826

7834 Kirchenschulden in Sankt Margarethen, Brokdorf, Wilster und Horst sowie Kirchenschoss in Sankt Margarethen (1818-) 1828-1830

7836 Verwaltung der Konsistorial- und Visitorialgeschäfte während der Badereise des Propstes Hudtwalcker nach Driburg 1828

7858 Teilnahme des Kirchspielvogts Caspersen in Krempe an den Armengeschäften in Borsfleth, Süderau und Hohenfelde 1832-1834

Kirchenvisitation

1637 Kirchenvisitation in Haselau 1694

1608 Protokoll wegen der Kirchenvisitationen und Kirchenrechnungen im Amt Steinburg und den Kirchspielen Beidenfleth, Wewelsfleth, Brokdorf und Sankt Margarethen 1648, 1680

1609 Kirchenvisitation des Propstes Cronhelm 1683

1610 Ernennung des Etatsrats Hildebrandt zum Konvisitator (1693) 1740-1742

7264 Generalkirchenvisitationsberichte sowie Schreiben aus allen Propsteien zu den Generalkirchenvisitationen 1741-1758
Enthält: Berichte und Schreiben für 1740, 1743, 1744, 1749, 1749-1752 und 1756

7265 Generalkirchenvisitationsberichte 1760, 1763, 1766 und 1769 1760-1770

7266 Generalkirchenvisitationsberichte 1772 bis 1790 1772-1795
Darin: Grundriss der neuen Schule in Neuendorf, 1791

1612 Verrichtungen und Gebühren des Propstes sowie des Amtmanns und Amtsverwalters des Amtes Steinburg bei Kirchenvisitationen und Kirchenrechnungen 1745

7367 Ausfall der Spezialkirchenvisitation 1771

7384 Spezialkirchenvisitationsberichte 1773, 1779, 1798 und 1800 1773-1802

7412 Bericht des Propstes Kramer über Visitationen bei adligen Kirchen 1777

7500 Spezialkirchenvisitationen 1798-1811

7604 Generalkirchenvisitation 1812-1828
Enthält: Rechnungswesen; Lokal der Mädchen- und Elementarschule in Wilster, 1812-1828; Konfirmandenunterricht in Wilster; Veränderung mit der Kirche in Krempe

7616 Kirchenvisitation im Amt Steinburg 1812

7655 Spezialkirchenvisitation 1814

7685 Spezialkirchenvisitation in den adligen Distrikten 1815-1816

7707 Kirchenvisitation 1816-1817

7726 Spezialkirchenvisitationen 1817-1819

7741 Kirchenvisitation 1818

7743 Generalkirchenvisitation 1819

7760 Spezialkirchenvisitation 1820-1821

7779 Spezialkirchenvisitation in den adligen Distrikten 1821-1822

7786 Spezialkirchenvisitation im Amt Steinburg und in Stellau 1822

7795 Spezialkirchenvisitation in den adligen Distrikten 1823-1824

7804 Spezialkirchenvisitation im Amt Steinburg und in Stellau 1824

7806 Generalkirchenvisitation 1824 (1806-) 1825-1829

7812 Spezialkirchenvisitation in Glückstadt und Krempe sowie in den adligen Distrikten 1825

7824 Spezialkirchenvisitation sowie Armenrechnungen in Sankt Margarethen 1826

7832 Spezialkirchenvisitation in Glückstadt und Krempe sowie in den adligen Distrikten 1827

7840 Spezialkirchenvisitation im Amt Steinburg und in Stellau 1828-1829

7846 Spezialkirchenvisitation in Glückstadt und Krempe sowie in den adligen Distrikten 1829-1830

7852 Spezialkirchenvisitation 1830 1830-1832
Enthält: Antworten der Katechumenen in Wilster, Horst und Neuenbrook; Nachlässigkeit der Kirchenjuraten in Sankt Margarethen bei Tilgung der Kirchenschuld; Mangel einer Schullehrerbibliothek in Wilster

7854 Generalkirchenvisitation, insbesondere Kosten der Kirchenjuraten und Mängel in den Rechnungen über das Magensche Stipendium in Beidenfleth 1831-1832

7857 Spezialkirchenvisitation in Glückstadt und Krempe sowie in den adligen Distrikten 1831-1832
Enthält: Platzmangel in der Elementarschule in Neuendorf; Schulgehilfe in Hohenaspe; Vergrößerung der Elementarschule in Krempe; Vorlage der Armenrechnung der Blomeschen Wildnis; Gehilfe an der Probeschule in Glückstadt

Glückstadt

7281 Heirat des Weißbäckers Gerhard Jarren in Glückstadt im dortigen Zuchthaus 1756-1759

7406 Heirat des Schuhmachergesellen Christian Johann Peter Schröder in Glückstadt mit Margrethe Christina Louise Benzern 1777

7669 Pension für die Pastorenwitwe Ostwald in Glückstadt 1814-1815

7688 Unfähigkeit des Schullehrers Krusen in Steindamm 1815-1816

7695 Bau des Schulhauses in Neuendeich 1816

7740 Beteiligung der Außendeichsländereien an den Schullasten in Neuendeich 1818

7770 Schuld des Konrektors Jebsen in Glückstadt an die Witwenkasse 1820-1821

Itzehoe

1645 Streitigkeiten zwischen Propst Vitus Barbarossa und Archidiakon Joachim Heltberg in Itzehoe wegen Zulassung zum Abendmahl 1650

1648 Streitigkeiten zwischen Stadt und Kloster Itzehoe wegen des vakanten Pastorats (1632-) 1652

1647 Rangstreitigkeiten zwischen Bürgermeister Woldenberg und Pastor Hoyer in Itzehoe 1654

1646 Durchführung der Predigerwahl in Itzehoe ohne Wahlpredigt des kranken Diakons in Heiligenstedten 1655

7297 Unrechtmäßige Trauung des Claus Oldehus aus Itzehoe mit Catharina Elisabeth Platzmann durch Pastor Gittel in Heiligenstedten 1761-1762

7302 Druck einer Predigt des Archidiakons Kelter in Itzehoe 1761

7332 Heirat des entwichenen Leibeigenen Andreas Christoph Schmidt in Oelixdorf 1767

7382 Verbindung der Dörfer Oelixdorf und Kollmoor zu einem Schuldistrikt 1773

7389 Unrechtmäßige Heirat des Jacob Brand aus Itzehoe 1774-1776

7405 Heirat des geschiedenen Korporals Ferdinand Jacobsen in Itzehoe vor Ablauf der Ehelosigkeitsfrist 1776-1777

7411 Abkündigung der Ehe zwischen dem Prahmführer Hans Wittmack in Itzehoe und Anna Catharina Gesa Brunswig aus Hamburg 1777

7417 Heiratserlaubnis für Hans Hesebeck in Itzehoe 1778

7462 Abgabe an die spätere Witwe des Pastors Wichmann in Itzehoe durch den Amtsnachfolger 1785

7485 Ungebührliches Verhalten des Schreibmeisters Nagel in Itzehoe gegen Propst Burdorff 1796

7487 Unterricht und Konfirmation des Peter Jensen in Sude 1796

7502 Gnadenjahr für die Tochter des Archidiakons Busaeus in Itzehoe 1799

7513 Heirat des Gastwirts Brandt in Itzehoe mit der geschiedenen Anna Dorothea de Vliegen 1801

7515 Verweigerter Kirchenschoss für die Sankt-Laurentius-Kirche in Itzehoe 1801-1803

7519 Unterlassenes Vorzeigen der Kirchen- und Armenrechnungen durch die Armenvorsteher und Kirchenjuraten in Itzehoe 1801-1802

7520 Weigerung des Nicolaus Schwenck in Itzehoe zur Verpflichtung als Kirchenjurat 1801-1802

7539 Aufnahme und Unterschrift der Kirchenrechnungen in Itzehoe 1804

7553 Verwendung von Legatgeldern der Äbtissin Ottilie Elisabeth von Ahlefeldt in Itzehoe 1806

7677 Bau des Pastorats- und Propsthauses in Itzehoe 1815-1816

7680 Verlegung des Friedhofs der Sankt-Laurentius-Kirche und des neuen Kirchhofs in Itzehoe nach außerhalb der Stadt 1815-1819

7697 Führung der Kirchenregister an der Sankt-Laurentius-Kirche in Itzehoe 1816-1822

7723 Anlage eines Kirchhofs für die Dörfer Oelixdorf, Kollmoor und Schlotfeld 1817

7725 Bearbeitung des Torfs und Landes des Schullehrers in Oelixdorf 1817

7729 Beitrag des Hofes Bücken zu den Schulleistungen in Schlotfeld 1817-1818

7733 Vereinigung der Dorfschaft Schmalbeck mit der Schule in Schlotfeld 1818-1821

7748 Regulativ der Sankt-Laurentius-Kirche in Itzehoe (1524-) 1819-1824

7780 Strohlieferungen zum Füttern der Kühe des Schullehrers in Sude 1821

7785 Anzeige eines falschen Geburtsscheines durch Pastor Vietheer in Itzehoe 1822

7791 Verlegung des Nachmittagsgottesdienstes in Itzehoe in die Frühstunden 1823

7794 Diensteinkünfte des Schullehrers Hüttmann in Schlotfeld 1823

7842 Witwengehaltszahlung des Diakonats in Itzehoe 1829

7861 Gehaltserhöhung des Schullehrers Hüttmann in Schlotfeld 1832-1833

Krempe

1633 Eigenmächtige Reise der Prediger Wildhagen und Petersen in Krempe 1698

1634 Kirchenvisitation in Krempe 1704

1635 Eheangelegenheit des Heinrich Bockwold in Krempe 1716

7314 Heirat des Hinrich Mohr in Elskop mit Gretje Giesen ohne Vorlegen eines Geburtsscheins 1763

7386 Heimliche Heirat des Pasche Wichmann aus Elmshorn in Krempe 1774

7395 Beitrag zu den Kirchen- und Predigerabgaben von einer abgebrochenen Kate in Grevenkop (1742-) 1774-1775

7439 Privatkonfirmation einer jungen Person namens Carstens in Krempe 1780

7451 Bestätigung der in Hamburg geschlossenen Ehe zwischen dem Scharfrichterknecht Johann Dannemann und Lotte Engels in Krempe 1782

7457 Wahl des Kandidaten der Theologie Johann Hinrich Böther zum Schulrektor in Krempe und Vorschlag zum Einziehen des dortigen Diakonats 1783-1786

7479 Kirche in Krempe: Vorlage der Kirchen- und Armenrechnungen bei der Generalkirchenvisitation, Schulden der Armenkasse, Prüfung der Nebenschulmeister auf dem Land und Streitigkeiten zwischen Pastor Schwartz und Rektor Caland 1793-1794

7516 Nachfolge des Diakons Koester im Archidiakonat in Krempe 1801

7526 Regulierung des Nachlasses des Pastors Kruse in Krempe 1802

7531 Ablegung der Armenrechungen der Außengemeinde in Krempe 1803

7592 Benehmen des Diakons Ottens in Krempe gegen den Propst Burdorff 1811

7596 Anleihe der Kirchengemeinde in Krempe 1812

7614 Verheuerte Pastoratsländereien in Krempe 1813

7617 Verhalten des Diakons Ottens in Krempe bei einer Bestattung 1813

7625 Anschaffung eines Kirchenschranks in Krempe 1813

7633 Streitigkeiten des Pastors Ottens in Krempe mit dem Bürgermeister Colditz wegen Zahl der Gevattern 1814

7645 Beitrag der Eingesessenen in Grevenkop an Unterhaltungskosten der Schulhäuser in Krempe 1814

7653 Unanständiges Betragen des Diakons Ottens in Krempe 1814-1815

7658 Weigerung des Diakons Ottens in Krempe zur Schulprüfung seines Sohnes 1814-1815

7659 Unterhaltung des Schröderschen Begräbnisses in Krempe 1815

7672 Bau des Schulhauses in Elskop 1815

7673 Teilnahme des Amtmanns von Steinburg an der Spezialkirchenvisitation in Krempe 1815

7699 Verteilung des Kirchenschosses der Außengemeinde in Krempe 1816-1817

7700 Verheuerung von legiertem Diakonatland in Krempe (1740-) 1816

7709 Kirchenbauten und Verwaltung der Kirchengüter in Krempe 1816-1834

7717 Beitrag der Unmündigen Timm und Peter Mohr in Krempe zur Armenkasse der dortigen Außengemeinde 1817

7721 Beitrag der Struven-Hufe in Krempdorf zum Armenvogtgehalt 1817

7745 Beitrag der Predigerländereien in Krempe zum Bau der Strafanstalten 1818-1819

7754 Fehlendes Gartenland des Schullehrers Roggenkamp in Sushörn 1819-1820

7755 Bankhaft von den Faerberschen Ländereien des Pastorats in Krempe 1820

7767 Landstücke des Schuldistrikts Elskop (1820) 1821

7827 Beschwerden des Rektors Jensen in Krempe wegen verweigerter Reisevergütung und schlechter Beschaffenheit der Rektorswohnung 1826-1827

Wilster

1679 Strafpredigten gegen den Magistrat in Wilster 1697

1680 Bestätigung des Ehevertrags des Pastors Schleef in Wilster 1708

1681 Beitrag der Eingesessenen der Sachsenbande zum Armenunterhalt in Wilster 1736-1737

1682 Verbindung der Eingesessenen der Kirchspiele neuer und alter Seite in Wilster zum Armenwesen (1706-) 1749-1753

7275 Streitigkeiten zwischen den Dorfschaften Averfleth und Arentsee wegen des Schullehrers Johann Martens 1754

7373 Heirat des Jacob Mohr in Krumwehl mit der geschiedenen Oelgard Volmers 1773

7375 Geburtsbrief der Anna Elisabeth Kröger in Wilster 1773

7410 Heirat des Schiffknechts Ernst Matthias Meyer in Wilster vor Ablauf der Ehelosigkeitsfrist 1777-1778

7423 Überlassung eines Landstücks an den Schullehrer in Averfleth 1779

7444 Sequestration der Witwe Margareta Catharina Berenberg aus Wilster nach erschlichener Heirat 1781

7474 Aufhebung einer Verfügung zum Armenwesen in der Landgemeinde Wilster 1791

7475 Moorlandstück des Schulmeisters Claus Schneede in Nortorf in der Wilstermarsch (1656-) 1792

7478 Wahl eines Kirchenhauptmannes in Wilster 1793-1794

7486 Weigerung des Kirchenkollegiums in Wilster zur Einlieferung der Kirchenrechnungen an die Kirchenvisitatoren 1796-1797

7489 Erhebung der Lasten für die Schule in Groß Hackeboe (1758-) 1796, 1807-1808

7497 Beibehaltung der Episteln und Evangelien in der Schule in Nortorf in der Wilstermarsch 1798

7517 Weigerung des Kirchspielvogts Enewald in Wilster zur Übernahme des Amtes eines Mitprovisors im Armenwesen 1801-1802

7536 Verbesserung des Schulmeisterdienstes in Nortorf in der Wilstermarsch 1804

7538 Gnadenjahr für die Töchter des Pastors Michaelsen in Wilster 1804

7563 Teilung der Martinipflicht zwischen Pastor und Organist in Wilster (1752-) 1807-1810

7564 Eindämmung des Straßenbettelns in den Wilsterschen Kirchspielen 1808

7566 Beschwerden des Rechenmeisters Voss in Wilster gegen Hauptpastor Kochen 1808

2438 Streitigkeiten zwischen Pastor Kochen und dem Schullehrer in Wilster wegen Gebühren für Zuschussleichen 1808

7568 Aufbewahrung der Taufbücher in Wilster 1808-1809

7569 Anmeldung der Konfitenten in Wilster 1808-1809

7572 Armensetzung in der Landgemeinde Wilster 1808-1810

7580 Kindstaufen während des vakanten Archidiakonats in Wilster 1809

7581 Dienstentsetzung des Schullehrers Timm in Wilster 1809-1810

7582 Erlass der Zweiprozentsteuer von Legatgeldern in Wilster 1810

7597 Forderung des Niel Volmer Lau in Wilster an die Armenkasse wegen Verpflegung des Christoph Friedrich Schenck 1812

7598 Besetzung der Distriktsschule in Honigfleth (1808-) 1812

7601 Einlösung des Schulhauses in Honigfleth 1812-1813

7606 Einzug des Schullehrerwitwenhauses in Wilster 1813

7612 Bau des Schulhauses in Dammfleth 1813-1815

7613 Münzsorten für die Beiträge zur Armenkasse in Wilster 1813

7624 Reutersches Legat in Wilster 1813

7638 Zulage des Schullehrers in Averfleth 1814

7644 Beitrag des Stadtmoores in Wilster an den Reallasten der Schule in Achterhörn 1814-1815

7654 Ausbesserung des Schulhauses in Hackeboe 1814-1816

7657 Beitrag der auswärtigen Besitzer zu den Schullasten in Hackeboe 1813-1814

7663 Einzahlung des Pastors Kochen in Wilster in die Witwenkasse 1814-1815

7666 Landheuer aus der Ecklaker Ducht an Pastor Kochen in Wilster 1814-1816

7670 Vergütung der Kirchenvisitationsmahlzeiten in Wilster 1815

7671 Forderung des Carsten Koopmann in Wilster an die Stadtarmenvorsteher 1815

7684 Beschwerde des Pastors Kochen in Wilster wegen der vom Magistrat verweigerten Beeidigung des Unteroffiziers Dittmann 1815

7693 Grenzbestimmung zwischen den Schuldistrikten Sachsenbande und Hackeboe 1816

7766 Beitrag des Abraham Heilbron in Wilster zum Kirchenschoss 1821

7782 Rückständige Dienst- und Landsteuer des Pastors Wulff in Wilster 1822

7801 Befreiung des Nicolaus Maass in Wilster vom Amt des Armenvorstehers 1824

7802 Befreiung des Claus Kuhrt in Wilster vom Amt des Armenvorstehers 1824

7821 Zahlung des Schulgeldes für vier Kinder des Johann Hentmann durch den Schullehrer Schnede in Nortorf in der Wilstermarsch 1826

7844 Vermietung des Pastorats durch Pastor Wolf in Wilster 1829

7860 Bau des Schulhauses Landrecht bei Wilster 1832-1833

7863 Pensionierung des Schullehrers Claus Struck in Ecklak 1834

Kirchspiel Beidenfleth

1618 Annahme des Kirchspielvogts Lubbecke in Beidenfleth zur Beichte und Trauung 1657

1619 Kirchenkasse in Beidenfleth 1688

1621 Streitigkeiten zwischen Carsten Hein in Beidenfleth und den Inhabern der Kirchenheuerländereien wegen Herausgabe der Ländereien oder Erhöhung der Pacht (1615-) 1699

1622 Streitigkeit mit dem Verwalter Rager auf Krummendiek wegen eines Begräbnisses in Beidenfleth 1701

1623 Verweis eines Streitfalls zwischen den Gevollmächtigten und den Kirchenjuraten in Beidenfleth an das Konsistorium Münsterdorf 1704

1624 Unterhalt eines Kindes aus der Armenkasse in Beidenfleth 1749

7288 Gebühren des Schullehrers in Beidenfleth für Führung der Totenregister 1759

7317 Amtsführung des Pastors Plütschau in Beidenfleth 1764-1765, 1779

7318 Deichkosten der Diakonatsländereien in Beidenfleth 1764

7350 Unordnungen und Ausschweifungen in der Gemeinde in Beidenfleth 1770

7353 Unregelmäßiger Schulbesuch in Beidenfleth 1770

7357 Beitrag der Untergehörigen des Gutes Klein Kampen zur Armenkasse in Beidenfleth 1760-1783

7358 Beitrag zur Armenkasse in Beidenfleth 1770-1772

7418 Eintreibung der ausstehenden Diakonatpflichtgelder in Beidenfleth sowie Vergütung des für den dortigen Altar zu liefernden Weins und Brots 1778

7464 Versorgung der künftigen Witwe im Todesfall des Pastors Flor in Beidenfleth 1785-1786

7467 Schulden des Diakons Schütt in Beidenfleth 1786

7472 Pension für die künftige Witwe im Todesfall des emeritierten Pastors Plütschau in Beidenfleth 1789
Enthält u. a.: Umschlag mit geistlichen Notizen des Pastors

7480 Eiserne Gelder beim Diakonat in Beidenfleth 1793-1794

7488 Verbesserung der Diensteinkünfte des Schuladjunkten Kronweiter in Beidenfleth (1789) 1796-1797

7498 Wiederbesetzung der Organisten- und Schullehrerstelle in Beidenfleth 1798

7523 Beschwerden des Schulmeisters Gottschalck in Beidenfleth wegen der Schulpflicht 1802

7548 Beschwerden der Armenvorsteher in Beidenfleth gegen Hinrich Nagel wegen der Behandlung des wahnsinnigen von Thun 1805

7578 Beiträge von Eingesessenen in Kampen zum Kirchenschoss in Beidenfleth 1809-1819, 1835

7603 Vergütung des Diakons Braasch in Beidenfleth für die Übernahme der Pastoratsgeschäfte während der Vakanz 1812-1813

7618 Bauten an der Kirche und den Predigerhäusern in Beidenfleth 1813, 1831-1833

7643 Vakanzpredigten des Pastorats in Beidenfleth 1814

7751 Beitrag von Landstücken zu den Realschullasten in Beidenfleth 1819

7807 Armengeld des Peter Hahn in Beidenfleth für einen Hof außerhalb des Kirchspiels 1824-1825

Kirchspiel Borsfleth

1625 Einführung des Pastors Ehlers in Borsfleth 1697

7262 Verweigertes Totengeläut in Borsfleth für Baron Johann Dietrich von Grothusen auf Krummendiek 1709

1626 Unordnungen im Gottesdienst in Borsfleth 1718

7272 Klagen über den Diakon Johannn Hartwig Haugen in Borsfleth 1753

7300 Vorenthaltene Ackerheuer des Diakons Kruse in Borsfleth 1761

7306 Verpachtung von Pastotratsländereien in Borsfleth 1762-1765

7315 Bezug des Pastoratseinkommens in Borsfleth vor Stellenantritt eines neuen Pastors 1764-1768

7321 Scheibenschießen an Sonn- und Feiertagen auf der Landstraße im Kirchspiel Borsfleth 1764

7337 Weigerung des Pastors Behrens in Borsfleth zur Beglaubigung der Kirchenrechnung sowie Aufnahme der Kirchenrechnungen in der Krempermarsch und Wilstermarsch 1768

7355 Beschwerde des Pastors Behrens in Borsfleth gegen Pastor Gittel in Heiligenstedten wegen Unordnungen bei Eheaufgeboten 1770

7431 Aufhebung der Verlobung zwischen Jacob Schinkel in Borsfleth und Elsabe Puymann in Krempdorf 1779

7459 Antritt des Diakonats in Borsfleth zu Ostern durch Pastor Drückenmüller aus Schwesing 1785

7476 Entnahme eines Gemäldes aus der Kirche in Borsfleth und Hinzuziehung zweier Kirchspielsgevollmächtigten bei Aufnahme der dortigen Kirchenrechnungen 1793-1795, 1816-1817

7490 Huckwehr am Wischdeich des Pastorats in Borsfleth (1796) 1797

7543 Ansprüche des Propstes auf Landstücke in Borsfleth 1804-1809, 1822-1823, 1838-1840

7555 Vermessung der Kirchenländereien in Borsfleth 1805-1806

7640 Sandfuhren für den Schullehrer in Borsfleth 1814

7646 Schulbesuch in Neuendeich durch die Kinder des Peter Lohmann in Borsfleth 1814

7679 Adjunktur des Sohnes des Pastors Würger in Borsfleth 1815-1816

7698 Beilegung von Pastoratsland in Borsfleth zum Diakonat 1816

7705 Pension für die Pastorenwitwe Würger in Borsfleth 1816

7711 Umbau des Pastorats in Borsfleth 1817

7732 Ersatz für fehlendes Gartenland des Organisten und Schullehrers Johannsen in Borsfleth 1817-1818

7742 Wiedererstattung des Vorschusses des Armenvorstehers Siems in Borsfleth 1818-1819

7744 Bau des Glockenstuhls in Borsfleth 1819

7765 Ansprüche der Pastorenwitwe Würger in Glückstadt an Pastor Bargum in Borsfleth wegen einer Einlösungssumme (1820) 1821

7774 Bauten im Diakonat in Borsfleth 1821, 1833-1835

7830 Beitrag der nicht in Borsfleth wohnenden Besitzer von dortigen Wohnstellen, Höfen und Katen zum Gehalt des Schullehrers 1827

7850 Erbpachtsüberlassung von Pastorats- und Diakontsländereien in Borsfleth 1830

7853 Armenwesen im Kirchspiel Borsfleth 1831-1833

Kirchspiel Breitenberg

7326 Absetzung des Pastors Curtius in Breitenberg wegen einer unrechtmäßigen Verheiratung 1766-1769

7381 Verheiratung miteinander eng verwandter Brautleute durch Pastor Glasemeyer in Breitenberg 1773

7468 Erlass der Viertelprozentsteuer auf die Witwenkasse der Propstei Münsterdorf für Pastor Glasemeyer in Breitenberg 1786

7546 Adjunktur des Sohnes des Pastors Glasemeyer in Breitenberg 1805-1806

7575 Fourage- und Magazinkorngelder von den verheuerten Predigerländereien in Borsfleth 1809-1812

7661 Verbesserung der Einkünfte des Schullehrers Lohse in Breitenberg 1815-1816

7724 Vermehrung der Dienstfeuerung des Organisten Lohse in Breitenberg 1817

7790 Bau des Schulhauses in Breitenberg (1819) 1823-1824

Kirchspiel Brokdorf

1628 Beschwerden des Pastors Götzke in Brokdorf über Landschädigungen (1584-) 1653-1657

1629 Schule in Brokdorf und Nebenschule in Arentsee 1749-1765

7303 Reparatur der Kirche in Brokdorf 1762

7331 Unordnungen im Kirchspiel Brokdorf 1766-1767

7335 Fehler in der Kirchenrechnung in Brokdorf 1767-1773

7343 Verbrannte Nachrichten über Armengelder in Brokdorf 1769

7388 Streitgkeiten zwischen den Armenkassen in der Plessenschen Wildnis und Brokdorf wegen Verpflegung des Johann Mauter 1774-1776

7400 Einziehen des Diakonats in Brokdorf 1775-1781, 1845

7432 Predigerwitwenpension für die Witwe des Diakons Thomsen in Brokdorf 1779-1782

7433 Bau eines Witwenhauses oder Zahlung einer Hausmiete für die Witwe des Diakons Thomsen in Brokdorf 1779-1780

7435 Streitigkeiten zwischen den Armenkassen in Brokdorf und Beidenfleth wegen der Verpflegung des Knechts Hans Bielenberg (1779) 1780

7449 Vergütung der Reise- und Transportkosten des Pastors Erhardi in Brokdorf 1781-1783

7456 Aufnahme des Marx Horn aus Brokdorf in das Zuchthaus in Glückstadt 1783

7466 Beschwerde der Provisoren der Armenkasse in Brokdorf wegen eines im Amt Bordesholm als angeblicher Hexer misshandelten Mannes 1786-1792

7469 Kirchenschoss in Brokdorf 1787-1788

7559 Feuerungszulage des Schulmeisters in Brokdorf (1763-) 1806-1807

7590 Bau des Kirchturms in Brokdorf 1811

7656 Streitigkeiten des Diakons Ottens in Krempe mit dem Propst Hudtwalcker wegen Aegtebriefen (Ehebriefen) 1814-1815

7689 Dienstentlassung des Pastors Wittrock in Brokdorf und Nachfolge des Kandidaten der Theologie Rönnenkamp 1815-1819

7720 Beitrag des Marten Witt in Bischof an die Armenkasse in Brokdorf 1817-1818

7731 Gartenland des Organisten und Schullehrers Vett in Brokdorf 1818

7737 Bau des Pastorats in Brokdorf 1818

7803 Dienstabgabe an die Predigerwitwe in Brokdorf 1824

7831 Beiträge des Claus Soos in Wilster zur Armenkasse in Brokdorf 1827-1828

Kirchspiel Heiligenstedten

1638 Aufstellung des Diakons Heins in Heiligenstedten zur Pastoratswahl 1699

1639 Ordination des Kandidaten der Theologie Beyerholm in Heiligenstedten durch Generalsuperintendent Conradi 1746-1747

7341 Aufnahme von Fremden durch Kirchspielseingesessene in Heiligenstedten 1769

7345 Unrechtmäßige Heirat des Marx Thielbarth und der Anna Jürgens in Heiligenstedten 1769-1770

7346 Legatgelder für die Predigerwitwen in Heiligenstedten 1769-1788

7484 Streitigkeiten zwischen dem Schulmeister Martens in Oldendorf und den dortigen Schulinteressenten 1795

7599 Verbindung des Dorfes Edendorf mit der Distriktsschule in Oldendorf 1812-1815, 1833

7600 Bestellung des Eggert Storm im Heiligenstedtenerkamp zum Schulvorsteher 1812

7609 Ersatz für das Fastnachtssammeln des Diakons in Heiligenstedten 1812-1813

7610 Eineindrittelprozentsteuer von den Pastoratsländereien in Heiligenstedten 1813

7648 Beitrag der im Gut Heiligenstedten gelegenen Erbpachtsländereien und Ländereien des Meierhofs Büttel zur Armenkasse 1813-1814

7649 Übernahme des Küsterhauses in Heiligenstedten (1813) 1814

7747 Verbesserung des Diakonats in Heiligenstedten 1819

7816 Winterfütterung für die Kühe des Schullehrers in Heiligenstedtenerkamp 1825-1826

7820 Forderung des Armenkollegiums in Heiligenstedten zur Verpflichtung des Timm Borchert in Kasenort zum Armengeld 1826

7833 Erweiterung des Schulhauses in Heiligenstedten zur Einführung des wechselseitigen Schulunterrichts 1828-1829

7837 Patronat der Schule in Huje 1828-1832

7841 Bau eines Schulhauses und Verteilung der Schullasten in Huje 1829-1834

7847 Anstellung eines Prädikanten im Kirchspiel Heiligenstedten 1829-1830

7849 Lieferung von eisernen Kühen an Pastor Möller in Heiligenstedten 1830

7859 Wahl eines Kirchenhauptmannes und der Kirchenjuraten in Heiligenstedten (1831) 1832-1833

Kirchspiel Hohenaspe

7304 Änderung des Kirchenmissales in Hohenaspe 1758-1764

7305 Änderung des Kirchenmissales in Hohenaspe 1764-1773

7309 Beschwerden des Pastors Eberwein in Hohenaspe über seine Gemeinde und Anstellung eines Kuhlengräbers 1763

7324 Unordnungen bei den Kirchenjuraten in Hohenaspe 1765-1766

7371 Bau des Organistenhauses in Hohenaspe 1772-1773

7374 Regulierung des Beitrags der Kätner und Insten im Kirchspiel Hohenaspe zu den Kirchenanlagen 1773-1795

7387 Heirat der Witwe Magdalena Ricker in Hohenaspe vor Ablauf des Trauerjahrs 1774

7454 Bestätigung eines Erbpachtkontraktes über Pastorats- und Diakonatsland in Hohenaspe (1782) 1783-1785

7529 Austausch von Pastoratsländereien in Hohenaspe 1803

7542 Abhandelungskontrakt zwischen den Predigern in Hohenaspe und den Kirchenlansten 1805-1806

7558 Aufgebot und Heirat der geschiedenen Anna Rheders in Huje mit Johann Hass in Hohenaspe 1807

7626 Hafergeld für die Kirche in Hohenaspe (1736) 1813

7628 Kirchenroggengelder in Hohenaspe 1813

7662 Realschullasten in Hohenaspe 1814-1835

7676 Beteiligung an den Reallasten der Distriktsschule in Hohenaspe 1815

7704 Sommerschule in Ottenbüttel 1816

7734 Dienstabgabe an die Predigerwitwe in Hohenaspe und Pension der Pastorenwitwe Hennings in Hohenaspe 1818-1819, 1847

7738 Auszahlung von Legatengeldern an den Organisten und Schullehrer Gernandt in Hohenaspe 1818-1820, 1831

7762 Bau einer Pastoratsscheune in Hohenaspe 1820-1831

7763 Überlassung von Pastoratsland in Hohenaspe an den Heuerling Hinrich Poppe 1820-1821

7773 Vergütung des Christian Eismann in Hohenaspe für die Aufsicht über das Armenarbeitshaus 1821

7784 Schulgeld und Feuerung des Schullehrers Spitzbart in Looft 1822

7822 Zahlung der Insten im Gut Drage für Brunnengraben an der dortigen Schulwohnung 1826

7828 Verlust des Pastors Wolf in Hohenaspe an einem Legat 1827

7835 Aufbringen der Bearbeitungskosten des Schultorfs im Schuldistrikt Looft 1828, 1833

7843 Vergrößerung des Schulhauses in Looft 1829-1831

Kirchspiel Hohenfelde

7330 Wiederaufbau der Kirche in Hohenfelde und Befreiung der Kirche vom Stempelpapier 1766-1776

7342 Bestätigung eines Vergleichs zwischen Pastor Ostwald in Hohenfelde und Friedrich Fesefeld über Pastoratsland 1769

7348 Baufälligkeit des Pastorats in Hohenfelde 1769-1770

7354 Veränderung der Besetzung des Kirchenjuratenamtes im Kirchspiel Hohenfelde 1770

7361 Fehlender Weg beim Pastoratsland in Hohenfelde 1770, 1785-1794

7364 Ausscheiden und Pension des Pastors Gittel in Hohenfelde sowie die dortige Pastoratswahl und Verbesserung des Diakonats 1771-1772

7383 Regulierung des Schulwesens im Kirchspiel Horst sowie Anlage von Neben- und Klippschulen 1773-1782, 1804

7436 Änderung des Kircheninventars in Hohenfelde wegen Kosten für Kirchenvisitationsmahlzeiten 1780-1782

7530 Benutzung des Pastoratsmoors in Hohenfelde 1803-1805

7561 Herabsetzung der Pflugzahl der Predigerländereien in Hohenfelde 1807

7565 Streitigkeiten des Hinrich Tietjens in Glindesmoor mit Pastor Knickbein in Hohenfelde wegen Auslegung einer Bibelstelle 1808, 1812

7595 Kirchen- und Schulfußsteig über den Hofplatz des Pastorats in Hohenfelde 1812

7611 Löschung des Namens Stobbe im Kirchenbuch als Vater des Kindes der Frau des Claus Eggers in Hohenfelde 1813

7615 Bau eines neuen Schulhauses in Hohenfelde 1813

7621 Verlust der Armenrechnungen beim Brand des Schulhauses in Hohenfelde 1813

7713 Vergütung des Organisten in Hohenfelde für das Orgelspielen und Uhraufziehen 1817

7749 Schulfußsteig am Hellwege am Hellhof 1819

7756 Kürzung der Bankhaft von den Pastoratskapitalien in Hohenfelde 1820

7792 Forderung des Pastors Knickbein in Hohenfelde nach Übernahme von Prozesskosten durch die Gemeinde (1822) 1823

7838 Gebühren in Hohenfelde an die Kirchenvisitatoren 1828-1830

Kirchspiel Horst

1641 Ab- und Einsetzung der Kirchengeschworenen in Horst 1638-1641

1642 Student Semper als Gehilfe des Diakons in Horst und Geldunterstützung für den Diakon 1706

7316 Ernennung des Diakons Dietrich Heinrich Blume in Horst zum Kompastor 1764

7325 Versäumnisse des Diakons Dietrich Heinrich Blume in Horst beim Aufgebot der Ehe der Witwe des Peter Sassen mit Caspar Gotzken 1764-1765

7327 Kirchenbau in Horst 1765-1788

7336 Dienstleistungen der sogenannten Plinksitzer (Kätner) in Horst 1710-1714, 1768-1786

7368 Gnadenjahr für die Kinder des Diakons Dietrich Heinrich Blume in Horst 1772

7403 Tod des Pastors Ottens in Neuendorf 1776

7452 Veröffentlichungen von Verfügungen im Kirchspiel Horst 1782

7458 Zuständigkeit in einem Streitfall der Kirchenjuraten in Horst mit dem Untergehörigen des Klosters Uetersen Marx Matthies wegen Baumschlagens auf Predigerland (1777-) 1784-1789

7492 Gehaltszahlung an den abgetretenen Schulmeister Warnholtz in Horst auf Lebenszeit 1797-1798

7504 Vakanz des Pastorats in Horst 1800

7505 Adjunkt für Pastor Pape in Horst 1800

7509 Schulvorsteheramt im Kirchspiel Horst 1800-1801

7535 Verbesserung des Schullehrerdienstes in Horst (1800-) 1804

7540 Überlassung von Pastoratsland in Horst an Peter Siemer (1804) 1805

7541 Umwallung des Pastoratslandes in Horst 1805

7544 Vergütung der Vokations-, Ordiantions- und Transportkosten des Diakons Mieden in Horst (1768) 1805-1806

7545 Verkauf von Bauplätzen auf dem Pastoratsland in Horst 1805

7554 Bau eines neuen Pastorats in Horst und Einzug des Diakonats
Darin: Grundrisse und Ansichten, 1805 1803-1820

7576 Störung der Geschäfte der Kirchenjuraten in Horst 1809

7577 Hand- und Spanndienste bei Kirchenbauten in Horst 1809

7579 Umgießen der Kirchenglocke in Horst 1809

7623 Bau eines Schulhauses durch die Dorfschaften Bullendorf und Hahnenkamp 1813-1814

7627 Vergleich zwischen Pastor Bargum in Horst und Peter Piening wegen eines Grabens 1813

7686 Eintreiben der Kirchenanlagegelder des Kirchspiels Horst 1815-1817, 1848

7752 Dienstantritt des Pastors in Horst 1819

7823 Ordination des Kandidaten Tadey als Amtsgehilfe des Pastors Edlefsen in Horst 1826-1827

Kirchspiel Kollmar

1630 Verfahren des Pastors Lübing in Kollmar zur Zulassung zum Abendmahl 1701

1631 Einführung und Ordination des Diakons Langemack in Kollmar 1723

7414 Besetzung des Pastorats und Veränderung beim Diakonat in Kollmar 1778-1798

7416 Aufstellung des Pastors Vahlmann aus Assel zur Diakonatswahl in Kollmar 1778

7632 Bau von Schulzimmern in Kollmar 1813-1814

7675 Bestätigung des Vergleichs zwischen dem Organisten und Küster Lienau in Kollmar und den Schulvorstehern 1815

7735 Unterstützung des Pastorensohnes Prahm in Kollmar 1818

Kirchspiel Krummendiek

1636 Veränderung im Kirchengebet in Krummendiek 1745

7308 Verteilung der Deich- und Schleusenkosten zwischen Pastor und Gemeinde in Krummendiek 1763-1765

7322 Beeinträchtigung der Patronatsrechte in Krummendiek 1764, 1770

7349 Erstellung eines Kircheninventars und Abtrag der Kirchenschulden in Krummendiek 1770

7380 Fuhren bei den Kirchenvisitationen in Krummendiek 1773, 1845

7392 Reparatur eines Kirchensteiges in Nutteln 1774-1775

7401 Heirat der geschiedenen Christina Elisabeth Griesinger in Krummendiek vor Ablauf der Ehelosigkeitsfrist 1775-1777

7461 Schmälerung der Diensteinkünfte des Küsters und Schulmeisters Martin Sommer in Krummendiek 1784-1785

7667 Bau des Schulhauses in Krummendiek 1815-1816

7800 Zuordnung eines Unterlehrers für den Schullehrer Stöhrfeldt in Krummendiek 1823-1824

7819 Verteilung des Kirchenschosses im Gut Krummendiek 1825-1828

Kirchspiel Sankt Margarethen

1650 Ort der Kirchenrechnungsaufnahme für Sankt Margarethen 1695

1651 Streitigkeiten zwischen den Kirchenjuraten und Pastor Masius in Sankt Margarethen über verschiedene Angelegenheiten 1720-1721

1652 Nachlässigkeiten und schlechte Behandlung der Schulkinder durch Schulmeister Andreas Nadolph in Sankt Margarethen 1722-1724

1653 Prüfung der Katechumenen in Sankt Margarethen 1732

1654 Bestellung des Armenvorstehers in Sankt Margarethen (1730-) 1737

1655 Befugnisse des Kompastors Grosheim in Sankt Margarethen 1745

7394 Änderung des Kirchenschosses der Kätner, Handwerker und Arbeitsleute im Kirchspiel Sankt Margarethen 1774

7453 Freie Wohnung oder Wohnungsgelder für die Pastorenwitwe Wiebeking in Sankt Margarethen 1783-1785
Enthält u. a.: Verzeichnis der Hausmieten für Predigerwitwen in anderen Gemeinden

7460 Orgelbau in der Kirche in Sankt Margarethen 1785

7477 Zusammenkunft der Gemeinde in Sankt Margarethen zur Bestimmung des Verfahrens bei den Kirchenanlagen 1793

7491 Abtrag der Kirchenschulden in Sankt Margarethen (1756-) 1797-1800

7501 Beschwerden des Schulmeisters Engelbrecht in Büttel wegen der Klippschule der Stine Meyers 1798-1799

7533 Verbesserung des Kirchspielsschulhalters- und Küsterdienstes in Sankt Margarethen 1803-1807

7551 Ansprüche der Kirchengemeinde in Sankt Margarethen auf das vom Kirchspielvogt genutzte Küsterhaus und Küsterland 1805-1807, 1827, 1840-1841

7557 Vergrößerung der Diakonatsscheune und Bewirtschaftung der Diakonatsländereien in Sankt Margarethen 1806

7560 Einquartierungs- und Fuhrkostenvergütung von den Predigerländereien in Sankt Margarethen 1806-1807

7570 Kirchenanlagen und Befreiung der Landsoldaten in Sankt Margarethen 1808

7593 Beitrag von Eingesessenen in Brokdorf zur Armenkasse in Sankt Margarethen 1811-1813

7602 Unterricht des Sohnes des Hein Janssen in Sankt Margarethen durch den dortigen Pastor Christiani 1812

7605 Forderung der Schulvorsteher in Büttel und Kudensee nach Taxation des Schulhauses in Sankt Margarethen 1812

7634 Beteiligung der Außendeichsländereien in Sankt Margarethen an den Realschullasten und Bezahlung der Vorschüsse der Schulvorsteher 1813-1819

7641 Beitragspflicht der wüsten Stellen und Nebenhäuser im Kirchspiel Sankt Margarethen zum Schulgehalt 1814

7660 Ankauf von Dienstland für die Kirchspielschule in Sankt Margarethen 1815

7678 Ankauf von Moorland für das Hauptpastorat in Sankt Margarethen 1815

7692 Hinzuziehung des Nebenhofes des Marx Volmert in Wetterndorf zur Vermögenssteuer 1815

7701 Schulland und Rechnungslegung in Kudensee (1815) 1816

7715 Armenbeiträge des Wilstermarschhauptmannes Klüver in Sankt Margarethen 1817

7746 Unterstützung der Schule in Kudensee aus dem Schulfonds 1819

7759 Vergütung der Pastorenwitwe Hubrich in Sankt Margarethen wegen fehlender Witwenwohnung 1820-1821

7761 Reparatur des Kirchturms und Bau eines Pastorats in Sankt Margarethen 1820-1821, 1830

7768 Gnadenjahr der Organistenwitwe Freese in Sankt Margarethen 1821

7777 Beteiligung der Prediger in Sankt Margarethen an den Hebammenkosten 1821

7788 Realschullasten des Michael Witt in Flethsee 1822-1823

7798 Bezahlung des Schulgeldes für fremde arme Kinder aus der Armenkasse im Kirchspiel Sankt Margarethen 1823, 1830

7799 Dienstabgabe des Pastors Christiani in Sankt Margarethen an die Pastorenwitwe Hubrich 1823

7825 Entlassung und Pensionierung des Schullehrers Horkammer in Kudensee 1826

7855 Gnadenjahr der Küsterwitwe Melchert in Sankt Margarethen 1831

7856 Regulierung der Schullasten im Kirchspiel Sankt Margarethen 1831-1832

Kirchspiel Münsterdorf

1656 Verbot von Anzüglichkeiten in Predigten des Stadtpredigers Kilian in Münsterdorf 1660

1627 Präsentation eines Organisten, Küsters und Schulmeisters in Breitenburg 1706-1707

1657 Verbot des Orgelspiels in Münsterdorf anlässlich des Todes der Gräfin von Castel 1743

7279 Legat der Sophia Elisbeth Rantzau für die Armen und die Kirche in Münsterdorf (1754-) 1756-1780

7359 Niederknien vor dem Altar bei der Kommunion in Münsterdorf 1770-1772

7360 Wiedereröffnung der Kapelle auf Schloss Breitenburg 1770-1781

7369 Aufhebung der Verbindung der Dörfer Winseldorf, Lohbarbek und Mühlenbarbek zu einem Schuldistrikt und Ernennung der dortigen Schullehrer durch die Herrschaft Breitenburg (1769-) 1772

7372 Wiedereinführung der Bußpredigten und Umwandlung der Mittwochspredigten in Katechisationen in Münsterdorf 1773

7391 Verkauf eines Erbbegräbnisses in der Kirche in Münsterdorf
Darin: „Reichs-Post-Reuter“ vom 6. März 1764 (1650-) 1774-1775

7420 Kirche in Münsterdorf: Missstände, Nutzung des Stördeichs und des Außendeichs sowie Verwaltung der Kirchenjuratenschaft 1778-1780

7424 Rechte des Pastors Hölck in Münsterdorf an den überstörschen Häusern von Bediensteten der Herrschaft Breitenburg (1778) 1779

7427 Eingriffe des Pastors Glasemeyer in Breitenberg in die Parochialrechte des Pastors Hölck in Münsterdorf 1779

7443 Unterlassene Veröffentlichung einer Bekanntmachung des Hausvogts Niemann in Breitenburg durch Pastor Hölck in Münsterdorf 1781

7446 Auferlegung des Amtes eines Kirchenknechtes auf die Kirchenjuraten in Münsterdorf 1781

7448 Umlaufende Schmähschrift in Münsterdorf und Bekanntmachung zur besseren Einrichtung des dortigen Armenwesens 1781

7455 Aussetzen der Einführung des Pastors Hennings in Münsterdorf wegen der Kirchenreparatur 1783

7503 Armensetzung des Kirchspiels Münsterdorf (1788) 1800, 1836

7712 Kapital zu Ankauf und Einrichtung des Schulhauses in Lägerdorf 1817

7793 Beitragsleistungen zum Torfgraben auf dem Schullehrertorfmoor in Lägerdorf 1823

7815 Entschädigung des Pastors Kall in Münsterdorf wegen seiner verlorenen Kuhweide 1826

7829 Aufschub der Predigerwahl in Münsterdorf 1827

Kirchspiel Neuenbrook

1658 Herausgabe der Schrift „Klosterjungfrau" durch den Diakon Seidelin in Neuenbrook 1639

1659 Selbstmord des Pastors Kruse in Neuenbrook 1750-1751

7274 Verweigerter Beitrag der in Neuenkirchen eingepfarrten Untergehörigen der Herrschaft Breitenburg in Krempermoor zum Schulbau 1754

7277 Streitigkeiten zwischen Pastor Schönborn und Diakon Spiering in Neuenbrook 1755-1756

7280 Befreiung des Diakons Spiering in Neuenbrook vom Amt des Beichtvaters der Gesche Schulten wegen Verdacht des Ehebruchs 1757

7378 Verbesserung des Diakonats in Neuenbrook 1773

7385 Vergehen des Diakons Yelin in Neuenbrook 1773-1774

7393 Umstrittene Überfahrt zu Diakonatsländereien in Neuenbrook 1774-1775

7397 Befreiung der Armenkasse in Neuenbrook vom Unterhalt eines aufgefundenen Kindes 1775

7398 Streitigkeiten zwischen Pastor Haysen und Diakon Yelin in Neuenbrook 1775

7402 Verteilung der Armengelder im Pastorat in Neuenbrook 1776

7404 Amtsführung und Suspendierung des Diakons Yelin in Neuenbrook 1776-1777

7408 Bestallung des Schulrektors Pape aus Tellingstedt zum Diakon in Neuenbrook 1777-1778

7425 Beitrag von Eingesessen in Grevenkop zur Armenkasse in Neuenbrook 1779

7442 Bekanntmachung der Kreditunfähigkeit des Pastorensohns Georg Peter Spiering in Neuenbrook 1781-1783

7471 Abfallholz und der Kosten für Malereien am Pastorat in Neuenbrook (1738-) 1788-1790
Enthält u. a.: Kirchenrechnungen 1738/39, 1743/44, 1751/52, 1760/61, 1766/67, 1769/70 und 1771/72

7482 Pension der Pastorenwitwe Haysen vom Pastorat in Neuenbrook 1794-1795

7495 Zusammenkunft der Gemeinde in Neuenbrook wegen des Beitrags zum Kirchenbau 1797-1799

7511 Verbesserung des Schuldienstes in Neuenbrook 1800-1814

7525 Verbesserung der Diensteinkünfte des Diakonats in Neuenbrook 1801-1802

7547 Einzug des Diakonats in Neuenbrook zur Verbesserung des Schuldienstes 1805-1840

7550 Verlängerung des Gnadenjahrs der Predigerwitwe Birckenstock in Neuenbrook 1805-1806

7552 Außerordentliche Abgabe vom Pastoratsland in Neuenbrook 1806, 1812-1813

7567 Außerordentliche Lasten von den Pastoratsländereien in Neuenbrook 1808

7584 Kirchenreparatur in Neuenbrook 1810

7585 Bebauung einer Pastoratsgründe in Neuenbrook 1810-1811

7691 Veräußerung von Pastoratsland in Neuenbrook 1816, 1830-1831

7716 Überlassung einiger Ruten Pastoratsland in Neuenbrook an den dortigen Eingesessenen Jacob Tiedemann 1817, 1829

7764 Überlassung von Schulland an den Heuerling Hinrich Friedrich Kohl in Neuenbrook 1821

7769 Umgießen der Kirchenglocken in Neuenbrook 1821

7776 Vorbereitung der Konfirmation während der Vakanz in Neuenbrook 1821

7781 Tausch von Küsterländereien des Claus Frauen in Neuenbrook 1822-1823

Kirchspiel Neuendorf

7399 Zinsvergütung für ein Kapital des Diakonats in Neuendorf 1753-1754

1660 Dienstunfähigkeit des Diakons Dose in Neuendorf 1749

7284 Kircheninventar in Neuendorf und Prozess über die Rechnungen zum Bau des Pastorats 1758-1785

7285 Kircheninventar in Neuendorf und Prozess über die Rechnungen zum Bau des Pastorats 1785-1791

7286 Kircheninventar in Neuendorf und Prozess über die Rechnungen zum Bau des Pastorats 1791-1799

7310 Irrige Lehren des Diakonadjunkten Christian Friedrich Krüger in Neuendorf, seine Streitigkeiten mit Pastor Ottens wegen des Magenschen Legats und Pension für Diakon Petersen in Neuendorf 1763-1766, 1775

7311 Befreiung des Kirchspielvogts in Neuendorf von den Kirchenanlagen 1763-1764

7319 Magensches Legat an die Kirchschule und Prediger in Neuendorf 1764-1768

7323 Verlängerung der Frist zur Diakonatswahl in Neuendorf 1765

7328 Druck einer Abhandlung des ehemaligen Diakons Krüger in Neuendorf 1765-1766
Enthält u. a.: handschriftliche Fassung der Abhandlung „Eines Christen schrifftmäßige Untersuchung von der Heyrath der Huren“

7379 Schulweg auf dem Kirchhof in Neuendorf und Reparatur des dortigen Kantorhauses 1773-1774

7409 Sonntagsbeichte der in Neuendorf eingepfarrten Schulinteressenten in Sushörn 1777

7415 Umwechselung und Beeidigung der Kirchenjuraten in Neuendorf 1778-1790

7426 Bau des Pastorats in Neuendorf 1779-1780

7450 Erledigung des Kantorats in Neuendorf sowie Fristsetzung zur Wiederbesetzung und zum Gnadenjahr 1781-1782

7532 Beliebung der Schulinteressenten in Sachsenbande und Neuendorf (1803) 1804

7571 Adjunktur des Sohnes des Hauptpastors Franck in Neuendorf 1808-1810

7586 Einzug des Diakonats in Neuendorf 1810-1811

7589 Außerordentliche Abgaben von den Dienstländereien des Kantors Dallmeyer in Neuendorf 1811

7665 Abtretung von einigen Ruten Pastoratsland in Neuendorf 1815

7727 Schulgeld des Matthias Früchtenicht in Spiekerhörn an den Schullehrer in Neuendorf 1817-1819

7796 Befreiung des Jacob Scharmer in Horst vom Amt eines Kirchenjuraten in Neuendorf 1823

7814 Bezahlung des Schulgeldes für ein von der Armenkasse in Krummendiek in Kost gegebenes Kind an den Schullehrer Jens in Neuendorf 1825-1826

7862 Umwandlung der Nachmittagspredigten in Frühpredigten in Neuendorf 1833

Kirchspiel Neuenkirchen

1662 Unordnungen bei der Diakonatswahlen in Neuenkirchen 1697

7263 Versorgung der Armen in Krempermoor 1737-1740, 1788-1798

7270 Abtretung von Pastoratsländereien in Neuenkirchen an die Diakonats- und Schullehrerstelle 1752

7282 Gebührenforderung des Propstes Decker bei der Kirchenvisitation in Neuenkirchen 1758

7329 Zuständigkeit zur Berichtigung der Begräbnisse in Neuenkirchen 1766-1769

7334 Beitrag der Prediger in Neuenkirchen zu Deich- und Schleusenreparaturkosten 1767-1768

7338 Vergehen der Prediger in Neuenkirchen gegen den dortigen Eingesessenen Claus Strüven 1769-1770

7347 Lasten der Pastoratsländereien in Neuenkirchen 1769-1770

7434 Versorgung der Armen im Krempermoor durch die Armenkasse in Neuenkirchen 1779-1792

7437 Heirat des Henning Möller in Krempermoor mit Anna Elisabeth Kruse aus Elmshorn (1779) 1780

7470 Schulgeldzahlung des Hans Dohrn in Hohenweg an den Kirchspielvogt in Neuenkirchen 1787-1789

7506 Gnadenjahr für die Kinder des Pastors Hartz in Neuenkirchen 1800

7521 Zulage des Schulmeisters Kröger in Krempermoor 1801-1802

7524 Verbesserung des Schuldienstes in Neuenkirchen 1802

7549 Kircheninventar in Neuenkirchen 1806

7562 Diensteinkünfte der Kirchenjuraten in Neuenkirchen 1807

7631 Bau des Pastorats in Neuenkirchen 1813-1814
Darin: Grund- und Profilrisse

7687 Überlassung von Mauersteinen zum Schulhausbau in Neuendeich 1816

7694 Erledigtes Diakonat in Neuenkirchen 1816

7710 Streitigkeiten zwischen Krempermoor und Kirchenjuraten in Neuenkirchen wegen Armenkapitalzinsen und Klingelbeutelgeldern 1816-1817

7722 Inspektion über die Distriktsschule in Krempermoor 1817-1819

7775 Erbverpachtung von Pastoratsland in Neuenkirchen 1821

Kirchspiel Stellau

7651 Schulbesuch in Stellau durch die Kinder aus Feldhusen und Mühlenbek 1814

7664 Schule in Stellau und Forderungen des Schullehrers König an die Schulkommune 1815-1821

7810 Schulbeiträge des Johann Behrens in Stellau 1825

7818 Änderung der Norm für die Kirchenanlagen in Stellau 1826

Kirchspiel Süderau

1664 Unordnung beim Abendmahl in Süderau 1657

1665 Amtsführung des Diakons Selcke in Süderau (1687) 1688-1703

1666 Bestrafung der Gesche Geerds in Süderau wegen Kindsmord 1705

1667 Trauung der Tochter des Diakons Selcke in Süderau (1650) 1706

1668 Beleidigungsfall zwischen Pastor Alardus und Diakon Selcke in Süderau 1718-1722

1663 Beitrag zum Schulbau in Steinburg 1743-1744

1669 Einhaltung des Kirchenrituals durch Diakon Zoffmann in Süderau 1744

1670 Gedächtnispredigt des Pastors Königsmann für König Christian VI. von Dänemark in Süderau 1747

1671 Geländer auf der Brücke zum Kirchhof in Süderau 1748

1672 Befreiung des Landesschulzen Tewes Ewert vom Amt des Armenvorstehers und der Eidgeschworenenschaft in Süderau 1749

1649 Bauplatz der Schule in Kiebitzreihe 1750

7271 Einrichtung eines Witwensitzes beim Pastorat in Süderau 1752-1753

7283 Regulierung des Schuldistriktes Dükermühle und Schulbesuch 1758-1771

7290 Predigt in Süderau am stillen Freitagnachmittag 1759-1761

7292 Verbleib der Kirchspielschule in Süderau beim Diakonat 1759-1760

7293 Verpachtung von Pastoratsländereien in Süderau 1760-1761

7294 Eigenmächtige Fortführung der Register über Taufen, Heiraten und Todesfälle durch die Pastorenwitwen in Süderau 1760

7295 Beschwerden über Diakon Gildehausen in Süderau wegen liturgischer Angelegenheiten 1760

7298 Kirchenjuratenamt des Barteld Becker in Süderau 1761-1762

7299 Kassation einer Kirchenacht in Süderau 1761-1763

7301 Beitrag der wüsten Stellen in Süderau zum Armenvorsteheramt (1747) 1761-1762

7307 Notate zu den Kirchspielsrechnungen in Süderau (1760-) 1762-1763

7312 Veränderungen in der Verwaltung des Pastorats in Süderau 1763-1765

7313 Schwängerung der Dienstmagd Caecilia Meinerts durch Pastor Zitelmann in Süderau 1763

7365 Mittwochsbeichte und Kommunion der Gemeinde in Süderau 1771

7390 Gehalt der Distriktsschullehrer in Süderau 1772-1776

7422 Bau eines Diakonats in Süderau (1773) 1778-1779
Darin: Riss, 1773

7428 Beitragsetzung zur Armenkasse in Süderau 1779-1781

7430 Unterhalt der Witwe des Schullehrers Franziskus Gotthilf Krüger in Steinburg (1777-) 1779

7440 Beköstigung der Kirchenjuraten in Süderau bei der Kirchenvisitation (1778-) 1780-1781

7514 Unterstützung der Pastorentwitwe Schorer in Süderau aus der Witwenpensionskasse 1801

7537 Verbesserung der Diensteinkünfte des Distriktsschulmeisters Claus Schilling in Königsmoor (1802-) 1804

7556 Beitrag der Prediger in Süderau zu den Einquartierungsgeldern sowie den Magazinkorn- und Fouragelieferungen 1806

7583 Bau des Schulhauses in Klein Grönland 1810-1817

7607 Wahlrecht der Gemeinde in Süderau bei Vakanz des Diakonats 1812-1813

7620 Ankauf eines Platzes für die Schule des Distrikts Bekenreihe, Wischreihe und Kiebitzreihe sowie Gehalt des Schullehrers 1813, 1832

7635 Regulierung der Schuldistrikte im Kirchspiel Süderau 1814-1819

7636 Regulierung der Schuldistrikte im Kirchspiel Süderau 1818-1827, 1841

7650 Bestimmung des Schuldistriktes Sommerland und Kamerland 1814-1817

7652 Regulierung der Hinterlassenschaft des Schullehrers Hüttmann in Dükermühle 1814

7696 Reparatur des Schulsteigs in Wischreihe 1815-1816

7702 Wahl eines anderen Schullehrers in Süderau 1816

7703 Fortsetzung des Küster- und Schuldienstes in Süderau durch einen Seminaristen 1816

7728 Geldsumme für das Diakonat in Süderau durch einen Vergleich von 1663 (1813) 1817-1818

7750 Transportkosten des Küsters und Schullehrers Scheelck in Süderau 1819

7771 Beschwerde des Neel Mohr in Brunsholt wegen verheuerter Kirchenländereien in Süderau 1821

7787 Regulativ für die Armensetzung im Kirchspiel Süderau 1822-1828

7789 Unrechtmäßige Verheiratung des Musketiers Tödt vom Leibregiment der Königin durch Pastor Schwartz in Süderau 1822-1824

7808 Schulgeld für arme Kinder im Schuldistrikt Steinburg 1825

7809 Unterstützung des Schulhausbau in Altenmoor 1825

7826 Parochialpflicht des Kätners Peter Gerdt in Dükermühle 1826-1827

7839 Beibehaltung des vorübergehend angestellten Schullehrers Marx Mumm in Königsmoor 1828-1829

7845 Bau eines Schulhauses in Steinburg 1829

7851 Entlassung des Schullehrers Jacob Johannsen in Grönland 1830-1833

Kirchspiel Wewelsfleth

1640 Schule in Hollerwettern und das Äquivalentgeld des dortigen Schulmeisters für das Fastnachtsgehen 1750-1773

1673 Streitigkeiten zwischen Pastor Müller in Wewelsfleth und der Gemeinde wegen Reparatur des Pastorats, Deichreparaturkosten und Kühen 1744

1674 Armenbeitrag der Brüder Meybohm in Wewelsfleth 1745

1675 Besetzung der Schulmeisterstelle in Wewelsfleth (1745) 1746

1676 Abschaffung des Sabbats in Wewelsfleth 1747

1678 Beschwerde des Propstes Piper über Pastor Müller in Wewelsfleth wegen unziemender Schreibart 1750

7269 Erstattung von Einkunftsverlusten des Pastors Müller in Wewelsfleth 1752-1757

7287 Schuldentilgung der Armenkasse in Wewelsfleth 1758-1759

7291 Vorenthaltung der Lichtmesspflicht für Pastor Möller in Wewelsfleth durch einige Landbesitzer 1759

2608 Kirchenausschlag von 1647 in Wewelsfleth 1767

7339 Bestätigung der Kirchenrechnungen in Wewelsfleth 1769

7351 Instandsetzung der Kirchen- und Schulwege im Kirchspiel Wewelsfleth 1770-1773

7352 Verstöße gegen die Sabbatverordnung in Wewelsfleth 1770

7366 Eheerlaubnis für Witwen verunglückter Schiffer aus Wewelsfleth 1771-1775

7376 Schulgeld der armen Kinder im Kirchspiel Wewelsfleth (1765-) 1773

7377 Streitigkeiten zwischen Gut Bahrenfleth und Kirchspiel Wewelsfleth wegen Unterhalts des geisteskranken Claus Vahlert in Neuenkirchen 1773

7396 Reinigung der Schornsteine der Kirchengebäude in Wewelsfleth 1775

7419 Examen von der Kanzel in Wewelsfleth 1778

7429 Weigerung des Pastors Todsen in Wewelsfleth zur öffentlichen Beerdigung des Marten Hellmann 1779

7441 Schenkung und Unterhalt einer Orgel in Wewelsfleth 1780-1781

7473 Landheuerforderung der Pastorenwitwe Todsen in Wewelsfleth an Pastor Schorer (1789) 1790

7527 Schulgeld für den Schulmeister Häusler in Wewelsfleth 1802

7574 Winkelschule des Peter Wichmann in Wewelsfleth 1809

7591 Überlassung eines Stücks vom Organistengarten in Wewelsfleth zum Bau eines Spritzenhauses 1811

7608 Bau eines Armen- und Werkhauses für das Kirchspiel Wewelsfleth 1810-1813

7629 Besetzung der Gehilfenstelle an der Schule in Wewelsfleth 1813-1814

7690 Weigerung der Armenvorsteher in Beidenfleth zur Bezahlung von Schulgeld für arme Kinder an den Schullehrer in Wewelsfleth 1815-1816

7706 Beteiligung der Außendeichsländereien in Wewelsfleth an den Realschullasten 1816

7714 Kirchturmbau in Wewelsfleth 1817

7718 Beteiligung an den Schullasten in Wewelsfleth 1817-1824

7719 Kirchenschoss in Wewelsfleth 1817-1819

7739 Weigerung des Kontrolleurs Schultz in Wewelsfleth zum Schulbeitrag 1818

7757 Entlassung des Schullehrers Häusel in Wewelsfleth 1820-1822

7772 Ansetzung des Kontrolleurs Schultz in Wewelsfleth zum Armenschoss 1821

7778 Armensetzung und Armenwesen im Kirchspiel Wewelsfleth 1821-1824

7783 Umwandlung der Nachmittagspredigten in Kirchenkatechisationen in Wewelsfleth 1822

7848 Bestimmung des Konfirmationstages für die beiden Prediger in Wewelsfleth 1830

Propstei Plön

Allgemeines

2603 Streitigkeiten mit dem Bischof von Lübeck um Rechte über die Kirchen in Ratekau und Gleschendorf 1615-1655

7869 Ausübung der Geschäfte bei Vakanz der Propstenstelle 1762-1763

7871 Wahlstimme des dänischen Königs bei adligen Kirchen des Herzogtums Plön und Wahlstimmen bei den zu Pronstorf, Bornhöved und Bosau eingepfarrten Gütern 1763-1766

7873 Versorgung der Predigerwitwen 1763, 1787, 1843-1844

7874 Unrechtmäßige geistliche Handlungen des Konsistorialassessors Adde Johann Lehmann (1732-) 1763

7875 Kollekte für arme Schulkinder 1763-1765

7881 Beschränkung der Gevatternwahl sowie Pastor und Kirche in Gleschendorf 1765

7883 Bestallungen von Kirchen- und Schulbediensteten 1765, 1799, 1816
Enthält: Propst Michael Capsius, 1765; Rektor Ernst Just Alberti, Plön, 1765; Propst Franz Christian Martini, 1799; Propst Adolph Christian Hensler, 1816

7885 Trauergeläut für Prinzessin Dorothea Augusta Friederica von Holstein-Plön 1765

7886 Zuständigkeit der Deutschen Kanzlei zur Konzessionserteilung für Haustrauungen 1765

7891 Predigten bei Heiraten und Beerdigungen von Predigern durch Propst Capsius 1767-1768

7892 Einrichtung der Landschulen (1763) 1764-1790

7895 Tauftaler und Bußgeld von fremden Eingepfarrten für die Prediger sowie Gebührenforderung von ledigen Personen mit unehelichen Kindern 1771-1772

7896 Bestellung der Landschulmeister und Versendung von Schreiben zu Konsistorial- und Eheangelegenheiten durch den Propst 1771-1772

7897 Druck einer Schrift in Plön 1772-1773
Darin: Druckschrift „Blätter, aus Liebe zur Wahrheit geschrieben“

7898 Reparatur des Armenhauses in der Neustadt Plön und Reparatur des Kirchturms in Ahrensbök 1772

7901 Bestellung der Schullehrer 1773-1775

7909 Wiederverheiratungsfrist einer nach dem Tod ihres Mannes entbundenen Frau 1778

7912 Weigerung der eingepfarrten Untertanen des Fürstbistums Lübeck und des Domkapitels Lübeck zur Zahlung einer Abgabe sowie Feier des Bußtages in Gleschendorf durch eingepfarrte Untertanen des Heilig-Geist-Stifts in Lübeck 1778

7921 Anfrage des Propstes Capsius wegen der Einrichtung einer freien Sittenschule in Plön durch Graf Schmettau 1782

7927 Änderung der Witwen- und Waisenkasse 1786, 1817

7938 Stiftung des Herzogs von Schleswig-Holstein-Oldenburg zur Verbesserung der Schulhaltereinkünfte in den Ämtern Plön und Ahrensbök 1791-1792

7939 Vereinheitlichung der Sommerschule mit den übrigen holsteinischen Distrikten 1792-1793

7950 Wiederbesetzung der Stelle im Konsistorium nach dem Tod des Grafen von Schmettau 1795

7954 Entbindung des Propstes Capsius von den Amtsgeschäften 1795-1797

7964 Beschwerden der Prediger im Amt Reinfeld wegen Kanzelpublikationen 1797

7965 Beschwerden des Konsistoriums in Eutin gegen Propst Capsius wegen Verheiratung der Anna Christina Lucia Kreuzfeldt aus Löja 1797-1798

7967 Revision der Schulordnung 1798
Darin: gedrucktes Regulativ zur Einrichtung der Landschulen in der Propstei Flensburg, 1798

7972 Abschaffung eines Missbrauchs der Schulverordnungen 1799-1800

7973 Verfassung wegen der Vikarien und Subsitute unvermögender Prediger 1800

7981 Beschwerden des Konsistoriums in Eutin wegen unrechtmäßiger Verheiratungen durch die Prediger in Curau und Ratekau sowie Titulatur der Behörden des Fürstenums Lübeck 1803-1809, 1829-1831

7984 Delegierte des Fürstentums Lübeck bei Kirchenkonventen und Predigerwahl in Gleschendorf 1804, 1817

7997 Befreiung der Predigerwitwenkasse von der Zweiprozentsteuer auf ihre Kapitalien 1809-1810

8004 Beschwerden der Regierung in Eutin wegen einer Ladung an den Tagelöhner Dibbern in Krummesse 1811

8005 Regulativ für die Flecken- und Landschulen 1812-1834

8016 Bestellung von zwei votierenden Mitgliedern des Konsistorialgerichts 1814-1816

8018 Weigerung des Großvogteigerichts in Schwartau zur Festhaltung der Carolina Klüver aus Travenhorst 1815

8021 Adressaten der Vorfragen von Predigern 1816

8022 Freie Bearbeitung des Dienstlandes und Abgabenfreiheit der Schullehrer im Amt Plön 1816-1817

8030 Verleihung der beiden Reinfeldschen Stipendien 1817-1818

8032 Bestätigung der Privilegien der Predigerwitwen- und Waisenkasse 1818

8049 Verhütung erschlichener Konfirmationen 1820

8051 Bewilligung der Ausgaben für Kirchen und Kirchengebäude 1820

8055 Vakanz der Propstenstelle 1821

8057 Ernennung eines interimistischen Konsistorialassessors 1821-1824

8058 Verleihung von Zinsen des Predigerwitwenlegats an Pastor Balemann in Reinfeld zur Unterhaltung eines Gehilfen sowie Predigerwitwenlegat allgemein (1751-) 1821-1837

8068 Vereinbarung mit der Regierung in Eutin über die Veröffentlichung herrschaftlicher Bekanntmachungen 1823

8070 Beschwerden über Pastor Hellwag in Neukirchen im Fürstentum Lübeck wegen verweigerter Annahme eines Verbotsschreibens in einer Eheangelegenheit 1824

8073 Vergütung des Amtsverwalters für Revision der Kirchenrechnungen und für Führung des Protokolls bei den Kirchenvisitationen 1824-1825

8081 Wegfall des Feuerungsdeputats bei den Organistenstellen in Zarpen und Gnissau 1827-1834

8082 Anstellung von Schullehrern aus dem Fürstentum Lübeck mit Beweis ihrer Entlassung durch das Konsistorium Eutin 1828

Kirchenvisitation

7866 Generalkirchenvisitationsgebühren der Stadt Plön sowie der Ämter Reinfeld und Ahrensbök 1763-1764

7872 Generalkirchenvisitationsberichte 1763-1815
Enthält: 1763, 1767, 1771, 1776, 1779, 1782, 1785, 1788, 1811 und 1814

7876 Bemerkungen zur Generalkirchenvisitation 1763 (1758-) 1764-1766
Enthält: heimliche Beerdigungen in Siems; Gebühren bei Beerdigungen fremder Leichen; Geläut bei Landestrauer besonders in Gnissau; Planierung und Reinigung von Kirchhöfen; Aufteilung und Nummerierung der Kirchenstände

7887 Spezialkirchenvisitationsbericht zu den Kirchen im Amt Ahrensbök und in der Altstadt Plön 1767

8089 Generalkirchenvisitation 1829 1829-1837, 1849
Enthält: Mangel der Kircheninventare in Zarpen, Ratekau und Wesenberg; Unordnung der Pastoratsarchive in Reinfeld, Zarpen und Ahrensbök; Sammlungen der Schullehrer im Kirchspiel Zarpen

Plön

7864 Zustand der Altstädter Kirche in Plön 1760, 1765

7865 Quartalopfer für die Prediger an der Altstädter Kirche in Plön 1757-1766

7867 Baumängel bei der Neustädter Kirche in Plön und Transferierung der verkauften Kirchenstände 1761-1766

7868 Nachmittagsgottesdienste an Festtagen bei Vakanz an der Neustädter Kirche in Plön 1762

7870 Direktorium bei Predigerwahlen in Plön 1763

7879 Stallbau beim Haus des Predigers Callisen in der Neustadt Plön 1766

7882 Predigtzeiten in Plön 1765-1772

7890 Emeritierung des Pastors Schnobel in Plön 1766

7893 Heimliche Heirat des Ratsverwandten und Stadtsekretärs Kaven in Plön mit Anna Sophia Wedderkop 1767

7903 Bestellung eines zweiten Juraten bei der Altstädter Kirche in Plön ohne Konzession 1776

7904 Schenkung des Hofklingelbeutelgeldes an das Armenhaus in der Neustadt Plön 1776

7906 Lieferung von Sammelroggen, Flachs und Geld an die Prediger in Plön durch die Parzellisten des niedergelegten Gutes Karpe 1777-1778

7907 Verhinderung des Gottesdienstes in der Neustädter Kirche in Plön während der Vakanz der Predigerstelle durch Propst Capsius 1777-1778

7908 Verringerung der Kircheneinkünfte in Plön 1778

7910 Untersuchung über das Verhalten des Küsters Kiel in Plön 1778

7913 Wohnung für die Predigerwitwe Dörffer in Plön 1779

7915 Verabschiedung des Kirchenvorstehers Orth durch den Magistrat in Plön und Bestellung eines neuen Kirchenvorstehers 1780

7919 Beerdigung des Kutschers des Generals Graf Schmettau durch Reiter in Plön 1781-1782

7920 Behandlung der wahnsinnigen Präbendin Wahrhusen im Armenhaus in Plön 1781-1782

7926 Gebühren für die Beerdigung des Grafen von Schmettau in Plön 1785

7928 Zahlung der Leichengebühren von den Erben des Hofrats Kusch in Plön (1763) 1786-1787

7934 Schenkung der Altardecke der Schlosskirche in Plön an die Altstädter Kirche sowie Verwendung des Erlöses der verkauften Altar- und Silbergeräte der Schlosskirche zur Verbesserung des Predigerdienstes in der Neustadt Plön 1789

7936 Feuerung für die Prediger der Altstädter Kirche in Plön 1791

7940 Eid und Wechsel der Kirchenjuraten in Plön sowie Rücktritt des Kirchenjuraten Poltzenhagen 1791-1793

7944 Abnahme des Gottesdienstbesuchs in Plön 1794

7949 Weigerung des Kammerherrn von Warnstedt zur Zahlung von Kirchengebühren an die Neustädter Kirche in Plön 1794-1795

7952 Brautschmücken in Plön 1795

7953 Eingriffe in Ministerialverrichtungen der Prediger an der Altstädter Kirche in Plön 1795

7955 Verpachtung von Kompastoratsländereien in Plön 1795

7959 Verbesserung der Schullehrerstelle in Dörnick 1796-1807

7963 Entlassung und Versorgung des Schulmeisters Pries in Bösdorf 1797-1798

7966 Bau einer Schulkate in Meinsdorf 1798

7968 Übertragung des Hauptastorats an der Altstädter Kirche in Plön und der Propststelle an Pastor Martini in der Neustadt Plön 1798

7969 Küsterdienst an der Altstädter Kirche in Plön 1798-1799

7971 Besetzung des Kompastorats und Bau des Predigerhauses in Plön 1799-1808

7975 Schulabgaben der Insten in Niederkleveez 1802

7976 Schulhalter Jeppe in Dersau und Schulhalter Petersen in Glasholz 1802-1821

Enthält u. a.: Verzeichnis der schulpflichtigen Kinder in Dersau, 1803

7977 Schmälerung der Diensteinkünfte des Schulmeisters Petersen in Wittmoldt 1802-1811

7978 Bewirtschaftung des Schullandes in Bösdorf 1803

7979 Öffentliche Auktionen von Begräbnissen in der Altstädter Kirche in Plön 1803

7982 Tausch von Pastoratsland in Plön 1804

7983 Wiederbesetzung des Kompastorats in Plön und Beschwerden gegen Hauptpastor Suhr 1804

7992 Reparatur des Schulhauses in Bösdorf 1809-1817

7995 Befreiung von Kapitalien der Altstädter und Neustädter Kirche sowie des Armenhauses in Plön von der Zweiprozentsteuer 1809-1810

8006 Streitigkeiten zwischen dem Küster Hansen in Plön und dem Schlossverwalter Risler wegen Schulgeld (1805-) 1811-1812

8012 Zinszahlungen des Gutes Lehmkuhlen für ein Kirchenkapital in Plön 1813

8017 Nachfolge des Organisten Günther in Plön 1815

8019 Reparatur des Kompastorats in Plön 1816

8024 Verlängerung des Gnadenjahrs der Pastorenwitwe Suhr in Plön 1817

8028 Schuldistrikt Bösdorf 1818-1825

8035 Besetzung der Schullehrerstelle in Behl 1818-1821

8037 Beschwerden des Schullehrers Nielsen in Meinsdorf wegen Bearbeitung seiner Ländereien, Naturalabgaben und Schulgeld 1819

8041 Unfug auf dem alten Kirchhof in Plön 1819-1820

8047 Trennung der Erbpächter in Augstfelde von der Schule in Meinsdorf 1818-1822

8064 Austausch eines Stücks Pastoratsland in Plön mit einem Stück der Jürgensohnschen Koppel 1822-1823

8067 Entlassung des Schullehrers Damm in Bösdorf 1822-1825

8071 Ausstehendes Schulgeld des Physikus Fabricius in Plön 1824

Kirchspiel Ahrensbök

7999 Beförderung des Sohnes des Pastors Groth in Ahrensbök zum Predigeramt 1810

8086 Adjunktur des Sohnes des Pastors Groth in Ahrensbök 1829

8092 Bau eines Predigerwitwenhauses in Ahrensbök 1830

8099 Beteiligung der Parzellisten der Vorwerke Ahrensbök und Neuhof zu den Kirchenanlagen 1834-1841

Kirchspiel Curau

7937 Heirat der Witwe Anna Maria Dorothea Evers in Malkendorf mit Jürgen Hinrich Franck 1791

Kirchspiel Gleschendorf

7880 Erteilung von Hausbriefen an Kirchenlansten zum Nachteil des Pastorats in Gleschendorf (1674-) 1760-1783

7905 Haltung eines eigenen Schullehrers in Schulendorf 1777-1778

7951 Beiordnung des Sohnes des Pastors Müller in Gleschendorf zur Predigerbedienung 1795-1796

7957 Nutzung des Priesterholzes in Gleschendorf 1796-1802, 1826-1841

7958 Genuss der Diensteinkünfte des erledigten Pastorats in Gleschendorf durch Pastor Müller in Eddelak 1796-1797

7987 Bau des Pastorats in Gleschendorf 1807-1815

7990 Wiedereinsetzung des Schullehrers Laudi in Schürsdorf und dessen Befreiung von der Militärpflicht 1807-1808, 1836-1839

8002 Unterstützung des Schullehrers Gerwich in Havekost 1811

8023 Verpachtung der Pastoratsländereien in Gleschendorf 1817

8060 Abfallholz für den Schullehrer Hammerich in Schulendorf 1822

8061 Beihilfe zum Schulhausbau in Schulendorf 1822

8075 Vergütung des Schullehrers Laudi in Schürsdorf für die Unterrichtung der Kinder aus Schulendorf (1820-) 1825-1826

8079 Verlegung der Stelle des Erbpächters Dortmund in Kattenhöhlen von der Schule in Luschendorf zur Schule in Scharbeutz 1826

8088 Feuerungsdeputat des Schullehrers Hammerich in Schulendorf 1829

8090 Veräußerung der Kate des Pfarrlanstenhufners Lübkert in Gleschendorf 1829-1830

8091 Anlagen der Besitzer von Erbpachtsländereien in Garkau zur Kirche in Gleschendorf 1829-1833

Kirchspiel Gnissau

7985 Aufnahme des wahnsinnigen Schulhalters Schlichting in Hohenhorst 1806

8072 Verlegung der Schulen in Travenhorst und Travenort nach Kamp 1824-1825

Kirchspiel Ratekau

7894 Versorgung der späteren Witwe des Organisten Köhler in Ratekau 1767

7911 Heiratsgebühren des Pastors Schrödter in Ratekau von Eingepfarrten mit auswärtiger Braut 1778

7923 Konfirmation eines vermutlich ungetauften Mädchens namens Marie Elisabeth in Klein Timmendorf 1784

7924 Heirat der Anna Elsabe Kohlhaas aus Dummersdorf im Trauerjahr in Travemünde 1784

7962 Einstellung des Schulmeisters Myrau in Offendorf sowie Vereinbarung mit dem Konsistorium in Eutin über Schulvisitation, Prüfung und Einführung der Schullehrer 1797-1833

7993 Befreiung der Pastoratsländereien in Ratekau von der Landsteuer sowie Beschwerden des Pastors Eckermann gegen die Regierung in Eutin und Beilegung der Parochial- und Territorialstreitigkeiten 1809-1838

8009 Einlösung der Pastoratsnebengebäude in Ratekau 1812

8010 Bewerbung des Seminaristen Broder Jacob Floris in Roggenhorst um die Schullehrer- und Organistenstelle in Ratekau 1812

8033 Abgang des Schullehrers Gewert in Luschendorf mit Pension 1818

8040 Abfindung des Schullehrers in Luschendorf wegen seines Dienstlandes (1812-) 1819-1821

8056 Bau des Backhauses und Nebengebäudes auf dem Pfarrhof in Ratekau (1819-) 1821
Enthält u. a.: Grundrisse

8063 Transportkosten des Organisten und Schullehrers Cruse in Ratekau 1822-1825

8093 Nachfolge des Sohnes des Organisten und Schullehrers Cruse in Ratekau 1831-1842

Kirchspiel Reinfeld

7884 Konzession zu Hauskindstaufen für Pastor Claudius in Reinfeld 1765

7917 Bau eines Pastorats in Steinfeld 1780-1782

7918 Vergabe der Präbenden im Armenhaus in Reinfeld 1781-1782

7925 Beitrag der Parzellisten in Steinhof, Neuhof und Heidekamp im Amt Reinfeld zu den außerordentlichen Kirchenanlagegeldern 1785-1786

7935 Umgießen einer geborstenen Glocke in Reinfeld 1789-1799, 1831-1832

7943 Feuerung des Schulmeisters Thomsen in Steinfeld 1794

7947 Befreiung des Schulmeisters Wittern in Heidekamp vom Landausschuss 1794

7948 Unterhalt des Plankwerks um den Pastoratsgarten in Reinfeld 1795-1797, 1821

7960 Disposition über die Ländereien des Armenhauses in Reinfeld 1797-1798, 18411

7970 Einfriedung des Kohlhofs des Schulmeisters Thomsen in Steinfeld 1798-1799

7989 Holzdeputat des Schulmeisters in Heidkamp 1806

8000 Verstoß gegen die Sabbatsverordnung beim Aufbau der Mühle in Reinfeld 1810

8020 Bearbeitung des Dienstlandes und Abgaben des Schullehrers Lübckert in Reinfeld 1816

8025 Bau des Organistenhauses in Reinfeld 1817-1822

8027 Wiederaufbau und Unterhaltung eines Teils der Kirchhofmauer in Reinfeld durch die Parzellisten in Steinhof und Neuhof 1817-1818

8034 Priesterpflicht des Mühlenpächters Holst in Reinfeld 1818

8045 Aufhebung der Schulverbindung der Dörfer Stubbendorf und Lokfeld 1819

8053 Vergütung des Organisten Lübckert in Reinfeld wegen seines fehlenden Gartens 1820

8076 Diensteinkünfte der Predigerstelle in Reinfeld 1826

8077 Verleihung des Pastorats in Reinfeld an Propst Clasen in Meldorf 1826

8080 Holzdeputat des Organisten und Schullehrers Lübckert in Reinfeld sowie Gnadenjahr seiner Witwe 1826-1827, 1836

8087 Holzdeputat des Schullehrers in Heidekamp 1829

8095 Holzdeputat des Armenhauses in Reinfeld 1833-1834

8096 Armenhaus in Reinfeld 1834

Kirchspiel Süsel

7942 Absetzung des Schulmeisters Heinecke in Roge durch den Gutsbesitzer von Övelgönne 1794-1796

7956 Verheiratung von Untergehörigen des Gutes Övelgönne durch Pastor Martini in Süsel ohne Konsens 1795

8011 Heirat des Fischers Hans Jochim Paustian in Sierksdorf 1813

8013 Bearbeitung des Dienstlandes des Schullehrers Wildau in Sierksdorf 1813

8031 Befreiung des Parzellisten Lohff in Süsel von den Schulleistungen 1818

8042 Entlassung des Schullehrers Laudi in Roge 1819

8046 Befreiung des Parzellisten Schreve in Neustawedder von der Schule in Sierksdorf 1819

8048 Prüfung des Schullehrers Jürgens in Röbel 1818-1820

8050 Stimme des Gutes Övelgönne bei der Predigerwahl in Süsel 1820

Kirchspiel Wesenberg

7888 Weigerung der lübschen Dörfer Westerau und Barnitz zur Hilfeleistung beim Trauergeläut für König Friedrich VI. von Dänemark in Wesenberg 1766, 1797

7899 Tod des Pastors Hansen in Klein Wesenberg und Wiederbesetzung des Pastorats 1773

7914 Aufstand der Gemeinde in Klein Wesenberg gegen die Predigerwahl 1779-1780

7916 Witwengehalt für Pastorenwitwe Hansen in Wesenberg 1780-1781

7922 Untersuchung wegen des vermutlich ungetauften Christian Wolberg in Westerau 1783

7974 Konfirmationen der Konfirmanden des Pastors Jebe in Wesenberg in Lübeck 1801-1802

7991 Vereinigung der Schulen in Trenthorst und Westerau 1807-1812

7994 Interimsverwaltung des Predigerdienstes in Klein Wesenberg und rückständige Kirchenanlagen des Gutes Niendorf 1809-1815

7996 Wiederbesetzung einer Kirchenjuratenstelle in Trenthorst 1809

7998 Beschwerden des Pastors Brodersen in Klein Wesenberg gegen den dortigen Eingesessenen Christian Schumacher wegen Beleidigung 1810

8001 Ablösungszahlung des Pastors Brodersen in Klein Wesenberg an seinen Vorgänger 1810-1812

8003 Forderung der Pastorenwitwe Stricker in Wesenberg an die Kirchenkasse 1811

8008 Verhalten des Pastors Brodersen in Klein Wesenberg beim Kirchenkonvent 1812

8038 Änderung des Schulregulativs in Westerau 1818-1819

8043 Mietgelder für die Küsterwitwe Kraichen in Klein Wesenberg (1817-) 1819-1820

8059 Beschwerden des Pastors Brodersen in Klein Wesenberg 1821-1822

8062 Bau eines Küsterhauses in Klein Wesenberg 1822

8069 Schulden des Gutes Trenthorst bei der Kirchenkasse in Klein Wesenberg 1824

Kirchspiel Zarpen

7889 Holzfuhren der Dorfschaft Heidekamp für Pastor Schmidt in Zarpen 1766-1768

7900 Verhalten des Schulmeisters Valentin Schröder in Willendorf 1773-1774

7902 Vergütung der Erben des Pastors Schmidt in Zarpen für Kosten in der Kirchenrechnung 1774

7930 Prediger-, Kirchen- und Küstergebühren des Erbpachtshofs Mönkhagen im Kirchspiel Zarpen 1788-1789, 1809-1810

7932 Beitrag der Voll- und Halbhufner in Zarpen zu den Kirchenausschlagsgeldern 1788-1789

7941 Verbesserung der Diensteinkünfte des Organisten und Schulhalters Bielfeldt in Zarpen 1793

7945 Weigerung des Schmieds Peter Loeding in Zarpen zur Heirat mit seiner Braut Elisabeth Behnken 1794

7980 Bau eines Schulhauses in Dahmsdorf 1803

7986 Wiedererstattung der Naturalgetreidelieferungen an die Kirchenbediensteten in Zarpen 1806-1807

7988 Schmälerung der Diensteinkünfte des Schulhalters in Mönkhagen 1806

8007 Beteiligung der Besitzer des Wormsbrooker Teichs an den Kirchenanlagen 1810-1812, 1838

8014 Geistesschwäche des Pastors Schmidt in Zarpen 1813-1827

8029 Verbindung der Dorfschaften Ratzbek und Fliegenfelde mit der Schule in Ratzbek 1818

8036 Errichtung von Distriktsschulen in Pöhls und Willendorf 1818-1819

8039 Beteiligung an den Kosten der Schulstube in Zarpen 1819, 1830-1832

8044 Feuerungsdeputat für die Schule in Niendorf 1819-1820

8054 Aufhebung der Schulpflicht des Hans Knese in Eckhorst (Gut Eckhorst) zur Schule in Badendorf 1820

8065 Pension des Schullehrers Schildt in Pöhls 1822

8066 Rückständige Pension der Schullehrerwitwe Holdorf in Niendorf aus dem Schulfonds 1822

8074 Aussetzung des Amtsantritts des Propstes Diercksen aus Tating als Pastor in Zarpen 1825

8083 Bau des Schulhauses in Rehhorst 1828-1829

8084 Verbesserung der Diensteinnahmen des Schullehrers Essen in Rehhorst 1828-1829

8085 Amtstauglichkeit des Schullehrers Schildknecht in Willendorf 1828-1833

8098 Beihilfe zum Schulhausbau in Rehhorst 1834

Konsistorien Eutin und Segeberg

7877 Besetzung des Schuldienstes in Eilsdorf 1763-1765

7878 Heimliche Heirat des Justizrats Engenhagen mit seiner Verlobten in Sarau 1763-1764

7929 Streitigkeiten des Dorfes Gothendorf mit dem Konsistorium in Eutin wegen Verlegung des Kirchhofes der Stadt Eutin 1787-1793

7931 Kirchenstände der Eingesessenen in Wulksfelde in der Kirche in Pronstorf 1788-1798

7933 Wohnung für die Schulmeisterwitwe Wulf in Benstaben (1762) 1789

7946 Ehe des Clas Steen in Stocksee mit der Witwe Anna Schmüser aus Muggesfelde 1794

7961 Beschwerden über Schulmeister Heuseler in Stocksee 1797

8015 Befreiung der Anbauer in Christiansfelde von der Schule in Stipsdorf 1813-1814

8026 Übertragung der Veränderungen bei der Besoldung des Stadtpredigers in Eutin auf das Dorf Gothendorf 1817

8052 Anwartschaft des Pastoradjunkten Siewersen auf das Pastorat in Bosau 1820-1821

8078 Unterstützung des Schulhausbaus in Tensfeld 1826

8094 Beschwerde des Amtes Plön über die Trauung der Witwe Nickels aus Pehmen durch Pastor Sieversen in Bosau 1832

8097 Handdienste der Arbeitsleute in Eilsdorf zu Schulbauten 1834

Propstei Rendsburg

Allgemeines

1540 Streitigkeiten zwischen Stadt- und Landpredigern um den Vorsitz im Konsistorium (1697) 1708-1709

1546 Armenwesen im Amt Rendsburg 1740-1743

1542 Kirchenvisitationsgebühr für den Amtmann von Kleist in Rendsburg 1741

1544 Konsistorialaktuariat des Pastors Lehmann in Rendsburg 1748

1545 Gerichtsstand der bei königlichen Kirchen eingepfarrten gottorfischen Untertanen in Eheangelegenheiten 1749

8107 Einführung der allgemeinen Schulordnung im Amt Rendsburg und Geldschenkungen für die Schulhausbauten 1751-1752

8110 Regulativ zur Messsung des Kirchenroggens 1752-1753

8118 Streitigkeiten zwischen Amt und Stadt Rendsburg wegen Unterhalts einer Frau sowie Armenkassen der Kirchspiele des Amtes Rendsburg und Beitragsfreiheit der Bewohner des Schlossgrundes zur Armenkasse 1755

8121 Tot aufgefundenes Kind der Anna Catharina Claussen in Siezbüttel und Versorgung der Armen im Amt Rendsburg 1755-1758

8135 Abstellung der Unordnungen bei Beerdigungen in der Stadt und im Amt Rendsburg 1763

8166 Musik bei Predigerordinationen 1786

8216 Lohn für den Konsistorial- und Kirchenboten 1804-1812

8239 Schulregulativ und einzelne Schulen 1811-1835

8241 Verhältnis zu den adligen Kirchen 1812-1817

8274 Aufsicht über die Schulen in Sören, Blumenthal, Dätgen, Loop und Schierensee 1814-1815

8288 Bau der Schulhäuser in Hamweddel, Brinjahe, Rade und Audorf (1813-) 1815-1817

8314 Schulregulativ für die adligen Schulen 1813-1817

8317 Niedersetzung der Leichen in den Predigerhäusern und Kirchen 1816-1817

8346 Anfrage des Pastors Althöfer in Nortorf zur Sicherung der Glaubwürdigkeit bei Führung der Tauf- und Totenregister 1821-1822

8347 Vergütung der Prediger für den Konfirmationsunterricht und Bestätigung von Kircheninventaren 1822-1823

8356 Einrichtung der Distriktschulen für Thaden und Jahrsdorf 1823-1832

8381 Beschwerde des Klosterprostes Cai Wilhelm von Ahlefeldt in Preetz wegen seines Legats für die Schule in Felde sowie für die Armen der Güter Klein und Groß Nordsee 1827

8386 Errichtung von Distriktschulen, Schulbesuch im Kirchspiel Hademarschen und Bau eines Schulhauses in Jevenstedt 1828

Kirchenvisitation

1562 Kosten der Generalkirchenvisitation in Nortorf 1741-1747

1541 Spezial- und Generalkirchenvisitationsberichte 1741-1750

1543 Abhaltung und Kosten der Spezial- und Generalkirchenvisitationen 1747-1749

8134 General- und Spezialkirchenvisitationsbericht 1762-1763

8140 Spezialkirchenvisitationsbericht 1765 1766

8143 General- und Spezialkirchenvisitationsbericht 1768 1769

8153 Generalkirchenvisitationsbericht 1774 1774-1777
Enthält: Priesteropfer der katholischen Soldaten in Rendsburg; Leichenbahren in der Christkirche in Rendsburg; Austeilung der Armengelder; Verlegung des Examens mit den erwachsenen Armen der Neuwerker Kirche in Rendsburg

8158 General- und Spezialkirchenvisitationbericht 1777 1777
Enthält: Kirche in Hademarschen

8171 General- und Spezialkirchenvisitationsbericht 1789 1790-1791
Enthält: Entrichtung von Gebühren in Schenefeld, Nortorf, Kellinghusen und Hademarschen; Unterschrift des Amtmanns bei den Kirchenrechnungen

8178 Aufbringung der Kirchenvisitationskosten in einigen Kirchspielen durch Sammlungen 1793-1795

8266 Spezialkirchenvisitation in Bovenau 1813-1814

8287 Generalkirchenvisitation 1815

8306 Spezialkirchenvisitation 1815 1815

8322 Generalkirchenvisitation 1818-1821

8339 Vorlage der Predigtkonzepte bei den Spezialkirchenvisitationen 1820-1821

8351 Generalkirchenvisitation 1823 1823-1828

Rendsburg

1565 Streitigkeiten zwischen dem Prediger Alexander Volckmar in Rendsburg und dem Besitzer des Nübbelschen Lehns wegen der Besoldung 1648

1566 Beschädigte Kirchen und Predigerhäuser in Rendsburg sowie Rückgang der Kirchenkapitalien während der schwedischen Belagerung 1653-1654

1567 Kirchenstühle in der Christkirche in Rendsburg 1705

1568 Unordnungen an der Stadtkirche in Rendsburg 1707

1569 Strafgelder zur Ausstattung der neuen Christkirche in Rendsburg (1705) 1707

2605 Nübbelsches Legat des Herrn von Rantzau in Rendsburg 1716-1723

1570 Reparatur des Hauses des Superintendenten in Rendsburg (1692-1693) 1718-1729

1571 Verkauf einer dem Pastorat an der Marienkirche in Rendsburg vermachten Wiese 1736

1572 Einführung einer Bußrede an die Konfitenten in der Marienkirche in Rendsburg 1738-1739

1573 Verstöße gegen das Kirchenreglement bei Beerdigungen in Rendsburg und Beitrag der eingepfarrten Landgemeinden zur Reparatur der Christkirche 1739-1740

1574 Forderung von Einwohnern des Neuwerks in Rendsburg nach Befreiung vom Trauergeläut für König Christian VI. von Dänemark 1746

1575 Druckerlaubnis einer Predigt für Pastor Conradi in Rendsburg 1746

1576 Beleidigungsklage des Kupferschmieds Mues in Rendsburg gegen Pastor Langreuter 1748

1577 Kapital der Altstädter Schule in Rendsburg und Kollekte für den Neubau der Altstädter Schule 1748

8111 Bau eines Schulhauses in der Altstadt Rendsburg (1748-) 1750-1756

8122 Verbittelsgeld des ehemaligen Distriktsschullehrers Hans Sievers in Fockbek, jetziger Garnisonsschulmeister in Rendsburg 1757-1758

8124 Predigt für dänische Soldaten in der Marienkirche in Rendsburg 1758-1762

8125 Christkirche in Rendsburg 1759-1766
Enthält: Änderungen der beiden Prediger im Gottesdienst; Bestimmung der Direktoren zu Visitatoren; Ablieferung der Papiere der Kirche; Vertretung des Generalsuperintendenten; Befreiung des Kommandanten von Ahlefeldt vom Mitdirektorium

8129 Auszahlungen an den Organisten Reimers in der Altstädter Kirche in Rendsburg zur Reparatur der Orgel 1760-1761

8130 Streitigkeiten zwischen den zur Marienkirche in Rendsburg eingepfarrten Dörfern und der Stadt Rendsburg wegen Begräbnissen
Darin: Karte der Begräbnisplätze an der Kirche 1760-1766

8136 Verhalten des Kantors Kraut in Rendsburg und seine Emeritierung 1763

8141 Anzeige gegen den Schreibmeister Hargens und den Totengräber Quist an der Christkirche in Rendsburg 1766

8142 Christkirche in Rendsburg: Gebühren für den Küster, Einschüttung des Taufwassers durch den Küster, Zustand und Reglements der Neuwerker Schulen 1765-1768

8144 Regelmäßige Übergabe des Kircheninventars und der Kirchenrechnungen an die Patrone der Christkirche in Rendsburg 1769

8145 Abstellung der wöchentlichen Betstunde, der Vorlesung der Episteln durch einen Schulknaben und das Absingen der lateinischen Worte „Benedicamus Domino" in der Christkirche in Rendsburg 1769

8146 Trauung von zwei katholischen Einwohnern aus Rendsburg in Lübeck sowie Streitigkeiten zwischen dem Magistrat in Lübeck und dem dortigen Domkapitel wegen Jurisdiktion über die katholischen Priester 1769-1770

8147 Armenwesen in Rendsburg 1770-1776

8149 Handel des Küsters Friedrich Christian Rathje an der Altstädter Kirche in Rendsburg 1771

8150 Abzüge der Regimenter und des Artilleriedetachements in Rendsburg von den Priesteropfern 1772

8154 Nachlass der Anna Margaretha Eckmann in Rendsburg an die Armenkasse der dortigen Christkirche 1775

8156 Weigerung der Besitzer der Güter Emkendorf und Osterrade zur Beteiligung an den Kosten des Kirchturmbaus in Rendsburg (1776) 1777

8157 Einwendungen des Mitvormundes Johann David Koch gegen die Sicherheit einer Hypothek des Rektors Johann Rudolph Wagner in Rendsburg 1777

8159 Befreiung der Klingelbeutelträger vom Manteltragen an der Christkirche in Rendsburg 1778

8161 Widerspruch von Eingesessenen in Schacht und Audorf gegen Bestellung des Claus Neve zum Schulmeister in Schacht 1779

8162 Halbes Gnadenjahr für die Tochter des Rektors Clasen in Rendsburg 1780-1781

8164 Tod des Kantors Maak in Rendsburg und Wiederbesetzung der Stelle 1785

8167 Kündigung eines Kapitals der Schloss- und Garnisonskirche in Rendsburg 1787

8180 Schulstube für Konrektor Lucht in Rendsburg 1794-1795, 1813-1815

8186 Freie Wohnung oder Vergütung für die Pastorenwitwe Wagner in Rendsburg 1796-1797

8190 Zweifel an der Taufe des Tambours Hintz in Rendsburg 1798

8195 Zulage des Diakons Steen in Rendsburg 1800

8198 Bestimmung des Schulmeistergehalts in Fockbek 1800

8207 Zulage des Frühpredigers Clasen in Rendsburg aus der Kirchenkasse 1803

8209 Begräbnisgebühren der Kirchenbediensteten an der Christ- und Garnisonskirche in Rendsburg 1803-1804

8210 Wiederbesetzung der Garnisonsschullehrerstelle in Rendsburg 1803-1804

8214 Dienstverbesserung der Nebenschullehrer Juel und Lühs in Rendsburg 1803-1804

8217 Rückzahlung der Ordinationskosten des Pastors Clasen in Meldorf, vormals in Rendsburg 1805-1806

8220 Verordnungswidrige Heiratsgebühr des Gevollmächtigten Carl Friedrich Thode von Fehmarn in Rendsburg 1806

8221 Pension der Pastorenwitwe Bluhme in Rendsburg 1806

8222 Gehaltserhöhung für die Schullehrer in Rendsburg und Schulordnung für die Schulen im Neuwerk 1806-1834

8223 Zulage des Diakon Sievers in Rendsburg 1806

8226 Pensionszahlung des Kompastors Sievers in Rendsburg an die Pastorenwitwe Bluhme 1807-1808

8233 Dienstabgabe des Pastors Coch in Rendsburg an die Witwe seines Vorgängers 1810

8236 Begräbnisse entlassener Militärpersonen in Rendsburg 1810-1811

8250 Auszahlung der Salariengelder an die Kirchenbediensteten in Rendsburg 1812-1814

8260 Reparatur des Schulhauses der Dorfschaften Audorf und Schacht 1813

8268 Pension der Kompastorenwitwe in Rendsburg und zerrütteter Zustand der Kirchenkasse 1814-1819

8270 Vereinigung des Diakonats in der Altstadt Rendsburg mit dem Kompastorat an der Christ- und Garnisonskirche 1813-1816

8271 Beitrag des verabschiedeten Unteroffiziers Sebastian Schneider in Rendsburg zum Schulgehalt 1814

8272 Unterstützung der Tochter des ehemaligen Hauptpredigers Matthiae in Rendsburg 1814

8285 Entlassung des wahnsinigen Schreibmeisters Schilling in Rendsburg 1814-1834

8295 Instandsetzung des Schulhauses in Ostenfeld 1815, 1828

8296 Pension der Pastorenwitwe Schröder in Rendsburg 1815

8304 Nichtbesetzung des Diakonats an der Altstädter Kirche in Rendsburg 1815-1818

8316 Unterstützung des Schulhausbaus in Rade 1817

8321 Torflieferung der Dorfschaft Osterrönfeld für Rektor und Konrektor in Rendsburg (1816) 1817-1818

8334 Gnadenjahr der Witwe des Küsters sowie Schreib- und Rechenmeisters Landsmann in Rendsburg 1819

8342 Versetzung der Einfriedung des Pastoratsgartens in Rendsburg zur Anlage einer Straße 1821

8349 Weigerung des Anbauers Schmidt in Rotensande zum Beitrag zu den Schullasten und Abgaben an die Schule in Brokstedt 1822-1823

8355 Dienstantritt des Kompastors Hansen an der Christ- und Garnisonskirche in Rendsburg 1824

8361 Beihilfe zum Bau eines Schulhauses in Büdelsdorf 1824-1825

8362 Reparatur des großen Turms der Marienkirche in Rendsburg 1824, 1830-1833

8392 Belegung eines Kapitals der Hospitalarmenkasse in Rendsburg 1829-1830

Kirchspiel Bovenau

8393 Fehlende Eintragung der Brockdorffschen Begräbnisgelder in das Rechnungsbuch in Bovenau 1829-1830

Kirchspiel Hademarschen

8139 Kosten des Carsten Gosch in Bokelhop in einer Streitangelegenheit sowie seine Verheiratung mit Elisabeth Pletens außerhalb des Kirchspiels 1765-1771

8179 Verteilung der Kirchenanlagen in Hanerau 1795

8184 Verkauf der Pastoratsställe und Bau eines Pastorats in Hademarschen 1796-1797

8201 Veränderungen mit dem Predigerwitwenhaus in Hademarschen 1801-1802, 1828

8213 Vergütung des Organisten in Hademarschen statt des Umsingens 1803-1804

13004 Schulverfügung des Gutsbesitzers von Hanerau 1812

8254 Erleichterung der Schullasten in Hademarschen 1813

8257 Schuleinrichtung des Kirchspiels Hademarschen 1813

8292 Schulhausbau in Hademarschen 1815

8307 Reparatur des Organisten- und Schulhauses in Hademarschen
Darin: Ansicht und Grundriss, 1817 1816-1817, 1830-1831

8328 Beteiligung an den Schullasten in Thaden 1819

8340 Beitrag des Claus Wohlers zu den Realschullasten in Hademarschen (1819) 1820

8370 Regulativ für die Verwaltung des Kirchen-, Schul- und Armenwesens im Kirchspiel Hademarschen 1826-1827, 1838

8387 Personalschullasten von Schulinteressenten in Steenfeld und Liesbüttel mit mehreren Stellen 1828

8394 Aufhebung des Beichtgeldes in Hademarschen 1832

Kirchspiel Hohenwestedt

1547 Landstreitigkeiten der Kirche in Hohenwestedt mit Graf Christian Detlef Rantzau auf Drage 1705

1548 Kirchenanlagen in Hohenwestedt des Mühlenpächters Tode in Rade 1742-1743

1549 Zulassung eines Kirchenjuraten in Hohenwestedt für die Eingepfarrten des Klosters Itzehoe und des Gutes Drage 1745

1550 Prozess des Pastors Seiffart in Hohenwestedt und des Goldschmieds Lilienthal in Rendsburg mit dem Advokaten Vogt in Eckernförde wegen Rechnungen und Briefen 1748

8152 Überlassung von Pastoratsland in Hohenwestedt an die Kätner 1774-1775

8163 Forderung des Malers J. H. Meyer für seine Arbeit am Kirchturm in Hohenwestedt 1784

8169 Holzschlag in den Kirchenwaldungen in Hohenwestedt wegen Kirchenbaukosten 1788

8187 Verweigerung der Schulinteressenten in Remmels der Schulabgaben 1796

8204 Erhöhung der Diensteinkünfte des Diakonats und Verbesserung der Kirchengeschäfte in Hohenwestedt 1802-1822

8231 Pflichtroggen des Jasper Möller in Hohenwestedt an den Pastor in Hohenaspe 1808-1809

8238 Blitzableiter für die Kirche in Hohenwestedt 1811

8240 Reparatur der Kirche in Hohenwestedt 1811-1812

8245 Vergütung des Diakons Homfeldt in Hohenwestedt für die Verwaltung des vakanten Pastorats 1812-1813

8246 Kirchenanlagen in Hohenwestedt 1812-1813

8256 Reparatur des Schulhauses in Remmels 1813, 1831-1832

8267 Abfindung des Schullehrers in Hohenwestedt für Fütterung von Kühen und Kornlieferungen 1813-1814

8269 Abfindung des Schullehrers der Dorfschaften Mörel und Rade für Winterfütterung und Kornlieferungen 1813-1814

8299 Änderung des Schulregulativs in Vaasbüttel und Glüsing wegen Verteilung der Realschullasten im Schuldistrikt Hohenwestedt 1815-1829

8311 Roggensammlung für den Organisten Hensen in Hohenwestedt 1816

8319 Wiederaufbau des abgebrannten Schulhauses in Nindorf 1817

8335 Beibehaltung der Schule in Silzen 1818-1833

8338 Beitrag der Prediger in Hohenwestedt zu den Hebammenkosten 1820

8345 Bestallungsgebühren des Organisten, Küsters und Schulmeisters Staack in Hohenwestedt 1821

8365 Beitrag des Detlef Martens in Grauel zum dortigen Schulgehalt für seinen Sohn in Hohenwestedt 1824-1825

8376 Bau eines Organisten- und Schulhauses in Hohenwestedt
Darin: Profilzeichnungen und Grundrisse 1826-1829

8378 Bau eines Predigerwitwenhauses in Hohenwestedt 1826-1827

8396 Bau eines Predigerwitwenhauses in Hohenwestedt 1833-1834

Kirchspiel Jevenstedt

8131 Unzulässige Heirat des Hans Thöming in Breiholz mit Ida Kratzau aus Lensahn 1762-1763

8133 Erweiterung der Kirche in Jevenstedt sowie Vorschlag des Pastors Bluhme über die Errichtung eigener Kirchen für Breiholz, Lohklindt, Hamdorf, Huy und Elsdorf 1763
Darin: Riss des Erweiterungsbaus

8174 Frauenkirchenstand in Jevenstedt (1768-) 1791

8175 Reparatur der Kirchengebäude in Jevenstedt 1792

8177 Kirchen- und Kirchspielsrechnungen in Jevenstedt 1793-1795

8183 Tausch der zur Kirche in Jevenstedt gehörenden Rohwiese 1794-1796

8189 Proteste von Eingesessenen in Haale gegen die Bestellung des Claus Harbst zum Schulmeister 1797

8200 Einpfarrung des Dorfes Haale nach Jevenstedt 1801

8219 Beteiligungsverfahren zu den Kirchen- und Schulanlagen im Kirchspiel Jevenstedt 1805-1811

8242 Entlassung des Schullehrers Preuss in Breiholz 1812-1813

8252 Instandsetzung des Schulhauses in Stafstedt 1813-1818

8253 Schuleinrichtungen der Dorfschaften Embühren und Brinjahe 1813-1815

8259 Distriktsschule in Jevenstedt 1813

8261 Befreiung der Dorfschaft Hörsten vom Schuldistrikt Hamweddel 1813-1814

8273 Schulland in Haale 1814-1815

8283 Gnadenjahr und Pension der Küsterwitwe Truelsen in Jevenstedt 1814-1815

8305 Errichtung einer Nebenschule in Hörsten und Schachtholm 1815-1816, 1830-1831

8309 Beteiligung der Dorfschaft Embühren an den Realschullasten in Haale 1816

8310 Beteiligung des Claus Schwager und des Claus Rohwer in Schevenbrügge an den Schullasten in Jevenstedt 1816

8320 Forderungen der Schulvorsteher in Haale an den Besitzer der ehemaligen Hegereiterstelle 1817

8330 Entschädigung des Pastors Schulze in Jevenstedt wegen Kriegsschadens 1819

8331 Anbau des Schulhauses in Westerrönfeld 1819

8332 Torflieferung für den Schullehrer in Westerrönfeld 1819

8344 Bearbeitung des Schullandes in Jevenstedt 1821-1826

8350 Heu- und Strohlieferungen an den Schullehrer Bock sowie Bearbeitung des Schullandes in Westerrönfeld 1823

8360 Bearbeitung des Schullandes in Jevenstedt 1824

8367 Predigerwitwenhaus für Pastor Schulze in Jevenstedt 1824-1827

8374 Beitrag der Eingesessenen in Breiholz zur Bearbeitung des Schullandes in Haale 1826

2465 Unterhalt der Einfriedung der Hofstelle des Pastorats in Jevenstedt
Enthält u. a.: Kircheninventar, 1777 (1777) 1825-1829

8390 Bau eines Küster- und Schulhauses in Jevenstedt 1828-1829

Kirchspiel Kellinghusen

1552 Kirchen- und Kirchspielvogteiländereien in Kellinghusen 1706

1553 Holzfällen in der Kirchenhölzung Kellinghusen durch Untertanen der Herrschaft Breitenburg und des Klosters Itzehoe 1740-1741

1554 Untersuchung und Regulierung der Kirchengüter und Kirchengelder in Kellinghusen 1742

1555 Dispense für gemeinschaftliche Eingepfarrte in Kellinghusen 1748

1556 Aufhebung der Armenkasse in Kellinghusen 1750

8106 Wiedererstattung von Bestätigungsgebühren der Prediger in Kellinghusen 1751

8108 Ernennung eines Kirchenjuraten des Klosters Itzehoe bei der Kirche in Kellinghusen 1751-1754

8114 Verwaltung der Armengelder in Kellinghusen 1753

8115 Rückständige Roggenheuer des Gutes Drage an die Kirche in Kellinghusen 1705-1706, 1754-1757

8116 Verhalten des Diakonadjunkten Müller in Kellinghusen 1755

8117 Verbot für die Eingesessenen des Kirchspiels Kellinghusen zur Heirat außerhalb des Kirchspiels ohne Dispens 1755

8120 Neuerungen bei den Pastorats- und Kirchenländereien in Kellinghusen 1756

8127 Geldäquivalent für den Organisten und Schulmeister Schlichting in Kellinghusen statt des Umsingens 1758-1759

8160 Befreiung vom Armenvorsteheramt für Claus Mehrens in Overndorf (1778) 1779

8168 Überlassung von Pastoratsland in Kellinghusen zur Erweiterung der Fayencefabrik des Jochim Möller 1788

8172 Überlassung eines Pastoratsgartens in Kellinghusen an den dortigen Einwohner Hinrich Schröder 1790

8202 Bau eines Kirchenchores in Kellinghusen durch den dortigen Eingesessen Jürgen Bracker 1801-1805

8243 Kirchen- und Schulanlagen im Kirchspiel Kellinghusen 1811-1833

8277 Unzufriedenheit der Schulinteressenten in Sarlhusen mit dem Schullehrer Rehmcke (1810-) 1814, 1827

Enthält auch: Hinzuziehung der Dorfschaft Willenscharen zum Unterhalt der Schule in Sarlhusen, 1827

8293 Streitigkeiten der Eingesessenen in Sarlhusen mit dem Schullehrer Rehmcke 1815

8286 Schulbeitrag des Kommissionsrats Amsberg auf Karlshof 1814

8294 Pfändung bei Schulrestanten in Kellinghusen 1815-1823

8298 Verteilung der Schullasten des Fleckensschuldistriktes Kellinghusen 1815-1816

8300 Dienstverbesserung des Schullehrers Fock in Kellinghusen aus den Pastoratseinkünften 1815

8301 Dienstverbesserung des Diakonats in Kellinghusen aus den Pastoratseinkünften 1815-1816

8303 Bewilligung von Roggen für den Schullehrer in Rosdorf 1815

8308 Verbindung des Dorfes Willenscharen mit der Distriktsschule in Sarlhusen 1815-1816

8312 Zulage der Elementarschullehrer Stolley und Lohse in Kellinghusen aus dem Schulfonds 1816

8313 Kirchhof für die Pflegeanstalt in Karlshof 1816-1818

8336 Verteilung der Realschullasten in Rosdorf 1820

8341 Schulpflicht der Pachtstelle Neumühlen der Herrschaft Breitenburg bei Mühlenbarbek 1820-1821

8343 Leistungen des Martin Kröger in Springhoe an die Schule in Lockstedt 1821

8353 Beitrag der Kätner in Rosdorf zu den Kirchenanlagen in Kellinghusen 1823

8359 Heulieferung des Tischlers Langbehn in Sarlhusen an den Schullehrer 1824

8363 Austausch einer dem Diakonat in Kellinghusen gehörenden Koppel bei Louisenberg 1824-1825

8368 Anlage eines Familienbegräbnisses des Eduard Ross auf Louisenberg 1825

8379 Bau einer Scheune beim Hauptpastorat in Kellinghusen 1827

8382 Herabsetzung der Schullasten des Harder Ralfs in Overndorf 1827

8384 Bearbeitung von Schulland in Quarnstedt 1827-1828

8385 Gehaltserhöhung des Schullehrers Johannes Schröder in Rosdorf 1828

Kirchspiel Nortorf

1557 Eingriffe des Amtmanns von Bordesholm in königliche Episkopalrechte in Nortorf bei einer Eheangelegenheit 1691-1692

1558 Geläut in Nortorf für Herzog Carl Friedrich von Gottorf 1739

1561 Widerspruch der Eingesessenen in Nortorf gegen einen neuen Kirchenstuhl 1740

1563 Rechte und Gerechtsame des Küsters und Organisten Schlichting in Nortorf 1741-1753

1564 Roggenlieferung des Kirchspielvogts Jaanke in Nortorf an die Armen in der Stadt Rendsburg 1746

8103 Bestellung eines Kirchenjuraten für die im Kirchspiel Nortorf eingepfarrten Untertanen des Amtes Bordesholm und des Gutes Emkendorf 1748, 1833-1834

2604 Jurisdiktion über die Kirchenstühle in Nortorf (1735-) 1750

8105 Beschwerden des Pastors Reisich in Nortorf gegen zwei eingepfarrte Hufner des Klosters Itzehoe wegen verweigerter Dienste 1750-1755

8112 Anspruch des Klosters Itzehoe auf das Patronatsrecht an der Kirche in Nortorf 1753-1754

8113 Bau eines Predigerwitwenhauses in Nortorf 1753-1757

8119 Vergehen der Kirchenjuraten in Nortorf und Einschränkungen der dortigen Visitationsmahlzeiten 1755-1756

8123 Bestellung eines Schullehres in Blumenthal 1757-1758

8126 Unerlaubte Verheiratung der Witwe Gretje Bülcke aus Langwedel mit Hans Wolf durch Pastor Petersen in Nortorf (1757) 1758

8128 Streitigkeiten zwischen dem Pastor in Nortorf und dem Eingesessenen Jürgen Staven in Thienbüttel wegen verweigerten Opfergeldes 1760-1761

8137 Wiederbesetzung der Schullehrerstelle in Dätgen 1763

8151 Scheidung des Jürgen Ehlers in Timmaspe von seiner inhaftierten Ehefrau 1774-1775

8165 Pension und Einräumung des Predigerwitwenhauses für die Pastorenwitwe Möller in Nortorf 1785

8170 Beschwerden gegen Schulmeister Unterhorst in Schülp 1788

8176 Heimliche Beerdigungen in Nortorf 1793

8181 Verbesserung der Schuleinkünfte des Organisten Johannsen in Nortorf 1795

8185 Beschwerde des Hans Langmack in Böken über den Entzug seiner Schulmeisterstelle 1796

8191 Lehrart des Schulmeisters Röschmann in Timmaspe 1799-1800

8192 Konfirmationshandlung des Diakon Meyer in Nortorf 1799

8194 Beschwerden gegen den Organisten und Schulmeister Johannsen in Nortorf 1799-1800

8196 Weigerung der Dorfschaften Innien und Homfeld zu Fuhren für den Diakon Meyer in Nortorf 1800

8199 Dienstentlassung des Bauervogts Wittmack in Timmaspe 1800-1801

8206 Beteiligung des Jacob Engellandt in Breiholz an den Kosten des dortigen Schulhausbaus 1803

8208 Kirchenfuhren der Eingesessenen in Nortorf 1803, 1809

8211 Gnadenjahr für die Erben des Hauptpastors Domeier in Nortorf 1803-1809

8212 Verfall der Kirche in Nortorf und Regulierung der Beiträge zu den dortigen Kirchenanlagen (1779-) 1803-1838
Enthält u. a.: Berechnung der Grund- und Benutzungssteuer, 1813

8215 Beihilfe für den Schulhausbau in Bargstedt 1804

8218 Schule in Holdorf 1805-1806

8227 Trennung der Dorfschaft Rumohr von der Kirche in Nortorf und Einpfarrung der Dorfschaft Sören zur Kirche in Bordesholm 1807-1808

8228 Verbesserung des Diakonats- und Schullehrerdienstes in Nortorf aus den Pastoratseinkünften 1807-1809

8229 Beitrag der Eingesessenen in Brahmkamp zu den Schulanlagen in Schülp 1808

8232 Strittige Predigerwahl in Nortorf 1809

8234 Rückständige Gagen- und Akzidentiensteuer des Pastors Meyer in Nortorf 1810

8235 Kornlieferungen des Kirchspiels Nortorf an die Kirche und die Prediger 1810-1813

8237 Verheiratung des Pastors Thode in Nortorf im Pastorat 1811

8244 Bezug der Einkünfte des vakanten Diakonats in Nortorf durch Pastor Thode 1812

8248 Überschuss von den während der Vakanz verpachteten Diakonatsländereien in Nortorf 1813

8249 Bezahlung des Gehalts des Pastors Michaelsen in Nortorf 1813

8251 Bau eines Schulhauses durch die Dorfschaften Bargfeld und Bünzen 1813

8264 Unterstützung zum Schulbau in Groß Vollstedt 1813-1814

8265 Verlegung der drei adligen Eingesessenen in Seedorf zum Schuldistrikt Borgdorf 1813

8276 Raub von Kirchengeldern in Nortorf 1814

8280 Anlage einer Distriktsschule in Eisendorf 1814-1816

8281 Schulhausbau der Dorfschaften Holdorf und Oldenhütten 1814-1817, 1836-1843

8289 Schulhaus für Ellerdorf und Eisendorf 1815

8290 Unterstützung des Schulhausbaus in Timmaspe 1815

8291 Verbindung der Dörfer Seedorf und Springwedel mit der Schule in Borgdorf 1815

8315 Beitrag des Henning Ratjen in Bokel (Amt Rendsburg) zu den Schullasten 1816-1817

8323 Erhöhung der Diensteinnahmen der Schullehrer im Kirchspiel Nortorf 1817-1818, 1830

8324 Tausch des Predigerwitwenhauses in Nortorf gegen das Schulhaus 1818

8326 Bau des Schulhauses für die Dorfschaften Bargfeld und Bünzen 1818

8327 Beiträge zu den Baukosten des Schulhauses in Nortorf 1819-1821

8329 Beitrag der Dorfschaft Thienbüttel zum Schulland in Nortorf 1819

8337 Beteiligung der Eingesessenen in Springwedel an den Schullasten in Borgdorf 1820

8348 Gagen-, Akzidentien- und Landsteuer des Pastors Althöfer in Nortorf 1822-1823

8354 Unterstützung für die Schule in Sören aus dem Schulfonds 1823-1830

8357 Unterstützung aus dem Schulfonds für die Pension des Schullehrers Staacken in Blumenthal 1823-1824

8364 Instandsetzung der Predigerwohnung in Nortorf 1821-1825

8371 Aufnahme von Mietsleuten im Schulhaus in Eisendorf 1826

8373 Beihilfe zur Erweiterung des Schulhauses in Borgdorf 1826

8375 Beitrag des Insten Detlef Jäger in Krogaspe zum Schulgehalt für seine Tochter 1826-1827

8377 Beihilfe zum Schulhausbau in Homfeld 1826-1827

8380 Überlassung eines Teils der Koppel des Halbhufners Tim Sachau in Gnutz zum Bau eines Schulhauses 1827-1830

8383 Bau eines Schulhauses in Langwedel 1827-1828
Darin: Profilzeichnung und Grundriss

8388 Gehaltserhöhung des Schullehrers Iben in Groß Vollstedt 1828

8389 Beihilfe aus dem Schulfonds für den Schulhausbau in Brammer 1828

Kirchspiel Schenefeld

8100 Veränderungen in der Kirche in Schenefeld 1707-1708

1578 Schule in Schenefeld 1708-1709

8101 Ansprüche der Besitzer der Güter Drage, Hanerau und Mehlbek an der Kirche in Schenefeld durch 1711

8102 Verweigerter Beitrag von Untergehörigen der Güter Drage und Mehlbek zum Turmbau in Schenefeld 1739-1741

1579 Beleidigungsprozess der Kätner in Schenefeld gegen Pastor Königsmann 1745

1580 Schwängerung der Antje Peymann in Schenefeld vor ihrer Konfirmation 1747

1581 Abstellung von Missständen an der Kirche in Schenefeld, besonders beim Beichten 1748-1779

8104 Verkauf der Kirchenhölzung des Kirchspiels Schenefeld 1750-1751

8109 Armenversorgung im Kirchspiel Schenefeld 1753-1757, 1832-1833

8132 Heirat des David Hans Thralmann in Lütjenwestedt ohne Heiratsattest 1762-1763

8138 Verheiratung der aus der Leibeigenschaft entwichenen Anna Christina Jansen durch Pastor Thiel in Schenefeld 1765

8148 Beichte der außerhalb des Kirchdorfs Schenefeld wohnenden Eingepfarrten 1771

8155 Roggenlieferungen an Prediger und Küster im Kirchspiel Schenefeld 1776-1777

8173 Beibehaltung und Reparatur des Diakonatsstalles in Schenefeld 1791-1792

8182 Abstellung von nachteiligen Einrichtungen für den Prediger in Schenefeld 1795-1797

8188 Verkauf von Holz aus der Kirchenhölzung in Schenefeld 1797

8193 Besetzung der Organisten- und Schullehrerstelle in Schenefeld 1799-1805

8197 Landabfindung der Prediger und Küster in Schenefeld sowie Überlassung von Pastoratsland an die Witwe des Kirchspielsarztes Cassuben in Schenefeld 1800, 1817, 1830

8203 Reparatur des Pastorats in Schenefeld 1802-1812

8205 Vergütung des Amtsvorgängers des Pastors Schröder in Schenefeld für Fruchtbäume 1803

8224 Verbesserung der Diensteinkünfte des Schullehrers in Pöschendorf 1807-1834

8225 Lieferung einer Kirchenkuh und eines Stubenofens an Pastor Dierck-sen in Schenefeld 1807

8230 Entlassung des Schulmeisters Kruse in Beringstedt 1809-1811

8255 Besetzung des kombinierten Schuldistriktes in Puls und Oldenborstel 1813-1816

8258 Bau einer Schulwohnung für den Schuldistrikt von Pöschendorf, Hadenfeld und Kaisborstel 1813-1829

8262 Anlage von Distriktsschulen in Todenbüttel und Maisborstel 1813

8263 Ernennung eines gemeinschaftlichen Schullehrers für Todenbüttel und Maisborstel 1813-1814

8275 Weigerung der Dorfschaft Pöschendorf zu Abgabenleistungen an den Schullehrer 1814-1815

8278 Verbindung der Schule in Oldenborstel mit der Schule in Puls 1813-1834

8279 Aufhebung der Schulverbindung von Warringholz und Seefeld 1813-1815

8282 Besetzung der Schulstelle in Reher 1814

8284 Kornabfindung des Schullehrers in Reher 1813-1815

8297 Bau des Schulhauses für Todenbüttel und Maisborstel 1815-1816

8318 Anschaffung einer Orgel in Schenefeld 1817

8325 Dienstland des Schullehrers des Schuldistrikts Todenbüttel und Maisborstel 1818

8352 Wiederaufbau des abgebrannten Diakonats in Schenefeld 1823

8358 Weigerung der Prediger in Schenefeld zur Zurücksendung von obrigkeitlichen Bekanntmachungen 1824

8366 Hinzuziehung der Dorfschaften Bokhorst, Lohmühle und Keller zu den Kosten der Winternebenschule in Aasbüttel sowie Bau des dortigen Schulhauses 1824-1826

8369 Beschwerden gegen den Schullehrer Hadenfeld in Reher 1825

8391 Bau eines Küster- und Schulhauses in Schenefeld 1829-1831

8395 Kirchenhölzungen in Schenefeld 1833-1840

Kirchspiel Westensee

8247 Holzdeputatlieferung der Dorfschaft Schierensee an den Prediger in Westensee 1812-1813, 1824

8302 Vorenthaltenes Gehalt des Schullehrers Wessel in Blocksdorf 1815

8333 Beschwerden des Schullehrers Wessel in Blocksdorf (1797-) 1819-1834

8372 Tausch von Schulländereien in Schierensee 1826-1827

Propstei Segeberg

Allgemeines

1948 Kirchenvisitation und Patronatsrecht und bischöfliches Recht über die Kirchen in Lütjenburg, Großenbrode, Warder und Wandsbek 1656-1739

1926 Verwaltung des Fabritianischen Legats durch Propst Georg Hinrich Burchardi 1693

1947 Ehescheidung zwischen Cilia Meiers und Joachim Tiessen in Henstedt sowie Ehebruch des Küsters und Schulmeisters in Leezen 1694-1698

1908 Beibehaltung des Episkopalrechts über die adligen Kirchen 1711-1712

1927 Aufnahme der wahnsinningen Sielcke Lütjens 1732-1735

1910 Ernennung des Kammerrats und Amtsverwalters Paul Christian Stemann zum Konvisitator im Amt Segeberg 1738

1911 Kirchenvisitationsgebühren und Fuhren für den Amtmann von Segeberg 1740

1914 Propsteiarchiv, Bestallungskosten der Pröpste und Gnadenjahr der Propstwitwen 1740-1754

1915 Aufnahme von Kirchenrechnungen durch den Kammerrat und Amtsverwalter Stemann 1740

1916 Verhältnis des Amtmanns Hans Rantzau als Vorsitzender des Konsistoriums zum Propst 1740

1928 Schule 1740-1742

1929 Schornsteine in den neuen Schulhäusern 1741

1917 Verhältnis des Herzogs von Plön und seiner Untertanen zum Konsistorium 1741-1750

1918 Verfahren bei Dispensgesuchen von bei königlichen Kirchen eingepfarrten Untertanen anderer Jurisdiktionen 1742

1953 Predigerwahlen, Einführung, Kirchenvisitation und Fuhren bei den adligen Kirchen, besonders in Pronstorf 1743-1763

1913 Publikation von öffentlichen Bekanntmachungen durch den Propst 1740-1743

1909 Inventar über Hinterlassenschaften von Predigern und Kirchenbediensteten, besonders bei adligen Kirchen 1743-1755

1920 Trauergeläut für den Amtmann Hans Rantzau 1744-1745

1919 Streitigkeiten zwischen Amtmann Hans Rantzau und Propst Burchardi wegen verschiedener Angelegenheiten 1743-1744

1922 Streitigkeiten zwischen Amtsverwalter Stemann und Propst Burchardi wegen verschiedener Angelegenheiten 1745-1747

1923 Jurisdiktion in geistlichen Angelegenheiten über Untertanen des Domkapitels in Lübeck 1745-1748

1921 Bestallungskosten des Propstes Burchardi 1745

1946 Sitz des Pastors Tilli in Kaltenkirchen im Konsistorium 1748

1924 Streitigkeiten zwischen Amtmann Graf von Stolberg und Propst Burchardi wegen verschiedener Angelegenheiten 1748-1750

8404 Vertretung des Amtmanns Graf von Stolberg durch seinen Sekretär bei den Kirchenvisitationen 1750

8406 Geldgeschenk des Propstes Burchardi zur Anschaffung von Schulbüchern 1751

8407 Gebühren des Propstes Burchardi wegen Untersuchung der Kirchen- und Armenkapitalien in Pronstorf 1751

8410 Zuständigkeit bei Ehedispensen für bei Kirchen der Propstei Segeberg eingepfarrte Untertanen des Herzogtums Plön 1752-1762

8411 Änderung von Bestimmungen der Schulverordnung 1753

8413 Beschwerden der großfürstlichen Regierung wegen Jurisdiktion über Dorothea Nickelsen in Rohlfshagen 1754

8421 Zulassung der Christina Margaretha Bergen aus Heiligenhafen zur Konfirmation 1761

8423 Weigerung des Propstes Ulitsch zur Trauung des Hans Harder in Bark 1761

8424 Tod des Propstes Ulitsch und Versiegelung des Konsistorialarchivs 1762

8432 Aufhebung einer Vorladung an einen Untergehörigen des Gutes Wandsbek 1765
Darin: „Altonaischer Mercurius“ vom 15. Januar 1765

8433 Unterlassung von Veröffentlichungen gemeinschaftlicher Verordnungen an den adligen Kirchen 1763-1766

8441 Anweisung freier Kirchenstühle für die Offiziere und Unteroffiziere der National-Bataillone 1770

8444 Bekanntgabe von Kirchenreparaturen vor den Kirchenvisitationen 1772-1773

8445 Zuständigkeit des Amtsverwalters in Kirchen- und Schulangelegenheiten bei Vakanz der Amtmannstelle 1772

8446 Feier des Maria-Magdalena-Tages in Bramstedt und Bornhöved 1772

8476 Weigerung des Amtes Reinbek zur Festhaltung des Bauervogts Greve in Bredenbekshorst 1786

8479 Tod des Propstes Hasse, Gnadenjahr der Kinder, vorübergehende Verwaltung und Wiederbesetzung 1788

8496 Armenanstalten in den Kirchspielen 1794, 1819

8497 Vorschlag des Pastors Valentiner in Pronstorf zur Aufhebung der Unterschiede in den Heiratsverordnungen 1794-1795

8508 Erhöhung der Akzidentien des Konsistorialboten Marx Kruse 1797-1799

8512 Klagen der Prediger in Zarpen und Pronstorf über den Mangel an obrigkeitlichem Beistand in Schulangelegenheiten 1797

8518 Dienstleistungen der Schulinteressenten in den Ämtern Segeberg und Traventhal 1801-1804

8534 Zeitpunkt der Zahlung von Gebühren an Kirchen- und Schulbedienten für frühgeborene Kinder 1804

8549 Anwesenheit des Justitiars von Wandsbek bei den Generalkirchenvistationen 1806-1807

8570 Kirchspielszugehörigkeit des Meierhofs Frauenholz 1810-1811

8582 Schulregulativ 1812-1834

8584 Verhältnis zu den adligen Kirchen 1812

8591 Verlegung des Kirchspiels Stellau unter die Propstei Münsterdorf 1812-1819

8599 Hinzuziehung der Landsschullehrer zum Landsturm und zum Ordonnanzreiten 1813

8614 Amtsgehilfe für Propst Kruse 1815-1821

8620 Forderung des Amtes Traventhal nach Einlösung eines Trauscheins 1815

8623 Vorschlag des Diakons Passow in Oldesloe über die Verlegung der Konfirmation auf den zweiten Ostertag 1815-1823

8653 Anschaffung von Schulbüchern für arme Kinder 1817

8683 Predigerwitwenzulagekasse 1817-1818

8705 Gehalt des Propstes Nissen 1821, 1823-1834

8707 Handdienste der Altenteiler und Abnahmeleute zu den Schulen 1822-1823

8712 Abfindung der Schullehrerwitwen 1822

8741 Beschwerde gegen Pastor Oertling in Bornhöved wegen Gebühren und Bestimmung des Begriffs „Extraparochiani“ für Pastor Harding in Neumünster 1826-1827

8745 Verbesserung der Lage der Schullehrerwitwen 1827-1828

8776 Anlage von Backöfen und Wasserableitungsgräben durch die Schulkommunen 1832-1838

8782 Abstellung der Prüfung der Jugend in der Kirche an den Kirchenvisitationstagen 1834

Kirchenvisitation

1952 Kirchenvisitation in Pronstorf 1738-1763
Enthält auch: Kirchenvisitation in Warder

1912 Generalkirchenvisitationsbericht 1742-1745

2639 Generalkirchenvisitationsbericht 1742 1743

8397 Generalkirchenvisitationsberichte 1752-1783
Enthält: 1751, 1754, 1761, 1765, 1769, 1773, 1776, 1779, 1782

8398 Generalkirchenvisitationsberichte 1786-1812
Enthält: 1785, 1788, 1793, 1811

8399 Spezialkirchenvisitationsberichte 1739 bis 1769 1740-1770

8400 Spezialkirchenvisitationsberichte 1770 bis 1778 1771-1782

8401 Spezialkirchenvisitationsberichte 1779 bis 1790 1780-1790

8402 Spezialkirchenvisitationsberichte 1791 bis 1801 1792-1803

8403 Spezialkirchenvisitationsberichte 1802 bis 1816 1803-1819

8452 Aussetzung der Spezialkirchenvisitation 1776

8602 Aussetzung der Kirchenvisitation 1814

8608 Generalkirchenvisitation 1815

8633 Spezialkirchenvisitation in Sülfeld, Bramstedt, Kaltenkirchen, Schlamersdorf, Sarau und Bornhöved (1815) 1816

8663 Generalkirchenvisitation 1818

8675 Spezialkirchenvisitation in Schlamersdorf, Sülfeld und Sarau 1819

8689 Spezialkirchenvisitation 1817 in Bornhöved, Bramstedt und Kaltenkirchen sowie 1819 in Pronstorf, Warder, Oldesloe, Segeberg und Leezen (1817-) 1820

8696 Spezialkirchenvisitation in Bramstedt, Kaltenkirchen und Bornhöved 1820-1821

8704 Spezialkirchenvisitationen in Schlamersdorf, Sülfeld und Sarau 1821-1828

8715 Kirchenvisitation in Oldesloe 1823

8716 Spezialkirchenvisitation 1822 in Segeberg und Verlegung des Kirchhofs 1823-1839

8717 Kirchenvisitation in Leezen, Pronstorf und Warder 1823

8724 Spezialkirchenvisitation 1823 in Bramstedt, Kaltenkirchen und Bornhöved sowie Kirchenanlage für die Kirchspiele Bornhöved und Kaltenkirchen 1824

8731 Spezialkirchenvisitation 1819 in Sarau, Sülfeld und Schlamersdorf (1824) 1825-1826

8738 Spezialkirchenvisitation 1825 in Segeberg, Oldesloe, Leezen und Warder 1826

8746 Kirchenvisitation 1826 und 1832 in Bornhöved, Bramstedt, Kaltenkirchen und Pronstorf sowie Kirchenanlagen 1827, 1833

8754 Kirchenvisitation in Oldesloe, Sülfeld, Sarau und Schlamersdorf (1827) 1828

8760 Kirchenvisitation 1828 in Segeberg, Leezen, Pronstorf und Warder 1829

8770 Kirchenvisitation 1830 und 1831, besonders Ausschreibung einer Kirchenanlage für die Kirchspiele Segeberg und Leezen 1831-1833

8778 Spezialkirchenvisitation in Oldesloe, Sülfeld, Sarau und Schlamersdorf 1833

Heiligenhafen

8470 Zahlung der Baukosten für Kirchengebäude in Heiligenhafen aus der Stadtkasse und Genehmigung von größeren Reparaturen durch die Rentekammer 1784

8473 Tausch von Pastoratsländereien in Heiligenhafen 1785-1786

8516 Schuleinkünfte des Rektors und Kantors in Heiligenhafen 1799-1800

8523 Bau des Pastoratsspeichers in Heiligenhafen 1802

8535 Armengeld des Landsassen Lassen in Siggen 1804-1805

8540 Reparatur der Pastoratsscheune in Heiligenhafen 1805

8541 Zulage des Rektors Dibbern in Heiligenhafen aus dem Schulfonds 1806

8548 Beschwerden der Kirchenjuraten in Heiligenhafen gegen die eingepfarrten Landgemeinden 1806-1807

8563 Ordination des Rektors Krah in Heiligenhafen zur Unterstützung des dortigen Hauptpastors Stilcke 1809

8568 Diakonat und Witwenpension in Heiligenhafen 1810-1833

8600 Unterstützung der Pastorenwitwen Tüxen in Heiligenhafen und Ettler in Bark aus der Pensionszulagekasse 1813-1814, 1824

Lütjenburg

8463 Weigerung des Magistrats in Lütjenburg zur Zahlung von Gebühren an die Prediger wegen der Beerdigung von Armen 1781-1782

8467 Kollekte zur Reparatur des Schulhauses in Lütjenburg 1783

8469 Bau neuer Kirchenstände in Lütjenburg (1783) 1784-1786
Enthält u. a.: Zeichnung

8475 Beschwerde der in Lütjenburg Eingepfarrten gegen einen Befehl der Kirchenvisitatoren 1786

8495 Schulgeld des Rektors in Lütjenburg 1794-1795

8544 Adjunktur und Nachfolge des Organisten Holdt in Lütjenburg 1806-1810

8573 Zweiprozentabgabe vom Legat des Diakonats in Lütjenburg 1811

Oldesloe

8460 Beteiligung der Kirche in Oldesloe an den Kosten der Feuerspritze und anderen Löscheinrichtungen in Oldesloe 1779

8462 Verstoß gegen die Ehedispensverordnung durch Hans Hinrich und Catharina Margaretha Riek in Nütschau 1780-1781

8468 Einräumung des Predigerwitwenhauses in Oldesloe für die Pastorenwitwe Hoyer 1783-1785

8472 Anfertigung einer Verteilungsliste über die Kirchenanlagegelder der in Oldesloe eingepfarrten Pflüge des Amtes Rethwisch 1785

8482 Beschwerde des Pastors Kaempf in Bargteheide gegen Pastor Callisen in Oldesloe wegen strittiger Aufgebote und Heiraten 1788-1789

8483 Aufstellung einer Kirchenuhr sowie Regulierung des Prediger- und Schulbedienstetenopfers in Oldesloe 1789-1807

8502 Schenkung von Holz zum Bau einer Schulwohnung in Rethwisch 1796

8505 Schulordnung für Oldesloe 1796

8509 Verbesserung der Einkünfte des Organisten in Oldesloe 1796-1800

8510 Konfirmation der Kinder der Witwe Vohrbeck aus Steinfeld und des Heuerlings Schlüter in Oldesloe außerhalb des Kirchspiels Reinfeld 1797

8521 Beitrag der Parzellisten in Rethwisch zu einer Kirchenanlage in Oldesloe 1801

8522 Verbesserung des Diakonats in Oldesloe 1801-1808

8525 Einkünfte und Pension der Pastorenwitwe Wolff in Oldesloe 1802-1808

8526 Wiederaufbau des Predigerwitwenhauses in Oldesloe und Vergütung des entbehrten Nießbrauchs 1802-1806

8533 Gehen mit der sogenannten Beede in der Kirche in Oldesloe 1803-1804

8539 Beschwerden der bei der Kirche in Oldesloe eingepfarrten Dörfer wegen des Läutens und Kuhlengrabens 1805

8542 Verheiratungen eines französischen Deserteurs und des Stadtdieners Wetzel in Oldesloe 1806

8550 Errichtung eines Altars in der Kirche in Oldesloe (1806) 1807

8553 Einführung eines Kirchenschosses in Oldesloe 1807

8558 Reparatur der Hauptpredigerwohnung in Oldesloe und eiserne Kühe beim dortigen Hauptpastorat (1807) 1808

8560 Weigerung des Hauptpastors Hansen in Oldesloe zur Verheiratung des Claus Hinrich Ahrens aus Nütschau 1809

8566 Befreiung des Volontärs Wiedemann in Oldesloe vom Kirchenjuratenamt 1810

8589 Einkünfte des Diakonats in Oldesloe während der Vakanz an Pastor Hansen 1812-1813

8593 Beeinträchtigungen der Schullehrer in Seefeld und Poggensee durch den Gutsbesitzer von Fresenburg 1813-1815

8606 Beschwerden der Dorfschaft Havighorst gegen ihren Schullehrer Lange 1814-1816

8609 Anfrage des Pastors Hansen in Oldesloe wegen eines Heiratsfalles 1815, 1833

8612 Schulpflicht des Meierhofs Schadehorn 1814-1817

8616 Schulgebäude in Wakendorf 1815-1823
Darin: Grundriss und Profilzeichnung

8618 Beschwerden des Amtes Rethwisch gegen Pastor Hansen in Oldesloe wegen Einsendung von Listen 1815

8622 Inspektion der Landschulen im Kirchspiel Oldesloe durch die dortigen beiden Prediger 1815

8644 Diensteinkünfte des Schullehrers in Klinken 1816-1825

8645 Landschätzung des Schullehrers Lange in Havighorst 1816

8646 Veränderung beim Gottesdienst in Oldesloe 1816-1817

8647 Führung der Schulprotokolle in Oldesloe 1816-1817

8656 Ergänzung des Taufprotokolls sowie die Schulaufsicht in Oldesloe 1817

8660 Vergrößerung des Schulhauses in Vinzier 1817

8664 Verhalten des Pastors Hansen in Oldesloe 1817-1818

8667 Besoldung des Unterlehrers in Rethwisch 1818-1819

8670 Beteiligung des Gutes Frauenholz zu den Schulbauten in Rethwisch 1819

8687 Weigerung des Pastors Hansen in Oldesloe zur Zahlung von Nachtwächtergeld 1819-1820

8691 Clausensches Begräbnis auf dem Kirchhof in Oldesloe und Verlegung des Kirchhofes 1820-1841
Darin: drei Grundrisse des Kirchhofes, 1820-1821

8697 Beteiligung der Halb- und kleinen Hufner des Schuldistrikts Wakendorf an der Bearbeitung des Schullandes 1821-1828

8711 Bau des Schulhauses in Poggensee 1822-1831
Enthält u. a.: Listen der schulpflichtigen Kinder
Darin: Grundriss

8728 Abgang und Abfindung des Schullehrers Wübbers in Neritz 1823-1824

8729 Unterstützung des Schullehrers Venneberg in Rethwischdorf 1824

8747 Unterstützung für den Schulhausbau in Neritz 1827

8752 Fütterung einer eisernen Kuh in Oldesloe 1827-1828

8762 Überlassung des Organistengartens in Oldesloe zu einem Bauplatz 1829

8763 Erweiterung der Schulstube in Pölitz 1829-1831

8767 Fehlen einer Kirchenrechnung in Oldesloe 1829-1830

8773 Verlegung der Kate Schlengelsteich von Fischbek an die Schule in Höltenklinken 1832-1833

8774 Entschädigung des Pastors Hansen in Oldesloe für den Wegfall des Opfers bei der Heirat des Apothekers Lorentzen 1833

Segeberg

1956 Taufe eines unehelichen Kindes in Segeberg durch Wachtmeister Rittknecke 1746-1747

8419 Kirchenbuße des Timm Stut in Klein Gladebrügge wegen Schwängerung seiner Schwägerin 1759

8420 Fehlender Anteil geschenkter Schulgelder für Wittenborn (1740) 1760

8434 Beibehaltung der Schule und des Schulmeisters in Klein Gladebrügge 1765-1767

8455 Wiesentausch zwischen dem Pastorat in Segeberg und Friedrich Christin Wecker in Gieschenhagen 1776-1777

8474 Verwandlung der Nachmittagspredigten in Segeberg in Katechisationen von Michaelis bis Ostern 1785

8480 Erhöhte Kirchen- und Schulabgaben der Kalkarbeiter in Gieschenhagen 1788-1789

8485 Überlassung eines Logenstuhls in der Kirche in Segeberg an den Zollverwalter von Scheel 1790

8486 Beschwerden der Kirchengeschworenen in Segeberg wegen verweigerten Beitrags von Dorfschaften, Höfen und Personen zu den Kirchenanlagen 1791-1802

8487 Beitrag der Anbauer in Fehrenbötel zur dortigen Schulwohnung 1791-1796

8490 Brotforderungen des Schulmeisters Hans Rolffs in Todesfelde an die Kätner (1771-) 1792-1793

8491 Klingelbeuteltragen in der Kirche in Segeberg 1793

8492 Klingelbeuteltragen des Schulmeisters Matthias Rickert in Segeberg 1793-1794

8493 Entlassung des Rektors Burchardi in Segeberg 1794

8499 Brotabgabe der Insten in Bebensee an den Schulmeister 1795

8504 Schulbrotforderung des Schulmeisters Johann Friedrich Strick in Bark 1796

8511 Anstellung eines Hilfsgeistlichen in Segeberg 1797

8514 Legat der Kirche in Segeberg zum Unterhalt des Greiffenwaldschen Begräbnisses 1798-1799, 1826

8520 Unterhalt des Schulmeisters und Bau der Schulwohnung in Klein Rönnau 1800-1803

8524 Beschwerden der Dorfschaft Bark gegen ihren Schulmeister Strick 1802

8528 Suspendierung des Kantors Grube in Segeberg von der Verwaltung der Hospital- und Klingelbeutelkasse in Gieschenhagen 1802-1805

8530 Befreiung der Kapitalien des Hospitals in Gieschenhagen von der Viertelprozentsteuer 1803

8532 Vergütung der Haus- und Schulstubenmieten an den Organisten und Schullehrer Schlebusch in Segeberg 1803-1804

8537 Zulage des Rektors in Segeberg aus dem Schulfonds 1805

8543 Unterstützung des Kompastors Möller in Segeberg 1806

8583 Gebühren des Organisten in Segeberg für die Taufanzüge 1811-1812

8590 Pensionszulage der Pastorenwitwe Lange in Segeberg 1812-1813

8596 Beitrag des Eigenkätners Ralff in Söhren (Amt Traventhal) zu den Kirchenanlagen 1813

8605 Tischlerkonzession für den Schullehrer Claus Jochim Rohlf in Todesfelde 1814

8624 Bearbeitung der Dienstländereien des Schullehrers Lütje in Steinbek 1815-1816

8630 Wiederaufbau des Armenhauses in Gieschenhagen bei Segeberg 1816-1818

8638 Beibehaltung der Distriktsschulen in Niendorf und Klein Rönnau 1816-1825

8641 Anlage einer Distriktsschule in Dreggers 1816

8643 Entlassung des Schullehrers Harder in Bebensee 1816

8661 Kirchenanlagen von Katen in Bühnsdorf 1817-1819

8662 Anlage einer Distriktsschule in Dreggers 1817-1821

8668 Sommerweide für die Kuh des Schullehrers in Klein Gladebrügge 1818-1819

8669 Beteiligung von Eingesessenen in Traventhal an der Schule in Groß Gladebrügge 1818-1820

8676 Sommerweide für eine Kuh des Schullehrers Wulff in Klein Gladebrügge 1819-1820

8680 Schulpflicht von Kätnern in Blunk zur dortigen Schule 1819

8682 Beschwerden gegen den Schullehrer Claus Rothgardt in Stipsdorf 1819-1820

8688 Vergleich der Schulkommune Dreggers mit ihrem Schullehrer Grand 1819-1820

8690 Unterhalt der Dienstwohnungen der Prediger und Kirchenbediensteten im Kirchspiel Segeberg 1820

8693 Gerstenlieferung der Dorfschaft Neuengörs an das Kompastorat in Segeberg 1820

8695 Pension des Organisten Schlebusch in Segeberg 1821

8698 Wohnung der Schullehrerwitwe in Bebensee 1821-1823

8700 Schulpflicht der Dorfschaft Bühnsdorf für Erbpachtsländereien in Bahrenhof 1821-1823

8701 Vergleich zwischen Klein Rönnau und Hamdorf über Schulleistungen 1821-1822

8702 Vorschlag des Propstes Nissen zur Einstellung der Früh- und Nachmittagspredigten in Segeberg 1821

8703 Entlassung des Schullehrers Reer in Schwissel 1821-1833

8713 Auseinandersetzung der Schuleinkünfte zwischen der Schullehrerwitwe Schwarz und Schullehrer Plambeck in Bühnsdorf 1822-1823

8714 Reparatur des Turmdachs und der Kirchenorgel in Segeberg 1822-1823

8718 Verlegung des Viertelhufners Dose in Herrenbranden zu einer näheren Schulkommune 1822-1823

8719 Aufhebung der Schulverbindung zwischen Schafhaus und Bark 1823-1831

8725 Landzuteilung an den Schullehrer in Mözen (1823) 1824

8730 Beihilfe zum Schulbau in Bark 1824

8733 Tilgung der Kosten des Schulhauses in Blunk 1825

8735 Bau einer Schulwohnung in Hartenholm 1825

8740 Dienstabgabe des Kompastors Koyen in Segeberg an die Witwe seines Vorgängers 1826-1827

8753 Anlage einer Distriktsschule in Hamdorf 1827-1828

8755 Verleihung der Schulstelle in Klein Gladebrügge an den Privatschullehrer Lüthge in Segeberg (1814) 1828

8757 Fremde Kinder an der Stadtelementarschule in Segeberg und Aufbewahrung der Schulfeuerung 1827-1828

8768 Unterstützung des Schulhausbaus in Klein Gladebrügge 1829-1830

8775 Unterstützung des Schulhausbaus in Weede 1833

8777 Bau des Schulhauses in Wittenborn 1833

Kirchspiel Blekendorf

8458 Ehedispens für Claus Hinrich Maas in Kaköhl 1777

Kirchspiel Bornhöved

1930 Bezahlung des Glockengießers Johann Lehemeyer in Bornhöved 1701-1703

1931 Forderungen der Kinder des Pastors Bruhns in Bornhöved 1726-1729

1932 Unterhalt und Gebühren für die Prediger in Bornhöved 1735-1737

1933 Entzug von Abgaben für den Pastor sowie für den Organisten und Küster in Bornhöved durch die Witwe Margaretha Hedwig von Ahlefeldt auf Lammershagen (1739) 1740

8430 Trauergeläut in Bornhöved für eingepfarrte Adlige 1764-1767

8435 Verheiratung des Graupenmüllers Popp aus Muggesfelde durch den Prediger in Bornhöved 1765

8436 Beteiligung der eingepfarrten Adligen an der Predigerwahl in Bornhöved 1766-1767

8437 Kirchstuhl des Grafen von Friedrich von Rantzau auf Breitenburg in Bornhöved 1768

8457 Pflugzahl für Abgaben der Dorfschaft Tarbek an Kirche, Prediger und Organisten in Bornhöved 1777-1778

8545 Streitigkeiten zwischen den Predigern Nissen in Bornhöved und Suhr in Plön wegen einer Trauung 1806

8586 Verheiratung des Detlev Hinrich Ehmsen aus dem Gut Nehmten durch Pastor Oertling in Bornhöved 1812

8592 Erleichterung der Dienstabgaben des Pastors Oertling in Bornhöved 1813-1814

8594 Dienstabgabe des Pastors Oertling in Bornhöved an die Witwe seines Vorgängers 1813

8598 Anstellung eines Kirchenboten in Bornhöved 1813

8610 Eierlieferung an den Prediger in Bornhöved 1815

8625 Übernahme eines Teils der Besoldung des Schullehrers Engholm in Wankendorf 1815-1816

8629 Beteiligung der Vollhufner in Bornhöved an den Schulabgaben 1816

8637 Bearbeitung der Predigerländereien in Bornhöved 1816

8639 Beteiligung der Pächter des Hofes Tralau und des Meierhofs Neverstaven an der Lieferung des Schulroggens 1816

8649 Forderung der Pastorenwitwe Nissen an Pastor Oertling in Bornhöved 1816-1817

8651 Anfragen des Pastors Oertling in Bornhöved 1817

8654 Sitz und Stimme der Gutsbesitzer von Bockhorn und Schönböken im Kirchenkonvent in Bornhöved 1817

8685 Ergänzung des Schulgehalts der Schullehrer in Stolpe und Wankendorf 1820-1823

8692 Benehmen des Pastors Oertling in Bornhöved bei einer Leichenpredigt 1820-1822

8742 Gebühr des Pastors Oertling in Bornhöved für die Amtskasse in Plön wegen Beerdigung einer Armenleiche 1826-1827

8744 Wechselseitiger Schulunterricht in Bornhöved 1827, 1832

8750 Erledigung des Schuldienstes in Tensfeld 1827

8756 Ofen für eine Stube des Pastorats in Bornhöved 1827-1828

8764 Ordination des Kandidaten Schmidt zum Amtsgehilfen des Pastors Oertling in Bornhöved 1829

Kirchspiel Bramstedt

1934 Kirchenpfändung wegen schuldiger Kirchenabgaben der Untergehörigen des Gutes Bramstedt 1704

1935 Umwandlung des Kirchenroggens in Bramstedt in eine Geldleistung (1667-) 1711

1936 Unordnungen bei Begräbnissen in Bramstedt 1728

1940 Einrichtung einer Schule in Hasenkrug 1740-1741

1937 Verfahrensänderung bei der Kirchenvisitation und Beschwerde über das Verhalten des Pastors Mescharosch in Bramstedt (1737-) 1741-1743

1941 Amtsführung des Schulmeisters Hinrich Benicke in Hasenkrug 1743

1938 Schulbau in Bramstedt 1744

8414 Verlegung der Dorfschaft Weddelbrook von der Kirche in Kaltenkirchen zur Kirche in Bramstedt 1755

8422 Unterhalt der von Friedrichstadt nach Bramstedt transportierten Anna Rehms 1761-1762

8447 Niederreißen der Einfriedung der Pastoratswiese in Bramstedt durch den Gutsbesitzer 1773

8500 Einpfarrung der Dorfschaft Weddelbrook in Bramstedt 1795

8517 Absetzung des Schulmeisters Harbeck in Wiemersdorf 1800-1816

8575 Roggenlieferung des Halbhufners Johann Hinrich Michaels in Bramstedt an den dortigen Prediger 1811

8578 Witwengehalt der Pastorenwitwe Stössiger in Bramstedt 1811, 1822

8595 Anstellung des im Militärdienst stehenden Peter Harder als Schullehrer in Hagen (Amt Segeberg) 1813

8632 Schullasten der Dorfschaften Föhrden und Barlt 1816

8634 Umlage der Baukosten des Predigerhauses in Bramstedt 1815-1816

8635 Bau des Organisten- und Schulhauses in Bramstedt 1816-1818

8642 Befreiung der Kinder in Bimöhlen vom Schulbesuch im Sommer 1816

8720 Freie Gräsung der Kühe des Schullehrers in Wiemersdorf 1823

8737 Gnadenjahr der Geschwister Karck in Bramstedt 1825

8759 Handdienste der Heuerlinge und Kätner in Wiemersdorf für den Schullehrer 1828

8766 Fehlen einer Kirchenrechnung in Bramstedt 1829-1830

8772 Kirchenbau und Orgel in Bramstedt 1832-1844

8779 Veräußerung von Pastoratsland in Bramstedt 1833-1834

1939 Besetzung der Schulmeisterstelle in Hagen 1742-1743

Kirchspiel Großenbrode

8429 Predigerwahl in Großenbrode 1763-1776

8439 Dienstentlassung des Schulmeisters Mercatus in Großenbrode 1768-1769

8557 Verbesserung der Küster- und Schullehrerstelle in Großenbrode 1808-1811

Kirchspiel Kaltenkirchen

1942 Vorstellung des Pastors Hensler in Kaltenkirchen zum Armenwesen 1731-1737

1943 Erweiterung und Reparatur der Kirche in Kaltenkirchen 1738-1760

1944 Weigerung von Eingesessenen in Bredenbekshorst zur Beteiligung an den Baukosten für das Pastorat in Kaltenkirchen und das Schulhaus in Hüttblek 1741-1744

1945 Gelder für fromme Zwecke in Kaltenkirchen 1747

8415 Beitrag der Eingesessenen in Fuhlenrühe und Hasenmoor zur Armenkasse in Kaltenkirchen 1757

8427 Verheiratung des Christian Jürgensen und Anna Wehling aus Bokel (Amt Rendsburg) durch Pastor Tilli in Kaltenkirchen 1763

8428 Tod des Pastors Tilli in Kaltenkirchen 1763

8431 Beschwerden der Armeninspektoren in Kaltenkirchen wegen Zusendung von Katechsimusdrucken durch das Waisenhaus in Schleswig 1765

8450 Trennung der Dorfschaft Lentföhrden von der Schule in Nützen und Holzausweis zum Bau eines Schulhauses 1774-1775

8471 Verdrängung des Kirchspielvogts Stirwitz in Kaltenkirchen aus seinem Kirchenstuhl 1785

8478 Bau eines Schulhauses in Hüttblek 1787-1791

8481 Leichenstein in Kaltenkirchen 1789

8484 Weigerung der Eingesessenen in Weddelbrook zum Abtrag außerordentlicher Kirchenanlagen 1789-1794

8494 Verhältniswidriger Beitrag der Heuerinsten in Kaltenkirchen zu den außerordentlichen Kirchenanlagen und Schulgeldern 1794-1796

8519 Beitrag der königlichen Beamten und Bediensteten im Kirchspiel Kaltenkirchen zu den Kirchenanlagen 1801

8527 Anspruch auf das alte Stroh vom Pastoratsdach in Kaltenkirchen 1802-1803

8546 Vereinigung der beiden Pastorate in Kaltenkirchen 1806

8554 Übertragung des Gehalts des zweiten Pastorats in Kaltenkirchen während der Vakanz an Pastor Berwald 1807

8564 Rückständige Beiträge des Pastors Berwald in Kaltenkirchen für die Witwenkasse 1809

8571 Schmälerung der Diensteinkünfte des Pastors Schröder in Kaltenkirchen durch den Bankier Salomon Dehn in Kisdorf 1810

8607 Verzögerte Trauung eines Sterbenden durch Pastor Berwald in Kaltenkirchen 1813-1814

8613 Änderung des Schulregulativs in Kaltenkirchen 1814-1815

8619 Ernennung eines Gehilfen des Organisten Armbrecht in Kaltenkirchen 1815

8621 Beschwerde des Gutsbesitzers von Kaden anlässlich der Revision der Kirchenrechnungen in Kaltenkirchen 1815

8626 Abgang des Schullehers Groth in Kaden 1815-1816

8627 Bearbeitung des Schullandes in Kaltenkirchen 1815-1816

8628 Gebühren der Prediger in Kaltenkirchen für die Vorbereitung der Konfirmanden und für die Taufscheine der Landsoldaten 1815-1816

8640 Schulpflicht der Stelle des Johann Luth in Hoopsheide 1816

8648 Steuern des Organisten Armbrecht in Kaltenkirchen 1816-1817

8650 Reparatur des Schulhauses in Ulzburg 1817-1821

8652 Krankheit des Schullehrers Schreck in Alveslohe 1817

8655 Vergrößerung des Schulhauses in Oersdorf 1817

8672 Einteilung der Predigerstellen in Kaltenkirchen 1819

8673 Untersuchung des Schullandes in Schmalfeld sowie Erlass einer Heu- und Kornlieferung 1819-1827

8678 Schulpflicht der in Kaltenkirchen eingepfarrten Heidekätner 1819

8686 Entlassung des Schullehrers Danneberg in Kattendorf und Winsen 1820

8722 Unterstützung des Schullehrers Steffens in Oersdorf aus dem Schulfonds 1823

8732 Befreiung der Hufner in Schmalfeld von der Bearbeitung des Schultorfs 1824-1825

8739 Dispens des Pastors Schröder in Kaltenkirchen von der Übernahme des Pastorats in Tolk und Nübel 1826

8748 Transport des Korns des Schullehrers in Ulzburg zur Mühle 1827

8765 Beitrag des Gutes Kaden zum Schulhausbau in Alveslohe 1829-1832

8780 Beitrag des Viertelhufners Johann Sielck in Kattendorf zur Armensteuer 1834

8781 Lebenswandel des Schullehrers Schreck in Alveslohe 1834

Kirchspiel Leezen

8405 Beihilfe für den Schulhausbau in Niendorf 1750-1751

8409 Landtausch zwischen Pastor und Bauervogt in Leezen (1722) 1752-1767

8416 Kuhhaltung des Pastors in Leezen auf der Gemeinweide 1757-1758

8442 Landstück Papenmissen in Leezen 1770

8456 Schulmeister für Krems 1777-1778

8464 Beschwerden der Kirchenvisitatoren über die Dorfschaft Tönningstedt (1781) 1782-1783

8498 Veränderungen mit der Predigerhölzung in Leezen 1795-1802, 1829-1830

8501 Befreiung des Pächters des Kirchenschlagbaums in Leezen vom Verbittels- und Kriminalgeld 1795-1797

8503 Befreiung des Bauervogts Hinrich Harms in Neversdorf von der Mitnahme des Saatkorns des Pastors Ahrens in Leezen 1796

8507 Verlobung eines Brautpaares aus dem Gut Borstel durch Pastor Ahrens in Leezen 1796-1797

8551 Beschwerden des Organisten und Schulhalters Kruse in Leezen 1807

8555 Einrichtung einer Schule für die Eingesessenen in Heiderfeld 1807-1808

8562 Befreiung des Schulhalters Kruse in Leezen vom Schulunterricht an den Mittwochnachmittagen 1809-1810

8567 Schulbrot für den Organisten Kruse in Leezen 1810-1811

8597 Beilegung der Organistenkoppel in Heiderfeld zur dortigen Schule 1813

8601 Landtausch des Schullehrers in Neversdorf 1813-1814

8611 Bau des Organisten- und Schulhauses in Leezen 1815-1824

8657 Bearbeitung der Feuerung des Schullehrers in Leezen 1817

8666 Beteiligung der bei der Kirche in Leezen eingepfarrten Dörfer an den Kirchenanlagen 1818-1820

8699 Beschaffenheit der Nebenschule in Heiderfeld und der Distriktsschule des Gutes Jersbek 1821-1822

8708 Spanndienste von Kätnern in Tönningstedt bei Bearbeitung des Schullandes 1822

8710 Kirchenanlage für das Kirchspiel Leezen 1822

8723 Schulgehalt des Schullehrers Timmermann in Niendorf 1823-1824

8726 Zweites Gnadenjahr der Pastorenwitwe Esmarch in Leezen 1824

8727 Reparatur des Pastorats in Leezen 1824-1829
Enthält u. a.: Einnahmelisten der Kirchenanlagen

8736 Außerordentliche Kirchenanlage für Leezen 1825

8749 Entlassung des Schullehrers Christian Krohn in Tönningstedt wegen fehlender Kenntnisse 1827-1831

8751 Holzdeputat des Pastors Jürgensen in Leezen 1827

Kirchspiel Pronstorf

1950 Pastorats- und Küstergebühren von wüsten Hufen im niedergelegten Dorf Brendeck 1666

1951 Verweigerung der Feuerung für die Kirchenbediensteten durch das Dorf Tankenrade 1716

1955 Nachlass des Pastors Masius in Pronstorf 1764

1954 Zulassung einer mit ihrem Mann in Prozess stehenden Ehefrau zum Sakrament in Pronstorf 1746

8417 Bestätigung eines Vergleichs zwischen dem Pastor Hartung in Pronstorf und der Gutsherrschaft über Brennholz und Schweinemast sowie Eigentum über das Holz auf dem dortigen Pastoratsland (1641) 1758-1763

8418 Aufhebung der Aufsicht über die bei der Kirche in Pronstorf eingepfarrten Untertanen des Domkapitels Lübeck 1759

8440 Kirchenstühle der Dorfschaften Westerrade, Strukdorf und Geschendorf in der Kirche in Pronstorf 1769-1775

8453 Amtsführung des Schulmeisters Kock in Geschendorf 1776

8454 Untersuchung des Verhaltens des Schulmeisters Thomas Hermann Schwenkrus in Westerrade 1776-1777

8459 Unrechtmäßige Heirat zwischen Johann Hinrich Boldt in Stockelsdorf und Magdalena Busch aus Eilsdorf 1778-1779

8465 Beschwerde der Dorfschaften Eidelstedt und Wulksfelde wegen eines eingezogenen Kirchenfußsteiges in Pronstorf (1782) 1783

8466 Forderungen des abgesetzten Schulmeisters Kröcher in Strukdorf 1783-1785

8506 Kirchenkapital und Pastorat in Pronstorf 1796-1800, 1838

8538 Beschwerden gegen den Schulmeister Rieck in Eilsdorf 1805-1806

8572 Dienstabgabe an die spätere Witwe des Pastors Valentiner in Pronstorf 1810-1811

8576 Küster- und Schullehrerhaus in Pronstorf 1811

8603 Entlassung des Schullehrers Rieck in Eilsdorf wegen Dienstunfähigkeit 1814, 1828

8659 Beteiligung der Einlieger Reinhardt und Jaacks in Eilsdorf am Schulgehalt des dortigen Schullehrers 1817

8761 Zuschuss zu den Kosten des Schulhausbaus in Wulfsfelde 1829-1830

8769 Ordination der Kandidaten Iwersen und Nissen zu Amtsgehilfen des Pastors Valentiner in Pronstorf 1830-1831

8771 Beihilfe für den Schulhausbau in Reinsbek 1832-1833

Kirchspiel Sarau

8631 Kircheninventar in Sarau 1816

8665 Predigerwahl in Sarau 1818

8743 Zustand der Schulstube in Sarau 1827, 1832

Kirchspiel Schlamersdorf

8536 Schullegat des Bauervogts Bargmann in Schlamersdorf 1805

8588 Verweigerte Unterschrift des Pastors Krumbhaar in Schlamersdorf unter die Kirchenrechnung 1812-1813

8604 Schullasten der zum Schuldistrikt Nehms gehörenden Insten des Gutes Muggesfelde (1782) 1814

8636 Entlassung des Organisten und Schullehrers Ploen in Schlamersdorf 1816

8658 Beteiligung der Schulinteressenten in Berlin (Gut Seedorf) und Kembs (Gut Hornstorf) zum Bau einer Schulwohnung 1817-1821

8671 Überlassung der Bollenkoppel an den Schullehrer in Schlamersdorf 1819

8677 Weidegerechtigkeit des Pastors und Organisten im Schlamersdorfer Moor 1819-1822

8679 Kirchenopfer in Schlamersdorf 1819-1827

8706 Wechsel des Beichtvaters durch den Gutsinspektor Vest in Seedorf 1821

8709 Unterlassene Anzeige des Pastor Krumbhaar in Schlamersdorf über den gewaltsamen Tod eines Jungen 1822-1823

8758 Beilegung der sogenannten Horstberger Weide zur Schule in Schlamersdorf 1828

Kirchspiel Sülfeld

8585 Tilgung der Kirchenschulden in Sülfeld 1812-1813

8615 Schulbesuch in Quarnstedt von Kindern aus Borstel 1815-1816

8617 Fuhren- und Einquartierungspflicht des Predigers und Organisten in Sülfeld 1815

8681 Beschwerden gegen den Schullehrer Gosau in Nahe (1819) 1820-1823

8684 Beteiligung der Parzellisten im Gut Jersbek an den Kirchenanlagen 1819-1820

8721 Unterstützung des Schulhausbaus in Nahe 1823-1825

8734 Gratifikation für Pastor Stilcke in Sülfeld 1825

Kirchspiel Wandsbek

1957 Abgabe von zwei Schweinen aus dem Amt Segeberg für den Pastor in Wandsbek 1647

1958 Absetzung des Küsters Lüders in Wandsbek durch die Witwe Behrens 1657

1959 Streitigkeiten zwischen Pastor Caspar Michaelis in Wandsbek und Friedrich Rantzau auf Wandsbek wegen Abnahme von Torf und Eingriffen in das Episkopalrecht (1665-) 1684-1685

1960 Beschwerden des Pastors Behrens in Wandsbek über den Gutsherr Joachim von Ahlefeldt auf Wandsbek 1705

1961 Eigenmächtige Trauung durch Pastor Bredefeld in Wandsbek 1744

8426 Strittige Befugnis des Besitzers des Gutes Wandsbek zur Wahl der Kirchen- und Armengeschworenen (1754-) 1763

8438 Proteste in Wandsbek gegen die Wahl des Kandidaten Hahn zum Prediger 1768-1769

8443 Ehedispens des Peter Oldenburg in Wandsbek 1771

8461 Gehaltserhöhung der Kirchenbediensteten in Wandsbek und Einstellung der dortigen Sommerschule (1779) 1780

8489 Kontrolle und Unterschrift der Kirchen- und Armenrechnung in Wandsbek 1791-1796

8547 Schulgeld in Wandsbek 1807

8552 Verbesserung des Dienstes des Pastors Schröder in Wandsbek 1807-1814, 1832-1835

8577 Kapitalsteuer von einem Armenlegat in Wandsbek 1811

8579 Verbesserung der Armenpflege in Wandsbek 1811

8581 Unterricht der jüdischen Kinder in Wandsbek in jüdischer Religion 1811

Kirchspiel Warder

1962 Untersuchung gegen Pastor Starck in Warder wegen einer Kindstaufe in Borstel 1699-1704

2640 Beschwerde des Pastors Starck in Warder 1703

1963 Kirchenabgaben des Gutes Muggesfelde 1742

1964 Genehmigung der Pastoratswahl in Warder 1747

1925 Hofdienste des Schulmeisters Reimers in Quaal für den Konferenzrat von Brockdorff auf Rohlstorf 1749-1754

8408 Belegung eines Kapitals der Kirche in Warder beim Konferenzrat von Brockdorff auf Rohlstorf und Abstellung der Unordnungen an der Kirche in Warder 1751-1765

8412 Amtsführung des leibes- und gemütsschwachen Pastors Stoltzenberg in Warder 1753

8425 Landtausch des Gutes Rohlstorf mit dem Pastorat in Warder 1762-1765

8448 Schulmeisterstelle in Quaal 1774-1776

8449 Abhaltung der Kirchenrechnungen in Warder 1774

8451 Kircheninventar in Warder 1775-1784

8477 Schmälerung von Diensteinkünften und Armengeldern des Pastors Gans in Warder durch die Gutsherrschaft in Rohlstorf 1787

8488 Veränderungen bei den Einkünften des Küsters und Organisten oder der Schulhalter in Wandsbek 1792

8513 Anlage eines Steinwalls durch Pastor Gans in Warder 1797-1802

8515 Verwaltung der Armengelder in Warder 1799-1800

8529 Weigerung zur Erteilung eines Heiratskonsensscheines an zwei ehemalige Untergehörige des Gutes Rohlstorf 1803

8531 Verheiratung der Witwe Johanna Louise Dorothea Fischer in Warder 1803

8556 Schmälerung der Diensteinkünfte des Schulhalters in Garbek 1807-1808

8559 Kirchenstuhl des Gutsbesitzers von Müssen in Warder 1808

8561 Wegfall der Glocken- und Grabstättengelder in der Kirchenrechnung in Warder 1809

8565 Freiheit des Predigers in Warder von außerordentlichen Korn- und Fouragelieferungen 1810

8569 Brüche des Organisten Lucas in Warder wegen Abschlagens von Zweigen auf dem Kirchhof 1810-1811

8574 Nichtbeachtung der Sabbatverordnung in Wandsbek 1811

8580 Beitrag der Erbpächter in Krems (Gut Muggesfelde) zu den Kirchenbauten in Warder 1811

8587 Gnadenjahr der Pastorenwitwe Carstens in Warder 1812-1813

8674 Entlassung des Schullehrers in Schieren 1819-1820

8694 Umlage einiger Fuder Busch für den Schulhalter in Schieren 1820

2248 Kirchenfuhren und Kirchenanlagen des Bauervogts Andresen in Warder 1829-1831

Propstei Süderdithmarschen

Allgemeines

1469 Beichtabnahme und Kindstaufe durch Diakone (1639) 1640

1460 Eingriffe des Propstes in die Befugnisse des Landvogts 1647

1470 Vorstellung der Landschaft Süderdithmarschen auf die Konstitution für das Kirchenwesen 1647

1471 Betstunden während des Krieges 1658

1473 Missstände im Ehewesen 1679

1513 Gnadenjahrsfuhren in den Kirchspielen Meldorf, Barlt und Wöhrden 1726-1727

1461 Beschwerde des Landvogts von Helm gegen Kompastor Christoph Voss in Meldorf sowie Unordnungen im Konsistorium (1721-) 1726

1464 Ernennung des Kammerrats und Landschreibers Eggers zum Konvisitator in der Propstei Süderdithmarschen (1647) 1728

1475 Armengelder für Exulanten 1733

1465 Bestallung des Landschreibers Dose zum Konvisitator der Propstei Süderdithmarschen 1737

1462 Beschwerde der Landschaft Süderdithmarschen gegen den Landvogt von Helm wegen der Kirchenschatzungen (1645-) 1737

1463 Beschwerde des Kammerrats und Kirchspielschreibers Stemann gegen den Landvogt von Helm und Propst Moeller in Meldorf wegen verschiedener Angelegenheiten 1747

1477 Verbesserung des Schulwesen 1740-1745

8785 Gnadenjahr der Propstenwitwe 1742, 1790-1791

1478 Äquivalentgelder der Schulmeister für das Umsingen 1750

8801 Verfahren bei Trauungen an fremden Orten 1763

8805 Unterhalt der wahnsinnigen Elsabe Cantons aus dem Kirchspiel Wesselburen 1763

8806 Annahme von Schulmeistern durch die Bauerschaften nach vorheriger Prüfung durch den Propst 1763-1764

8807 Grasung für die Schulmeister auf der Geest 1763-1764

8814 Kirchenbann und Eheaufgebot 1769

8815 Vorübergehende Verwaltung und Besetzung der Propstenstelle 1771, 1790-1804, 1830

8818 Einstellung der Feier des Kreuzerhöhungstages 1772

8821 Kosten der Einkoppelung der Predigerländereien 1773-1777

8822 Austeilung von Geschenken durch neu erwählte Prediger 1774

8850 Außendeichsweidegelder der Prediger und Schullehrer 1791

8853 Verteilung des Klostermannschen Stipendiums 1793-1802

8864 Gebühr der Prediger für Konfirmation und Konfirmandenunterricht 1796-1801

8868 Gottesdienststörungen durch den Besuch der Krüge und den Handel auf den Kirchhöfen 1798

8876 Anordnung eines Kirchspielskollegiums im Kirchspiel Wöhrden und Wahl der Fleckensvorsteher in Meldorf 1801

8877 Predigereinkünfte in Meldorf, Windbergen und Sankt Michaelisdonn 1801

8883 Verwendung von Zinsen eines Konsistoriumskapitals 1804-1806

8884 Verbindung der Abendmahlsfeier mit der Konfirmation der Kinder 1804

8894 Beschwerden des Pastors Spiess in Beidenfleth gegen Propst Clasen in Meldorf wegen Trauungen 1806

8899 Dienstentlasssung des Konsistorialrates von Ancken und Einzug einer Predigerstelle in Meldorf 1806-1812

8900 Verbesserung der Schullehrer 1805-1809

8903 Pensionskasse für Witwen der Küster, Organisten und Distriktsschullehrer 1807-1808, 1820-1850

8915 Hauptreparaturen an den Kirchen in Wöhrden und Meldorf 1809-1814

8916 Schulregulativ 1809-1846

8925 Prüfung des Schullehrers Graaf in Fedderingen 1811

8926 Unterhalt der Küsterwohnungen 1811, 1833

8937 Hebung der Kircheneinkünfte in Reichsbankgeld 1813

8965 Außendeichgräsung für die Schullehrer 1816, 1830-1833

8976 Vergütung der Distriktsschullehrer statt Gräsung in den Außendeichen 1817-1818

8979 Erlass eines Kirchenregulativs 1816-1821

9002 Unterhalt der Schullehrerwohnungen in Brunsbüttel, Marne und Wöhrden (1796, 1820) 1821-182
Darin: Karte des Kirchspiels Brunsbüttel, 1796

9055 Bewilligung von Diäten, Fuhren und Botenlohn für Propst Schmidt in Eddelak 1831-1832

Kirchenvisitation

8783 Generalkirchenvisitationsberichte 1740 bis 1790 und 1809 1742-1832

8784 Spezialkirchenvisitationsberichte 1741-1763

1468 Ordination der Prediger der Generalkirchenvisitationen und Abhaltung der Generalkirchenvisitationen (1675-) 1747

8902 Kirchenvisitationsgebühren 1807

8936 Generalkirchenvisitation 1812, 1816

8985 Generalkirchenvisitation 1819

Kirchspiel Albersdorf

1480 Ernennung des Diakons in Albersdorf 1697

1481 Wahl eines Schulmeisters in Albersdorf 1743

8798 Verpachtung von Kirchenländereien in Albersdorf 1763-1767

8804 Verwendung von Geldern aus dem Pastoratsholz in Albersdorf (1752) 1763-1764

8809 Entlassung des Diakons Pohlmann in Albersdorf und Trennung der Kirchspielschreiberei vom Diakonat 1764-1766

8810 Höhe der Predigerwitwenpension in Albersdorf 1766

8826 Untersuchung einer Beeinträchtigung der Armenkasse in Albersdorf 1781

8828 Ernennung des Diakons Rinck in Albersdorf zum dortigen Pastor 1782

8855 Verbesserung der Einkünfte des Schulmeisters für Osterrade und Süderrade 1793-1794

8911 Unterstützung der Pastorenwitwe Lorentzen in Albersdorf 1808-1809

8962 Trennung des Dorfes Wennbüttel von der Schule in Albersdorf 1815-1816

8971 Zulage des Diakons Aye in Albersdorf 1817

8986 Anlage einer Distriktsschule in Schrum 1819-1826

8998 Bemergelung von Diakonatland in Albersdorf 1820

9010 Schulgeld des Peter Bruhn in Rösthusen 1822-1823

9017 Handdienste für den Schullehrer Albers in Tensbüttel zum Wegpacken des Schultorfs 1824

9030 Gehalt des ehemaligen Diakons Aye in Albersdorf 1825-1826

9032 Beitrag des Friedrich Ahrens in Schafstedt an einer Zulage des dortigen Schullehrers (1825) 1826-1827

9034 Nichtbesetzung des Diakonats in Albersdorf 1827

9038 Aufnahme der Kinder des Johann Behrens in Riesewohld in die Schule in Röst 1827

9040 Bau eines Pastorats in Albersdorf 1828

9042 Verbindung eines Wiesenstücks des Gutes Hanerau mit der Schule in Schafstedt 1827

Kirchspiel Barlt

1484 Wahl eines Schuldieners in Barlt 1694

8803 Entlassung des Diakons Reinhold in Barlt 1763-1764

8831 Verordnungswidrige Trauung des Pastors Jönsen in Barlt 1783

8834 Bestellung des Kandidaten der Theologie Peter Nicolaus Jochims ohne Präsentation und Wahl zum Pastor in Barlt 1783-1784

8839 Weg über die gepachteten Kirchenländereien des Johann Dohrn in Barlt (1777) 1787

8841 Mitgebrauch eines Kirchenstuhls durch Hinrich Schlecht in Barlt
Darin: Grundriss der Kirchenbänke und -stühle, 1787 (1738-) 1787-1788

8845 Verhalten bei den Kirchen- und Kirchspielsversammlungen in Barlt 1790

8860 Bestellung des Predigers Dührsen in Busenwurth zum Diakon in Barlt sowie dessen Verhalten 1795, 1830-1831

8893 Veränderungen bei Kirchen- und Armenländereien in Barlt 1806
Enthält u. a.: Verkauf- und Verheuerungsprotokolle

8919 Beitrag des Predigers und Schullehrers in Barlt zum Armengeld 1809-1810

8929 Wiederbesetzung des Diakonats in Barlt 1811-1813

8934 Verkauf der Kirchenglocke in Barlt 1812

8940 Dienstländereien des Schullehrers am Barlter Altendeich 1813

8941 Heuergelder für die Kirchenländereien in Barlt 1813-1814

8952 Weizenlieferung an den Schullehrer in Barlt 1814-1815

9015 Bestätigung eines Hauskaufs des Armenkollegiums in Barlt 1824

9041 Marschhof des Schullehrers Martens in Barlt 1828

9044 Beteiligung auswärtiger Hofbsitzer im Kirchspiel Barlt an den Armenlasten 1828

9052 Umtausch von Kirchenländereien in Barlt 1829-1830

Kirchspiel Brunsbüttel

2600 Ernennung des Pastors Johann Wackerow in Brunsbüttel und königliches Patronatsrecht 1672

1487 Kollekte in Lüneburg für die Kirche in Brunsbüttel 1675

1488 Speisekosten der Kirchenbaumeister in Brunsbüttel 1714

1528 Verhalten des Schulmeisters Hans Nissen in Ostermoor (1738) 1739

1491 Konfirmationsgebühren für Pastor und Propst in Burg 1747

1492 Beschwerden des Pastors Warner in Burg über den Kirchspielvogt Matthiesen (1749) 1750

1493 Ungehorsam des Pastors Warner in Burg gegen Landvogt und Visitatoren (1707-) 1750

8799 Sperrung eines Wegs zu einem Pastoratsland in Brunsbüttel (1762) 1763

8802 Entschädigung für Diakonatsland in Brunsbüttel 1763

8859 Einfluss des Kirchspielvogts in Brunsbüttel in Kirchen- und Armenangelegenheiten 1793-1794

8869 Übergehen des Pastors in Brunsbüttel bei der Kirchenrechung und der Wahl des Diakons 1798

8874 Gnadenjahr der Tochter des Pastors Schubart in Brunsbüttel 1801

8905 Präsentation des Schullehrers Westphalen in Westerbüttel zur Wahl des Schullehrers in Brunsbüttelhafen 1808

8945 Streitigkeiten der Schulvorsteher in Warfen mit Eingesessenen in Kuden 1813-1814

8953 Kassenbestand des ehemaligen Armenvorstehers Boy in Buchholz 1814-1815

8954 Verleihung des Schuldienstes im Neuenkoogsdeich an Jürgen Tiedemann 1815

8956 Einnahme des Elementarschullehrers in Brunsbüttel 1815

8961 Aufhebung einer Winkelschule in Brunsbüttel 1815-1816

8981 Beitrag der Eingesessenen in Brunsbüttelkoog zur Küster- und Organistenwohnung in Brunsbüttel 1817-1821

8983 Verbesserung der Einkünfte des Küsters Claussen in Brunsbüttel 1818

8989 Beitrag des Müllers Hasselmann in Brunsbüttelkoog zum Armengeld 1819

8991 Verhalten des Küsters Claussen in Brunsbüttel 1820-1821

8993 Bietverfahren für die Reparatur der Rektoratswohnung in Brunsbüttel 1820

8994 Beschwerden des Schullehrers Claussen in Brunsbüttel wegen Schulunterrichts der Catharina Mahl 1820

8995 Beitrag des Hans Wolter in Mühlenstraßen und Hinrich Martens in Brunsbüttelhafen zur Armenkasse in Brunsbüttel für ihre Ländereien im Kronprinzenkoog 1820

8996 Reparatur des Schulhauses in Brunsbüttel 1820

9000 Dienstländereien des Schullehrers Johann Manns in Osterbelmhusen 1821

9020 Rektorwahl in Brunsbüttel 1824-1825

9046 Pensionierung des Schullehrers Bruhns in Buchholz 1828-1829

9049 Schulfuhren im Schuldistrikt Ostermoor 1829

Kirchspiel Burg

1486 Holzlieferung für den Bau eines Kirchturmes in Burg (Bökelnburg) 1641

1490 Einkünfte des Diakons in Burg 1743-1744

8786 Auslieferung des Kirchenbuchs in Burg 1751-1752

8787 Brüche des Pastors Warner in Burg 1751

8789 Verstöße des Pastors Warner in Burg gegen Verordnungen über Ehedispense und Haustrauungen 1751-1752

8791 Begräbnis des Kindes des Pastors Warner in Burg 1752-1753

8792 Erläuterung der Verordnung über die Belegung der Kirchenkapitalien für das Kirchspiel Burg 1754

8793 Injurienklage des Kirchenbaumeisters Sieck in Burg gegen Pastor Warner 1755-1756

8816 Zuschuss der Armenkasse des Kirchspiels Burg an Boie Claussen in Buchholz (1771-) 1774

8887 Deputatholz des Predigers in Burg 1805

8898 Auseinandersetzung des Pastorenwitwe Carstens mit der Gemeinde in Burg wegen Diensteinkünften 1806-1807

8938 Verlegung des Kirchhofs in Burg 1813-1819, 1833-1837
Enthält u. a.: Regulativ des neuen Begräbnisplatzes, 1816

8992 Dienstabgabe an die Witwe des Pastors Warner in Burg 1820

9006 Gehalt des Schullehrers im mittleren Teil des Kronprinzenkoogs 1821-1823

9036 Unregelmäßigkeiten bei der Predigerwahl in Burg 1827

Kirchspiel Eddelak

1496 Präsentationsrecht bei der Pastoratswahl in Eddelak 1646

1497 Wahl und Ordination des Diakons in Eddelak 1705, 1722

1498 Untersuchung gegen Pastor Hartnack in Eddelak (1722-) 1724

1499 Beschwerde des Pastors Hartnack in Eddelak über den Diakon Frank wegen Kirchengebets 1726-1728

1500 Amtsführung des Pastors Hartnack in Eddelak 1728-1729

1506 Abendbegräbnisse in Eddelak 1733

1501 Amtsführung des Pastors Hartnack in Eddelak (1714-) 1734-1735

1507 Zuteilung der Bauerschaften Dingen, Behmhusen und Warfen zur Schule in Eddelak 1734

1502 Verhalten des Pastors Hartnack in Eddelak bei der Kirchenvisitation 1739

1504 Ungehorsam des Pastors Hartnack in Eddelak 1741-1742

1503 Veröffentlichung von Befehlen des Landvogts durch Pastor Hartnack in Eddelak als Senior des Konsistoriums 1741

1505 Kirchenbuße der Gesche Stövens in Eddelak 1741

1489 Freie Fuhre des Pastors in Eddelak zur Gnadenjahrspredigt in Burg 1743

1482 Unordnungen bei der Wahl eines Schulmeisters in Averlak 1748

8817 Streitigkeiten zwischen den Armenkassen in Herzhorn und Eddelak wegen der Krankheitskosten der Catharina Portmann 1771-1773

8825 Besetzung des Diakonats in Eddelak 1778

8835 Beschwerde des Pastors Huusmann in Eddelak wegen Ländereien 1784-1785

8843 Vergehen des Schulhalters Huesmann in Behmhusen 1788-1790

8857 Pastoratsländereien in Eddelak 1793-1795

8867 Präsentation des Küsters und Schulmeisters in Eddelak 1797-1798

8871 Abriss des Diakonats in Eddelak 1798-1799

8904 Verkauf eines Stücks Diakonatsmoores in Eddelak 1807

8920 Einstellung der zweiten Predigt am Bußtag in Eddelak und Marschland des dortigen Pastorats 1810

8922 Einkunftsteuer des Diakons Engelbrecht in Eddelak 1810

8924 Anzeige des Pastors Engelbrecht in Eddelak gegen Wiebcke Junge wegen einer unehelichen Geburt 1811

8939 Eintrittsgeld der Schullehrer in Eddelak 1812-1815

8944 Beitrag von Eingesessenen in Kuden zu den Reallasten der Schule in Dingen 1813-1814

8946 Freiwillige Setzung zum Armengeld in Eddelak 1814

8949 Bau eines Schulhauses in Averlakerdonn 1814

8951 Schullasten im Schuldistrikt Averlak 1814

8957 Ankauf eines Hauses mit Land für die Schule in Westerbüttel 1815

8967 Auseinandersetzung des Schullehrers Wischmann in Behmhusen mit seinem Amtsvorgänger 1816-1817

8978 Beitrag des Kirchspiels Eddelak zum Armengeld 1817-1818

8982 Dienstland des Schullehrers Peters auf dem Averlakerdonn 1818

8999 Torflieferung an den Schullehrer auf dem Averlakerdonn 1820

9031 Kirchenschuld in Eddelak 1825-1826

9035 Vergütung des Schullehrers Peters auf dem Averlakerdonn für den Unterricht armer Kindern 1827

9047 Landkauf des Armenkollegiums in Eddelak 1829

9050 Anlage eines Begräbnisplatzes in Eddelak 1829-1838

Kirchspiel Hemmingstedt

1508 Einkünfte des Diakons Junge in Hemmingstedt 1641

8797 Kirchenbesuch in Heide der zum Kirchspiel Hemmingstedt gehörenden Dörfer Lohe und Rickelshof 1762-1763

8808 Heirat des Isaac Johannsen und der Tochter des Claus Martens in Lohe 1764

8856 Auspfarrung der Dörfer Lohe und Rickelshof aus dem Kirchspiel Hemmingstedt 1793

8865 Verweigertes Schulgeld der Dorfschaft Lieth an den Küster und Schulhalter Tede Wittmack in Hemmingstedt 1796-1798

9003 Ministerialhandlungen in Rickelshof durch einen fremden Prediger 1822

9004 Ministerialhandlungen in Lohe durch einen fremden Prediger 1822

9019 Parochialpflicht der Dorfschaften Lohe und Rickelshof 1822-1824

9043 Vergütung aus der Kirchenkasse in Hemmingstedt für die Pastorenwitwe Kruse in Heide 1828

Kirchspiel Marne

1509 Kirchenstuhlordnung in Marne 1647

1511 Nebenschule in Marne 1687-1701

1510 Kommission wegen der Kirchenstühle in Marne (1679-) 1699-1707
Enthält u. a.: Auszüge aus den Kirchenvisitationsprotokollen von 1604 bis 1703

1495 Beteiligung an den Bau- und Reparaturkosten der Schule in Diekhusen 1738-1739

1512 Untersuchung des Pastors Hellmann in Marne in einem Notzuchtfall 1747

2601 Widerrechtliche Trauung durch Pastor Hellmann in Marne 1747

8794 Beihilfe zum Schulhausbau in Trennewurth 1755-1756

8813 Gesetzwidrige Heirat des Hinrich Kelck aus Ramhusen mit Dorothea Wilckens 1769

8846 Anlage eines Kirchhofs für den Kronprinzenkoog 1790-1791, 1805

8854 Vergleich zwischen der Gemeinde in Marne und dem Rektor Marcussen über die Niederlegung seines Rektorats 1793

8863 Einrichtung einer Schule im Norderteil des Kronprinzenkoogs 1796-1805

8870 Änderung der öffentlichen Katechisationszeit und Fastenpredigten in Marne 1798

8873 Gnadenjahr der Kinder des Hauptpredigers Petersen in Marne 1800

8878 Unterstützung des Rektors Harmsen in Marne aus dem Schulfonds 1801-1802

8881 Ankauf eines Landstücks zum Diakonatsgarten in Marne 1802-1803

8897 Änderung bei den Predigten und Katechisationen in Marne 1806-1807

8906 Befreiung des Michel Martens in Marne vom Kirchenbaumeisteramt 1808

8908 Gebührenforderung der Prediger und des Rektors in Marne an Claus Meyer im Kronprinzenkoog für die Beerdigung seiner Frau 1808

8912 Beerdigung der Mutter des Garvert Ibs in Fahrstedt 1808-1809

8942 Überlassung des Schulhauses an den pensionierten Schulmeister Schuldt in Helserdeich 1813-1814

8966 Untersuchung gegen den Schullehrer Siedenburg in Ramhusen 1816

8984 Aufhebung der Winkelschule des Diakons Hansen in Marne 1818

8988 Trauung des Halbmondbläsers Garss durch Pastor Schmidt in Marne 1819

8990 Einrichtung einer Distriktsschule im mittleren Teil des Kronprinzenkoogs 1820-1822

8997 Armenwesen im Kirchspiel Marne 1819-1820

9005 Visitationsgebühr der Schule im mittleren Teil des Kronprinzenkoogs 1822

9007 Nebenschule des Leutnants von Burckhardt in Marne 1822-1823

9011 Anzeige gegen den Schullehrer Peters in Trennewurth 1823-1828

9012 Bau eines Glockenstuhls in Marne 1823

9022 Beteiligung der Organistenwitwe Guth in Meldorf an den Zinsen des Bütjeschen Vermächtnisses für Schullehrerwitwen 1824-1825

9023 Nutzung eines Landgeschenks durch den Schullehrer Rathjen im nördlichen Teil des Kronprinzenkoogs 1823-1825

9029 Schulgehalt des Mädchenschullehrers in Marne 1824-1825

9033 Beteiligung auswärtiger Grundstückseigentümer an den Armenanlagen des Kirchpiels Marne 1826-1828

9045 Schulgeld für fremde Armenkinder in Marne 1828

9048 Regulativ zu den Kirchenanlagen in Marne 1829-1830
Enthält nur: Deckblatt

9051 Setzung des Hans Thomsen in Marne zur Armensteuer 1829-1830

9053 Regulierung der Schuldistrikte im Kirchspiel Marne 1829-1832

9056 Abgang des Rektors Harmsen in Marne und Wiederbesetzung der Stelle 1832-1834

Kirchspiel Meldorf

1459 Streitigkeiten des Kirchspiels Meldorf mit dem Propst und Landvogt wegen Schul-, Baumeister- und Kirchenrechnungen (1537-) 1638-1641
Enthält u. a.: Auszüge aus den Kirchenvisitationsberichten 1597 bis 1631 sowie Zusammenstellung von Nachrichten aus dem Kirchspiel (mit Abschriften des 19. Jh.)

1514 Beichtstühle in Meldorf 1647

1517 Rang der Diakone in Meldorf 1647-1649

2602 Verbleib des Pastors Gerhard Ramm in Meldorf 1650

1516 Erbbegräbnis des Landvogts Nicolaus Brauns in Meldorf 1650

1518 Besetzung der Organistenstelle in Meldorf 1653

1472 Empfehlung des Diakons Christiani in Meldorf für das Amt des Propstes 1670

1483 Rückständiges Gehalt des Schulmeisters Hans Hanefeld in Barsfleth 1715-1716

1474 Leichenpredigten durch Studenten in Meldorf 1721

1494 Schule in Busenwurth 1726-1742

1485 Streitigkeiten unter den Schulvorstehern in Barsfleth wegen der Herausgabe von Dokumenten 1732

1521 Armenschule in Meldorf 1732-1761

1519 Gebühren für die Umschreibung der Kirchenstühle in Meldorf 1732

1522 Kapitalien der Schule in Meldorf (1654) 1736

1520 Schenkung von Strafgeldern des Pastors Peter von Leesen in Meldorf für den Kirchenbau 1738-1739

1523 Privatunterricht für Kinder von Regierungsmitgliedern bei Konrektor Pieper in Meldorf 1749

8788 Begräbnis des Kanzleirats von Bergen auf dem Kirchhof in Meldorf 1751-1752

8820 Besetzung des Konrektorats in Meldorf 1773

8823 Pfändung des Christian Möller und des Detlef Hansen in Krumstedt durch das Armenkollegium in Meldorf 1777

8827 Gebet bei der Taufe in Meldorf 1781-1782

8829 Beschwerden gegen den Schulmeister Johann Schlömer in Busenwurth wegen Schulzucht und Strafen 1782

8832 Bedenken bei Revision der Kapitalien und des Vermögens der Armenschule in Meldorf 1783

8840 Taufe der Kinder aus Odderade und Lehrsbüttel in Meldorf 1787-1788

8844 Änderung des Verfahren bei den Kirchenanlagen in Meldorf
Enthält nur Inhaltsverzeichnis 1790-1831

8847 Änderung der Schuleinrichtung in Gudendorf 1790-1791

8848 Befreiung des Schustermeisters Rohwedder in Meldorf vom Untermahneramt 1790-1792

8852 Abend- und Morgenbeerdigungen in den Kirchspielen der Norder- und Südervogtei Meldorf 1791-1793

8861 Reparatur der Kirche und Orgel in Meldorf 1795-1835

8866 Vergütungen von Delinquentenbesuchen der Prediger in Meldorf 1797-1798

8872 Einstellung der Frühpredigten in Meldorf 1800

8875 Vergrößerung der Schulstube des Küsters Heesch in Meldorf 1800-1801

8879 Armenschule in Meldorf 1801-1806

8880 Besetzung des Konrektorats in Meldorf 1802

8882 Bau eines Kompastoratsstalles in Meldorf 1803

8886 Abstellung der Missverhältnisse zwischen den Schulen in Meldorf 1804-1805

8888 Verweigerte Schulpflichten für die Schule in Elpersbüttel (1802-) 1805

8891 Einquartierung der Prediger und Schullehrer in Meldorf 1805-1806

8892 Beschwerden wegen des Kirchenwesens in Meldorf 1805

8895 Gelehrtenschule in Meldorf 1806-1848

8896 Assignationen an die Armenkasse in Meldorf 1806

8901 Haussteuer der Schullehrer Albers und Thedens in Meldorf 1807

8907 Verbesserung des Schuldienstes in Elpersbüttel 1808

8910 Umwandlung der Nachmittagspredigten in Elpersbüttel in Katechisationen 1809

8918 Hebung des doppelten Armengeldes in Meldorf 1809

8921 Verteilung der Schulbaukosten in Krumstedt 1810

8923 Beitrag des Hans Hennings in Ketelsbüttel zu den Schulanlagen (1802) 1810

8930 Diensteinkünfte der Distriktsschullehrer Albers und Thedens in Meldorf 1812

8932 Entwendung von Kirchengeldern des Kirchenbaumeisters Schmidt in Meldorf 1812

8948 Einquartierungsfreiheit des Armenschulmeisters Voss in Meldorf 1814

8950 Vorsingen in der Kirche in Meldorf am Mittwoch und Freitag 1813-1814

8959 Einstellung der Herbstkonfirmation in Meldorf 1815

8960 Beitrag der Schullehrer in Meldorf zu den Hebammenkosten 1815

8963 Bearbeitung des Schultorfs durch die kleinen Leute in Nindorf 1815-1816

8964 Umlage der Realschullasten des Schuldistriktes Eesch 1815-1816

8970 Zulage des ehemaligen Schullehrers Thedens in Meldorf 1816

8974 Vergütung der Schullehrer Albers und Volquardsen in Meldorf wegen fehlenden Gartens 1817

8975 Abrechnung mit Rektor Holt in Meldorf 1817-1822

8977 Beleidigung des Schullehrers Kuhlmann in Fiel durch Trina Margaretha Pfeil 1818

8980 Bau eines Pastoratsstalls in Meldorf 1818

9001 Hand- und Spanndienste für die Schule in Wolmersdorf 1821-1823

9008 Vorenthaltene Leistungen für Schullehrer Runge in Odderade 1822-1824

9009 Verlegung des Schulhauses von Nindorf nach Farnewinkel 1823

9025 Wiederbesetzung des Organistendienstes in Meldorf 1825

9037 Erteilung von Privatstunden durch den Armenschullehrer Bünz in Meldorf 1827

9039 Kirchenritus in den Kirchspielen in Meldorf 1827-1828

9057 Absetzung des Schullehrers Claus Thomsen in Fiel 1832

9058 Pensionierung des Schullehrers Schröder in Epenwöhrden 1834

Kirchspiel Sankt Michaelisdonn

1524 Dienstkündigung des Schulmeisters in Sankt Michaelisdonn 1705

1525 Kirchenstühle in Sankt Michaelisdonn 1747

8812 Gesetzwidrige Heirat des Casper Ehlers in Sankt Michaelisdonn mit Telsche Albers 1769

8819 Unterhalt des Kindes des zur Festungsarbeit verurteilten Musketiers Casper Ehlers in Sankt Michaelisdonn (1771) 1772

8833 Bestellung des Predigers Jansen aus Schlichting ohne Präsentation und Wahl zum Pastor in Sankt Michaelisdonn 1783-1784

8890 Streitigkeiten der Schulinteressenten in Sankt Michaelisdonn mit ihrem Schullehrer Sothmann 1805

9016 Teilung des Predigerreets zwischen der Predigerwitwe Gerber und Pastor Boysen in Sankt Michaelisdonn 1824

9028 Vereinbarung über die Predigervakanz in Sankt Michaelisdonn 1825

Kirchspiel Nordhastedt

1526 Vergleich des Pastors Bensen in Nordhastedt mit dem Kirchspiel und Berufung des Wilhelm Oltern zum Pastor (1631-) 1662

1527 Wiederaufbau des abgebrannten Pastorats und Schulhauses in Nordhastedt 1743-1753
Darin: Ansicht und Grundriss des Pastorats

8800 Baufälligkeit der Kirche in Nordhastedt 1763

8836 Amtsentbindung des Pastors Carstens in Nordhastedt 1785-1786

8838 Amtseinkünfte des ehemaligen Pastors Carstens in Nordhastedt und Auseinandersetzung mit seinem Amtsnachfolger 1787

8889 Schadensersatz des Pastors Jessen in Nordhastedt bei der Meentaufteilung 1805

8955 Holzverkauf aus der Kirchenhölzung in Nordhastedt 1815-1817

9018 Herabsetzung der Gebühren des Pastors in Nordhastedt für Visitationsmahlzeiten 1824-1829

9024 Bau eines Glockenstuhls und Umgießen der Glocken in Nordhastedt 1825

Kirchspiel Süderhastedt

1529 Unordnungen im Kirchen- und Armenwesen in Süderhastedt 1738

8795 Strittige Predigerpflichten in Süderhastedt 1757-1758

8849 Bestellung des Pastors Hedde in Wesselburen ohne Präsentation und Wahl zum Prediger in Süderhastedt 1791

8928 Beteiligung der Anbauer in Hochdonn an der Schule in Eggstedt 1811

8969 Beteiligung an den Kosten des Schulhauses in Westdorf 1816

8972 Diensteinkünfte des Schullehrers Maassen in Eggstedt 1816-1817

8973 Diensteinkünfte des Schullehrers Horstmann in Frestedt 1816-1817

8987 Küsterhaus in Süderhastedt 1819

9021 Diensteinkünfte des Schullehrers Maassen in Eggstedt 1824-1825

9054 Begräbnisplatz in Süderhastedt 1830-1833

Kirchspiel Windbergen

1530 Beschwerden über Pastor Lampert Alardus in Windbergen 1709

1531 Veröffentlichung von Verordnungen durch Pastor Dührsen in Windbergen 1733

8851 Bestellung des Diakons Bötger in Barlt ohne Wahl zum Prediger in Windbergen 1791-1792

8858 Verbesserung der Predigereinkünfte in Windbergen 1793-1798

8862 Wiederbesetzung des Pastorats in Windbergen 1795-1796

8913 Konfirmationsgebühren in Windbergen 1808-1809

8914 Verkauf der Kirchenhölzung in Windbergen 1807-1811

8917 Bestellung des Diakons Dührsen in Barlt zum Prediger in Windbergen 1809

8927 Ernennung des Kandidaten Paulsen zum Prediger in Windbergen ohne Wahl 1811-1812

8933 Einfriedung der Schulländereien in Windbergen 1812

8968 Verbesserung der Einkünfte des Pastorats in Windbergen 1816

9026 Kosten der Ordination und Wahl der Prediger in Windbergen 1825

Kirchspiel Wöhrden

1539 Gottorfische Eingriffe in königliche Episkopalrechte über in Wöhrden eingepfarrte gottorfische Untertanen 1680-1681

1532 Orgelreparatur in Wöhrden 1708

1533 Einlieferung der Kirchenrechnung von Wöhrden beim Pastor 1719

1534 Anspruch des Kirchspielvogts in Wöhrden auf Mitaufsicht über Kirche und Schule 1735-1736

1536 Beschwerden des Rektors Roth in Wöhrden über die Kirchspielvorsteher in verschiedenen Angelegenheiten 1735-1736

1537 Ausbau der Schulstube und Reparatur der Wohnung des Rektors in Wöhrden 1740-1741

1538 Denunziationen zwischen Pastor Carstens und Rektor Roth in Wöhrden 1741

1535 Besetzung des Pastorats und Diakonats in Wöhrden 1746-1747

8790 Gewaltsames Verhalten der im Kirchspiel Wöhrden eingepfarrten großfürstlichen Untertanen 1752, 1763-1765

8796 Heirat des Kandidaten Reyher aus Wöhrden in Tönning (1668, 1759) 1760

8811 Abnahme der Gemeinde in Wöhrden durch den Wegzug von Eingepfarrten in das großfürstliche Gebiet 1766

8824 Baufälligkeit des Kirchengebäudes in Wöhrden 1777-1788

8830 Ernennung des Pastors Dreesen in Wöhrden zum dortigen Diakon 1782

8837 Ernennung des Pastors Kruse in Hemmingstedt zum Diakon in Wöhrden 1786-1787

8842 Verbindung des Rechenmeister- und Organistendienstes in Wöhrden 1787

8885 Einrichtung des Kirchenkollegiums in Wöhrden (1802-) 1804

8909 Beerdigungen im Kirchspiel Süderwöhrden ohne Rekognitionsgebühr 1808

8935 Präsentationsrecht zur Schullehrerwahl in Hochwöhrden 1812-1813

8931 Kirchspielverhältnisse und Schulangelegenheiten des Friedrichsgabekoogs 1811-1815

8943 Schultorf für die Schullehrer in Wöhrden 1813-1814

8947 Anlage eines Schulfußsteiges von Wöhrdenerhafen nach Wöhrden 1814-1816

8958 Einzahlung des Diakon Nissen in Wöhrden in die Witwenkasse 1815

9013 Setzung der Kirchengerste in Wöhrden 1823-1824

9014 Reparatur des Rektoratgebäudes in Wöhrden 1824

9027 Entlassung des Schullehrers Löhnsdorff in Edemannswisch 1825-1830

Propstei Norderdithmarschen

Allgemeines

9060 Übernahme der Visitorialgeschäfte bei Abwesenheit eines Kirchenvisitators 1777-1784

9063 Ausführung der Visitorialgeschäfte sowie Bestimmungen über Reparaturen an Kirchen und Kirchengebäuden 1780

9073 Bewahrung der Verfassung hinsichtlich der Propstei und der Kirchenangelegenheiten 1784, 1816-1827

9090 Verteilung der Schullasten und Erlass einer neuen Schulverordnung 1791-1802

9093 Armenanlage im Kirchspiel Wesselburen und Einsendung der Armenanlagen in Norderdithmarschen zur Bestätigung 1792-1799, 1815-1829

9140 Parochialverhältnisse sämtlicher noch zu keiner Kirche gehörigen Köge 1807-1811

9141 Reparatur der Kirchengebäude in Wesselburen und des Kirchturms in Büsum 1807

9160 Einführung eines Schulregulativs 1814-1833

9175 Gebühr der Kirchenbediensteten für eine Beerdigung außerhalb des zuständigen Kirchspiels 1816

9184 Verwaltung der Dienstgeschäfte bei Predigervakanzen 1818

9190 Präsentationsfähigkeit des Kandidaten der Theologie Dieckmann 1819

9209 Schullehrerwitwen- und Waisenkasse 1820-1834

9218 Kircheninventare 1822

Kirchenvisitation

9064 Kirchenvisitationberichte 1799 bis 1781 1780-1783

9162 Außerordentliche Generalkirchenvisitation und Begräbnisplatz in Heide (1781-) 1814-1828

9188 Generalkirchenvisitation 1818 1819-1821

Kirchspiel Sankt Annen

9144 Predigerwahl in Sankt Annen 1809

9174 Reparatur der Kirche in Sankt Annen 1816-1817

9191 Unterstützung der Rektorwitwe Groth in Sankt Annen 1819

9196 Wahl des Rektors in Sankt Annen 1819-1827 (1843-1844)

9201 Verteilung der Schulgelder in Sankt Annen 1819

9274 Fähr- und Wohnhaus der Kirche in Sankt Annen in Bösbüttel 1834

Kirchspiel Büsum

9076 Rektoratshaus und Bau eines Stalls beim Diakonat in Büsum 1785

9081 Reparatur der Kirche und der Kirchengebäude in Büsum 1787

9091 Reparatur der Kirche in Büsum 1792

9099 Abschaffung der Nachmittagspredigt in Büsum 1795

9110 Reparatur des Kirchenbodens in Büsum 1798

9111 Vergehen des Diakons Jansen in Büsum bei Einführung der neuen Kirchenagende 1798

9121 Verbindung von Diakonat und Pastorat in Büsum Büsum 1802

9128 Reparatur des Diakonats in Büsum 1804

9137 Verbindung von Diakonat und Pastorat in Büsum Büsum 1806-1810

9138 Verordnungswidrige Verheiratung des Wilhelm Kleisten van Löwen durch Pastor Haelsen in Büsum 1806

9208 Pension des Schullehrers Bock in Deichhausen 1820

9212 Beteiligung der Dorfschaft Hassenbüttel an Instandsetzungskosten eines Fußsteiges in Deichhausen 1820-1821

9266 Rektorat in Büsum 1831

9267 Neuer Begräbnisplatz in Büsum 1831-1836

Kirchspiel Delve

9077 Umgießen der Kirchenglocke in Delve 1785

9086 Reparatur des Diakonats in Delve 1791

9106 Hauptreparatur des Pastorats in Delve 1798, 1806

9112 Bau eines Pastoratsstalls in Delve 1799

9118 Bau des Schulhauses in Delve 1801

9125 Reparatur der Kirche in Delve 1803-1805

9156 Reparatur des Kirchturms und des Pastorats in Delve 1812

9165 Schulverfassung in Bergewöhrden 1814-1815

9214 Sommerschule in Bergewöhrden 1820-1824

9223 Hand- und Spanndienste im Schuldistrikt Hollingstedt 1822

9230 Aufbau des abgebrannten Diakonats in Delve 1823

9258 Reparatur der Kirche in Delve 1828

Kirchspiel Heide

9098 Kirchturmbau in Heide 1794

9116 Verwendung einer Geldsumme zur Verbesserung der Hauptschule in Heide 1800, 1805

9123 Hebung des Kirchen- und Fleckenschatzes in Heide 1801-1802, 1818-1826, 1840-1842

9126 Instandsetzung der Kirchhofsmauer in Heide und Anschaffung einer neuen Läutglocke 1803

9142 Reparatur des Kirchturms in Heide 1809

9150 Verbesserung der Diensteinkünfte des Nebenschullehrers von Reven in Heide 1812

9153 Reparatur der Kirche und Kirchengebäude in Heide 1812

9161 Zulage der Pastorenwitwe Boeter in Heide aus der Postkasse 1813-1814

9171 Parochialverhältnisse des Fleckens Heide zu den eingepfarrten Dörfern (1815) 1816

9173 Aufnahme von Kindern allen Alters in die Schule des Seminaristen Paulsen in Heide 1816

9221 Schulgeld des Kirchspielvogts Arens in Heide 1822

9225 Religionsunterricht des Rechenmeisters Meyer in Heide 1822

9227 Privatunterrichtsanstalt des Kandiaten der Theologie Seele in Heide (1817-) 1822

9244 Präsentations- und Wahlrecht für Stellen an der Hauptschule in Heide 1825

9247 Stiftung der Eheleute Elvers in Heide zur Gründung einer besonderen Schulklasse 1825-1850

9253 Eintritt des Kirchspielvogts in Heide als erstes Mitglied in die Armenversorgungskommission 1826

9254 Nachfolge des Diakons Schetelig in Heide im dortigen erledigten Pastorat 1826

9255 Befreiung des Landvogts Griebel in Heide vom Beitrag zu den Schulleistungen 1827

9260 Vergütung der Propstwitwe Schetelig in Heide aus der Kirchenkasse 1828

9263 Gesetzwidrige Wahl des J. Gerkens zum Organisten und ersten Mädchenschullehrers an der Hauptschule in Heide 1829

Kirchspiel Hemme

9062 Bestätigung des Hausbaus des Pastors Huwaldt in Hemme 1779

9065 Vereinigung von Diakonat und Hauptpastorat in Hemme 1781-1782, 1825-1828

9067 Reparatur der Kirchenorgel in Hemme 1782, 1790

9068 Besetzung des Rektorats in Hemme 1782

9094 Bau des Predigerwitwenhauses in Hemme 1793

9097 Reparatur des Pastorats in Hemme 1794

9107 Wiederaufbau des Diakonats in Hemme 1798

9117 Außendeichsgrasungen der Kirche in Hemme 1800-1801

9127 Gnadenjahr und Pension der Pastorenwitwe Huwaldt in Hemme 1803-1804

9139 Bau des Schulhauses in Hemme 1807-1811
Darin: Grundriss

9146 Gerichtsbarkeit des Karolinenkoogs in Kirchen- und Schulangelegenheiten sowie dessen Militärverhältnisse 1807, 1832

9183 Bau des Pastorats in Hemme 1818-1819, 1834

9220 Beitrag des Karolinenkoogs zur Kirchenkasse in Hemme 1822-1826

9242 Kirchen- und Armenzinsen des Reimer Thiessen Schulz in Bargen 1824

9256 Änderung einer Bestimmung des Schulregulativs hinsichtlich des Karolinenkoogs 1827-1828

Kirchspiel Hennstedt

9084 Vergrößerung der Predigerställe in Hennstedt 1788

9089 Befreiung des Schullehrers Tauck in Fedderingen von der Kirchenanlage in Hennstedt 1791

9108 Reparatur des Kirchturms in Hennstedt 1798

9120 Wiederaufbau des Rektoratshauses in Hennstedt 1802

9129 Reparatur der Kirche in Hennstedt 1804

9177 Reparatur des Pastorats in Hennstedt 1817

9180 Gebührenrechnung der Kirchenbediensteten in Hennstedt wegen Beerdigung einer angetriebenen Leiche 1817

9181 Stiftung des Kirchenkollegiums in Hennstedt zur Verteilung von Bibeln und Gesangbüchern 1818

9207 Präsentationen zur Schule in Fedderingen 1820

9216 Besetzung der Distriktschullehrerstelle in Horst 1821

9224 Beteiligung der Prediger in Hennstedt an den Realschullasten 1822

9226 Hökerei des Schullehrers Lucht in Kleve 1822-1823

9231 Vereinbarung der Schulkommunen Süderheistedt, Norderheistedt und Hägen über Instandhaltung eines Schulfußsteiges 1823

9235 Hand- und Spanndienste im Schuldistrikt Süderheistedt, Norderheistedt und Hägen 1823

9237 Instandsetzung des Schulfußsteiges in Westermoor 1823

9239 Verwendung eines Kapitals des Schuldistrikts Nordfeld 1823

9240 Kuhgrasung des Rektors und Kantors in Hennstedt in der Kätnerweide 1823

9243 Vereinigung der Dörfer Westermoor und Östermoor zu einer Distriktschule 1824-1826

Kirchspiel Lunden

9071 Annahme des Rektorats in Lunden durch den Theologiestudenten Jens Claussen aus Ostenfeld 1783

9072 Bau eines Kirchturms in Lunden 1784-1785

9079 Verkauf von Kirchenland in Lunden 1787-1792

9082 Übertragung des Rektorats in Lunden an den Kandidaten Warncke und Einrichtung der dortigen Schule 1787

9083 Reparatur des Rektoratshauses in Lunden 1788

9087 Reparatur der Diakonats- und Organistenhäuser in Lunden 1791

9092 Wiederbesetzung des Schuldienstes in Lehe 1792

9096 Reparatur der Kirche und Kirchenhäuser in Lunden 1794

9103 Hauptreparatur am Kirchhof in Lunden 1797

9148 Gagen- und Akzidentiensteuer des Pastors Thiessen in Lunden 1811

9159 Verteilung der Preussschen Legatengelder an die Armen im Kirchspiel Lunden 1813-1814

9163 Verpachtung der Armenhausländereien in Lunden 1815-1816

9168 Einweihung des neuen Wohnhauses eines Abgebrannten durch Diakon Harms in Lunden 1815

9169 Feuerungsgeld des Kantors Paulsen in Lunden 1815-1816

9176 Weigerung des Diakons Harms in Lunden zur Abgabe einer Erklärung 1816

9195 Abbruch eines Kirchenstalls in Lunden 1819

9200 Wahl des Küsters in Lunden 1819-1820

9204 Beilegung des Lundenerkoogs zum Schuldistrikt Lunden 1819-1820

9210 Ausbesserung des Schulgebäudes in Lehe 1820

9211 Bau des Schulhauses in Lunden 1820

9215 Bau eines Schulhauses für Nesserdeich und Groven 1821-1823
Darin: Karte der Häuser in der Bauerschaft Groven und Nesserdeich, 1821

9236 Hand- und Spanndienste im Schuldistrikt Groven und Nesserdeich 1823

9241 Rangstreit zwischen Kirchspielvogt Nissen und Diakon Rönnenkamp in Lunden 1824

9245 Pension der Kantorswitwe Paulsen in Lunden 1825

9270 Anlage eines Schulfußsteiges durch Darenwurth nach Lehe 1832

9272 Reparatur der Kirchenorgel in Lunden 1833

Kirchspiel Neuenkirchen

9095 Reparatur des Diakonats in Neuenkirchen 1793

9100 Wasserlösungsabgabe der Kirchen- und Armenländereien in Neuenkirchen 1796-1797

9102 Dienstentlassung des Rektors Cohrts in Neuenkirchen 1796

9132 Kauf von Diakonatsland in Neuenkirchen zum Bau eines Armenhauses 1805

9157 Diakonat in Neuenkirchen 1813

9205 Bau eines Stalls bei der Kirchspielschreiberei in Neuenkirchen 1820

9206 Zulage des Rektors Behrens in Neuenkirchen 1820

9217 Besetzung der Schullehrerstelle in Tiebensee 1821-1822

9219 Beihilfe zum Schullehrergehalt und Schulhausbau in Neuenkirchen 1821-1822

9257 Rektorhebung des Organisten und Elementarschullehrers Koch in Neuenkirchen 1827-1828

9261 Besetzung der Organisten- und Schullehrerstelle in Neuenkirchen 1829

9269 Bau der Diakonatswohnung in Neuenkirchen 1832-1834

9271 Pastorenwahl in Neuenkirchen 1833

9273 Bauten an der Kirche in Neuenkirchen 1834

Kirchspiel Schlichting

9061 Dienstentlassung des Pastors Jansen in Schlichting 1779-1780

9104 Hauptreparatur der Kirche und des Kirchturms in Schlichting 1797

9154 Reparatur des Kirchturms in Schlichting 1812

9155 Verbesserung des Schuldienstes in Schlichting 1812

9186 Dienstentlassung des Pastors Horst in Schlichting mit Wartegeld 1818-1824

9233 Hand- und Spanndienste im Schuldistrikt Schlichting 1823

Kirchspiel Tellingstedt

9066 Ansprüche des Pastors Rode in Erfde auf Ländereien in Tielenhemme 1781

9074 Reparatur des Kirchturms in Tellingstedt 1784

9078 Kirchenanlage in Tellingstedt 1786

9080 Amtsniederlegung des Pastors Friccius in Tellingstedt 1787

9105 Verkauf von Holz aus der Kirchenhölzung in Tellingstedt 1798-1820

9109 Kirchenglocke in Tellingstedt 1798

9113 Vergütung des Rektors in Tellingstedt für das abgeschaffte Umsingen 1799

9114 Schulgeld und Fußsteig über die Kirchhofsmauer in Tellingstedt 1799

9115 Schulgeld in Osterborstel und Fußsteig über die Kirchhofsmauer in Tellingstedt 1799

9149 Besetzung des Diakonats in Tellingstedt 1811

9152 Geschenk für Pastor Clasen in Tellingstedt aus der Kirchenkasse 1812-1813

9187 Nebenschule in Wallen 1818

9189 Wiederbesetzung der Schullehrerstelle in Dellstedt (1811-) 1819

9199 Beitrag zu den Schulleistungen in Westerborstel (1818) 1819

9202 Trennung der Dorfschaft Rederstall vom Schuldistrikt Schalkholz 1819-1821

9203 Bau des Schulhauses und Auslegung von Schulland für die Dörfer Schelrade und Lendern 1819

9222 Ernennung des Interimslehrers Lorenzen zum Distriktschullehrer in Schalkholz und Hövede 1821-1822

9232 Regulierung des Schuldistriktes Wrohm 1822-1824

9238 Schlachterei und Zimmerei des Küsters Peters in Tellingstedt 1823

9246 Gnadenjahr der Kinder des Pastors Clasen in Tellingstedt 1825

9250 Aufrücken des Diakons Hinrichs in Tellingstedt zum dortigen Pastorat 1825

9268 Neuer Begräbnisplatz in Tellingstedt 1831-1834

Kirchspiel Weddingstedt

9059 Ausbau und Reparatur der Diakonatswohnung in Weddingstedt 1780

9070 Reparatur des Pastorats in Weddingstedt 1783

9119 Umgießen der Kirchenglocken in Weddingstedt 1802

9145 Einzug des Diakonats in Weddingstedt 1809-1810

9164 Bau des Schulhauses für die Dorfschaften Stelle und Wittenwurth 1815

9167 Überlassung einer Kirchenkoppel des Kirchspiels Weddingstedt an den Kirchspielvogt Ahrens 1815

9172 Reparatur des Pastoratsgebäudes in Weddingstedt 1816

9182 Bau eines Pastoratsstalls in Weddingstedt 1818

9197 Predigerwitwenhaus in Weddingstedt 1819

9228 Hand- und Spanndienste im Schuldistrikt Stelle und Wittenwurth 1822

9234 Bau am Pastoratsgebäude in Weddingstedt 1823

9252 Pension des Schullehrers Sass in Stelle 1825-1826

Kirchspiel Wesselburen

9069 Anlage eines Kirchhofs in Wesselburen 1782-1783, 1828-1832

9075 Aussetzen einer Kirchenschatzung im Kirchspiel Wesselburen 1784

9085 Reparatur des Pastorats in Wesselburen 1789

9088 Besetzung des Rektorats in Wesselburen 1791

9101 Reparatur des Kirchturms in Wesselburen 1796

9122 Reparaturen der Kirchen- und Schulgebäude in Wesselburen 1802

9124 Reparatur der Kirche und Kirchengebäude in Wesselburen 1803

9130 Gagen- und Akzidentiensteuer des Pastors Meyn in Wesselburen 1804

9131 Reparatur der Wohnung des dritten Predigers in Wesselburen 1804-1805

9133 Verwendung der Kirchhofsmauer in Wesselburen zum Bau eines Armenhauses 1805

9134 Beschwerden des Pastors Meyn in Wesselburen gegen den Landvogt 1805-1816

9135 Reparatur der Kirchengebäude in Wesselburen 1806

9136 Diakonat in Wesselburen 1806-1808, 1830

9143 Armensetzung des Pastores Meyn in Wesselburen 1809-1810

9147 Gerichtsbarkeit des Hedwigenkoogs in Kirchen- und Schulangelegenheiten sowie dessen Parochialverhältnisse 1807-1810

9151 Änderung der Konfirmationshandlung in Wesselburen 1811-1812

9158 Gebühr für die Haustrauung des Majors von Benzen in Wesselburen 1812-1813

9166 Anzeige des Pastors Meyn in Wesselburen über Nichtbeachtung der Witwentrauerzeit 1815

9170 Einkünfte der Predigerwitwe Volkmar in Wesselburen 1816

9178 Kränkungen des Pastors Meyn in Wesselburen bei einer Kirchenvisitation 1816-1817

9179 Prüfung der Katechumenen vor der Konfirmation in Wesselburen 1818

9185 Verteilung des Schulgeldes in Strübbel 1818

9192 Abfindung der Schullehrer der Dörfer Hillgroven und Norddeich 1819-1826

9193 Besetzung der Schulstelle in Poppenwurth 1819-1820

9194 Entlassung des Nebenschullehrers Ahrens in Wesselburen 1819

9198 Diensteinkünfte des Schullehres im Hedwigenkoog 1819

9213 Bestimmung der Schuldistrikte zwischen Hollingstedt und Schwienhusen 1821

9229 Besetzung des Rektorats in Wesselburen 1822

9248 Hand- und Spanndienste für die Schulkommunen Poppenwurth und Haferwisch 1825

9249 Zulage von Land an die Schulkommune Jarren und Hödienwisch 1825

9251 Auszahlung der Diensteinkünfte an die Rektorwitwe Jürgens in Wesselburen 1825

9259 Schulden der Schulkommune Strübbel 1828

9262 Bearbeitung des Schullandes des Schullehrers Eggers in Reinsbüttel 1829

9264 Verbindung von Küster- und Elementarschullehrerstelle in Wesselburen 1829

9265 Neue Distriktsschule für Heringsand, Hellschen und Unterschaar 1830

Ehemalige großfürstliche Kirchen

Allgemeines

9278 Gebühren an die Witwen- und Waisenkasse bei Haustrauungen 1779-1796

9279 Konsultation katholischer Geistlicher 1779

9291 Institut „Subsidium charitativum“ zur Verbesserung von Prediger- und anderen Kirchenbedienungen 1780-1787, 1810-1827

9354 Einreichen der originalen Ehedispense in den Amtsstuben vor der Heirat 1788-1789

9383 Abgang der Kirchenjuraten 1792-1798, 1846-1847

9386 Reglement der Schuleinkünfte im Amt Neumünster 1792-1801

9429 Aufnahme der Kirchenbaurechnung in Oldenburg und im Amt Cismar (1735-) 1796

9468 Jurisdiktion und Visitorialgeschäfte im Amt Kronshagen 1800-1801

9529 Befestigungsgebühren für die Kirchenstühle in den Ämtern Reinbek, Trittau und Tremsbüttel 1805-1806, 1833

9542 Quartalsopfer in Bergstedt, Grömitz, Wandsbek und Trittau 1806-1826

9563 Streitigkeiten zwischen den Predigern in Grömitz und Grube wegen Verheiratung des Branddirektors Rauert in Jasen 1807

9593 Getreide- und Fouragevorräte der Dienstländereien der Schulmeister im Amt Neumünster 1809

Kirchenvisitation

9296 Generalkirchenvisitationsberichte 1781-1803
Enthält: 1781, 1782, 1786, 1788, 1790 und 1792

9617 Generalkirchenvisitation im Amt Neumünster 1811-1833
Enthält: Untersuchung gegen Pastor Schneevoigt in Großenaspe; Entlassung des Kompastors Bruhn in Neumünster und Wiederbesetzung des Kompastorats; Untersuchung gegen den Zuchthausprediger Nielsen in Neumünster

Kiel

9308 Konfirmation der Tochter der Witwe Suersen in Kiel 1782-1783

9362 Änderungen öffentlicher Gottesdiensthandlungen in Kiel 1789

9363 Aussetzen der Vormittagspredigt am Konfirmationstag in Kiel 1789

9378 Bezahlung von Reparaturen der Wohnhäuser und anderer Gebäude der Prediger und Kirchenbediensteten in Kiel aus dem Kirchenvermögen 1791

9396 Zulage des Archidiakons Holst in Kiel 1793-1794

9419 Nachfolge des Sohnes des Schloss- und Garnisonspredigers Gravenhorst in Kiel 1795-1802

9432 Bau einer Schulkate in Wellsee 1796-1797

9434 Verkauf der Predigerwohnungen der Sankt-Nikolai-Kirche in Kiel 1797, 1803-1827

9457 Verkauf des Organistengartens in Kiel 1800

9465 Leichengebühr für den neuen Kirchhof in Kiel 1800-1801

9477 Landtausch des Kaufmanns Schweffel in Kiel mit dem Kirchhof Sankt Jürgen 1801

9479 Nachzahlung an Pastor Köster in Kiel für entgangenes Priesteropfer 1801-1802

9482 Kirchenschlüssel für den Schlosskantor Martens in Kiel 1802, 1806

9519 Gehaltsverbesserung des Schlosskantors Martens in Kiel 1804-1806

9526 Beschwerden des Schullehrers Wolansky in Brunswik 1805

9558 Adjunkt für Pastor Köster in Kiel 1807-1809, 1816-1817

9577 Aufnahme des Schullehrers Hansen in Neustadt in die Witwenkasse in Kiel 1808

9626 Unrichtiges Pensionsattest des Archidiakons Holst in Kiel 1811-1812

Neustadt

9423 Verweigerte Introduktionsgebühren und Fuhren an den Generalsuperintendenten durch den Magistrat in Neustadt 1796-1797

9435 Baukosten des Organistenhauses in Neustadt 1797-1799

9441 Verteilung des Grimmsteinschen Legats in Neustadt (1796) 1797-1798

9467 Umwandlung der Wochenpredigten in Neustadt in Katechisationen 1800-1801

9498 Zulage des Diakons Düncker in Neustadt 1802-1803

9503 Vergütung des Diakons Düncker in Neustadt für Landeinfriedung 1803

Oldenburg

9277 Tod und Nachlass des Hauptpastors Fehe in Oldenburg sowie Nachfolge des Archidiakons Lange 1779

9285 Gebühren an die Kirche in Oldenburg für den Transport der verstorbenen Frau des Hans Erich in Großwessek 1779-1781

9289 Eigenmächtige Trennungen der Eheleute Schult und Nölting in Oldenburg 1780

9329 Einkünfte der Pastorenwitwe Fehe in Oldenburg 1785-1786

9411 Beschwerden gegen den Mädchenschullehrer Balthasar Jungclaussen in Oldenburg (1782) 1795

9437 Versteigerung des Küsterdienstes in Oldenburg 1796-1797

9438 Schulreglement in Oldenburg 1796-1837

9462 Abendmahl für die reformierte Witwe Schwerdtfeger in Oldenburg 1800

9486 Erweiterung des Diakonats in Oldenburg (1801) 1802

9545 Reparatur des Hauses des Pastors Schroedter in Oldenburg 1805-1806

9546 Anschaffung eines Buches für das Beichtregister in Oldenburg 1806

9549 Verbesserung der Diensteinkünfte des Organisten in Oldenburg 1805-1806

9556 Dienstniederlegung des Schreib- und Rechenmeisters Storm in Oldenburg 1806-1807

9559 Erhöhung des Schulgeldes des Schulhalters Michaelsen in Oldenburg 1807-1810

9574 Vermietung der Gärten, Grashöfe und Wiesen des Hauptpastorats in Oldenburg 1807-1809

9600 Einsegnung der Sechswöchnerinnen von den Predigern in Oldenburg 1809-1810

9633 Verlegung des Hofes Rohlfshagen zur Kirche in Oldesloe 1811-1812

Kirchspiel Altrahlstedt

9293 Bau eines Predigerwitwenhauses in Altrahlstedt 1781-1783

9294 Reparatur des Kirchenturms in Rahlstedt 1781

9295 Landausweisung für die Predigerwitwen in Altrahlstedt 1781-1783

9314 Ehedispens für zwei im Kirchspiel Altrahlstedt eingepfarrte Hamburger 1783-1784

9321 Verkauf der Taufe in Altrahlstedt 1784-1787

9322 Pastorat in Altrahlstedt 1784-1785

9344 Verwaltung des Kirchengeldes in Altrahlstedt 1788

9358 Anlage zum Abtrag einer Kirchenschuld in Altrahlstedt 1789

9366 Bau eines Küsterhauses in Altrahlstedt 1790-1794

9384 Kapital der Totengilde in Neurahlstedt an der Kirche in Altrahlstedt 1792

9414 Verpachtung der Pastoratsländereien in Altrahlstedt 1795

9451 Wahlrecht eines Kirchenjuraten aus Wandsbek an der Kirche in Altrahlstedt 1799-1800

9476 Reparatur des Kirchturms in Altrahlstedt 1801-1803

9527 Verkauf von Pastoratsland in Altrahlstedt 1805

9581 Tausch einer Heidekoppel des Pastorats in Altrahlstedt 1809-1811

9590 Holz- und Torfdeputat des Predigers in Altrahlstedt 1809

9596 Grundsteuer der Pastorenwitwe Hasselmann in Altrahlstedt 1809

9601 Reparatur des Pastorenwitwenhauses in Altrahlstedt 1810

9608 Reparatur des Pastorats- und Küsterhauses in Altrahlstedt 1810-1811

9614 Schenkung von Eichenholz an die Kirchenjuraten in Altrahlstedt für einen Brückenbau 1810-1811

9621 Befreiung des Pastors Koch in Altrahlstedt von der Gagen- und Akzidentiensteuer 1811

9628 Moorlegatengelder des Pastors Koch in Altrahlstedt 1811

9632 Dienstabgabe des Pastors Koch in Altrahlstedt an die Pastorenwitwe Hasselmann 1811-1817

Kirchspiel Bargteheide

9300 Bau eines Organisten- und Schulhauses in Bargteheide 1782

9337 Tilgung der Kirchenschuld in Bargteheide 1786-1787

9349 Anwesenheit einer Amtsperson beim Verkauf von Kirchenbaumaterialien in Bargteheide 1787-1788

9364 Misshandlungen durch Pastor Kaempf in Bargteheide 1789-1791

9365 Anlage wegen des neuen Kirchengestühls in Bargteheide 1790

9440 Tilgung der Kirchenschuld in Bargteheide 1797

9458 Bau eines Backhauses beim Pastorat in Bargteheide 1800

9478 Hand- und Spanndienste für den Organisten in Bargteheide 1801-1802

9492 Pfarrmoor in Bargteheide 1802-1803

9515 Reparatur der Kirche und des Kirchturms in Bargteheide 1803-1804

9521 Erschlichene Heirat des Johann Friedrich Fürst aus Bargteheide 1804

9537 Kirchenstände in Bargteheide 1805

9569 Reparatur der Kirchengebäude und der Orgel in Bargteheide 1807-1808, 1813

9586 Wiederaufbau des abgebrannten Pastorats in Bargteheide 1809-1811

9589 Freiheit der Kirchenjuraten in Bargteheide von Kirchenfuhren und Kirchenanlagen 1809

9602 Anschaffung eines Leichenlakens und Aufnahme eines Kapitals für die Kirche in Bargteheide 1810

9616 Weigerung des Pastors Berger in Bargteheide zur Vorlage des Kircheninventars 1811

9623 Umgewehte Tannenbäume im Pastoratsgarten in Bargteheide 1811

Kirchspiel Bergstedt

9307 Beeidigung des Kirchenjuraten des Gutes Tangstedt (1747) 1782-1783

9371 Bau eines Lektors in der Kirche in Bergstedt und Kirchenplätze in Bergstedt für die Heidebewohner in Tangstedt 1790-1792

9381 Amtsunfähigkeit des Pastors Burius in Bergstedt 1792-1793

9388 Ersatz der Klingelbeutelsammlungen in Bergstedt durch eine feste Abgabe 1792-1793

9399 Einnahmen der Pastorenwitwe Burius aus den Pastoratseinkünften in Bergstedt und Bau einer Predigerwitwenwohnung 1794-1797

9407 Bau eines Pastorats und Reparatur des Kirchendachs in Bergstedt 1795-1797

9409 Bau eines Backhauses für den Organisten in Bergstedt und Umgießen der dortigen Kirchenglocke 1795-1797

9415 Nachfolge des Adjunkten Schröder im Pastorat in Bergstedt 1795

9425 Pastoratsadjunktur des Kandidaten der Theologie Georg Woldemar Mieden in Bergstedt 1796-1803

9487 Bestallung des Jochim Rimstedt in Wilstedt als Kirchenjurat in Bergstedt durch das Gut Tangstedt 1802

9491 Ablegen der Kirchenrechnung und Bestellung der Kirchenjuraten in Bergstedt 1801-1802

9536 Reparatur des Pastorats in Bergstedt 1805

9538 Erhöhung der Diäten des Kirchenjuraten Wichers in Bergstedt 1805-1806

9551 Verwendung eines Kirchenkapitals für Reparaturkosten der Kirchengebäude in Bergstedt 1806

9553 Verkauf der auf dem Kirchhof in Bergstedt stehenden Eichen 1806

9565 Vorenthaltenes Witwengehalt der Pastorenwitwe Schröder in Bergstedt 1807

9594 Reparatur des Prediger- und Organistenhauses in Bergstedt Bergstedt 1809-1810

9595 Kirchenkonvent in Bergstedt 1809-1810

9613 Abbruch einer Scheune und Anbau des Viehhauses beim Pastorat in Bergstedt 1810-1813

9624 Reparatur der Kirchengebäude in Bergstedt 1811

9629 Kapital der Kirche in Bergstedt bei der Stadt Lübeck 1811

Kirchspiel Bordesholm

9276 Besuch der Kirche in Bordesholm durch den Kätner Hinrich Sienknecht in Einfeld 1779

9286 Kirchenanlagen der Erbpächter in Bordesholm 1780-1781

9301 Reparatur des Kirchturms in Bordesholm 1782

9317 Begräbnisplatz in Bordesholm für die Beerdigung der Eltern des Prinzen Peter von Holstein und Verwendung eines Kapitals zur Anschaffung einer Orgel 1784-1789

9343 Holz- und Torflieferungen an die Witwe des Konsistorialassessors Dreyer in Bordesholm 1787

9357 Veränderungen der Dienstländereien der Kirchenbediensteten in Bordesholm 1788-1791

9373 Bau einer Scheune beim Pastorat in Bordesholm 1790-1791

9420 Blitzableiter an der Kirchturmspitze in Bordesholm 1796

9445 Verpachtung des Predigerwitwenhauses in Bordesholm 1797-1799

9455 Trennung der Kirchspielsarmenkasse in Bordesholm 1799-1832

9506 Reparatur der Kirchengebäude und des Predigerwitwenhauses in Bordesholm 1803-1806

9509 Verbesserung der Schullehrerstelle in Bordesholm 1803-1810

9511 Organistendienst in Bordesholm 1803-1804

9512 Beihilfe zum Schulhausbau in Mühbrook, Negenharrie und Fiefharrie 1804

Kirchspiel Brügge

9408 Reparatur des Kirchturms in Brügge 1795-1799

9497 Witwengehalt des Pastorats in Brügge 1802-1805

9525 Abtretung von Gemeinweideland in Brügge an den Prediger und Küster 1805

9552 Reparatur des Kirchturms in Brügge 1806

9561 Dienstverbesserung des Schulmeisters Mester in Groß Buchwald 1807

9615 Bau eines Predigerhauses in Brügge 1811-1815

Kirchspiel Eichede

9290 Beschwerden des Pastors Hildebrand in Trittau gegen die Pastoren in Eichede und Kuddewörde wegen Entziehens von Trauungen 1780-1781

9302 Reparatur des Küsterhauses in Eichede 1782

9304	Umgießen der Kirchenglocke in Eichede	1782
9310	Aufgebotsgebühren der im Kirchspiel Eichede eingepfarrten lauenburgischen Untertanen	1783
9312	Besetzung des Pastorats in Eichede mit einem Adjunkten	1783
9335	Ausbesserung einer Stube im Pastorat in Eichede	1786
9346	Eingriffe des Hufners Naefken in Eichede in das Kirchenland	1788
9347	Schulkate in Sprenge	1787-1826
9369	Reparatur des Pastorats in Eichede	1790
9389	Hauptreparatur des Pastoratsbackhauses in Eichede	1793
9405	Streitigkeiten zwischen den Eingesessenen in Lasbek und den Erbpächtern in Todendorf über den Vortritt ihrer Kinder in der Kirche in Eichede	1794-1795
9443	Bau eines Küsterhauses in Eichede	1797
9454	Beschwerden des Pastors Oertling in Eichede gegen den Kirchenjuraten Drube	1799-1801
9466	Ernennung des Kirchenjuraten für das zu Eichede eingepfarrte Dorf Stubben (Amt Steinhorst)	1800, 1833
9500	Entlassung des Kirchenjuraten Drube in Eichede	1803
9504	Verfall der Pastoratseinkünfte in Eichede	1803-1805
9517	Bau eines Schulhauses in Todendorf	1803-1804
9532	Reparatur der Kirchengebäude in Eichede	1804-1809
9584	Konfirmation der Magdalena Elisabeth Göben aus Lasbek durch Pastor Oertling in Eichede	1809
9591	Reparatur des Pastorats in Eichede	1809